钱锺书《管锥编》的民俗视野考论

Qianzhongshu《Guanzhuibian》De Minsu Shiye Kaolun

《管锥编》是钱锺书先生的笔记体学术巨作，《管锥编》堪称"国学大典"，是一部钱锺书先生贯注大量心血而成的巨著，是其最主要的学术代表作之一

人民出版社

何山石——著

责任编辑:洪 琼

图书在版编目(CIP)数据

钱锺书《管锥编》的民俗视野考论/何山石 著. –北京:人民出版社,2013.3
ISBN 978－7－01－011791－1

Ⅰ.①钱… Ⅱ.①何… Ⅲ.①文史哲-中国-文集②《管锥编》-研究
Ⅳ.①C539

中国版本图书馆 CIP 数据核字(2013)第 039880 号

钱锺书《管锥编》的民俗视野考论
QIANZHONGSHU GUANZHUIBIAN DE MINSU SHIYE KAOLUN

何山石 著

人民出版社 出版发行
(100706 北京市东城区隆福寺街 99 号)

北京市文林印务有限公司 新华书店经销

2013 年 3 月第 1 版 2013 年 3 月北京第 1 次印刷
开本:710 毫米×1000 毫米 1/16 印张:24.25
字数:350 千字 印数:0,001-2,000 册

ISBN 978－7－01－011791－1 定价:64.00 元

邮购地址 100706 北京市东城区隆福寺街 99 号
人民东方图书销售中心 电话 (010)65250042 65289539

目　录

序

涂险峰

以《管锥编》为代表的钱氏著述之博大精深，常令学人叹服。然而《管锥编》渊深厚重的韵味以及让读者流连反复的魅力，不仅体现于其博引浩瀚群书、纵论古今中外、横跨百科诸学之宽广论域，还在于其点到为止、意犹未尽的论述方式。这种含蓄蕴藉的学术言说，给后来的阐释者带来不竭的灵感启迪，留下无尽的阐发空间。但要富有成效、颇有创获地阐发钱氏学术，却是对有志钱学者的一个挑战。何山石君迎难而进，选择《管锥编》作为系统研究的对象，积数年之功完成本书，体现了难得的学术抱负和钻研精神。本书引人入胜之处在于其独具只眼、独辟蹊径，选择"民俗"角度来阐发钱学，为关注钱学的读者呈现出令人耳目一新的钱氏学术面貌。

本书的一个基本论述走向，是要改变钱先生在人们心目中"鸿儒巨擘"的"大雅"形象，而强调和凸显其亲近俗间的另一种智慧通达形象。从一定意义上讲，通过从民俗视野来系统研究《管锥编》及其与民俗的深厚渊源，确实具有改变钱学"高高在上"、令人难望项背的"大雅"面目的功能。然而，深入开掘民俗视野中的钱氏学术，其意义和价值并不在于"去雅还俗"，以其"大俗"形象来颠覆、替代其"大雅"形象，而在于超越一般意义上的雅俗之分。只有把握这一点，才能在更高意义上实现钱学不囿于狭隘学科视野、不拘于单一固定形象的基本精神，体现其学术宏阔开放的跨越性和超越性。更进一步而言，从民俗视野研究《管锥编》，其意义不止于对钱钟书这一特定学者学术形象的认知，还在于为我们提供一种重新看待民俗的眼光。因此，这项研究的功能是双向的：既借民俗视野重新看待钱氏学术，又借钱氏学术重新看待民俗传统。正如本书"绪论"对中国学术之民俗传统的梳理所显示，透过这种"以'俗'为只眼的钱钟书研究"，我们能够重新发现"中国知识分子一以贯之的'重俗传统'"。从先秦文献"作为中国知识分子重

1

俗传统的源头性存在"、两汉文献"表征中国知识分子重俗传统的扩大"、魏晋南北朝文献作为"知识分子重俗行为自觉化的象征",到隋唐文献中"诗、类书、笔记小说、传奇与民俗之汇"、宋元文献中"类书、杂剧大盛的知识分子的录俗风尚"、明清文献展现的"世俗化时期的知识分子重俗传统的扩大"以及清末至当代"民俗成学后知识分子自觉的民俗运用","绪论"中对民俗传统的这种梳理,逐渐拉开该书从民俗角度重新认识中国知识分子学术传统的帷幕。

沿着这一思维路径,本书引领读者走进《管锥编》的民俗世界。首章在探析钱氏"嗜俗"的原因之后,从《管锥编》所注的遍及经史子集的《周易正义》、《毛诗正义》、《左传正义》、《史记会注考证》、《老子王弼注》、《列子张湛注》、《楚辞洪兴祖补注》、《太平广记》、《全上古三代秦汉三国六朝文》十书,宏观论述《管锥编》的"民俗意蕴"。随后几章分别详论《管锥编》与神话、民间故事、民间传说、民间歌谣、史诗等民间口头文学,以及与民俗语言、民间信仰、人生礼仪等民俗类别之间丰富、密切而富有启发性的内在联系。

从这些具体论述来看,本书不仅较为系统地梳理了《管锥编》中涉及民俗方面的论述资源,而且还通过这种梳理,提炼出钱学中有关民俗的一些颇具新意和探讨价值的论题。而这些论题均体现出钱氏学术"雅中有俗"、"俗中有雅"、"雅俗互融"的特质。这里所述的雅俗互融,并非仅限于言语风格或审美品位。从某种意义上说,它是一种智慧通达、洞明事理的境界。

所谓"雅中有俗",意味着以通俗平易、明白晓畅的方式切中本质,去除理论麈芜,洗尽概念铅华。正如本书在论及《管锥编》与神话时所指出的,钱氏"神话本质论"将神话归属于先民之"质",以与"文"对举的"质"来界定先民的神话存在;将神话去"文"返"质"后,可以走进先民的思维世界。尽管《管锥编》的神话研究多有新见,例如彰显了神话对于先民的自娱功能,揭示了神话"胥力不从心之慰情寄意"的心理补偿机制,但钱锺书对神话的论述,并未像多数西方神话学家那样,提出一个理论模型,或对神话进行大规模的同类归纳,而只谈及神话本身,不做进一步生发和阐释,这在本书看来,是钱氏对西方神话研究理论的有意背离,其用意正在于坚守神话"质"的立场。又如本书在分析《管锥编》与民间故事时所发现的:《管锥编》实乃一部"故事书","《管锥编》是一座故事的丛林,各类故事都在这里能找到安身立命的处所,并找到其存在的价值";"民间故事非常贴切地融入钱锺书的学术世界里,这是一道特异的风景"。

所谓"俗中有雅",意味着通俗无妨真知灼见,质朴不掩哲思妙趣,人间烟火中尽显透彻境界。《管锥编》虽"雅中有俗",但不为落脚于俗、归根于俗,而是"因俗入雅"。引述寓言童话,是为佐证其学术观点,是"穷理析义,须资象喻"之策略;在注俗论俗之中,处处投射出宏深义旨。《管锥编》以民间传说揭示时间的相对性及其心理机制;借民间谚语显现金钱的本质和功能;从鬼神俗信剖析政治权谋、驭人心术;以滑稽谑语探讨事理的秩序与边界……凡此种种,均可从本书的梳理和分析中得以凸显、阐明。

本书通过丰富的引证、扎实的分析、系统的梳理和细致的概括,着力发掘《管锥编》的民俗学意涵,将解读《管锥编》的一个崭新视野呈现于读者面前,彰显了《管锥编》别具一格的意义。此外,本书在梳理和阐发《管锥编》中民俗内容的基础上,还对《管锥编》征引民俗的特征乃至局限性有所发现:例如《管锥编》提及史诗少于其他民俗事象,而所征引的史诗几乎全是国外史诗,本国的史诗均未提及;又如在《管锥编》所引的民俗事象中,"民间文学、民俗语言、民间信仰、人生仪礼几方面是其大端,而对生产生活民俗、科技民俗、民间工艺民俗等诸多民俗种类,征引极少";等等。

当然,本书作为"民俗视野"中的《管锥编》研究,主要涉及中国民俗,而对于《管锥编》中广泛征引的国外民俗内容,只是点到为止,暂未能给予充分论述。这一点,作者本人在书中亦有认识。这为今后进一步打通中外民俗视野,更加浑然地体现钱学纵贯古今中外、融汇百家诸学之精神特质的研究续篇,留下了期待的空间。

2013 年 2 月 26 日于武昌珞珈山

绪　论

一、"因民而作,追俗为制"——"民"与"民俗"多义并存、与时消息的学理特征

余所谓野语虽未足据以定事实,而每可以征人情,采及葑菲,询于
刍荛,固亦史家所不废也。①

省察民俗、重视民俗以至追俗为制的传统,一直延续在中国文化的血脉
中。粗疏而言,自帝王将相至文人士大夫至民间普通百姓,都混融在民情风
俗里,无法与民间风俗剥离,以至于因为民俗离我们如此近,所以我们对其
存在有习焉不察之感。民俗是一个表征民族文化特异性的符码,是民族文
化中无法抹去的文化基因,观风问俗,不仅史家所不应废,任何一个打量、审
视自己文化的人,都不应有意无意地将民俗的因素从自己的视野里抹去。

钱锺书的学术巨著《管锥编》就将民俗元素整合在自己的文化"寻根"
之旅中,所以在《管锥编》的阅读过程中,各类民俗事象扑面而来,妥帖而有
新意地融入钱锺书的学术观点之中。完全有理由认为,不同种类的民俗元
素建构了《管锥编》这一学术巨作的另一生动层面,只是在大多数情况下,
我们因缺少发现而忽略了这个层面,所以,我们总是认为《管锥编》太"雅",
与"俗"无关。

中国 20 世纪发展至今超百年的民俗学研究历史,不仅是民俗文化的发
现、挖掘、整理之旅,更是对民俗进行系统研究、彰显民俗独特价值的历史。
特别是民俗学研究走向文化人类学之后,民俗研究能够在一个更广阔的背

---

①　钱锺书:《管锥编》,三联书店 2007 年版,第 443 页。下引该书均改为随文注,且只注
页码。

景下展开,从而为文学、文化研究等提供更为精致、更为独特的视角,因而对特定时代的思想风潮也有更为深层的把捉。

本书选择以民俗学视角切入《管锥编》的研究,除钱锺书在文本中使用了大量民俗资源这一重要原因外,钱锺书民俗资源使用背后所折射出的文化心态,能在民俗学视角审视下得到更好的揭示,也应是最重要的原因。

既然择取民俗学这样一种审视策略,鉴于民俗学还未成为人所尽知的学科门类,一般情况下,人们对民俗学学科所统摄的诸多内涵认识模糊,所以,对民俗学学科知识作一个必要的交代,于本书的写作必不可少。当然,这样一种交代更是为本书论述展开所依凭的背景知识括定一个大致的范围,为论述的展开提供一个较为确定的边界。

下面的表述即是循此目的出发的一种努力。

民俗学研究者在完成民俗学学科建构和学科合法性证明的过程中,对"民"与"民俗"这两大概念的流变过程有较为深入的考察,这也是民俗学研究者要着力解决的基本问题。人所皆知,"民"是出现极早的概念,而有民即有俗,可以说,"民"与"民俗"是同步出现在人类文明的源头处的。

经过漫长历史时段的发展积淀,"民"与"民俗"成为一个内涵丰富、在不同历史时期有不同界定的概念。而"民"变与"民俗"变是一对统一体,民的界定发生变化,民俗的界定也会随之而变。所以,对任何民俗学研究者来说,厘清这对统一体的流变情况,对准确理解民俗是必不可少的。

下述即是对民俗学界在这些方面已有成果的概述性回瞻。

(一)民俗研究者论"民"

"民"出现在文明的源头处,与时嬗变,几乎不可能给民一个涵盖其一切特征的定义。就中国言,依出土文献推求"民"之初始定义,便多义纷呈,各有理据。虽然据郭沫若考证,甲骨文中还没有民字或从民之字,他认为民是"盲"的初文,取目中着刺义,这可能是古代奴隶有被刺盲一目以作身份之标识的惯制。即依郭氏所言,民与盲相关,便可生出民是盲昧、低贱等义,是依附于特定群体的低贱个体。胡小石《说文部首》说"民盲同声相训",①并依金石文字对之进行溯源,亦主此说。据金石文字,对"民"的原生意义进行追溯,可以生出更多有意义的想象性解释,从而丰富"民"的释义。

---

① 胡小石:《胡小石论文集三编》,上海古籍出版社1995年版,第350页。

自《尚书》、《周易》等开始,"民"大量出现于中国典籍之中,许慎《说文解字》专条释"民":"民,众萌也。"面对如此丰富庞杂的"民"信息记录,我们几乎无法对之进行整体式把握。来自不同学科领域的相关研究者,也只能依凭自身的学科背景对之进行某些层面的阐释,如经济的、政治的、文化的、历史地理的、民俗的等,而不能穷尽其一切特征。

中国民俗学的奠基者钟敬文对"民"有过较多界定,董晓萍教授对钟敬文的界定有如下总结性概表①:

序号	概念提出时间	社会构成	划分要素(不识字、粗识字、识字)	共享民俗层面(私人领域和公共领域)
1	劳动人民,1980 年	工人和农民,以农民为主	不识字人口	私人领域全部 公共领域全部
2	中下层阶级,1992 年	市民和农民	不识字人口和粗识字人口	私人领域全部 公共领域部分
3	非官方群体,1998 年	工、农、兵、学、商人、职员(市民)	不识字人口、粗识字人口和识字人口	私人领域部分 公共领域部分
4	农民主体,1998 年	农民和小城镇居民	不识字人口、粗识字人口和识字人口	私人领域全部 公共领域全部
5	民族共同体,1999 年	人民群众和官方政府	不识字人口和识字人口	私人领域全部 公共领域层面有差异

董晓萍教授继而指出:"我国民俗学者认识'民'的性质,经历了三个阶段的变化,即阶级二分法的划分、文化三分法的划分和民族共同体的一分法的划分。"而且,我国学者在文化三分法的划定中,将包括市民在内的中层阶层与下层阶层一起纳入"民"的范围,"民"这一概念所统摄的范围扩大,"民俗"概念所统摄的范围也随之扩大,这也同时相应地扩大了民俗学的研究领域。而将"民族共同体"定义为"民"的性质,意义更巨:"……强调'民'的性质是指'民族'共同体,这样民俗就是民族共同体的社会历史认同文化,这是一种重要的转折。……它的重要意义在于,我国民俗学者对'民'的性质的界定,实现了从阶级民俗、阶层民俗向国别民俗的变化。"②可见,随着"民"的变化,"民俗"也随之而变。而最终,民俗脱离了一般人所

---

① 参见董晓萍:《现代民俗学讲演录》,广西师范大学出版社 2007 年版,第 16—17 页。
② 董晓萍:《现代民俗学讲演录》,广西师范大学出版社 2007 年版,第 17—19 页。

认为的下层民众知识、低级、庸俗、不登大雅之堂等属性,民俗不再是某个特定阶层的标签,民俗是一个民族所共有的文化准则与精神操守,民俗是所有人共享的文化财富,这便是当代中国民俗学研究者对"民俗"的共识。

为比照勘校之便,将董晓萍教授总结的国外民俗研究者对"民"性质括定的概表同引如下①:

序号	殖民时期	欧洲发现时期	自然科学时期	现代化时期	全球化时期
1	野蛮人、原始人,未受学校教育,没有文化	未被工业文明污染的人群,纯真、质朴、田园、自然的人群	在劳动中进化的人群	高度文明民族的历史上和现在的"小人物"	传统的匿名的群众(德国)
			使用石器与弓箭的人群	两人以上为民	
2	小规模而孤立、无文字的、对外界一无所知。习俗同质,以家族为中心、群体意识强。不存在年龄层的文化差异,固定不变的社会的成员	在文明国家里与精英相对的民众	使用铁木器具与机械的人群	任何拥有独特的口头传统的人都是民	所有民间群体。被民俗定型的社会成员(美国)
		常民		民的四种类型:职业类年龄类地区类国籍类	
		民族全体成员			
3	边缘人	农民	使用带有自动性质的工具如暗锁等的人们		世界民族志的承担者(英、法)
4	迷信的人们		使用轿厢工具如车等的人们		享用共同民俗的人(日、韩)

① 参见董晓萍:《现代民俗学讲演录》,广西师范大学出版社2007年版,第25—27页。该表格根据董著的相关表格进行了整合,并非原表。在董著中,将外国民俗学中的"民"的定义及其对象论的变化,分为三个阶段:第一阶段为殖民时期(指前工业革命时期)、欧洲发现时期(指欧洲文艺复兴运动发现民间文学时期)、科学时期(指英国人类学创始人泰勒使用达尔文的科学进化论创建文化人类学进化学派的时期);第二阶段为现代化时期;第三阶段为全球化时期。参见该著第20—33页。

续表

序号	殖民时期	欧洲发现时期	自然科学时期	现代化时期	全球化时期
5	巫术者		使用信息工具如网络等的人们		

以上董著所整理的中外民俗研究者对"民"的各种定义和界定,也只是关于"民"的诸多审视视角中的一种,同样,其整理结果也并非是全景式地呈现民俗研究者所有关于"民"的观点,而仅仅是择其大要者的处理方式。这是一种非常有效的处理方式,因为这样呈现给我们的信息,已经足够能让我们看到"民"依时代变动而内涵不断发展变化的轨迹,这样一幅变化的地图,对我们理解与"民"紧密相关的"俗"是非常有帮助的,"民"变即"俗"异,两者的异动如影随形,一体两面。

(二)民俗学者"民俗"释义摭论

民俗与"民"共生,不同的民俗成为不同种族文化生命的重要组成部分。但民俗学是晚出的学科,即以1846年英国学者汤姆斯(W.Thomas)"Folklore"(民众知识)提出算起,民俗学发展至今亦不过一百多年的历史。在这一百多年的学科发展历程中,中外民俗研究者从不同侧面丰富对"民俗"的认识,因而"民俗"定义也相应地多种多样。

就中国而言,民俗学者将真正意义上的民俗学发端期定义在"五四"时期,该时期以北京大学为重点阵地,如下事件支撑其意义:北京大学歌谣研究会的成立及其歌谣征集活动、《歌谣周刊》创办、北京大学风俗调查会成立。"五四"时期的一批知识分子,如蔡元培、周作人、刘半农、沈尹默、钱玄同、顾颉刚、郭绍虞等,以极大的热情参与到这场以歌谣收集、整理为主的民俗发现运动中,所获不菲,功莫大焉。"五四"时期的民俗发现实际上是以歌谣为主的民间文学的发现,以民间文学整理为主潮一直是民俗学研究的重要分支,中国的民俗学在发端期,对民俗的理解就是以民间文学为基础的,民俗就是指歌谣、传说、故事等下层民众的精神产品。

民俗研究在"五四"思想自由的氛围中起步,经历所谓的"民俗学的中山大学与杭州时期"、"民俗学的西南联大时期",一直沿着"民间文学"这条路线向前发展,中国民俗学界对民俗的理解主流也就一直停留在神话、传说、故事、笑话、寓言、谚语、民谣、谜语等民间文学样式方面,这些同样被定义为底层民众的精神产品,对研究者有着无穷的吸引力。虽然,这时候的民俗研究对象仍较为狭窄,但这正好让民俗研究在民间文学这一领域的研究充分且深入,所以,我国的民俗学研究在民间文学方向这一维度上是很有学术积累的。

中国民俗学研究领域的拓宽,中国民俗学界对民俗理解的拓展,实际上是发生在 20 世纪 80 年代以后。

中国民俗学最重要的建构者钟敬文在 1986 年年末发表了《关于民俗学结构体系的设想》这样一个纲领性的演讲,这是中国民俗学研究走向深广的开始。其中有一段重要的话实际上代表民俗学界对民俗理解的真正深化:"这是因为民俗学所处理资料的地域,群体范围,在某些国家比较广泛;但是更多的国家却是把它的范畴仅限于本国、本民族。后者是为了强调本国、本民族的文化和历史,激发民族的觉醒和自强,才大力发展这一学科的。五四以后中国民俗学的兴起就多少是带有这种色彩的。事实也是这样。人生活在民俗里,就好像鱼生活在水里,两者是须臾不可分离的东西。不管一种社会文化发展程度的高低,都有一套为其社会需要服务的民俗。越是社会不发达,民俗的权威就越大,乃至一切文化都采取民俗的形式。而在今天世界上那些发达的国家里,民俗也同样没有消失。"①

这段话最少包含如下层面的意思:其一,民俗所涉资料的地域变化,不再是文化落后地区的专属;其二,群体范围变化,不再是不识字的群体或所谓的野蛮人、野蛮落后民族有民俗,任何人都分享民俗这一传统精神产品;其三,国别民俗的概念成为学界共识,这与"民"的定义变化正相呼应;其四,民俗与国家本位、民族历史文化紧密联系,这又与当时的文化研究思潮兴起相应和;其五,民俗可以超越国界成为一个共有的存在,由国别民俗走向全球共同体的民俗;其六,人是民俗动物,民与俗如鱼水之不可分;其七,任何社会,都有与之配套的社会民俗形式;其八,一切文化都有民俗形式,因而民俗不是落后的象征,发达国家、发达地区同样生活在民俗中。

东西学术交流碰撞,在 20 世纪 80 年代以后重新开启,任何学科的发

---

① 钟敬文:《钟敬文民俗学论集》,上海文艺出版社 1998 年版,第 142 页。

展都能极其便捷地从异域学术中找到自己想要的资源,以启发思维,获得灵感。西学东渐在"五四"前很长一段时间内影响着中国知识分子的精神世界,但对他们理解"民俗"影响不大,章大炎、梁启超、王国维等人,都有对"民俗"的零星论述,这些论述有异域民俗学思想的影响渗乎其中,惜其未成气候。只有在 20 世纪 80 年代以后,在东西学术交流真正取得平等的对话平台,并且借助互联网这样的工具,中国民俗学研究的学术走向和对民俗的理解才紧密呼应着全球化大潮中各种哲学、文化思潮,不断调整自己的身形,对民俗的理解日益丰富,对民俗学研究本身也日益丰富。

　　从董晓萍教授对外国"民俗"定义的总结归纳中,我们可以看出中国的民俗研究与外国民俗研究的同步、互动关系。兹引其研究成果如下[①]:

序号	殖民时期	欧洲发现时期	自然科学时期	现代化时期	全球化时期
1	文化遗留物	民众的知识	精神文化	高度文明民族的底层文化形式和生活形式	从起源考察变为变迁考察/从民族性考察变为流行文化考察/由民众生活考察变为文化财富考察/生产民俗成为现代人文化工业现象
2	自足经济、习惯、权利和义务,拟人化和神圣化思维	农民的风俗	重视民俗的文学核心	口头文化/传统文化/非官方文化/非政府组织文化	在城市中心,在工业革命中,哪里有活动哪里就有民俗 没有单一的美国民俗
3	大众古董	民俗在都市产业经济中消亡		民俗在农民和受教育者中,在城市和乡村都存在	民俗由信息、技艺、观念、产品、作品等组成/它们被用民俗方式习得、使用、传播,就是民俗

---

　　① 参见董晓萍:《现代民俗学讲演录》,广西师范大学出版社 2007 年版,第41—43 页。

序号	殖民时期	欧洲发现时期	自然科学时期	现代化时期	全球化时期
4	口头、非正规方式传承的信仰、礼仪、民间文学和民俗		在文明高度发达的社会里,(民俗)被照相机和录音机记录,成为忠实可靠的资料	Folklore 指全体传统,是遗存于一个民族较晚近文化阶段的信仰、故事、风俗、仪式以及其他适应环境和超自然的技术	民俗是不甘寂寞的活化石,由科学和文化积淀而成 大众传统的凝聚点/民族精神的有机部分(英) 新技术和新知识与旧民俗观念共存 民俗是人类抑制恐惧和欲望,寻找安全感的人性证明

　　五大时期与前文所引"民"的变化的五大时期是一致的,而从所引表格中,我们很容易看出中国民俗学研究者考察"民俗"的视角,与国际民俗学的整体学术风尚是一致的。

　　中国民俗学研究筚路蓝缕的开拓者,自顾颉刚、钟敬文、江绍源、林惠祥等人开始,历张紫晨、许钰、陈子艾、潜明兹、刘魁立、乌丙安、姜彬、刘守华、段宝林、董晓萍等学人,已经形成了以北京师范大学、北京大学、中山大学等高等学府的民俗学研究学术团队为主体的学术研究群体,这些民俗学开拓者与建设者均提出了各自的关于民俗的定义,因上引董晓萍教授的表格已经概括了其基本特征,故不再一一列举。

　　(三)民俗学研究的大致领域

　　民俗学作为一个独立的学科,有着自己明晰的研究领域和研究体系。钟敬文先生认为,民俗学研究体系应包括如下六大部分:民俗学原理、民俗史、民俗志、民俗学史、民俗学方法论、资料学。① 民俗学的六大研究领域,都是对民俗事象这一对象的处理。民俗事象是民俗学的通用术语,是民俗活动和民俗现象的总称,更是民俗学研究的基本单元。"民俗事象纷繁复杂,从社会基础的经济活动,到相应的社会关系,再到上层建筑的各种制度和意识

---

① 参见钟敬文主编:《民俗学概论》,上海文艺出版社 2009 年版,第 9 页。

形态,大都附有一定的民俗行为及有关的心理。"①钟先生又将民俗事象分为物质民俗、社会民俗、精神民俗和语言民俗四类。

无论民俗研究者怎样将民俗学的研究视角变化,对具体的民俗事象进行扩充,但民俗学的基本研究领域是稳定的。钟敬文先生在《民俗学概论》一书中,将民俗学研究所涉及的基本民俗事象分成:物质生产民俗、物质生活民俗、社会组织民俗、岁时节日民俗、人生仪礼、民俗信仰、民间科学技术、民间口头文学、民间语言、民间艺术、民间游戏娱乐等大类,其具体内容整理如下:

民俗事象大类项	所包含的子类项
物质生产民俗	农业民俗,狩猎、游牧和渔业民俗,工匠民俗,商业与交通民俗
物质生活民俗	饮食、服饰、居住建筑等民俗
社会组织民俗	宗族组织、社团和社区组织民俗
岁时节日民俗	岁时节日
人生仪礼	诞生、成年、婚姻、丧葬等民俗
民俗信仰	鬼神、巫、巫术、祭祀等民俗
民间科学技术	民间工艺、民间医学等方面的民俗
民间口头文学	神话、史诗、传说、故事、笑话、歌谣、民间长诗等
民间语言	俗语、流行语、谚语、谜语、称谓语等
民间艺术	民间音乐、舞蹈、戏曲、工艺美术等
民间游戏娱乐	游戏、竞技、杂艺等

钟敬文先生的分类是最好把握、最容易理解的分类方式,国内民俗学界较为认同这样一种民俗事象的分类,民俗学六大板块处理的基本对象都能清晰地呈现出来。国内民俗学界可能有其他的分类标准,如依据日本、英国学界的分类标准,这只是把基本的民俗事象的分类组合进行局部调整,实质上没有超越钟先生的分类规范。所以,在对钱锺书先生《管锥编》所涉民俗事象的归类这一问题上,主要借鉴了钟敬文先生的民俗事象分类标准,将钱锺书先生所涉民俗事象分为民间口头语言文学、民俗语言、民俗信仰、人生仪礼等几大板块。

---

① 钟敬文主编:《民俗学概论》,上海文艺出版社 2009 年版,第 5 页。

　　从民俗学出发研究文学,能极大拓宽单一文学研究的局限,将文学研究带入一个更广阔的领域。以比较文学研究而言,正如刘象愚等指出:"比较文学的产生和民间文学与神话的比较研究大有关系,从某种意义上说,它是在后者的启示下诞生的。在比较文学从诞生到今天的百余年中,神话和民间文学一直是比较文学中一个十分重要而有活力的领域。"①刘象愚是从"文学范围内的比较研究"来谈及民间文学对比较文学研究的意义的,而民间文学就属于民俗学的一个非常重要的门类。曹顺庆、叶舒宪等人,从文学人类学这一更为开阔的视角,来讨论文学与人类学的跨学科研究:"文学人类学,顾名思义就是文学和人类学两个不同学科的交叉与结合。具体而言,它体现为自觉运用和借鉴人类学的视野和模式,对各时代、各地区、各族群的各类文学作品、文学现象进行比较研究,提炼和总结人类文学普遍的内在模式、结构、规律,并在本体论层面上进一步追问和反思'文学'的含义。"②将文学与人类学进行融合,用人类学的观点、模式来解读文学和解释文学现象,这样一来,比较文学研究便真正进入跨学科研究的领域,而且,叶舒宪等人以这样的研究工具,对《诗经》、《楚辞》等中国典籍进行了有效的新的阐发,这些成果说明文学与人类学跨学科结合的研究是能够落到实处的,而民俗学正是人类学的重要分支,民俗学的理论同样适用于文学的跨学科研究。

　　钱锺书先生的《管锥编》在注释十部中国经典时,不时引入民俗材料以佐论学术观点,就是将民俗学与其他学科结合的一种范例。因为钱先生治学风格的特异性,特别是其简洁的学术书写风格,他将民俗资源与其他学科结合时,并无长篇累牍的理论阐述,而是以寥寥数语阐其意、明其旨,或者干脆只列举材料而不置评论,留待读者思考,这正是钱先生留给后学之人的空间。正如有些论者指出,接着钱锺书先生之后说,正是对钱锺书的真正理解。

　　因而,对《管锥编》所涉民俗事象的把捉,既有归纳梳理,更有于其言外宏旨的"接着说"。

---

　　① 刘象愚:《比较文学概论》,北京师范大学出版社 2009 年版,第 158 页。
　　② 曹顺庆:《比较文学教程》,高等教育出版社 2006 年版,第 291 页。

二、"直道时语，多及习尚"：中国知识分子 一以贯之的重"民俗"传统疏论——以 《管锥编》所涉文献集为中心的考察

直道时语，多及习尚，世革言殊，物移名变，则前人以为尤通俗者，后人愈病其僻涩费解。(《管锥编》，第 1759 页)

知识分子观风问俗，在自己制造的精神产品中使用民俗，记录民俗，一直是知识分子文化生命的重要组成部分。但从我们现有的研究来看，知识分子重俗的传统一直隐而不彰，即以现在层出不穷的中国文学史书写为例，又有多少人在突出文学创作主体精神产品中的民俗成分呢？有多少研究是从民俗角度切入这些文学创作主体的民俗化精神产品的呢？有多少人在述及陆游、鲁迅等人的精神成果时会一并介绍其与民俗之关系呢？当下，除了民俗研究者在这些方面进行总结外，鲜有人对知识分子观风问俗这一悠久传统进行挖掘。知识分子的民俗世界，在强大的、长期的精英化、政治化语境下，在国家天下话语的长期笼罩下，要么被视为这是文人士大夫的一种闲情逸致，要么被认为这是士大夫知识分子不务正业，对他们记录、整理、研究民俗的活动，大多数研究都以自己认为合理合法的方式给阉割了。

而实际上，中国知识分子观风问俗的传统，从先秦时期开始，一直延续至当代，香火承沿，生生不息，只是我们有意无意地遮蔽了这一传统，所以我们看不到知识分子另外层面的生存样态、审美理念、价值选择。如何呈现知识分子"民俗"化的一面，并对这些面进行深入研究，将是一个非常有意义的课题。

当然，钱锺书作为"旧式知识分子"①，他的《管锥编》大规模地征引民俗资源、以民俗材料表征自己的民间立场，是中国知识分子重俗传统的延续和发展，对钱锺书与民俗关系的考察，应该回归到这一传统中。

《管锥编》载籍宏富，所涉中国经、史、子、集及野史笔记等文献为数甚巨。本节即以《管锥编》所涉中国典籍文献为中心，以未涉文献为辅翼，对

---

① 参见汤晏：《一代才子钱锺书》，上海人民出版社 2005 年版，"杨绛先生函"。

中国知识分子绵延不绝的重俗传统作一粗疏梳理,而对《管锥编》所涉西籍文献及其所折射出的知识分子重俗传统,因为与本书的写作游离太远,加上本人学浅识薄,因而略而不论。

(一)先秦文献——作为中国知识分子重俗传统的源头性存在

察俗、重俗的行为,民俗何时产生,这种行为就何时发生。但知识阶层对民俗进行学理分析和较有规模的总结,在中国文化生发、流变、发展的过程中,以现有的文献储备,我们只能追溯到先秦时期。

刘勰在《文心雕龙·原道》中言:"自鸟迹代绳,文字始炳。炎皞遗事,纪在《三坟》,而年世渺邈,声采靡追。"渺邈年世,时代久远,文献无存,刘勰追溯的目光无法突破文献不足的障碍。所以,他所"论"之"文"只能锁定唐虞之后的时代:"唐虞文章则焕乎始盛。元首载歌,既发吟咏之志;益稷陈谟,亦垂敷奏之风。夏后氏兴,业峻鸿绩,九序惟歌,勋德弥缛。"①在当时的技术背景下,刘勰无法有王国维所主张的"二重证据"之便,只能依据已有的典籍来完成自己的论述。情同刘勰,对先秦时期知识分子"重俗"传统的捕涉,也只能依据现有的典籍文献进行一个粗略的回顾。虽然可以依据现代考古等手段,如美国著名神话学研究者戴维·李明那样将神话这一口头语言民俗追溯至旧石器时代中期甚或更远的历史时期,从岩石刻画、出土文物里找寻神话存在的痕迹②,这样可以将"民俗论"推进到更远的时期,但这样的推进毕竟存在着太多的臆测成分与不确定因素,所以,将探询圈定在确定的部分典籍中,可能是一个明智的选择。

先秦时期,士这一知识阶层正式形成并且壮大,而且留下了《周易》、《尚书》、《诗经》、《周礼》、《仪礼》、《礼记》、《春秋左传》、《春秋公羊传》、《春秋穀梁传》、《论语》、《孝经》、《尔雅》、《孟子》组成的"十三经"经部经典,以及《老子》、《庄子》、《列子》、《墨子》、《荀子》、《韩非子》、《管子》、《晏子》、《吕氏春秋》等诸子文献,仔细梳理,便可以捕捉到丰富的知识分子与民俗密切关联的信息。以群言并起的"诸子时代"为起点,可以上溯至所谓的唐尧以至更远的时期,大致可以厘定为中国知识阶层对民俗有"论"的第一个重要时期。

---

① [南朝·梁]刘勰著,范文澜注:《文心雕龙注》,人民文学出版社1958年版,第2页。
② 参见(美)戴维·李明:《欧洲神话的世界》,杨立新、冷杉译,三联书店2010年版,第7—29页。

对先秦知识分子民俗记录、研究行为的梳理,是中国民俗研究者不可回避的论题。但从现有的有关中国民俗史整理的研究成果来看,蜻蜓点水式提及者诸多,详细爬梳者殊为少见。依笔者所见,《中国民俗学古典文献辑论》以民俗思想、经济民俗、社会民俗、信仰民俗、节日节令民俗、游艺民俗六章的内容对传统典籍中记载的民俗现象进行了初步整理①,当然包括先秦中的诸多典籍,虽然挂一不免漏万,是散点式的整理,零碎感很浓,只有资料的堆积,没有分析和阐发,并且有很多内容没有涉及,时有遗珠之憾。但任何文献的整理都是有穷的行为,无法做到穷形尽相一网打尽,其搜集整理之功不可没,对知识阶层的民俗记录、整理、研究有大量呈示。钟敬文主编的六卷本《中国民俗史》,跨时自先秦迄民国,可谓体大思周,对中国民俗分物质生产民俗、物质生活民俗、岁时节日民俗、社会组织民俗、人生礼仪民俗、信仰民俗、民间文学、民间戏剧、民间工艺等层面,以知识阶层的典籍记载为资料来源,分门整理。从这一六卷本巨作中,我们可以窥见自先秦迄民国时期,知识分子重俗的传统是如何绵延前行的。

先秦时期知识分子的民俗整理与研究行为,绝不仅仅是对民俗的简单记录和总结,这是一个源头性存在,包孕着中国后续各个历史时段中对民俗的态度、民俗的分类、民俗与官俗之间的互动关系等一切方面的因素。无论做何种文化追问,我们都必须回到源头,正如钱锺书在书写自己的文化理想时会回到先秦文化这个源头,《管锥编》选择了《周易》、《诗经》、《左传》、《楚辞》、《列子》,以及未竟写作计划中包括的《庄子》、《礼记》等著作,就是极好的说明。

先秦典籍中与知识分子的民俗记录、整理、研究等相关的行为,大致包括如下层面。

第一个层面,"俗"必观而治可知焉。

先秦时期的文献,特别是诸子时代的文献中,"俗"、"风俗"、"风"等字眼出现的频率较高。最为显明者莫过于《诗经》,统于"国风"这一名称之下的诗篇所占比重极大,而这一"风"的界定,众所皆知,涵蕴着很多"民俗"的成分。

民俗与治乱的关系,就像一个天然的有机体,出现在先秦典籍中。重视

---

① 参见武文主编:《中国民俗学古典文献辑论》,民族出版社2006年版。

"观俗",以"测"民风,这几乎是典籍中记录的一个常态行为,不仅说明了至先秦时期我们的民族民俗已经发展到了一个很高的阶段,民俗形态多样,而且,对民俗的作用也日益重视。

《十三经注疏·周易正义》"观"卦:"《象》曰:风行地上,观;先王以省方观民设教。"孔颖达疏:"正义曰:'风行地上'者,风主号令行于地上,犹如先王设教在于民上,故云'风行地上观'也。'先王以省方观民设教'者,以省视万方,观看民之风俗,以设于教,非诸侯以下之所为,故云'先王'也。"①"观"是人类接触世界最基础最重要的方式,先民既直观,也进行哲学观照,所以,在《周易》中专设"观卦"。《管锥编·周易正义》第5则"观·神道设教",虽然总体基调系乎"神道为御民之具"(《管锥编》,第30—39页),但使事用材都是民俗信仰的内容,这会在后续的章节中进行具体分析。应劭《风俗通义·序》引《尚书》:"天子巡守,至于岱宗,觐诸侯,见百年,命大师陈诗,以观民风俗。"②亦见《十三经注疏·礼记正义》卷第十一王制第五:"岁二月,东巡守,至于岱宗。柴而望,祀山川。觐诸侯,问百年者就见之。命大师陈诗,以观民风。陈诗,谓采其诗而视之。"③管仲认为:"入州里,观习俗,听民之所以化其上。而治乱之国可知也。"④商鞅之言则更为明豁:"故圣人之为国也,观俗立法则治,察国事本则宜。不观时俗,不察国本,则其法立而民乱,事剧而功寡。此臣之所谓过也。"⑤事实上,"观俗"而知民风,几乎成为历代统治者治术中极为重要的手段,堪窥俗情世风之重要。

上之所好易成"俗",这是先秦典籍中表达的俗与治关系的第二重意蕴。上之所好,下必行效,为人熟知,而上之所好,最终变而为民俗,则较少为人关注。《尚书·说命下》:"王曰:'呜呼!说!四海之内,咸仰朕德,时

---

① [清]阮元校刻:《十三经注疏·周易正义》(清嘉庆刊本),中华书局2009年版,第73页。

② [汉]应劭撰:《风俗通义校注》,王利器校注,中华书局1981年版,第8页。其中所引《尚书》之文,据王利器考证:"出见孔本《尚书·舜典》,窃疑此出《尚书大传》。"

③ [清]阮元校刻:《十三经注疏·礼记正义》(清嘉庆刊本),中华书局2009年版,第2875页。

④ 黎翔凤撰:《管子校注》,梁运华整理,中华书局2004年版,第266页。

⑤ 蒋礼鸿撰:《商君书锥指》,中华书局1986年版,第48页。

乃风。'"①"朕德"而成"风"，虽然没有确指何种民俗内容，但不难领味此"风"中的民俗、风俗意味。管仲更是多有论述："法制不议，则民不相私；刑杀毋赦，则民不偷于为善；爵禄毋假。则下不乱其上。三者藏于官则为法，施于国则成俗，其余不强而治矣。"②"朝有经臣，国有经俗，民有经产。……何谓国之经俗？所好恶不违于上；所贵贱不逆于令，毋上拂之事，毋下比之说，毋侈泰之养，毋踰等之服。谨于乡里之行，而不逆于本朝之事者，国之经俗也。"③"君据法而出令，有司奉命而行事，百姓顺上而成俗，著久而为常。犯俗离教者，众共奸之，则为上者佚矣。"④若上之所好，能标举一代风气，并相沿成风俗，实是苍生有幸。若上之所好都是庸陋之物，则下行者的效颦之举，徒为恶秽，终成恶俗。上行下效是一面，上改下易亦是一面，如墨翟所说："若以为不然，昔桀之所乱，汤治之。纣之所乱，武王治之。当此之时，世不渝而民不易，上变政而民改俗。"⑤而韩非说："是故乱国之俗：其学者，则称先王之道以籍仁义，盛容服而饰辩说，以疑当世之法，而贰人主之心。"⑥荀子亦言："故政事乱，则冢宰之罪也；国家失俗，则辟公之过也；天下不一，诸侯俗反，则天王非其人也。"⑦"先王之道"、"诸侯俗反"与"天王非其人"，韩、荀的这些观点是"上改下易"意味深长的引申。

民俗与治乱是正相关的一种关系，这是先秦典籍中表达的俗与治关系的第三重意蕴。俗好则治良，俗坏则治恶。《尚书·伊训》言："敷求哲人，俾辅于尔后嗣。制官刑，儆于有位。曰：'敢有恒舞于宫、酣歌于室，时谓巫风；敢有殉于货色、恒于游畋，时谓淫风；敢有侮圣言、逆忠直、远耆德、比顽童，时谓乱风。'惟兹三风十愆，卿士有一于身，家必丧；邦君有一于身，国必亡。臣下不匡，其刑墨，具训于蒙士。"⑧所谓巫风、淫风、乱风，据文意即明显包括各种久已形成的恶俗与恶习，"三风十愆"所概指的诸多不良风俗习

---

①　李民、王健撰：《尚书译注》，上海古籍出版社 2004 年版，第 178 页。
②　黎翔凤撰：《管子校注》，梁运华整理，中华书局 2004 年版，第 273 页。
③　黎翔凤撰：《管子校注》，梁运华整理，中华书局 2004 年版，第 286 页。
④　黎翔凤撰：《管子校注》，梁运华整理，中华书局 2004 年版，第 559 页。
⑤　吴毓江撰：《墨子校注》，孙启治点校，中华书局 1993 年版，第 423 页。
⑥　[清]王先慎撰：《韩非子集解》，钟哲点校，中华书局 2010 年版，第 456 页。
⑦　[清]王先谦撰：《荀子集解》，沈啸寰、王星贤点校，中华书局 2010 年版，第 170—171页。
⑧　李民、王健撰：《尚书译注》，上海古籍出版社 2004 年版，第 123—124 页。

惯,可以丧家亡国,不可不察,因而要"具训于蒙士",即从人小时候就开始防止熏染这些恶俗。《老子》第八十章指出:"甘其食,美其服,安其居,乐其俗。邻国相望,鸡犬之声相闻,民至老死,不相往来。"①乐俗者,正是一派治世景象。荀子认为:"人之生固小人,又以遇乱世,得乱俗,是以小重小也,以乱得乱也。"②"故赏不用而民劝,罚不用而民服,有司不劳而事治,政令不烦而俗美。"③乱世乱俗,政令不烦而俗美,指的就是风俗与治乱的正相关关系。

第二个层面,"变"是民俗的动态本质。

先秦时期的诸多典籍中,对"民俗"变的一面多有论述。时移世易,民俗中不合理的因素也要因时变化而有剔除,有增益,有减损,这是符合民俗发展规律的。

若是陋习、鄙俗,则当然要变,化不利为有利,甚或彻底移除。《尚书》述"俗",如《胤征》篇言:"歼厥渠魁,胁从罔治,旧染污俗,咸与惟新。"④所谓"染"、"俗"之论,即是原先较长时段内形成的规范、习惯、传统、风俗等方面对既定对象的影响,为去除旧有之俗,故有"惟新"之说。对俗的"惟新"几乎成为先秦"俗论"的主调之一,也是长期以来对民俗的处理方式。

民俗因政教而易,这是民俗变易的又一大原因。先秦时期,特别是诸子时期,所谓处士横议,为达成政治理想而着眼于风改俗移的人很多。管子是从政教角度对俗变论述较为集中的一位。如《管子校注》"侈靡第三十五":"故法而守常,尊礼而变俗,上信而贱文,好缘而好驵,此谓成国之法也。"⑤"正世第四十七"认为:"与时变,与俗化。夫君人之道,莫贵于胜,胜故君道立;君道立,然后下从;下从,故教可立而化可成也。夫民不心服体从,则不可以礼义之文教也,君人者不可以不察也。"⑥另外,在《法法》、《治国》等篇中亦有述及。商鞅亦是如此:"凡将立国,制度不可不察也,治法不可不慎也,国务不可不谨也,事本不可不抟也。制度时,则国俗可化,而民从制;治

① 陈鼓应:《老子注译及评介》,中华书局2009年版,第344页。
② [清]王先谦撰:《荀子集解》,沈啸寰、王星贤点校,中华书局2010年版,第64页。
③ [清]王先谦撰:《荀子集解》,沈啸寰、王星贤点校,中华书局2010年版,第232页。
④ 李民、王健撰:《尚书译注》,上海古籍出版社2004年版,第100页。
⑤ 黎翔凤撰:《管子校注》,梁运华整理,中华书局2004年版,第661页。
⑥ 黎翔凤撰:《管子校注》,梁运华整理,中华书局2004年版,第922—923页。

法明,则官无邪;国务一,则民应用;事本抟,则民喜农而乐战。夫圣人之立法、化俗,而使民朝夕从事于农也,不可不变也。"①管子、商鞅等人是从政治需要的角度来看民俗的变与不变的,这也几乎成为"移风易俗"的一个主要理由。诚然,一代之政教与一代之风俗之间,不仅仅是一种利用与被利用的关系,而是客观存在着良性互动的可能:政教可以引领民俗完成自身的更新,补充新鲜血液,使自身更有活力;而民俗更新后也有可能更利于政教,是两美并能之事。据《战国策》所载,赵武灵王改穿胡服是尽人熟知、脍炙人口的故事。赵武灵王为了说服贵族阶层改穿胡服,便以"俗变"作为最主要的理论工具:"常民泥于习俗,悬着沉于所闻。此两者,所以成官而顺政也,非所以观远而论始也。且夫三代不同服而王,五伯不如教而政。知者作教,而愚者制焉。贤者议俗,不肖者拘焉。夫制于服之民,不足与论心;拘于俗之众,不足与致意。故势与俗化,而礼与变俱,圣人之道也。承教而动,循法无私,民之职也。"②

民俗变易,也是民俗本身面临自我更新的压力而必有的应变行为。荀子认为:"故乐行而志清,礼修而行成,耳目聪明,血气和平,移风易俗,天下皆宁,美善相乐。"③移风易俗,在今天已经成为习语,都强调了"民俗"变易的一面。《孝经·广要道章第十二》提出:"教民亲爱,莫善于孝。教民礼顺,莫善于悌。移风易俗,莫善于乐。安上治民,莫善于礼。"④将移风易俗系之于"乐"之功用,强调乐对民俗系统更易的重要作用,亦是一家之言。韩非子强调古今时移,俗亦宜变:"夫古今异俗,新故异备。"⑤孟子也认为俗宜变:"昔者王豹处于淇,而河西善讴;绵驹处于高唐,而齐右善歌;华周、杞梁之妻善哭其夫而变国俗。有诸内,必形诸外。为其事而无其功者,髡未尝说之也。是故无贤者也;有则髡必识之。"⑥

---

① 蒋礼鸿撰:《商君书锥指》,中华书局1986年版,第59—60页。

② [汉]刘向集录:《战国策》,上海古籍出版社1985年版,第660—661页。在整个"武灵王平昼间居"一节,多处论及"俗变",此处引用的只是其中的某一点。

③ [清]王先谦撰:《荀子集解》,沈啸寰、王星贤点校,中华书局2010年版,第382页。

④ [清]阮元校刻:《十三经注疏·孝经注疏》(清嘉庆刊本),中华书局2009年版,第5558页。

⑤ [清]王先慎撰:《韩非子集解》,钟哲点校,中华书局2010年版,第445页。

⑥ [清]阮元校刻:《十三经注疏·孟子正义》(清嘉庆刊本),中华书局2009年版,第5999页。

第三个层面,诸态纷呈的民俗种类。

先秦典籍记载了多种多样的民俗,如仪礼、谚语、寓言、祭祀、征兆、巫、物质生产与物质生活、信仰等,可以说,在先秦时期,我们现在具有的民俗形态在那时已经基本具备了,这也说明了先秦时期民俗的发达。民俗变化的是具体内容,而其基本形态则是稳定的,所谓的不变之中有变,其是之谓也。

谚语是先秦典籍中记录较多的一类民俗。《论语》中就有这种记载,如王孙贾与孔子的对话,王孙贾问曰:"'与其媚于奥,宁媚于灶。'何谓也?"子曰:"不然。获罪于天,无所祷也。"①媚奥、媚灶之辩,非常生动,正符合谚语直观明了说服力强的特点。《左传》中谚语记载较多,如:"匹夫无罪,怀璧其罪"(卷七桓七年,尽十八年)、"狼子野心"(卷二十一宣元年,尽四年),②等等,很多谚语在今天仍为人熟知,广泛使用,能精致贴切地表达某种情绪。另一个较多使用谚语的是韩非子,聊拈数例。"谚曰:'厉怜王。'此不恭之言也。虽然,古无虚谚,不可不察也。此谓劫杀死亡之主言也。"③"语曰:'家有常业,虽饥不饿;国有常法,虽危不亡。'"④此谚即使用于现代社会,也非常贴切。"故谚曰:'巫咸虽善祝,不能自被也;秦医虽善除,不能知弹也。'"⑤此谚也是锥心之论,直指人性的弱处。"古者有谚曰:'为政犹沐也,虽有弃发,必为之。'"⑥"鄙谚曰:'长袖善舞,多钱善贾。'"⑦等等,虽是古谚,在现代生活中仍广为使用,充分显示了谚语这一语言形式的生命力。《国语》卷第二十一"越语下"记越王召见范蠡而问:"谚有之曰:'觥饭不及壶飧。'今岁晚矣,子将奈何?"范蠡对曰:"微君王之言,臣故将谒之。臣闻从时者,犹救火、追亡人也,蹶而趋之,唯恐弗及。"此谚的意思,就是"与其饿着肚子等待美餐,还不如先来一碗粗米饭",地道而质朴。

① 钱穆:《论语新解》,三联书店 2002 年版,第 66—67 页。
② [清]阮元校刻:《十三经注疏·孟子正义》(清嘉庆刊本),中华书局 2009 年版。更多谚语记载参见"卷十三僖六年,尽十四年"、"卷二十四宣十三年至十八年"、"卷五十二昭二十六年,尽二十八年"、"卷五十六定公十年,尽十五年"等。关于《左传》用谚的专门研究成果,可参考台湾"国立"教育大学简翠贞的长文《〈左传〉用谚探微》,多有阐发。
③ [清]王先慎撰:《韩非子集解》,钟哲点校,中华书局 2010 年版,第 106 页。
④ [清]王先慎撰:《韩非子集解》,钟哲点校,中华书局 2010 年版,第 126 页。
⑤ [清]王先慎撰:《韩非子集解》,钟哲点校,中华书局 2010 年版,第 192 页。
⑥ [清]王先慎撰:《韩非子集解》,钟哲点校,中华书局 2010 年版,第 416 页。
⑦ [清]王先慎撰:《韩非子集解》,钟哲点校,中华书局 2010 年版,第 454 页。

　　其他诸种民俗事象,在先秦典籍中记录极多。《左传》中的卜筮、婚俗与礼仪;《山海经》、《淮南子》、《列子》所载录的神话;《庄子》、《列子》、《淮南子》所载寓言;《诗经》中的民谣;《楚辞》中的神鬼、巫觋;《论语》中言"慎终追远,民德归厚矣"、"生,事之以礼。死,葬之以礼,祭之以礼"、"非其鬼而祭之,谄也"①;《墨子》论"厚葬久丧"、明鬼,等等,种种民俗事象在先秦典籍中都有载录,可以认定,至先秦时期,中国的民俗事象诸形态便已经发展得相当完备了。

　　(二)两汉时期文献——表征中国知识分子重俗传统的扩大

　　两汉时期,《史记》、《汉书》两大官方正史,采录民俗,以为史料,已经是非常普遍的行为了。《史记》的民俗内容分析,会在本书的第一章"《史记》的宏观民俗意蕴"这一论题中展开。《汉书》载录的民俗内容,从《汉书·五行志》、《汉书·地理志》、《汉书·食货志》、《汉书·郊祀志》有关信仰、饮食、交通、节俗等民俗记录,以及其主体"传"部中附会传主的带有很强描述性的神异故事中,均可见出其民俗内涵。正史录俗,不可避免带有强烈的政治意图,即所谓的观俗以知治乱,但不管当初司马迁、班固等为代表的知识阶层是出于何种目的,客观上造成的效果就是保存了这些民俗资源,让我们能了解到当时民间的生活风景,以及这些风景背后的文化含义。

　　更为重要的是,两汉出现了以应劭《风俗通义》为主体,以班固《白虎通义》、扬雄《方言》、氾胜之《氾胜之书》、崔寔《四民月令》及记录西汉民俗的《西京杂记》、《列女传》、《列仙传》等为辅翼,杂以刘安《淮南子》、王充《论衡》、桓谭《新论》、王符《潜夫论》、桓宽《盐铁论》、赵晔《吴越春秋》、张仲景《伤寒杂病论》等著作的有关民俗记录、整理、研究的专著体系。这一体系,与先秦时期知识分子的重俗行为相比,明显有强化之感。钱锺书《管锥编》这一巨著,对上述所列书目,多有引用,虽然引用的不全是民俗方面的内容,但钱氏对某些载录的民俗有评述,却是毫无疑问的。

　　《风俗通义》一书在知识分子重俗传统中的意义,正如钟敬文主编的《中国民俗史》(汉魏卷)所说:"《风俗通义》是世界上流传下来最早的考释社会风俗的著作,是风俗、民俗集释的开创性著作,它不仅记述了汉代及汉

---

　　①　钱穆:《论语新解》,三联书店 2002 年版,第 13、30、49 页。

代以前的民俗事象、民间传说,而且对此进行了自己的理解与评论。"①应劭《后汉书》有简传,据《后汉书》卷四十八"杨李翟霍爰徐列传第三十八"载,应劭为应奉之子,应奉博学,且记忆力惊人,能快速记住"囚徒数百千人"之"罪系姓名,坐状轻重,无所遗脱",②劭有乃父之风,"邵字仲远。少笃学,博览多闻。灵帝时举孝廉,辟车骑将军何苗掾。"③应劭书香门第出身,先事灵帝,后依袁绍,算是地道的知识分子。应劭作《风俗通义》,是知识分子第一次有意识的大规模、集中的民俗整理、研究行为,这是先秦时期知识阶层重俗传统中不具备的特征。

王利器在"风俗通义校注序例"开篇说:"应劭风俗通义,《隋书·经籍志》入之杂家,前人评论,大都讥其不纯,侪之俗儒;……知其立言之宗旨,取在辩风正俗,观微察隐,于时流风轨,乡贤行谊,皆著为月旦,树之风声,于隐恶扬善之中,寓责备求全之义;故其考文议礼,率左右采获,期于至当,而不暖姝于一先生之言,至于人伦臧否之际,所以厚民风而正国俗者,尤兢兢焉。周礼合方氏职云:'除其怨恶,同其好善。'郑玄注云:'所好所善,谓风俗所高尚。'其应氏之谓乎!"④应劭著《风俗通义》,估计在当时颇受非议,所以王利器有"前人评论,大都讥其不纯,侪之俗儒;后进循声,莫能原察"之慨。在士大夫需经国济世这一宏大理想的语境下,录俗立说完全有可能被讥为小道末流。知识分子依个人所好采录民俗,在中国漫长的封建社会体制中,往往要付出很大的代价,一边是国家理想,一边是个人夙愿,两美难并而两恶相兼,这种夹缝式的生存状态,应是知识分子重俗传统尴尬面貌的重要体现,国家话语的凌厉攻势往往淹没他们的重俗传统。

应劭在《风俗通义》中提出了自己对风俗的定义:"风者,天气有寒暖,地形有险易,水泉有美恶,草木有刚柔也。俗者,含血之类,像之而生,故言语歌讴异声,鼓舞动作殊形,或直或邪,或善或淫也。"⑤应劭论"风",纯指

---

① 钟敬文主编:《中国民俗史》(汉魏卷),人民出版社2008年版,第4页。
② [南朝·宋]范晔撰:《后汉书》,[唐]李贤等注,中华书局1999年版,第1084页。
③ [南朝·宋]范晔撰:《后汉书》,[唐]李贤等注,中华书局1999年版,第1085页。
④ [汉]应劭撰:《风俗通义校注》"风俗通义校注序例",王利器校注,中华书局1981年版。
⑤ [汉]应劭撰:《风俗通义校注》"风俗通义校注序例",王利器校注,中华书局1981年版。

自然环境和地理条件，不杂其他因素，这对先秦"风"论似是一种细化和反拨；应劭言"俗"，为含血之类所特有，表述殊为新致。人事与风土的综合，便构成风俗，对风俗的把握很直接。现本《风俗通义》十卷十篇，每卷一篇，分别为：皇霸、正失、愆礼、过誉、十反、声音、穷通、祀典、怪神、山泽。据相关考证，《风俗通义》原为三十一篇，缺失的二十篇为：心政、古制、阴教、辨惑、析当、恕度、嘉号、徽称、情遇、姓氏、讳篇、释忌、辑事、服妖、丧祭、宫室、市井、数纪、新秦、狱法。这些篇目，涉及人情、世故、流行世风、游艺、地物、居室、市井、婚姻、家教、姓氏、信仰、神怪、丧葬、祭祀、禁忌、名号、民谣、俗说、逸事等多项民俗事象，是一个庞大的民俗系统，这是士大夫知识分子第一次如此浓墨重彩地对民俗进行全面总结。有论者指出："应劭强调知识学术要关注日常生活，要发挥其在为人行事方面的重要指导作用，与其他史著更多关注治乱兴衰的思路有所不同，他从对治乱安危转向对为人行事的指导，把教化工作做到生活日用层面上，要从人的思想改造入手，达到天下大治的效果。古人虽然常有整肃风俗之论，但对此重要性强调得如此明白，且用专门著作实践其说，应劭是大有功劳的，《风俗通义》的特殊价值也正在于此。"①这是较为中肯的评价，其实，应劭对民俗的重视，更是知识分子精英身份的一个转变，他们把目光投向多姿多彩又多灾多难的底层民间，以采风录俗的方式寄托自己对民间尊重、感慨、眷顾等复杂的文化情怀。

《风俗通义》之外的其他两汉时期的典籍，扬雄《方言》，录东（今山东、河北一带）南（今湖南一带）西（今陕西、甘肃一带）北（今辽宁、河北一带）各地方言殊语，甚而远绍朝鲜北部方言，是对民间语言一次系统的记载和研究；崔寔《四民月令》，崔寔出身于世代簪缨之族，祖父崔骃、父崔瑗均是名臣，崔寔撰《四民月令》，就士、农、工、商四民十二个月中每月应做的事列出清单，实是当时社会生产民俗的一种记录；王充《论衡》对信仰民俗有较多录载，钱锺书在《管锥编》中即指出其不信鬼神但信妖的民俗立场；氾胜之《氾胜之书》为农业民俗记录之作；《列仙传》记载了从赤松子至玄俗七十一位神仙的姓名、身世和事迹，这一"神谱"式作品中多有信仰民俗的内涵；《西京杂记》对西汉首都长安的民间故事、逸闻，多有载录；张仲景《伤寒杂

①　许殿才、毛英萍：《应劭与〈风俗通义〉》，《中国社会科学院研究生院学报》2009 年第3 期。

病论》录民间医药、饮食风俗；其他如《淮南子》"齐俗训"诸篇、班固《白虎通义》、桓谭《新论》、王符《潜夫论》、桓宽《盐铁论》、赵晔《吴越春秋》，都对当时的生产、生活、信仰、仪礼等民俗都有记录，均是知识分子参与民俗记录的明证，此处不一一述及。

有必要提及的是汉赋这一文学形式中的一个重要子类——俗赋。提及汉赋，体物大赋与抒情小赋是最容易为人所忆及的，而俗赋则易被遗忘。而这不能说明俗赋之存在是可有可无的，而是说明了所谓"俗"在文学创作中、在知识分子的审美意识中、在创作者寻求文学新变手段的过程中有着重要作用。据何新文《中国赋论史》介绍："《汉书·贾邹枚路传》……说枚乘'复游梁，梁客皆善属辞赋，（枚）乘尤高'。汉武帝时，枚皋待诏，'因赋殿中，诏使赋平乐馆，善之'。又说'皋不通经术，诙笑类俳倡，为赋颂，好嫚戏'。指出枚皋赋的最大特色是诙谐逗笑，带有很大的娱乐性。并记载枚皋'与东方朔作《皇太子生赋》及《立皇子祺祝》'。"枚乘、枚皋、东方朔等人都是善为滑稽诙谐俗赋者，这些俗赋创作，"表达了汉赋从'京殿苑猎、述行序志'的传统题材，向写作'草区禽族、庶品杂类'及'方俗间里小事'之类的奇巧'小制'变化的趋向"，更表达了当时士人观念的变化，所以，何新文认为，"鸿都门赋这种内容、形式上的转变，当然受制于他们的辞赋观念。而这种辞赋观念变化的表现之一，就应该是偏主讽谏、尚用的儒家文学思想的疏离和衰落，代之而起的是有如汉宣帝那样'辞赋大者与古《诗》同义、小者辩丽可喜'，'今世俗犹皆以此虞悦耳目'的娱乐文学观。"①俗赋之俗，正是另一种审美需求的表达，这为过度成熟的文学创作注入新风，一新耳目，趣不可言。

然后，是两汉乐府中的民俗因素。甚至可以更具体地说，乐府诗歌对民间歌谣的吸取。这在本书第二章"民间口头文学"中具体论述，此处略去。

最后，两汉时期，谶纬思想对民间信仰的影响非常巨大。所谓"纬"，是对儒家《易》、《诗》、《书》、《礼》、《乐》、《春秋》"六经"而言的："有《易经》就有《易纬》，有《礼经》就有《礼纬》，有《诗经》就有《诗纬》，有《书经》就有《尚书纬》，有《春秋》就有《春秋纬》，有《孝经》就有《孝经纬》。……这些

---

① 参见何新文等：《中国赋论史》，人民出版社 2012 年版，论"蔡邕论赋与汉灵帝的'鸿都门学'"一节。

《纬》据说都为孔丘所作,其实也是对于经的一种注释和发挥。"①所谓"谶",冯友兰先生认为,"其大部分都是些隐语,据说是预告将来的事情。"冯友兰接着指出,"纬"与"谶"是不同的:"因为纬书中也有些谶语,所以后来往往把谶、纬混为一谈,通称为谶纬,其实两者基本上是不同的。"②所以,谶、纬对民间的影响,主要是天人感应、祥瑞灾异等谶语为民间所接受,最后形成了有关预言与预知的信仰。虽然谶纬源自上层统治阶层巩固统治的需要,是知识分子参与其中的一场神化君的思想运动,但上行下效,对民间俗信影响非常之大,这也可视为知识分子重"俗"活动的一个变体。

(三)魏晋南北朝时期文献——知识分子重俗行为自觉化的象征

魏晋南北朝时期,正史《后汉书》、《三国志》、《晋书》等在史料的选择方面,同样继续着注重采录民俗入史的知识分子重俗传统,如《后汉书》的主体由纪、传构成(九十卷的巨大篇幅),所记录的传主多有民间各类传说、逸闻附会,《后汉书·方术列传》、《后汉书·律历志》、《后汉书·仪礼志》、《后汉书·祭祀志》、《后汉书·天文志》、《后汉书·五行志》于民间信仰、时历均多有言及。

被认为以思想解放为主要表征的魏晋南北朝时期,文人士大夫的思想新变,也同样体现在对民间、民俗的态度上。魏晋之世,文人士大夫的精神世界与民间、民俗的互动关系,这是一个更好认识魏晋知识分子的角度,但研究者关注得并不多。王运熙等主编的七卷本《中国文学批评通史》的第二卷"魏晋南北朝"卷,为我们朝这方面运思提供了很好的启发,诸如:

建安时期……文人写作的小说、笑话一类作品也有发展。③

总之曹氏父子酷爱音乐,对于乐的娱乐作用决不否定。他们还自己制作了大量俗曲歌辞,这种情况是汉代所没有的。这正代表了时代的潮流风气。④

南朝诗文创作,"……先是受乐府民歌吴声歌曲、西曲歌的启发,

---

① 冯友兰:《中国哲学史大纲》(中卷),人民出版社1998年版,第209页。
② 冯友兰:《中国哲学史大纲》(中卷),人民出版社1998年版,第210页。
③ 王运熙、顾易生主编:《中国文学批评通史》(卷二),上海古籍出版社1996年版,第2页。
④ 王运熙、顾易生主编:《中国文学批评通史》(卷二),上海古籍出版社1996年版,第68页。

进行仿作,像谢灵运的《东阳溪中赠答》……是其例。其后把这种题材贵族化、宫廷化,于是出现了宫体诗。"①

萧绎……认为文须像民间歌谣那样表现情灵摇荡的哀思,在形式上须有绮縠纷披的色彩美和唇吻道会的音韵美,……②

六朝乐府中的清商曲辞,多采民间歌谣,歌咏男女相思相恋之情,以管弦乐器伴奏,内容声调,往往哀怨动听。……对这类以哀怨为特色的通俗乐曲,南朝许多贵族文人非常爱好;欣赏并制作清商乐曲,成为他们日常文娱生活的一个重要组成部分。③

事实确实如此,从曹魏时期开始,民俗的东西大量进入知识分子的审美领域。知识分子选择的民间生活方式更值得关注,可以这么认为,魏晋南北朝知识分子的思想解放,事实上是建基在民间这个舞台上的。所以,从民间与民俗这个角度,能更好地诠释这个时代的新风尚。在曹魏时期、东晋、西晋和南朝时期,除了上面引文提到的外,最值得关注的是嵇康等人的举动。嵇康不仅选择远离当局,即所谓的上层,而且任情放达,不拘礼法,傲啸山林,栖身民间,即所谓的下层。嵇康选择做一个民间手工艺人——铁匠,这一故事一直为人所乐道。另一个例子是陶渊明,辞官归隐,选择做一个山野村夫,荷锄耕种,这也是一种极为民间化的生活选择。

对民间的亲近,意味着知识分子有足够的可能性去接近民俗的东西,并转化为审美产品。我们看到的正是这样一个时代——一个思想解放的魏晋南北朝,一个民间与民俗被高度关注的时代,一个民俗产品制造繁盛的时代。也只有在这个时代,《山海经》这样保存大量民俗知识的著作才会被知识阶层精致地阅读,郭璞注《山海经》的文化行为,陶渊明《读山海经》荡气回肠的组诗,都是时代风气的产物。当然,陶渊明选择的田园式民间生存方式,以及王羲之在民间节俗活动中留下的《兰亭集序》尺牍,更能诠释这个时代的风气了。

---

① 王运熙、顾易生主编:《中国文学批评通史》(卷二),上海古籍出版社 1996 年版,第 157 页。

② 王运熙、顾易生主编:《中国文学批评通史》(卷二),上海古籍出版社 1996 年版,第 162 页。

③ 王运熙、顾易生主编:《中国文学批评通史》(卷二),上海古籍出版社 1996 年版,第 170 页。

　　魏晋南北朝时期，知识分子同样留下了一批载录民俗的著作。以南朝·梁宗懔的《荆楚岁时记》为代表作，周处《风土记》、徐整《三五历纪》和《五运历年纪》、干宝《搜神记》、陶渊明《续搜神记》、吴均《续齐谐记》、祖冲之本《述异记》、任昉本《述异记》、王嘉《拾遗记》、张华《博物志》、葛洪《西京杂记》等，所载各有所重。

　　《荆楚岁时记》是中国现今保存最完整的一部记录岁时节令、风物故事的著作，现存一卷，所录以时为序，自元旦至除夕，凡三十八条，记录了古代荆楚地区四时十二月重大节令的来历、传说、风俗等，涉及神话、农事、祭祀、婚嫁、谣谚、家庭、医药等众多领域。其中记录的端阳竞渡、寒食禁火、七夕乞巧、重阳登高等民俗，至今仍流行民间，成为中华民族重要的民俗活动。

　　周处的《风土记》可视为我国地方民俗志的开山之作，意义甚巨。记录之地域范围"皆概言吴越风土，非夷志阳羡也"，涉及物产土宜、节俗、器物服饰等诸多民俗内容。刘知几《史通》补注篇称其书"文言美词，列于章句，委曲叙事，存于细书"，评价甚高。更重要的是，周处《风土记》开后世地方民俗志的写作风气，《真腊风土记》、《桂林风土记》、《岳阳风土记》、《荆州风土记》、《宜兴风土记》等，不仅取材于斯著，亦仿效斯作书写体例，记录地域民俗。

　　其他著作，徐整的《三五历纪》和《五运历年纪》，载有人所熟知的盘古开天神话；干宝《搜神记》和具名为陶渊明所作的《续搜神记》，载有诸多神异故事，如《桃花源记》里的世外桃源故事；祖冲之本《述异记》和任昉本《述异记》，多录鬼异琐闻。诸如此类的作品，都是文人士大夫重民俗记录的具体表征。

　　魏晋南北朝时期，刘勰的《文心雕龙》"谐隐"篇，不仅体现知识分子对民俗的重视，更代表了他们对民俗进行理论总结的努力。刘勰论述了民间文学中的笑话、隐语等具体民俗的作用与弊端，并得出结论："古之嘲隐，振危释惫。虽有丝麻，无弃菅蒯。会义适时，颇益讽诫；空戏滑稽，德音大坏。"[①]民俗是双刃剑，好处与坏端，全在人事，用之好则好，用之坏则坏。

　　乐府诗等民间诗歌的载录，承两汉遗风，在魏晋南北朝时期仍是知识分子重俗传统的一个重要表现："东晋诗歌另有一种值得注意的现象，是有些

---

　　① ［南朝·梁］刘勰：《文心雕龙今注今译》，周振甫译，中华书局1986年版，第137页。

上层文士开始运用江南短小的民间歌谣体式写作,如谢尚有《大道曲》,孙绰有《情人碧玉歌》,王献之有《桃叶歌》,这预示着民间乐府将再度影响文人创作而造成新的变化。"①诚如斯言,知识分子的重俗传统,总是会时刻延续在文化发展的进程中,不声不响,在恰当的时候就会展露一下风姿风韵。

另外,南朝·宋刘义庆《世说新语》精短的人物品鉴,北魏杨衒之《洛阳伽蓝记》录奇谈怪闻、风土人情、掌故等民俗,贾思勰《魏武四时食制》的饮食民俗及《齐民要术》总结的农业生产、农谚,等等,都体现着知识分子对民俗的热衷之情和记载搜集之功。

最后,值得单独指出的是,魏晋南北朝时期,志怪小说创作大盛中所体现的知识分子"重俗"倾向。章培恒等人在《中国文学史新著》第五章"魏晋南北朝小说"中指出,"小说"的原始概念是肤浅的、不合于"大道"的议论,而现代概念的小说有两大源头:其一,"街谈巷语,道听途说者"的"小道"性记事;其二,则是"史部类的书籍,尤其是其中的'杂史'、'杂传'",②这与前述正史载录传主的逸闻与轶事是相通的。小说有志怪与志人之别,具体到魏恶南北朝的志怪小说,章培恒等人也指出:"魏晋南北朝是志怪小说兴盛的时代,据研究者统计,今可知的志怪书约有五六十种之多。这是因为我国本信巫术,秦、汉时盛行神仙之说,魏晋南北朝时佛道二教又甚流行,加以文学的进步,这类小说也就日益繁多了。至于这类小说的形成与巫的关系,现已由考古发掘的材料所证实。原来,战国末期就已出现过类似六朝志怪小说的记载,但却把其所载的事作为事实,并且向政府汇报,这实可视为志怪小说的先驱。"③从章氏所言,即完全可以见出,志怪与志人,不仅源起极早,而且都与民俗关联。其实,鲁迅在《中国小说史略》中早就说道:"中国本信巫,秦汉以来,神仙之说盛行,汉末又大畅巫风,而鬼道愈炽;会小乘佛教亦入中土,渐见流传。凡此皆张皇鬼神,称道灵异,故自晋迄隋,特多鬼神志怪之书。其书有出于文人者,有出于教徒者。文人之作,虽非如释道二家,意

①　章培恒、骆玉明主编:《中国文学史新著》(增订本),复旦大学出版社 2009 年版,第313 页。

②　章培恒、骆玉明主编:《中国文学史新著》(增订本),复旦大学出版社 2009 年版,第392 页。

③　章培恒、骆玉明主编:《中国文学史新著》(增订本),复旦大学出版社 2009 年版,第393 页。

在自神其教,然亦非有意为小说,盖当时以为幽明虽殊途,而人鬼乃皆实有,故其叙述异事,与记载人间常事,自视固无诚妄之别矣。"①其实,鲁迅等人指出文人创作志怪小说,不是出于释、道为神化其宗教之目的,而是出于对人间"异事"与"常事"无"诚妄之别"的判断,因而作出一视同仁的写作安排,所以,志怪小说也是知识分子的一种"俗"化创作,保留了大量的民俗素材,民俗研究者屡以之为重要研究对象。

(四)隋唐时期文献——诗、类书、笔记小说、传奇与民俗之汇

大唐帝国的盛世气象,在民俗领域里也有着重要表现,如统治者对民间多种民间信仰的宽容、对少数民族风俗的大度接纳、对节俗活动的提倡、对民间戏曲等民间文艺样式的褒奖和欣赏等,都较前朝更有进步。新旧《唐书》等正史,作为知识阶层之一部分的修史者采录风俗入史的传统一样在继续,对农、工、商各行业等物质生产民俗、服饰饮食民居行旅等物质生活民俗、岁时节日佛教节日道教节日等节俗、诞生成年婚姻丧葬等人生仪礼民俗、佛教道教摩尼教民间巫术等信仰民俗、神话故事歌谣俚语等民间口头文学以及民间艺术、民间工艺、民间游戏等多有采录。

大唐帝国的盛世气象是用诗歌来描绘的,诗人天籁般的吟唱声里,不仅展示着国家的强大和发展,同样也记录着不同的民俗风情,这两者如天作之合,共同表现着盛唐气象。《全唐诗》录诗两万余首,其中包括为数甚多的民间歌唱——乐府诗歌。另外,"《全唐诗》的最后部分收录了不少所谓神、仙、鬼、怪写的诗,实际上是出自当时在社会上流传的神话故事中,如所谓织女写的诗即是这样",②除了这些本是民间性的作品外,其他诗家,如李白、杜甫、王维、孟浩然、李商隐、杜牧等上千人的作品,完全可以拼接成一幅格制巨大、活力弥漫的民俗风情画。有研究统计,李白与杜甫的诗作中,"李白说到饮酒的诗就有170多首,杜甫诗中含酒味儿的约有300首之多。"③对唐代的饮酒之俗,如酒具、酿酒、酒令等就多有描述,是我们了解这一时代酒文化的重要记录。唐诗中记录民俗的诗句,其例甚夥,举不胜举,例如,当

① 鲁迅:《中国小说史略》,上海古籍出版社1998年版,第24页。
② 钟敬文主编,韩养民等著:《中国民俗史》(隋唐卷),人民出版社2008年版,第419页。
③ 钟敬文主编,韩养民等著:《中国民俗史》(隋唐卷),人民出版社2008年版,第106页。

我们进入《全唐诗》这一文本时,扑面而来的,就是我们时时能碰到这样的诗句。不过,值得指出的是,文人知识分子,不管是春风得意仕途畅达,还是行旅羁役或是远谪他乡,他们都会用知识分子对民俗特有的敏感和热忱,加上对民间疾苦的同情,用诗句记录这些民俗,刘禹锡对巴渝《竹枝词》的改造,便是其例。

诗歌之外,有唐一代的知识阶层同样留下了一个庞大的记录民俗的典籍系统。这之中最主要的包括以欧阳询《艺文类聚》为代表的类书、以段成式《酉阳杂俎》为代表的笔记小说。

欧阳询作为初唐四大书法家,居褚遂良、虞世南、薛稷之首,是以书艺之精纯为世人所熟知的。欧阳询的类书编纂之功,当然同样为世人所肯认,只不过与其书法相比,给人略逊一筹之感。欧阳询主编的《艺文类聚》,集令狐德棻诸人之力三年编修而成,是唐代类书中最有代表性的一种,与虞世南《北堂书钞》、徐坚《初学记》、《白氏六帖》并称唐四大类书。虽然研究者将类书修纂的源头溯至魏文帝时的《皇览》,并将载籍极博翻检不便、炫耀皇家"文治之盛"等原因归结为类书出现的原因①,而且,在魏晋南北时期,类书编纂已经较为兴盛,这类著作对民俗事象多有涉及。但类书大盛并且编纂技术、体制更为完备实始于隋唐。除所谓的"四大类书",据闻一多从新、旧《唐书》摘录,有一千卷的《文思博要》、六百三十卷的《累璧》、五百卷的《瑶山玉彩》、一千三百卷的《三教珠英》(《增广皇览》及《文思博要》)、三百卷的《芳树要览》、一百三十卷的《事类》、二十卷的《文府》以及私撰的《碧玉芳林》四百五十卷、《玉藻琼林》一百卷、《笔海》十卷等,而且,闻一多认为这只是极少的一部分②。同时,在隋唐时期,类书中通俗性私修类书极为兴盛,"隋唐时期类书的编纂特点:官修、私修类书相得益彰;官修类书的编纂目的较为单一,私修类书的编纂目的则是多元的;民间通俗性质的私修小型类书拥有的读者市场,远比官修大型类书大。"③民间通俗性质的私修小型类书大有市场,这里透露出的信息就是迎合普通民众需要的民俗性类书的编纂会大量出现,这些类书保存了大量的民俗信息,是非常宝贵的民俗研究

① 戚志芬:《中国的类书、政书和丛书》,商务印书馆 1996 年版,第 12—14 页。
② 闻一多:《类书与诗》,《大公报·文艺副刊》第 52 期。
③ 白化文:《敦煌遗书中的类书简述》,《中国典籍与文化》1999 年第 4 期。转引自刘刚:《隋唐时期类书的编纂及分类思想研究》,东北师范大学硕士学位论文,2004 年。

资源。

当然,《艺文类聚》这类官修类书,记录的民俗事象一样非常丰富。其"岁时部"、"人部"、"礼部"、"乐部"等,都记录了很多民俗事象。这里的论述目的是,知识阶层主修的各种类书,是我们研究民俗的不可忽视的资源。同样也说明,知识阶层重民俗载录的传统,在类书这一载体中得到了淋漓尽致的表达。

以段成式《酉阳杂俎》为代表的笔记体小说,延续魏晋志怪文人知识分子的志怪传统,对民俗事象的载录极具意义。段成式在《酉阳杂俎》的"序"里说:"夫《易》象一车之言,近于怪也;诗人南箕之兴,近乎戏也。固服缝掖者肆笔之余,及怪及戏,无侵于儒。无若诗书之味大羹,史为折俎,子为醯醢也。炙鸮羞鳖,岂容下著乎? 固役而不耻者,抑志怪小说之书也。成式学落词曼,未尝覃思,无崔骃真龙之叹,有孔璋画虎之讥。饱食之暇,偶录记忆,号《酉阳杂俎》,凡三十篇,为二十卷,不以此间录味也。"段成式认为,文人知识阶层笔涉"怪及戏",无伤大雅,"饱食之余,偶录记忆",完全是一件快意之事,味在其中。可以说,这是知识分子对包括志怪在内的民俗内容的喜爱的生动表达,这也成为他们录俗、论俗的一个重要驱动力。《酉阳杂俎》的编目特色独具,历来为研究者称道,陈振孙《直斋书录解题》卷十一记:"《酉阳杂俎》二十卷,续十卷,唐太常少卿、临淄段成式柯古撰。所记故多谲怪,其标目亦奇诡,如《天咫》、《玉格》、《壶史》、《贝编》、《尸岁》之类。"其所录内容,也多涉民俗事象,如"卷一《礼异》:共十三条。记载汉、梁、北朝的礼仪及世俗婚礼。卷四《境异》:共三十二条。记载异国、异民族的故事。……"①

上海古籍出版社编纂的《唐五代笔记小说大观》,收录张鷟《朝野佥载》、刘餗《隋唐嘉话》、崔令钦《教坊记》、柳宗元《龙城录》、李肇《唐国史补》、刘肃《大唐新语》、牛僧孺《玄怪录》、李德裕《次柳氏旧闻》、谷神子《博异志》、李玫《纂异记》、袁郊《甘泽谣》、韦绚《刘宾客嘉话录》、赵璘《因话录》、李冗《独异志》、郑处海《明皇杂录》、张读《宣室志》、裴铏《传奇》、李绰《尚书故实》、皇甫枚《三水小牍》、李浚《松窗杂录》、孟棨《本事诗》、李复言

---

① 详见郑愍曜:《段成式的〈酉阳杂俎〉研究》,中南大学博士学位论文,2010年。

《续玄怪录》等①。这只是有唐一代笔记小说中极小的一部分，实际的唐代笔记小说数量远不止于此。

另外，段安节《乐府杂录》，孙思邈《孙氏千金月令》，王从德《农家事略》，慎温其《耕谱》，陆广征《吴地记》，冯贽《云仙杂记》、《中华古今注》、《大唐遗事》、《唐逸史》、《唐朝野史》、《启颜录》、《唐会要》，封演《封氏闻见记》、《唐语林》，郝懿行《证俗文》、《唐才子传》，唐人《玉泉子》，陆羽《茶经》，等等，知识阶层都为后世保留了大量的民俗材料于其中。

当然，刘知几的《史通》"因习"、"邑里"诸篇，杜佑《通典》卷138《开元礼纂类》等，均是史家不废记俗论俗之言，此类著作，更多地是对民俗的功能、作用进行理论总结。

有唐一代，俗文学创作较前代更为繁盛。据章培恒、骆玉明主编之《中国文学史新著》："有关唐代通俗文学的情况，原来仅在一些笔记杂传资料中偶有记载；真可作为研究凭藉的，乃是1899年在敦煌千佛洞石窟发现的一批俗文学资料，计有俗赋、词文、变文、讲经文以及话本（原题为'话'）等。其中除话本及少部分变文、俗赋纯为叙事之文外，其余的或诗、文相间，或全为诗体，均可用于讲唱或唱。至于唐代的文言短篇小说'传奇'，实与此种俗文学有关。"②敦煌千佛洞石窟俗文学文献的发现，改变了人们对唐代文学的看法，俗文学大大丰富了唐代文学，这些俗文学，保留大量的民俗事象。唐代的知识分子，如元稹、白居易等人，都有俗文学创作体验，这些体验，亦都是知识分子"重俗"传统的体验。

（五）宋元时期文献——类书、杂剧大盛的知识分子的录俗风尚

由于宋代市民经济的发达，由于元朝是少数民族入主中原，带来了民俗中的新变因素，因而宋元时期的知识分子与民俗之间的关系会更多具有自身特征而区别于其他历史时期。

《宋史·天文志》（卷48—卷60）、《宋史·五行志》（卷61—卷67）、《宋史·礼志》（卷98—卷125）、《宋史·乐志》（卷126—卷142）、《宋史·食货志》（卷173—卷186）、《元史·食货志》（卷94—卷97）等，官方正史同

---

① 参见上海古籍出版社编：《唐五代笔记小说大观》，丁如明等点校，上海古籍出版社2000年版。

② 章培恒、骆玉明主编：《中国文学史新著》（中卷），上海文艺出版总社、复旦大学出版社2009年版，第101页。

样以俗入史,延续知识分子从正史方面与民俗互动的传统。

宋词作为两宋文学的主要表现样式,与民俗的关系密切,黄杰的《宋词与民俗》"序"便如此说道:"宋词中展示的两宋民俗,非常丰富。有关妇女生活、婚丧喜庆、饮食服饰、百工伎艺、音乐歌舞、各地物产、市井游乐、宫廷庆典、神怪灵异、社会交际、佛道宗教,乃至草木虫鱼、行话俗语、医卜星象,都有生动如实的记录。"而黄著对宋词中所涉民俗事象的分析、归类,也非常精致。如第一章"宋词与节序民俗":"《全宋词》中的节序词计有1406首,涉及从元旦到除夕的24种节日。居前5位的依次是元宵词330首,重阳词277首,中秋词210首,七夕词133首,端午词89首。"①第二章"宋词与礼仪民俗"统计人生礼仪词有2541首、送别礼仪词1018首。② 这些定量分析都很有说服力。第三章"宋词与花卉民俗"、第四章"宋词与宴饮民俗"、第六章"宋词与民俗杂考",都是有理有据的论述,黄著是实证性的研究,诸多章节以实例为立论基础,较为全面地清理了《全宋词》中与民俗有关的词作。同时,与黄著类似的研究成果并不少见,都反映了宋词的创作主体对民俗的使用情况。

知识分子以词载俗、以词论俗,在两宋几乎可视为一种非常普遍的现象。

唐诗宋词这种先入之见式的划分,使我们也很容易将宋诗从宋代文化中抹去。钱锺书先生非常反感这种作法进而对之进行反拨,不仅在《谈艺录》首节即谈"诗无分唐宋",而且有《宋诗选注》和篇幅极巨的《宋诗纪事补正》,钱先生对宋诗的钟爱,且以专著论宋诗,正说明宋诗在宋代文学中之重要地位。两宋诗人,如苏轼、陆游、杨万里、范成大等人,特别是陆游,诗作中涉及民俗的为数不少。已有的研究表明,陆游《剑南诗稿》近万首诗作中,涉及岁时节日、民间信仰、茶俗等物质生产与生活民俗的,数量极多。如陆伟民认为:"南宋爱国诗人陆游,出生茶乡,当过茶官,晚年又归隐茶乡,并以陆氏桑苎家风自诩,对茶倾注了无限深情。《剑南诗稿》中就留下三百余首咏茶诗,从各个侧面反映了南宋越地的茶品、茶俗以及文人的饮茶精神。"③两宋诗人群中,以民俗内容入诗,继续着知识阶层对民俗重视并载录

---

① 黄杰:《宋词与民俗》,商务印书馆2006年版,第20页。

② 黄杰:《宋词与民俗》,商务印书馆2006年版,第62页。

③ 陆伟民:《从〈剑南诗稿〉看南宋越地茶文化》,《农业考古》1994年第2期。

的传统,这与唐代诗人一样,大有人在,是知识分子重俗传统中不能忽略的部分。与此相类的研究成果还有程伯安的专著《苏东坡民俗诗解》,以苏东城词为研究个案,从岁时、生产生计、衣食住行、婚丧寿诞和祭祀占卜等方面出发,对百余首苏诗作深入分析,对其中所包蕴的民俗内容进行了解读。①北京大学出版社出版的《全宋诗》计72册,如果以民俗的视角对这进行审视,将是一个很有意思的课题。惜乎本人目前学力有限,只能留待来日再进行。

两宋时期,类书大盛,《太平广记》五百卷,《太平御览》、《文苑英华》、《册府元龟》各一千卷,都是格制宏大、卷目浩繁之作,信息含量极大,所录民俗内容也极为庞杂。对《太平广记》的相关论述,因《管锥编》将之作为重要注释文本,因而将在本书的后续章节中详加论述。而《太平御览》、《文苑英华》、《册府元龟》,从各书目录即可得知其民俗含量,如《太平御览》的"礼仪部"、"仪式部"、"道部"、"服章部"等涉及礼仪、服饰诸方面,《文苑英华》的"谥哀册文"、"谥议"、"诔"、"碑"、"墓表"、"祭文"等涉及丧葬,《册府元龟》31部1104门,基本以帝王、列国君、储宫、宗室、外戚、宰辅、将帅等人物为中心,以故事加以敷衍,几乎是真实人物附会传说野史而形成的人物传说。

自唐开始阜盛的笔记类作品,是带有强烈私人性痕迹的精神产品,在这些作品中,士大夫知识分子可以撇开所谓国家天下皇权霸业,将自己真实的内心感触和审美好恶宣泄其中,这类作品,也往往将知识分子喜好民俗的一面表达出来,是民俗研究的重要资源。宋元的笔记作品种类很多,民俗研究也往往以之作为研究对象,如沈括的《梦溪笔谈》、洪迈的《夷坚志》和《容斋随笔》、陆游的《老学庵笔记》、孟元老的《东京梦华录》、吴自牧的《梦梁录》、耐得翁的《都城纪胜》,以及《武林旧事》、《岁时广记》、《鸡肋编》、《清波杂志》、《吴船录》、吴曾的《能改斋漫录》、王灼的《碧鸡漫志》、张邦基的《墨庄漫录》、蔡绦的《铁围山丛谈》、乐史的《太平寰宇记》、陶宗仪的《南村辍耕录》等,之中有专论民俗的,如孟元老的《东京梦华录》卷5的"民俗"、吴自牧《梦梁录》卷18"民俗"等。宋元时期的笔记作品,正是知识分子采风录俗的一个极为重要的载体。

---

① 参见程伯安:《苏东坡民俗诗解》,中国书籍出版社1994年版。

　　宋元方志是笔记类作品外又一民俗的重要载体。正如研究者指出:"而方志记载内容较为广泛,许多街谈巷议都得以记载,民风民俗都得到保存,……总之,正因为方志具有强烈的时代性,所以我们今天在研究某个朝代的衣食住行、风俗习惯时,旧的方志可以为我们提供许多其他地方很难找到的资料。"①方志发展经历魏晋南北朝的地记阶段和隋唐的图经阶段之后,于宋代趋于体例定型,即成熟意义上的方志是在宋代形成的,然后在元代稳步发展,明清方志蔚为大观。② 可见,宋代是方志发展的关键时期,又因为方志辑录了大量的风俗内容,所以,自宋代开始,知识分子的方志编纂活动成为知识分子重俗传统一个重要表现,诸多知识分子在方志编纂过程中,往往单列"土俗"、"风俗"等类目,如梁克家的《淳熙三山志》卷41"土俗类",范成大《吴郡志》"风俗"即是如此,以载录特定区域的风俗。因而,在对宋代知识分子重俗传统的考察途中,方志又成为不可或缺的一个重要环节。钱锺书《管锥编》中,对方志亦多有引用,说明了钱锺书对方志民俗载录等功能的极为看重。

　　另外,值得提及的是宋代马端临编撰《文献通考》的录俗活动。《文献通考》和《通典》、《通志》合称"三通",以事类为核心记述历代典章制度,全书分为24门,348卷,其中郊社、物异、舆地等卷目,即有民俗的记载,这与上述唐代刘知几《史通》"因习"、"邑里"诸篇的民俗载录功能是同趣的。

　　元杂剧是元代主要的文学样式。据统计,有姓名可考的元代剧作家的作品有500种之多,加上无名氏作品以及元明换代之际的作品,超过700种,这是中国戏曲史上重要的创获。元杂剧是在吸收前朝的院本和说唱诸宫调这些民间戏曲样式的基础上,在元代下层群众爱好的直接需求推动下,加上、中、下层文人的仕进空间缩小转而寄情戏曲创作这样的条件,真正由文人创作与民间艺人结合而形成的。文人创作才华融合民间艺人的民间戏曲积累,加上城镇出现的勾栏瓦肆这样的演出舞台大量增加,适应统治阶级宴乐游饮和广大市民文化需求的杂剧应势而繁荣。有研究者注意到,元代的戏曲演出活动在农村也常常举行,如在晋南地区还有演出的舞台。然后,在农村传统的节日、庙会上,亦有杂剧演员作场演出。这些都说明了元杂剧

---

① 　仓修良:《方志学通论》,齐鲁书社1990年版,第114页。
② 　参见仓修良:《方志学通论》,齐鲁书社1990年版,"第二章"。

天生就与民间血脉相连,元杂剧完全可以视为民间戏曲种类。

（六）明清时期文献——世俗化时期的知识分子重俗传统的扩大

正如钟敬文先生主编、萧放著的《中国民俗史》第五卷——明清卷所言:"明清民俗总体特征是世俗化,人们对世俗生活空前重视,无论是庄严的祭典,还是寻常的儿童娱乐,人们都以世俗的需要为基本前提。"①明清时期,经济发展,城市不断扩大,市民阶层急剧膨胀,这些深刻变革最终决定了这一世代的民俗发展面貌。身处这一世代的知识分子,在世俗化浪潮面前不仅没有"免俗",而且直接承继前代知识分子的"重俗"传统,更加重视民俗记录,亦更加自觉地在自己的学术致思等精神活动中融入民俗元素。

《明史》、《清史稿》等正史的修纂知识群体,还是承续前代采俗入史的传统,在修史中载录了大量民俗,这当然是知识分子重俗传统的一个表征。

明清时期,社会经济发展给知识分子带来的一个重要刺激就是对物质生产活动的记录和总结,而这一过程记录了不少民俗。明代徐光启的《农政全书》、宋应星的《天工开物》、李时珍的《本草纲目》、徐宏祖的《徐霞客游记》、顾炎武的《肇域志》与《天下郡国利病书》、计成的《园冶》,清代包世臣的《齐民四术》、张履祥的《补农书》、黄宗羲主张学校开设"自然科学"、方以智著"中国科学和工程百科全书"、戴震精通算学、化学家徐寿对"农谚"的记录,等等,都有意无意地记录了大量民俗事象,是这一时期知识分子重民俗的重要例证。

明清时期,小说等俗文学创作繁盛,这是这一世代里知识分子精神活动的一个重要方面。明清时期名家辈出的小说等俗文学创作活动,就对民俗多有记录。有明一代,冯梦龙是代表人物,他是以整个生命激情拥抱民俗的知识分子,不仅在"三言"、《太平广记钞》、《墨憨斋定本传奇》、《增补三遂平妖传》等编纂性著作中留下了诸多民间故事、传说,而且创作《古今谈概》、《智囊》、《笑府》、《燕居笔记》、《情史》等民俗性作品,以及《童痴一弄·挂枝儿》、《童痴二弄·山歌》、《夹竹桃顶真千家诗》等民歌作品,这是冯梦龙留给后世的一种宝贵的民俗资源,泽被一代又一代人的精神世界。在士大夫知识分子中,冯梦龙采风问俗是大规模的、集中的,而我们似乎又忽略了冯梦龙在这方面的意义。蒲松龄是又一个如冯梦龙科场不得志而又

---

① 钟敬文主编,萧放等著:《中国民俗史》(明清卷),人民出版社2008年版,第2页。

激情拥抱民俗的知识分子,蒲松龄采风问俗创作《聊斋志异》这一过程本身,因加入了太多修饰而本身即成为一个极好的传说。《聊斋志异》所录鬼狐仙怪系列中,以民俗学的眼光来看,既有民间故事,又有民间传说,更有民间信仰,是一个民俗集成体。

其余的,如《西游记》、《水浒》、《三国演义》、《红楼梦》四大小说中所载录的民俗内容,人所共知,不需赘述。

清时有两部载录谣谚的著作不可忽略。其一是清人杜文澜所辑的100卷本《古谣谚》,收录上自帝王名臣,下迄百姓庶民,兼及少数民族的歌谣和谚语,是古谣谚的集成性作品,对研究谣谚这些民俗事象有重要意义。其二是范寅的《越谚》,一部反映中国清代越地方言、谣谚集的语言文献。《越谚》正编分上、中、下三卷,分语言、名物、音义三类。如其上卷语言类,辑录谚语、俗语和民谣,就分为述古之谚、警世之谚、借喻之谚等17组。《越谚》有一个重要的特征必须提及,就是对所收谚语、民谣、方言词语、事物名称等,大部分都加小注,以标明词语的出典、含义、读音、用法等,这可视为对谚语除载录之外的一种全面研究。同时,《越谚》全书以记录口头俗语为目的,对于方言、谚语,全都实录,对于歌谣,也完全依据口头传唱原貌载录,不避土音俗字。这些都成为《越谚》不同于其他同类作品的显著特征。翟颢在当时搜集资料困难的情况下,也写成集方言俗语大成的巨著《通俗编》。

明清时期,很多知识分子的私人性极强的著述中,对民俗多有载录,有的甚至直接以民俗载录为主要任务。这一方面说明知识分子采风问俗的自觉,另一方面更说明民俗对知识分子的影响至深至巨。斯例甚多,诸如瞿佑的《剪灯新话》、李昌祺的《剪灯余话》、沈德符的《万历野获编》、顾禄的《清嘉录》、谢肇淛的《五杂俎》、屈大均的《广东新语》、李光庭的《乡言解颐》、顾起元的《客座赘语》、郎瑛的《七修类稿》、李斗的《扬州画舫录》、张岱的《陶庵梦忆》、张瀚的《松窗梦语》、王士慎的《池北偶谈》、刘献庭的《广阳杂记》、钱泳的《履园丛话》、李乐的《续见闻杂记》、富察敦崇的《燕京岁时记》、李家瑞的《北平风俗类征》、夏仁虎的《旧京琐记》、陆容的《菽园杂记》、刘献庭的《广阳杂记》、陈盛韶的《问俗录》、李渔的《闲情偶寄》、纪晓岚的《阅微草堂笔记》等,中华书局出版的"明清史料笔记丛书"即将上述著作收录。

明清世代的学术巨子,如顾炎武、李贽、李梦阳、王守仁、王廷相、罗钦顺、黄宗羲、王夫之、戴震、章学诚、徐珂、赵翼等,诸多精神成果中,都不同程度地涉及民俗内容。

(七)清末至当代——民俗成学后知识分子自觉的民俗运用

1848年鸦片战争后,中国社会进入剧变时期,诸多重大历史事件在近一个半世纪的历史时段内相继发生,除旧布新,世道浇漓。虽时变如斯之亟,但知识分子重俗之风并没改变。更为重要的是,"五四"前后于北大开始的知识阶层的歌谣整理运动,直接开启了中国民俗学的当代建构,顾颉刚、钟敬文、江绍原、钱南扬、娄子匡、马长寿等人,成为中国民俗学创建筚路蓝缕的开拓学人。在他们揭橥的中国民俗学大旗下,一批知识分子沿着他们创设的方向,推动民俗研究向纵深发展,这批学人代表了知识分子重俗传统的一条主脉。而自魏源、龚自珍、曾国藩、康有为、谭嗣同、严复、王国维、黄遵宪等人始,历林纾、梁启超、章太炎、胡适、蔡元培、鲁迅、周作人、刘半农、郭沫若、闻一多、陈寅恪、杨树达、沈从文、老舍、赵树理、丰子恺、何其芳、茅盾、郑振铎、夏曾佑、蒋观云、柳亚子、刘大白、郭绍虞、胡愈之、沈泽民等,延续传统知识分子重俗的传统路径,他们虽然主要不以民俗作为自己的致思对象,但他们在自己的精神活动中给予了民俗以相当的关注。

民俗研究者在追溯这一时段的民俗史时,现在越来越重视黄遵宪在这一时段内所具有的独特意义。"对黄遵宪的研究,使我们有理由认为,他是前'五四'时期中国民俗学的一位重要的先驱。"黄遵宪为什么具有如此特殊的意义,自有文字为证:"1877年出使日本任参赞,其间在当地作民俗学调查并于1887(注:原文作者写为1987,当系1887之笔误)年完成《日本国志》(包括《序》、《学术志》和《礼俗志》)。1887年在湖南推行新政,大刀阔斧地进行移风易俗改革,实现他的'治国化民'、'移风易俗'的民俗观和政治社会改革抱负。在文学创作上,他以家乡客家人的民俗为本,创作了具有民俗风味的《己亥杂诗》及诗论。"①在《日本国志·礼俗志》中,黄遵宪列举了"朝会、祭祀、婚娶、丧葬、服饰、饮食、居住、岁时……神道、佛教、氏族、社会"等十四个方面的民俗事象,而在另一著作《日本杂事诗》中,他又列举了"国势、天文、地理、政治、文学、风俗、服饰、技艺、物产"九方面的民俗事象。无论从哪方面出发,黄氏在民俗学上应该占一席位置,而他的民俗学记录活

---

① 刘锡诚:《民俗百年话题》,《民俗研究》2000年第1期。

动,又是知识分子重俗传统在近世的延伸。

钱锺书在《谈艺录》第三节"王静安诗"中,论王国维诗之前,对黄公度黄遵宪之诗进行了评论。"取径实不甚高,语工而格卑;伧气尚存,每成俗艳。尹师鲁论王胜之文曰:'赡而不流';公度其不免于流者乎。大胆为文处,亦无以过其乡宋芷湾。差能说西洋制度名物,搞撅声光电化诸学,以为点缀,而于西人风雅之妙、性理之微,实少解会。故其诗有新事物,而无新理致。"①钱氏认为黄诗"艳俗",只知"西洋制度名物","有新事物,而无新理致",对黄遵宪并不赞许。在"补订"中,钱锺书对黄氏的评论有所改变:"弢叔或失之剽野,公度或失之甜俗,皆无妨二人之为霸才健笔。""公度独不绝俗违时而竟超群出类,斯尤难能罕觏矣。"②但终章又有如许感慨:"假吾国典实,述东瀛风土,事诚匪易,诗故难工。"③黄氏只知西故而少解会,将时鲜名词如光电化学之类杂拉入诗;"偷见先生嘻一笑,娘前索果索衣裳。"扯凑完篇,整者碎而利者钝矣;以吾国典实述东瀛风土,等等,钱氏于此始终耿耿兮而难释怀。但是,钱锺书评黄遵宪诗的弱点,如果从民俗学的角度来看,有些方面倒正可视为其优点,其极"具民俗风味的《己亥杂诗》及诗论",将知识分子重俗用俗的传统再一次张扬出来。

章太炎亦是重俗之人,在近 400 万余言的章氏著作中,有《新方言》,"在汉语方言研究史、汉语语源学史以及中国语言学史上都占有很重要的地位。"④章太炎在民俗方面的其他一些论点,也常为人征引,"到了晚清这时候,却不但有人认真记录笑话,创作新笑话,而且在理论上给予相当的评价。章炳麟在《诸子学说略》文中说:'周、秦、两汉之小说,似与近世不同,……宋子上说下教,强聒不舍,盖有志于社会道德者。所列黄老诸家,宜亦同此。'""……街谈巷议,所以有益于民俗也。《笑林》以后,此指渐衰,非刍荛之议矣!"⑤钟敬文也谈道:"他(章炳麟,指他在《訄书》中对感生神话的论述)用原始社会的母系制度,图腾主义(托德模即图腾的异译)等事例

---

① 钱锺书:《谈艺录》,三联书店 2007 年版,第 87 页。
② 钱锺书:《谈艺录》,三联书店 2007 年版,第 88 页。
③ 钱锺书:《谈艺录》,三联书店 2007 年版,第 89 页。
④ 孙毕:《章太炎〈新方言〉研究》,复旦大学博士学位论文,2004 年。
⑤ 苑利主编:《二十世纪中国民俗学经典·学术史卷》,社会科学文献出版社 2002 年版,第 22—23 页。

来解明中国古帝王感生神话的谜,尽管阐发并不充分,可是的确在这个长时期以来经师、学者们所困惑的老问题上做了另一种答案。从当时世界学术史的角度来看,这种答案,自然不能算是怎样新创,但是,从我们传统的神话学看,它无疑走上了一个新的阶段。从学术的道理说,它基本上是正确的。"①在章太炎这里,知识分子重俗的一面又显露出来了。

胡适更是重俗之人,在《白话文学史》的第三章《汉朝的民歌》中说:"一切新文学的来源都在民间。民间的小儿女,村夫农妇,痴男怨女,歌童舞妓,弹唱的,说书的,都是文学上的新形式与新风格的创造者。这是文学史的通例,古今中外都逃不了这条通例。"②而其参与的民俗运动,更证明其对民俗的热爱。

"王国维、梁启超、夏曾佑、周作人、周树人、章太炎等,相继把'神话'作为启迪民智的新工具引入文学、历史领域,用以探讨民族之起源、文学之开端、历史之原貌。"③梁启超等人,确实为推动民俗研究出力甚多。如梁启超,他的兴办媒体活动,就为民俗学研究成果的发表创造了平台,其创办的《新民丛报》,发表蒋观云的《神话·历史养成之人物》一文,被学界公认为是最早的神话学论文,即是很好的证明。其余诸人,要么有单篇、单本著作行世,要么有言论散见于其著作中,如胡适《歌谣的比较研究法的一个例》,刘半农《北京大学征集近世歌谣简章》,鲁迅《故事新编》、《中国小说史略》、《魏晋风度及文章与药及酒之关系》、《破恶声论》、《中国小说的历史变迁》、《摩罗诗力说》、《拟播布美术意见书》等,周作人《儿童略论》、《童话研究》、《古童话释义》、《儿歌之研究》、《谜语》、《中国民歌的价值》,茅盾《中国神话研究 ABC》,闻一多《闻一多全集》(卷 3 神话编·诗经编上、卷 4 诗经编下),郑振铎《中国俗文学史》,郭绍虞《谚语的研究》、《村歌俚谣在文艺上的位置》,沈从文《中国古代服饰研究》,胡愈之《论民间文学》,等等,这是一种非常巨大的文献资源,表达的是这一时段的知识分子对民俗研究的热忱,这些文献与钟敬文等专门从事民俗研究的人的学术成果一起,构成了这一时段内民俗研究的学术风景。

---

① 参见钟敬文:《钟敬文民间文学论集》,上海文艺出版社 1982 年版。
② 欧阳哲生主编:《胡适文集》(第 8 卷),北京大学出版社 1998 年版,第 160 页。
③ 马昌仪:《中国神话学发展的一个轮廓》,《中国神话学文论选萃·序言》,中国广播电视出版社 1994 年版。

以上分为七个小部分,从自先秦至现当代的中国浩如烟海的典籍系统中,从知识分子的载俗、论俗这个角度出发,拈出极为少量的一部分,加以粗疏分析,目的是要说明,在中国,知识分子重俗有一以贯之的传统,这个传统在任何时候都没中断过,只是我们在很多时候都有意无意地忽略了这一传统。知识分子留下的所有载俗、论俗言论,都是民俗研究者可资取法的文献。深研这些文献,定会时有所获,"中国典籍丰富,又有考据传统,因此,考据便成了中国民俗学的一大特色。无论哪位学者,也无论他使用过怎样的方法,在他的著作中,几乎都会程度不同地留有考据学的身影,这就是独具特色的中国民俗学。"①以上归纳,也算是一个考据式的结果,这是我们认识知识分子重俗传统必不可少的一个步骤。

当然,钱锺书重视民俗,并在《管锥编》等著作中大量使用民俗资源,同样是知识分子重俗传统中的一个环节。对钱锺书民俗视野的打量,不能离开这一传统,否则钱锺书的民俗学意义和民间立场的阐释便失去了最深厚的基础。考察《管锥编》的民俗资源使用情况,也是为了阐述钱锺书在知识分子重俗传统中具有何种独特的意义,特别是在20世纪这个时代的知识分子族群中,钱锺书载俗、论俗行为的文化意义何在。

三、"鸿爪之印雪泥,千百中才得什一": 以"俗"为只眼的钱锺书研究综述

> 然一代之起居服食、好尚禁忌、朝野习俗、里巷惯举,日用而不知,熟狎而相忘;其列为典章,颁诸法令,或见于好事多眼者之偶录,鸿爪之印雪泥,千百中才得什一,余皆如长空过雁之寒潭落影而已。(《管锥编》,第 492—493 页)

《管锥编》是钱锺书调动多种学科资源而生成的一个综合体,因而具有多重的阐释品格,这早为研究者所识并且做过多种概括的尝试。如蔡田明的《〈管锥编〉述说》便试图将《管锥编》所含涉的内容进行抽离,概分为十

---

①　苑利主编:《二十世纪中国民俗学经典·学术史卷》,社会科学文献出版社 2002 年版,第 5 页。

二大门:文字门、哲学宗教门、文学门、修辞门、艺术门、史学门、心理学门、政治军事门、科技门、文化门、人生门、治学与考订门。① 若从这十二个方面切入《管锥编》,都能做出有理有据的研究。又如舒展编选的六卷本《钱锺书论学文选》:"本书采取按主题门类分编的方法,分别归纳为思辨、人事、创作、鉴赏和文论五大编,各编下又分设专题条目,……"②虽然分编时也纳入了《谈艺录》、《七缀集》等著作的内容,但钱氏学术著作是一个以《管锥编》为核心的有机体系,这种纳入完全可视为对《管锥编》内涵的一个扩容,当然更无损于这种划分也是对《管锥编》多重层面的一种揭示。

《管锥编》的民俗学视野,也多有研究者关注。

臧克和《钱锺书与中国文化精神》第八部分"灵·神·疾:《管锥编》宗教思想疏证"以钱锺书《管锥编·毛诗正义》第 57 则"楚茨·巫之一身二任"、《管锥编·楚辞洪兴祖补注》第 3 则"九歌(一)·巫之一身二任"、《管锥编·史记会注考证》第 10 则"封禅书"等为支撑材料,分述钱锺书在灵、神、巫等方面的看法和观点。臧著不仅以文字训诂等溯源式方法来论证钱锺书结论的正确,如钱锺书的"《诗·楚茨》中的'神'与'灵保',是一是二,正犹如《九歌》中'灵'与'灵保',亦彼亦此",③正与金石文字等符号所阐发的意义暗相契合,而且也调用民俗学的相关知识作为辅证材料,如西方民俗学家记述的巫祝之舞蹈致神的"跳神"、俗谚、日本民俗中的"偶人节"④、弗雷泽《金枝》中记载的马来半岛巫师箭射冷美人的灵魂以获其爱情⑤等,这就是一种非常自觉的、真正意义上的对《管锥编》的民俗学视野考察了。

臧著第十一部分"'分土'到'月旦':从'胡言'一词的语源学考察看钱锺书对汉语词汇学理论的贡献",虽然论旨在乎钱锺书的语言学贡献,但作为支撑的却是民俗学和民俗文化心理,所以,臧著直言:"从民俗文化心理角度而言:俗情我慢自大,异族非种,每遭鄙讪,人地之号变为品藻之目。"⑥

① 参见蔡田明:《〈管锥编〉述说》之"附录:《管锥编》内容分门索引",中国友谊出版公司 1991 年版。

② 参见钱锺书著,舒展选编:《钱锺书论学文选》(六卷),花城出版社 1990 年版,"出版说明"。

③ 臧克和:《钱锺书与中国文化精神》,百花洲文艺出版社 1993 年版,第 123 页。

④ 臧克和:《钱锺书与中国文化精神》,百花洲文艺出版社 1993 年版,第 129 页。

⑤ 臧克和:《钱锺书与中国文化精神》,百花洲文艺出版社 1993 年版,第 136 页。

⑥ 臧克和:《钱锺书与中国文化精神》,百花洲文艺出版社 1993 年版,第 185—186 页。

　　臧著第十三部分"建构世界的语言：钱锺书语言谐趣论"论"滑稽"，以《管锥编·史记会注考证》第 27 则"樗里子甘茂列传·滑稽"为生发基础，将滑稽的形成方式、滑稽形成的心理机制等与钱锺书的"滑稽"论、作者自己对"滑稽"的考辨与理解融合起来，实际上完成了对"滑稽"的重要功能——笑的彰显。"滑稽"是民间笑话、民间故事的重要结构手法，这在本书第二章里有较为详细的论述。

　　臧著关于"长谣"之"谣"字之解释，是对《管锥编·全上古三代秦汉三国六朝文》第 234 则"全陈文卷一四·新花故人"首句——沈炯《幽庭赋》："长谣曰：'故年花落今复新，新年一故成故人。'"中"谣"字的解释，实际着眼点也是民俗学的一个重要分支——民间口头文学中的民间歌谣，所以臧认为"谣""一若作者引现成之'风谣'也"。①

　　胡范铸的《钱锺书学术思想研究》第七章"谐谑论——现象的滑稽与观念的打通"认为："正是在多重意义上的'历史现象研究'——研究历史文化现象、历史地研究文化现象和还历史现象以本来现象，触发了钱锺书的谐谑观，亦即喜剧美学思想。"②胡著不仅指出了历史现象的整理与爬梳形成了钱锺书谐谑观的最厚重的基础，而且指出了这种谐谑观是一种喜剧美学思想。

　　胡河清的《真精神与旧途径——钱锺书的人文思想》一书，其第三章"钱锺书与中国传统艺术境界"，从钱锺书童年所最喜玩的游戏"石屋里的和尚"出发，将之视为"一条研究钱锺书个性心理的极其重要的材料"③，参合众所皆知的弗洛伊德的儿童游戏与作家"白日梦"类似性以及荣格的原型理论，认为这一民俗游戏是钱锺书文化生命的原型，钱锺书一生都在继续着童年时代的这场游戏，"钱氏自幼年起即喜欢扮演'石屋里的和尚'，这个角色的真容至此昭然矣——钱锺书始终是一位幻想着自己有留侯、武侯之才的陶渊明式的中国传统隐士型艺术家。"④胡河清从民俗游戏的角度探究

---

　　①　臧克和：《钱锺书与中国文化精神》，百花洲文艺出版社 1993 年版，第 246 页。

　　②　胡范铸：《钱锺书学术思想研究》，华东师范大学出版社 1993 年版，第 140 页。

　　③　胡河清：《真精神与旧途径——钱锺书的人文思想》，河北教育出版社 1995 年版，第41 页。

　　④　胡河清：《真精神与旧途径——钱锺书的人文思想》，河北教育出版社 1995 年版，第57 页。

钱锺书的文化生命,虽然没有旁及钱锺书其他民俗因素,仍可视作民俗学视角研究的一种有效尝试。

刘桂秋的《无锡时期的钱基博与钱锺书》第七章"故乡情怀(下)"着眼于钱锺书的思乡情结,认为"更多的时候,钱锺书是把自己的羁旅者的感叹、离乡者的思念,融合到了说诗谈艺、论学衡文的过程之中。于是,故乡的民歌谣谚、习俗风物和方言俗语便一再地出现在他的学术著作和小说作品中,构成了他著作中的一道特有的景观",①对《管锥编》等钱氏著作里出现的民歌谣谚、婚姻、丧葬、信仰以至方言俗语等民俗学内容进行了极为少量的概括。但极为重要的是,刘著是有意识从民俗学角度来总结的,因之其可以断言:"钱锺书……在他谈艺论学的时候,文化人类学、民俗学自然是他所关注、所取资的对象之一。"②虽然刘著是要从民俗学的角度论证游子钱锺书的思乡恋故之情,并且对钱氏著作中的民俗事象只是蜻蜓点水式的提及,没有系统总结,但其从民俗学视野来审视《管锥编》的学术眼光完全值得肯定。

钱锺书在《管锥编·史记会注考证》第20则"绛侯周勃世家"论及小说作者创作时说:"小说家言摹叙人物情事,为之安排场面,衬托背景,于是挥毫洒墨,涉及者广,尉常琐屑,每供采风论世之资。"但他们对饮食、禁忌、民间习俗等"日用而不知,熟狎而相忘;其列为典章,颁诸法令,或见于好事多暇者之偶录,鸿爪之印雪泥,千百中才得什一,余皆如长空过雁之寒潭落影而已"。钱氏对小说家漠视民俗这一评语,正可移用于研究者对《管锥编》以至钱锺书整个精神产品中民俗因素的考察情况。"千百中才得什一",这就是对钱锺书著作民俗因素发掘的真况!

对钱锺书《管锥编》的民俗学视野考察是如此之薄弱,所以,本书将尝试对《管锥编》中所使用的民俗事象进行梳理,分类归纳,以窥透钱锺书民俗资源使用背后的文化意义。

---

① 刘桂秋:《无锡时期的钱基博与钱锺书》,上海社会科学院出版社2004年版,第202页。

② 刘桂秋:《无锡时期的钱基博与钱锺书》,上海社会科学院出版社2004年版,第210页。

第一章　钱锺书"嗜俗"原因探析与《管锥编》所注十书民俗意蕴宏观论

　　山水之清音与滑稽之雅谑,相得而益彰。(《管锥编》,第 2101 页)

　　书内与书外,钱锺书都是"嗜俗"的。

　　起居饮食、人伦日常中,钱锺书"嗜"好民俗,这在多种钱锺书传记中有记载。事实上,钱锺书之喜好民俗,可以从一个更广阔的背景上来考察。钱锺书的故乡无锡俗韵厚重,其民俗发展最少可追溯至所谓的"泰伯奔吴"(《论语》即有"泰伯"篇)时期,在无锡水式厚重民俗氛围中成长的钱锺书,喜好民俗自然是情理中事;钱锺书的父亲钱基博虽然教子甚严,但他对民俗的重视也潜移默化地影响钱锺书;少年钱锺书,喜欢阅读《西游记》等民俗含量很高的读物,以钱氏之惊人记忆,自然能在日后将这些烂熟于心的民俗材料自如地运用于其著作中;钱锺书异邦求学,一个直接的后果就是,以他对民俗的敏感,对他国民俗自然会高度关注,西俗东渐很容易在他身上成为现实。诸如此类,都能让我们如此深切地感受到,钱锺书在《管锥编》中广泛地征引民俗资源是多么自然的事。

　　如果以民俗学眼光进行考量,《管锥编》所注十部经典,每部本身就是一个厚重的民俗记录体:《周易正义》、《焦氏易林》所内蕴的卜筮,《楚辞洪兴祖补注》、《列子张湛注》所内蕴的神巫信仰,属民俗信仰范畴;《毛诗正义》所内蕴的风谣,《太平广记》所内蕴的民间传说与民间故事,《史记会注考证》、《左传正义》所内蕴的以"史传"形式存在的传说、故事,《老子王弼注》所内蕴的老庄式寓言,属民间口头文学;《全文》所内蕴的诸种民俗之集合,可视为一个集大成体。所以,从这个角度看,钱锺书选择这十部经典进行注释,这本身就是一种民俗选择,而不是有研究者所指出的,十部经典仅仅是一个经、史、子、集的宏观安排。

第一节 "野人涂说与哲士微言,若合符契":
钱锺书"嗜俗"原因初探

野人涂说与哲士微言,若合符契。(《管锥编》,第 1034 页)

钱锺书是大雅与大俗的完美统一体。

钱锺书大俗的一面是极易为研究者所忽视的,这种忽略又是以放大他大雅的一面为代价的。一般情况下,钱氏宏博的文献征引;用典雅的文言写作《谈艺录》、《管锥编》这样的学术巨作,甚至可以说钱氏是以带有厚重骈体特征的文风来写作自己的学术著作;旧体诗集《槐聚诗存》更增其"雅"韵;《宋诗选注》、《宋诗纪事补正》、《七缀集》厚重的学术味道,加上其白话文学作品,如《围城》、《写在人生的边上》、《人生边上的边上》等,引经据典,也是一派学者才情舒洒的气象。对钱氏的文学创作,几乎可以视作他学术研究在文学书写中的某种延伸。所以,对钱锺书的研究极容易关注其"雅"的一面,而忽略其"俗"的一面。

而钱锺书是一个对"民俗"有大量积累和独特理解的大师,他运用民俗事象的密集程度和不露痕迹贴切无间地融民俗于学术思考和文学创作中这一特征,雅俗配合得如此巧妙,鲜有能望其项背者。

关于钱锺书民俗事象征引的具体情形,特别是《管锥编》对民俗事象的运用及其文学、哲学等方面的思考和解读,是本书的主体,将在后文集中进行分析。本节的焦点是剖析钱氏"嗜"俗的特点与无锡重俗的传统之间的关系等方面的问题。

一、吴文化俗韵泽被与无锡江南水乡民俗的濡养

钱锺书出生于江苏无锡,一个民俗传统深厚的历史名城,有"太湖明珠"美誉。

钱锺书故居位于无锡市健康路新街巷(原名七尺场),是钱锺书祖父钱福炯所遗产业——钱绳武堂。钱福炯定下的"绳武堂"家风是勤笃以学、安分守业、和睦敦厚、淡泊名利,这一钱氏门风对钱氏子弟影响至深至巨。钱锺书在这里度过了他人生中一段非常重要的时光,这段时光的熏染化作无

声细雨,一直滋润着钱锺书的精神世界。

无锡民俗就是这种熏染中的重要一端。刘桂秋著《无锡时期的钱基博与钱锺书》"故乡情怀(下)"一章便稍稍涉及了无锡民俗对钱锺书的影响。兹录刘著两段如下:"更多的时候,钱锺书是把自己羁旅者的感叹、离乡者的思念,融合到了说诗谈艺、论学衡文的过程之中。于是,故乡的民歌谣谚、习俗风物和方言俗语便一再地出现在他的学术著作和小说作品中,构成了他著作中的一道特有的景观。""在这样的观念支配下,钱锺书便在他的《管锥编》、《谈艺录》和《七缀集》等学术著作中,经常使用民歌谣谚乃至儿歌童谣等来说明深奥的学理,这其中有不少都得之于他少时家乡生活的经历。"①正是言及无锡本土民俗对钱氏之影响。

刘著对钱锺书著作中使用的民俗事象有零星介绍,也有民俗学角度的粗略分析,但刘著的目的不是对钱锺书民俗化的一面作全景式呈示,而是要从民俗角度出发去论证钱锺书的思乡情结,这倒是合乎逻辑地说明了无锡民俗对钱锺书的极深影响。

无锡民俗是融入吴民俗中,与吴文化一体的,对无锡民俗文化的理解离不开吴文化这一大背景。在区域历史文化研究中,吴文化或者说吴越文化,是引人注目的一支。吴文化濡养了太多钱锺书这样的才俊,研究无锡民俗,研究钱锺书的"嗜俗"行为,绝不能离开吴文化这一大背景。

吴文化研究者将吴国的文化根脉推进到一个很遥远、很古老的时期,如徐国保《吴文化的根基与文脉》从"江南古陆"、先吴古国(良渚古国、草鞋山陈州古国、含山凌家滩古国)、吴地始祖(帝尧、防风氏、巫咸),尔后才进入一般的研究者所谓的"泰伯奔吴"时期,即《史记》记述时期。② 这是一种极限式追溯意趣,目的是充分论证吴文化有着久远的渊源,并且在中国文化中是占有重要地位的子文化系统:"吴文化是中国文化传统的主体构成之一,它是长江流域文化的典型代表,是良渚等多种古代文化类型的延续,与黄河流域的商周文明共同构成了中国文化的主体。"③李学勤则有对吴文化更为细腻的区分:"从大的文明形态来说,楚国和勾吴国以及越国等都属于长江

---

① 刘桂秋:《无锡时期的钱基博与钱锺书》,上海社会科学院出版社 2004 年版,第 202 页。

② 参见徐国保:《吴文化的根基与文脉》,东南大学出版社 2008 年版,第 3—42 页。

③ 吴恩培:《勾吴文化的现代阐释》,东南大学出版社 2002 年版,第 6 页。

文明和长江文化的范畴。由于楚国和勾吴国分属长江流域的中游内陆地区和下游沿海地区。由于不同的地理、气候、物产等自然因素和不同的文化习俗、文化图腾以及不同语言等社会因素,同时也因各自对自然的不同依赖等,最终形成了两种不同的区域文化,即楚文化和勾吴文化。"①

从民俗学的视角出发,吴文化是带着厚重的民俗特征进入史籍的。《史记·周本纪》载:"季历娶太任,皆贤妇人,生昌,有圣瑞。古公曰:'我世当有兴者,其在昌乎?'长子太伯、虞仲知古公欲立季历以传昌,乃二人亡如荆蛮,文身断发,以让季历。"迁语有两点与"俗"相关,一是所谓的"荆蛮",这在《史记·吴太伯世家》中也同样言及,是一个有着特定民俗所指的地域概念,正如吴培恩《勾吴文化的现代阐释》"道'蛮':生存状况的描述及文化歧视的打压"一节所论"蛮"的三重内涵:"'蛮',是一种掺杂着地理因素,同时也掺杂着与西周朝廷政治关系较为疏远的文化歧视的概念";"'蛮',是古代治史者笔下的一种有别于中原文化的生活习俗,从而被视之为落后、野蛮之习性";"在语言上,'蛮'则是指不易听懂的南方口音。"②蛮一直是这样一个象征符码:落后区域低劣、野蛮、愚钝民俗的表达,包括其方言特征。蛮是一个如维特根斯坦所说的语言"标志",标示着中原文化对吴、楚、越等地民俗的认知。

另外,司马迁给出了吴俗的一个深植人心的外部表现:"被发文身。"对吴文化这种奇俗的记载,多有典籍征引,如《论语·宪问》:"微管仲,吾其被发左衽。"《战国策·赵策二》:"被发文身,错臂左衽,瓯越之民也。黑齿雕题,鳀冠秫缝,大吴之国也。"《礼记·王制》"被发文身"、"雕题交趾"、"有不火食者矣"。

"被发文身"几乎成为吴地民俗深植人心的一种历史记忆,论及吴地民俗和吴地文化,"被发文身"的吴地先祖形象便立即进入人们的记忆之中。从《史记》记载开始,"被发文身"式的吴俗一直被以一种猎赏的姿态而看待,加上"男女同川而浴"、"黑齿雕题"、"雕题交趾"、"不火食"、"裸国"这样的"荆蛮"记忆,吴俗便以自己独特的面貌生生不绝地传承下来了。

在吴文化研究中,将无锡定为吴文化之"根"的是重要一派,泰伯奔吴,

---

① 李学勤:《良渚文化的多字陶文——吴文化历史背景的一项探索》,见《甲骨文献集成》第33册,四川大学出版社2001年版。

② 吴恩培:《勾吴文化的现代阐释》,东南大学出版社2002年版,第33—37页。

至无锡梅里,吴文化肇乎是始。无锡是否为吴文化之"根"不是本书的论题,但由此可以窥见无锡在吴文化中的重要位置。同样,无锡民俗也更是吴民俗中不可忽略的重要部分。

吴俗遗韵,泽被无锡民俗。甚至可以说,无锡民俗是吴地民俗的一个微缩版,具有吴地民俗的基本特征和种类。即以吴歌为例,泰伯奔吴(无锡)后,"以歌为教",把周族的诗歌和当地原有的蛮歌、土谣结合起来,既为传播文化之目的,又当娱乐之具,于是有了惯称的"吴歌"。"无锡'古吴歌'是无锡地区浩如烟海的民间口头文学的一个精品,无论叙事、抒情,均情真意切,而其中反映的民风民俗以及无锡人民的生产、生活和理想追求,都十分丰富生动,其曲调委婉悠扬、变化多端。古吴歌是'吴文化'的瑰宝,是汉族民歌中的灿烂篇章。"①吴歌是一种民俗之乐,是江苏民俗文化的一个重要组成部分,吴地子孙代代传唱,人人都是歌者,更为重要的是,这一民乐形式泽被了一大批吴地艺术家的创作,阿炳(华彦钧)、刘天华的二胡音乐,即是显例。整理、研究吴歌也成为学术研究的重要内容,如刘半农的《江阴船歌》、顾颉刚的《吴歌甲集》、《吴歌小史》、钱小柏的《江苏歌谣集》等,都是这方面的成果。

除吴歌外,无锡的生产、生活、节日、人生仪礼、民间信仰、民间文学等,民俗内容非常丰富。无锡是江南水乡民俗的重要生长地和典型代表。江南是一个有专指的名词,虽然其所指范围学界并不一致,但都认定江南包括吴越地区。姜彬等民俗学者将江南水乡民俗与稻作文化联系起来。所谓稻作文化,姜彬等概括为:"文化学上的所谓'稻作文化',用最简单的话来说,除了从考古学和自然科学上研究水稻主体和它生产上有关的一些技术问题,以及它的起源、流变等之外,还包括由于水稻生产而影响所及的民间的生活方式和生产中种种习俗,稻区人的性格、爱好以及文化心态,等等。一句话,包括由于水稻生产发生出来的社会的一切方面。"②水稻确实是江南水乡最有代表性的作物,将水乡与水稻联系起来,将稻作文化与江南民俗联系起来,这都是透视江南地域文化贴切的方式,围绕着水稻,水乡民俗都有了合理的解释,姜彬即以水稻为中心,阐释江南的耕作习俗与乡规民约,民间饮

---

① 雷群虎主编:《无锡特色文化》,苏州大学出版社2006年版,第30页。
② 姜彬主编:《稻作文化与江南民俗》,上海文艺出版社1996年版,第7页。

食习俗、服饰习俗、交通运输习俗、居住习俗,太湖水利、育稻、收稻、藏稻等民间农艺,米市等集市民俗,等等,江南民俗与水稻天然地联系起来了。

无锡民俗,不仅散见于重要典籍之中,而且有专志记录,如丁世良等编的《中国地方志民俗资料汇编》(华东卷)中,收《锡金识小录》(十二卷·清光绪二十二年刻本)、《无锡金匮县志》(四十卷·清嘉庆十八年刻本)、《无锡县志》(四十二卷·清乾隆十六年刻本)、《江阴县志》(二十一卷·一九六三年上海古籍书店据宁波天一阁藏明嘉靖本影印)、《江阴县志》(二十八卷·清道光二十年刻本)、《江阴县续志》(二十八卷·民国十年刻本)、《宜兴县旧志》(十卷·清嘉庆二年刻本),①分岁时民俗、礼仪民俗、信仰民俗几个大的部类记载了无锡的诸多民俗事象,这正是钟敬文先生所说的"民俗志",对民俗学研究有重要意义的文献。于吴地民俗研究,这些方志资料同样是极有益的资料。

钱锺书出生于江南水乡,无锡厚重的民俗传统,吴文化的俗韵遗风,都能够潜移默化地影响他的精神世界。加上钱氏无所不读的阅读习惯和惊人的记忆,他是可以非常自如地将故乡的民俗资源融入自己的致思空间里的。

二、父辈民俗记录活动的影响和童年阅读的民俗记忆

耕读传家的钱氏家族,能给钱锺书的成长带来深远的影响。但最直接的影响,则还是来自父辈这一代人,特别是父亲钱基博和伯父钱基成二人的影响。

钱基博是位博学的儒者,一个思想并不激进的传统知识分子,对钱锺书的影响是多方面的。钱基博在传统文化方面对钱锺书的影响,已多有论者指出,不再赘述。但是,家学渊源中的民俗因素对钱锺书的影响却少有被提及,这和钱锺书《管锥编》的民俗因素很少被研究是同因的。

钱基博在博涉经史的同时进行方志修撰,承知识分子方志修撰遗风。钱基博于方志修撰深有研究,并经常撰文阐述方志修撰的理论,如其认为:"志,史体也。"其又认为,新方志与旧方志应有区别,"新志则因时制宜,别为他制","主张新方志在编纂时应增加修志沿革、地方自治、经济、教育、氏

① 丁世良等编:《中国地方志民俗资料汇编》(华东卷),书目文献出版社1995年版,第448—462页。

族、金石、宗教等类。"对人物入志,标准甚严,必为模范者方可入志。①

据钱建中的研究,钱基博收藏有千余种方志,撰《光复志》、《无锡识小录补》、《历代兵事志》、《警备志》、《赋役志》、《风俗志》、《艺文志》。虽然钱氏的修志活动有中断,事有未竟,但是,这些方志文献成文者被保存下来,是研究钱基博学术的重要材料。

《无锡识小录补》与《无锡风俗志》是钱基博刊行了的方志,而且与无锡民俗密切相关。《无锡识小录补》分稽逸、旧迹、纪异、补传、语隽、综考、前鉴7门,各门都载录有无锡民俗风情和旧闻逸事。《无锡风俗志》是钱基博最重要的方志,"《无锡风俗志》写成后刊于民国七年(1918)的《无锡县教育会年刊》。钱基博认为,'县之志,固将曰为县之人志也;而为县之人志,莫要于志风俗。风俗者,所以表现县之人特性,而政教之所因也,言治者莫先焉,志邑故者亦宜莫先焉。'"②钱基博对风俗的理解,对民俗作用的认识,与前贤真是一脉相贯!《无锡风俗志》全书约六万余字,共分为五类:吉凶习惯、岁时景物、方言、里谚、歌谣五部分,全是对无锡风俗的记录。以今天民俗学的眼光来审视,《无锡风俗志》所载录的全是民俗内容,不仅是研究无锡民俗的重要文献,更彰显一代学术大家钱基博的爱风重俗的民俗情结,而这种情结肯定会潜移默化地影响钱锺书。

对于钱锺书,如果说钱基博是严父,是钱锺书蒙学阶段和早期教育的重要塑造者,那伯父钱基成则是慈母,他对钱锺书的精神世界的塑造更多地表现在民俗这一方面。"杨绛说,'伯父是慈母一般,钟书成天跟着他',形影不离,伯父上茶馆,钟书跟着去,伯父去听说书,钟书也跟着去。"③"杨先生所描述的钱先生的这种与生俱来的"痴气"包括几个方面的内容特点:首先,它是一种活泼俏皮的自然天性,或者说是一种游戏幽默的心态。……由于钱锺书自小过继给性格宽厚仁慈、乐观风趣的伯父,在一个比较宽松随便的环境中成长,所以他的这种活泼俏皮的天性不但没有受到压抑,反而还从伯父身上受到陶染。"④"他伯父花一个铜板给他买一个大酥饼吃,然后又花

① 参见钱建中:《钱基博方志翰墨拾零》,《江苏地方志》2003年第2期。
② 刘桂秋:《无锡时期的钱基博与钱锺书》,上海社会科学院出版社2004年版,第88—89页。
③ 汤晏:《一代才子钱锺书》,上海人民出版社2005年版,第35页。
④ 田建民:《诗兴智慧——钱锺书作品风格论》,河北教育出版社2002年版,第6页。

两个铜板向小书铺或书摊租一些通俗小说给他看,这样就把钱锺书打发了,一直看到伯父叫他回家。这些通俗小说大都是《说唐》、《济公传》、《七侠五义》等不登大雅之堂的书,钱基博没有这些书,家里藏的《西游记》、《水浒》及《三国演义》他都已经读过了。"①伯父的宽容,让幼年的钱锺书找到了一个更广的窗口去接触民俗,吃酥饼、听说书、看《西游记》等小说,这些都会给钱锺书留下非常深刻的民俗记忆的,更何况他具有常人无法企及的记忆力。所以有人指出:"钱锺书的阅读兴趣是在地摊上培养起来的。""钱锺书的'考证癖',无疑是一边吃着碗口大小的酥饼,一边在书摊上读那些'不登大雅'的小说时培养起来的。"地摊读物,多的是民俗内容,就着酥饼香而进入钱氏记忆的俗韵俗情,最后为他的"考证癖"准备了足够多的资源。

特别是童年的阅读记忆,对钱锺书民俗世界的塑造极有影响。有关钱锺书的传记中都会提到一个生动的画面,那就是钱锺书在看完这些通俗小说后,会模仿里面的形象,给同伴演出通俗小说里的形象和故事。钱锺书先生的童年,与魔幻主义作家马尔克思的童年有着相通之处,马尔克思是在拉美奇幻的民间故事、传说中长大的,所以他的作品浸透着拉美古老民俗的痕迹;钱锺书则将中国的故事、传说等民俗内容,深刻在自己的记忆里,并最终化为学术支撑材料。

钱先生不停的游戏精神、幽默的语言、生活中嗜喜不经意地玩笑逗乐等,都与他童年时所受到的民俗熏染紧密相连。

三、留学生活与西俗东渐

西学东渐潮中的西俗东渐,也往往较少被关注,正如钱锺书与西学关系的研究中,西俗与钱锺书之间的关系鲜有关注者一样。如季进的钱锺书与西学关系研究,在《钱锺书与现代西学》一书中,季进概括出钱锺书与阐释学、解构主义、形式批评、比较文学、心理学五个层面,就没有提及钱锺书与西俗的关系。当然,任何研究都难于穷尽对象的所有层面,不过可以肯定,钱锺书与西俗的关系就如同钱锺书与民俗的关系一样,一直是钱锺书研究中的盲点。

西俗东渐应该是 20 世纪东西文化碰撞中一个耀眼的光点。民俗学研

---

① 汤晏:《一代才子钱锺书》,上海人民出版社 2005 年版,第 36 页。

究者注意到了西俗东渐中的很多侧面并予以高度关注,如礼俗,"民国时期,随着中外交流的日益频繁以及社会的不断进步,较为完整的西式日常礼俗传入中国并在上层社会流行。西式礼俗是当时的社会时尚,也是生活上档次、有品位的标志。"①又如信仰民俗,基督教、天主教、伊斯兰教的传入与中国民间信仰的生存空间的争夺与互融的复杂关系②,成为信仰研究的重要内容,诸如此类,都是西俗东渐带来的新变因素给民俗研究者提供的致思方向。

钱锺书异域求学,于异文化习俗多有关注,这与他关注中国传统习俗的兴趣是一致的。

很多研究者都会注意到,钱锺书先生喜读英文词典,殊不知,英文词典里记载的异域民俗,对钱先生影响颇大:"钱锺书却告诉我们:字典是旅途中的良伴,旅途中不能作有系统的研究,惟有随翻随玩,遇到生冷的字,固然可以多记几个字的用法;更可喜者,前人所著字典,常常记载旧日口语,表现旧时风俗,趣味之深,有不足为外人道……"③钱先生的会心之处,仔细体味,并不是外人所不可"道"者,旧日口语与旧时风俗,不就是可深道者?

钱锺书在《管锥编》中对西俗的引用,这将在后续的章节中详细论述,下述例论,则来自《管锥编》外的其他著作。当然,这不是对《管锥编》外其他钱氏所有著作的民俗因素的全部整理,只是稍拈其例,以说明钱锺书对西俗的摄取与吸收。

《容安馆札记》是钱锺书还未整理出来的读书笔记,商务印书馆已经印行其影印本。编者在"《钱锺书手稿集》出版说明"中提到《容安馆札记》由三部分构成,其中第三部分是外文笔记,"数量最大,共二一一个大小笔记本,涉及英、法、德、意、西、拉丁、希腊七种语言的书籍,题材包括哲学、语言学、文学、文学批评、文艺理论、心理学、人类学各个领域乃至通俗小说、笑话、百科全书等。"这与《容安馆札记》第二大块内容"中文笔记"同趣,"为阅读中国典籍所做的笔记,原稿多达一万五千页左右,涉猎极广,所读所记

---

① 钟敬文主编,万建中、第少兵等著:《中国民俗史》(民国卷),人民出版社 2008 年版,第 313 页。

② 参见钟敬文主编,万建中、第少兵等著:《中国民俗史》(民国卷),人民出版社 2008 年版,第 559—562 页。

③ 杨联芬主编:《钱钟说评说七十年》之"忆钱锺书",文化艺术出版社 2010 年版。

包括经史子集、小说院本、乡谣俚语野史等。"①中外谚语、笑话、俚语、信仰、神话、童话、寓言等民俗内容,一直为钱锺书所钟爱,并且经常化入其学术写作与文学创作中。

《围城》几乎是钱锺书最大众化的作品,特别是《围城》影视化后,国人对《围城》与钱锺书的了解更为深入。有一个值得注意的问题是,《围城》的命名直接来自俗语。这在《围城》里褚慎明、苏文纨谈及大哲学家罗素的婚姻时的一小段对话时直接言明。褚慎明说:"关于 Bertie(即罗素)结婚、离婚的事,我也和他谈过。他引用一句英国古话,说结婚仿佛金漆的鸟笼,笼子外面的鸟想住进去,笼内的鸟想飞出来;所以结而离,离而结,没有了局。"②苏文纨说:"法国也有这么一句话。不过,不说是鸟笼,说是被围困的城堡,城外的人想冲进去,城里的人想逃出来。鸿渐,是不是?"③《围城》立意于俗语,这一俗语亦恰如其分地奠定了作品的基调。如今,"围城"一词已经俗语化了,"围城"已经融入国人的日常语汇中,成为表征人物存在状态的词汇,所以,《围城》在改编成电视剧时,杨绛有这样的题词:"围在城里的人想逃出来,城外的人想冲进去,婚姻也罢,职业也罢,人生的愿望大都如此。"《围城》这一作品,又生动地说明了钱锺书与西俗之间的影响关系。

粗疏举例,如《人·鬼·兽》的"上帝的梦",《写在人生边上》的"读《伊索寓言》",《人生边上的边上》的"论俗气",《七缀集》里的"一节历史掌故、一个宗教寓言、一篇小说",等等,《谈艺录》里对西俗的征引更如同《管锥编》一样密集,阅读这些著作,都可以看到西俗在钱锺书精神世界里摇曳的身影。

钱锺书的留学经历,为他打开了一扇广泛阅读西籍的窗户。钱锺书对异域文化里的习俗惯制同样高度关注,并且在阅读中良有会心,因而能将西俗自如地化入自己的作品中。

四、钱锺书生活"俗"化的体现

生活中的钱锺书,也是"俗"味充沛的。

---

① 钱锺书:《钱锺书手稿集·容安馆札记》,商务印书馆 2003 年版,"出版说明"。
② 钱锺书:《围城》,三联书店 2007 年版,第 99 页。
③ 钱锺书:《围城》,三联书店 2007 年版,第 100 页。

　　这在有关钱锺书先生的传记献文献中多有记述,兹举几例,以为说明。

　　钱锺书生病住院,好友黄伊探望,有如下情景:"因黄伊自己很少生病,相叙之时不免自吹自擂:'我已经好多年不上医院了,除了流年不利或偶然感冒发点高烧,我是不找医生的。'两人原并排坐在沙发上,钱先生听完黄伊这番话,突然站了起来,一把拉起黄伊,连走几步拉到写字台前。黄伊被弄得晕头转向,杨绛也不解其意,都有点儿惊愕。钱先生抓住黄伊的手,强摁着往桌面上连拍三下,虽不痛,却令人惊诧——老先生葫芦里到底装的什么药!拍完了,钱先生才作解释:'在我们无锡老家,长辈听见自己的孩子说了不该说的话,或夸了海口,在地上拍三下就会逢凶化吉,百无禁忌。我们年纪大了,弯腰到地不方便,在桌子上拍三下,也是一样的。'杨绛这才恍然大悟,轻松地笑了。"①钱先生对老家无锡的俗信,不仅不疑其为假,更如孩童般在生活中演示,年事已高的钱锺书,爱俗之心,却似从孩提时起一直延续到高龄,从未改变。

　　钱锺书对自己家乡无锡的方言,一直热爱,正如其父钱基博在《无锡风俗志》中对无锡方言表现的热爱一样,这似乎已是钱氏父子的传统了。据社科院李慎之忆:"每去拜访钱锺书夫妇时,闲谈中老有一个话题,就是无锡话。我们用家乡话交谈,谈着谈着就发现无锡话里有一些特有的词和音,文字写不出来,发音也不知是怎么转出来的。这时候,钱先生就常说:'她老娘沽(无锡话"老人家"的音转,即"父亲")都有考证,你将来看他的书就明白了。'"②钱锺书对方言语汇是敏感的,不仅有来自家学的原因,更是他精通多种语言的学术背景和出于对语言的热爱等原因,他毫无疑问知道:方言俗语是最有生命力的语言,是一种源头性的语言存在,深度了解语言,必须回到这个源头性存在。

　　喜欢讲笑话,是钱先生最引人注目的特点。钱锺书有《说笑》一文,贯注着他对笑与幽默关系的理解。在本书第二章,会重点论述钱锺书先生《说笑》中的幽默观与笑的关系。这里想指出的是,钱先生的笑话,是真正幽默的,因而能带给世人"会心一笑"。钱先生喜欢讲笑话,以笑话来回击那些无谓的世扰纷争,这在诸多钱锺书的传记里都有记载,如有人企图以高

---

① 　牟晓朋、范旭仑编:《记钱锺书先生》,大连出版社1995年版,第57页。

② 　李慎之:《通才博识　铁骨冰心》,《读书》1994年第10期。

价收购钱先生标注的英文词典,钱先生以笑话的方式回复:"我姓了一辈子钱,还在乎钱吗?"让人会心一笑之余,叹其话锋之利。

以上只是略略述及了生活中的钱锺书,时时总有"嗜俗"的表现。钱先生"嗜俗",不仅体现在《管锥编》等精神产品中,同样体现在他的一举手一投足等细碎的日常生活中。

第二节 "《水浒》奄有邱明、太史之长":《管锥编》所注"十书"民俗意蕴宏观论

《水浒》奄有邱明、太史之长。(《管锥编》,第347页)

钱锺书将《水浒》与左丘明之《春秋左氏传》、司马迁之《史记》并举,是有其特定意涵的。至少,钱锺书为我们提供了一种审视的角度,即《左传》与《史记》这些所谓的"正史",与《水浒》这些以俗为特征的作品之间,在某种意义上是精神相通的,而非判若水火。

以民俗学视角观之,《水浒》与《左传》、《史记》的相通之处,似乎在于对民俗的处理与载录。《左传》与《史记》虽被称为"正史",却并不拒斥对民俗的载录,特别是采录民间传说、民间故事等民俗事象入"正史",是撰史者常用的策略,这一特征在下文中会论及。

《管锥编》所注十书,如果以民俗学眼光审视,均具有厚重的民俗意蕴,以民俗眼光打量这十部经典,可算是对这些典籍的"另类"解读。

一、经部作品——《周易正义》、《毛诗正义》的宏观民俗意蕴

(一)《易》的宏观民俗意蕴

《易》学研究,自先秦象数、义理两派并立开始,经汉代象数易、晋代玄学易、唐代象数与义理调和、宋代理学入易、明清朴学易,以至20世纪的古史派等易学研究,每一时期每一研究流派,都是释家林立,著述很多。《易》是最有民间生命力的中华元典,特别是《易》的占筮这一特征,对民间众生很有吸引力,基本可以说,《易》是家喻户晓的。

如果以现代民俗学的观点去观照《易》,《易》实是一种信仰的表达,《易》源于对不名神秘力量的崇拜而生发的一种仪式行为。不管《易》学在

不同历史阶段呈现何种阐释面貌,《易》之研究者中,坚持《易》为卜筮说的传统一直没有中断过,正如《汉书·艺文志》所言:"言为卜筮之事,传者不绝。"先秦典籍中,《左传》所载诸多用《易》实例,都是卜筮行为。据统计:"《左传》一书言《周易》者19条,其中16条是占筮;《国语》3条,也全系占筮,这说明春秋时人基本上是从占筮角度来利用、说解《周易》的。"①两汉时期,"以孟喜、焦赣、京房为代表的官方易学,此派易学即宋人所称的'象数之学'。"②象数易学成为官方易学,而象数易与占筮之间的关系,一物两面,密不可分。"象数学体系的产生与发展并不是偶然的,从本质上说,它是对《周易》卜筮迷信部分的发展,但又穿凿附会了许多《周易》本身并不具有的东西。"③这里需要提及的是焦赣,即《焦氏易林》的作者焦延寿,《焦氏易林》为钱锺书《管锥编》所注十书中之一种。《焦氏易林》有着浓厚的民俗性特征,如婚姻民俗,钱锺书的《管锥编·焦氏易林》注也进行了这样的挖掘,这更说明了钱锺书的选择不无民俗性考虑。有论者认为钱锺书注《焦氏易林》,似乎没有来由,从钱锺书的民俗选择策略来看,则完全合理合法。在两汉,谶纬学说虽然带有浓厚的维护君权的色彩,但不可否认,谶纬思想对民俗信仰有着长期且长效的影响,而谶纬与经学在两汉时期的结合,将阴阳五行观念融入经中,使经的民俗信仰特征更加浓厚,易纬便即如此。民间易学更多地根据自己的信仰特征对易进行发挥,其中民俗的成分所占比例甚多。所以,至两汉时期,易学与民俗结合,仍是其大端。

魏晋时,老庄玄学入易,虽然将易学推向玄奥,不以占筮为目的而重《易》的哲理阐释,但有一点明白清楚,庄周之作,以寓言、故事阐释老子思想,这一表述形式本身即保留了寓言这一民间口头文学样式,庄子之作与《易》融合,无法完全抛弃这一形式。当然,在这一时期,象数易继续发展,"总的来看,玄学义理派易学是晋唐易学的主流,在易学史上影响十分深远。另一方面,汉易中的象数之学也并未中断,在本期仍很活跃。"④所以,易学中的民俗因素从来就没有断绝过。

唐时易学,以孔颖达《周易正义》为集大成之作。"《周易正义》的内容,

---

① 廖名春、康学伟、梁韦弦:《周易研究史》,湖南出版社1991年版,第12页。
② 廖名春、康学伟、梁韦弦:《周易研究史》,湖南出版社1991年版,第73页。
③ 廖名春、康学伟、梁韦弦:《周易研究史》,湖南出版社1991年版,第82页。
④ 廖名春、康学伟、梁韦弦:《周易研究史》,湖南出版社1991年版,第135页。

即是采用王弼、韩康伯的《周易》注本,在'疏不破注'的前提下对王、韩之注加以疏释,从而对《周易》经传文予以进一步的阐发。但在其疏释过程中亦往往取汉人《易纬》、《子夏传》及京房、郑玄、王肃等前人之说,对各家说法有选择地加以吸收。"①所以,孔疏是一个综合体,集成了诸家说易之成果。于孔疏《周易》,有一点研究者似乎较少关注,那就是孔疏在集成诸家易说过程中,经常使用民俗事象,如谚语、礼俗、祭仪等来析理论事。这也是十三经注疏中,孔颖达所有注疏作品中常用的策略。孔颖达有知识分子喜好民俗的特点,他注疏的经部作品,除了所注作品本身的民俗内涵外,这些民俗性注释又附益其上,更加重了原作的民俗意蕴。

宋易中,象数易与义理易两端并重。象数易在宋代易学中的意义重大:"也就是说宋代易学的兴起首先是由象数派的易学开始的。宋代象数派易学是由道士陈抟创始的,中经种放、穆修、李之才等人,发展为周敦颐、邵雍的易学。"②从这些治易大家即可知象数易的分量,而象数易一直深渗民间,与民间卜筮、信仰紧密关联。明清易学中,象数易以黄道周、方以智为代表而继续发展,所以,象数易所代表的易学的民俗品质便一直没有消失过。

以上所举数朝易学研究发展概况,即完全可以见出易学研究都没有脱离民俗这一轨道。今人的易学研究中,完全从民俗学角度出发的研究也开始出现。如刘道超的《易学与民俗》,即从易与巫术民俗、择吉民俗、生产民俗、百工商贸理财民俗、风水民俗、婚姻民俗、岁时民俗、禁忌民俗等诸多角度切入③,对《易》的民俗性有较为深入、系统的探讨,实能给人以启发。事实上,《易》的民俗性,就在于《易》的卜筮预知功能长期对民间的影响,并由之而生成的民俗资源系统。《易》的民俗性,也更多地体现在民间易学对《易》的运用、阐释之中,如易学风水、卜筮算命等民俗活动中。

其实,《易》还有多方面的民俗意蕴可以挖掘。如《易》与神话及神话思维。《易》的六十四卦,似乎都可以还原为一个个自然神话,表达着先民对世界、社会的看法。试看"明夷"卦,今人陈望衡之解释很有启发。陈望衡释明夷卦为"明入地中":"明夷卦是离卦的错卦,其卦象相反,晋卦的卦象是太阳升出地面,而明夷卦的卦象是太阳落入地下,说是明夷,这是一种非

---

① 廖名春、康学伟、梁韦弦:《周易研究史》,湖南出版社1991年版,第187页。
② 廖名春、康学伟、梁韦弦:《周易研究史》,湖南出版社1991年版,第201页。
③ 参见刘道超:《易学与民俗》,中国书店2008年版。

常文学化的说法。夷是伤，明夷就是太阳受伤了。太阳受伤了，自然就不能工作了，它要去疗伤了。"①太阳去疗伤，这与古希腊神话中的"法厄同"式神话是同趣的，法厄同就是先民对太阳的一种接近式想象，而"明夷"比这种想象更为原始质朴，将太阳的活动完全等同于人类活动，古希腊神话所具有的神人同形同性特征，在"明夷"卦中同样具备。《易》六十四卦，除了卜筮预知这些功能，很多都可以看成一个个美丽的神话，只是我们今天更多地关注易的象数与义理性，而对其神话特征在很大程度上都遗忘了。

钱锺书先生在《管锥编·周易正义》中，对易的取象原则、卜筮特征等都有精当而又角度特异的论述。如《管锥编·周易正义》之27则"说卦（二）""天地拟象"则：

> 《说卦》："乾为天，为父，为良马，为老马。坤为地，为母，为子母牛。"按此等拟象，各国或同或异。坤之为母，则西方亦有地媪之目，德国谈艺名家早云，古今语言中以地为阴性名词，图像作女人身。乾之为马，西方传说乃大异；或人考论谣谚风俗，断谓自上古已以马与妇女双提合一。安得好事者旁通直贯，据《说卦》而广讨参稽乎？（《管锥编》，第96页）

乾、坤两卦，居易之首，分别代表天与地。天地观念，虽然可以引申为宇宙观等哲学命题，但初民对天地更为原始的态度，还是天地信仰观念。天地信仰，又以拟诸不同之物象而得到具体表达，常见者即钱先生所引《说卦》之文。但钱先生对"乾之为马"这一拟象，西人"考论谣谚风俗，断谓自上古已以马与妇女双提合一"这一说法，进行了一个善意的嘲讽。天拟诸马，象马之奔腾向前之象，完全合情合理，不必"以马与妇女双提合一"强行捏合，中国即有"天马行空"之说，与《说卦》傍通参稽，这一问题便可得圆满解决。

《易》中的天地观念，可以说是华夏子孙最早的天地信仰表达，天地信仰一直是民间俗信中的重要组成部分，而《易》对民间天地信仰表达的构建一直起着始源和强化、巩固的作用。

因为在民间信仰章"鬼神信仰"一节论"神道设教"时，对钱锺书先生论《易》之神道设教与民间俗信的关系有详细的论述，故此处略去。此处需要说明的是，钱先生对《易》的民俗意旨的把握，一个重要方面便是神道设教

① 陈望衡：《周易玄机》，人民出版社2011年版，第157页。

对民间俗信的影响,这与《易》的主旨是深度契合的。

(二)《诗》的宏观民俗意蕴

《诗》的民俗意蕴,已为很多研究者所关注,并进行了卓有成效的阐发。所以,本节不打算重复前贤论述,而只是对有影响的观点稍作引述,重在彰显民俗解《诗》的启智作用:《诗》的民俗解读模式不可或缺。

民俗解《诗》,往往能溯源至朱熹《诗集传》:"吾闻之,凡诗之所谓风者,多出于里巷歌谣之作,所谓男女相与咏歌,各言其情者也。"①"国者、诸侯所封之域。而风者,民俗歌谣之诗也。谓之风者、以其被上之化以有言,而其言又足以感人,如物因风之动以有声,而其声又足以动物也。是以诸侯采之以贡于天子,天子受之而列于乐官。于以考其俗尚之美恶,而知其政治之得失焉。……武王崩,子成王诵立。周公相之,制作礼乐,乃采文王之世风化所及民俗之诗,被之筦弦,以为房中之乐,而又推之以及于乡党邦国。所以著明先王风俗之盛,而使天下后世之修身、齐家、治国、平天下者,皆得以取法焉。"②诗乃里巷歌谣之作、民俗歌谣之诗,男女相悦而各言其情性,朱熹持论,实是还原了《诗》的本来面貌,虽然朱熹在说《诗》过程中也并未另立流派而离开"诗教"说很远,但其立论尖新对后世影响甚大,屡有和者。

钱先生在《管锥编·毛诗正义》第2则对"关雎·序"中的"风"义进行阐释,便与朱熹的论断有吻合处:

> "风"字可双关风谣与风教两义,《正义》所谓病与药,盖背出分训之同时合训也。是故言其作用,"风"者,风谏也、风教也。言其本源,"风"者,土风也、风谣也(《汉书·五行志》下之上:"夫天子省风以作乐",应劭注:"'风',土地风俗也"),今语所谓地方民歌也。言其体制,"风"者,风咏也、风诵也,系乎喉舌唇吻(《论衡·明雩篇》:"'风乎舞雩';'风',歌也";仲长统《乐志论》:"讽于舞雩之下"),今语所谓口头歌唱文学也;……(《管锥编》,第101—102页)

钱锺书从作用、本源、体制三层次谈及"风"的含义,除作用这一层面为"讽谏"而没有言及民谣外,另外两个层面都谈及民谣,这不仅仅是钱锺书

---

① [宋]朱熹撰:《朱子全书》(第一分册),上海古籍出版社、安徽教育出版社2002年版,第351页。

② [宋]朱熹撰:《朱子全书》(第一分册),上海古籍出版社、安徽教育出版社2002年版,第401页。

对"风诗"的看法,更是他关于《诗》的民俗意蕴的宏观把握的重要论断:"言其本源,'风'者,土风也、风谣也,今语所谓地方民歌也。""言其体制,'风'者,风咏也、风诵也,系乎喉舌唇吻,今语所谓口头歌唱文学也。"这便是钱锺书对《诗》的界定。

在其他地方,钱锺书也屡申此意,如:

> 明万时华《〈诗经〉偶笺·序》曰:"今之君子知《诗》之为经,而不知《诗》之为诗,一蔽也。"……阮葵生《茶余客话》卷十一:"余谓《三百篇》不必作经读,只以读古诗、乐府之法读之,真足陶冶性灵,益人风趣不少。"盖不知此正宋、明以来旧主张也。(《管锥编》,第137页)

> 朱鉴《〈诗传〉遗说》卷一载朱熹论陈傅良"解《诗》凡说男女事皆是说君臣",谓"未可如此一律";盖明通之论也。(《管锥编》,第185页)

不管是以乐府之法读《诗》,还是借赞朱熹批评陈傅良"解《诗》凡说男女事皆是说君臣"为"明通之论",都有主张将《诗》引入"俗"的意思在里面。因为在"民间口头文学"章的"民间歌谣"一节中,对钱先生论《诗》的民谣性有更为详细的讨论,此处亦从略。

值得指出的是,20世纪的《诗经》研究中,民俗解诗大盛。朱志刚的《经俗之汇——二十世纪〈诗经〉与民俗研究综述》①、刘自强的《〈诗经〉民俗文化研究的历史与现状》等研究成果有过总结,均可资参照,不具体引述。倒是其中有些观点颇有见地,深为认同,如刘自强认为:"《诗经》不仅是我国历史上第一部诗歌总集,而且也是我国最古老的一部民俗史料总集。"②20世纪的《诗经》研究历程,就是致力于挖掘这个民俗史料集中的民俗元素的过程,如之中的风谣、婚姻、祭祀、信仰、生产、生活、礼仪、史诗、神话等,都一一进入研究者的视野之中。

20世纪《诗经》的研究者中,必须提到闻一多先生。闻一多的《诗经》研究,借助于文字学与民俗学等学科工具,对《诗经》阐发良多新意,颇有启发。兹举例如下。

---

① 参见朱志刚:《经俗之汇——二十世纪〈诗经〉与民俗研究综述》,《外语艺术教育研究》2007年第4期。
② 刘自强:《〈诗经〉民俗文化研究的历史与现状》,《兰州铁道学院学报》(社会科学版)2003年第2期。

释《摽有梅》之"摽"字:

"本篇亦女求士之诗,摽(抛)投义同,摽梅犹彼之投瓜、投桃、投李耳。《晋书·潘岳传》曰:'少时,常挟弹出洛阳道,妇人遇之者,皆连手萦绕,投之以果,遂满载以归。'此事与二诗所咏者略同。疑初民习俗,于夏日果熟时,有报年之祭,大会族人于果园之中,恣为欢乐,于时士女分曹而坐,女竞以新果投其所悦之士,中焉者或解佩以相报,即相与为夫妇焉。二诗所咏,殆即此类,而潘岳事则其流风余韵之偶存于后世者也。"

"原始社会之求致食粮,每因两性体质之所宜,分工合作,男任狩猎,女任采集,故蔬果之属,相沿为女子所有。……夫果实为女所有,则女之求士,以果为贽,固宜。然疑女以果实为求偶之媒介,亦兼取其繁殖性能之象征意义。(茮苡宜子,或云其实似李,详《周南·茮苡篇》)掷人果实,即寓贻人嗣胤之意,故女欲事人者,即以果实掷之其人以表诚也。"

"诸果属诚皆女子所有,然梅与女子之关系尤深。梅字从每,每母古同字,而古妻字亦从每从又。……梅也者,犹言为人妻为人母之果也。然则此果之得名,即仿于摽梅求士之俗。……要之,女之求士,以梅为贽,其渊源甚古,其函义甚多。本篇《传》、《笺》并谓梅盛极则落,喻女色盛将衰,皮相之论也。"①

其余如释《卫风》"氓篇"、释"国风"中之"鱼"等,均有此意,阅其文,便知闻一多先生解《诗》,参入民俗,新见迭出。

20 世纪的民俗解《诗》潮流中,钟敬文、朱东润、余冠英、叶舒宪等,一大批解《诗》者都从民俗学的角度给出了很好的阐释,这至少启发我们:对古代典籍,从民俗学视角解读是有意义的解读方式。

因此,以上钱先生关于诗的"民谣"论,不仅是《诗》本貌的还原,而且是 20 世纪民俗解诗中的重要一极,遗憾的是,读《诗》者,往往不见钱先生之相关论述,亦是只见树木不见森林之谓乎!

---

① 闻一多:《闻一多全集》(卷 3 神话编+诗经编上),湖北人民出版社 2004 年版,第327—328 页。

二、史部作品——《左传正义》、《史记会注考证》的宏观民俗意蕴

《左》、《史》二书之民俗意蕴研究,其例甚多。特别是在 20 世纪中国民俗学学科发展壮大后,对二书民俗价值阐发的论文、专著便时有出现,如台湾的研究者简翠贞的《〈左传〉用谚探微》专门探析《左传》的用谚特征,钟敬文先生的博士生郭必恒,其博士论文《史记之民俗学研究》则是从民俗学角度出发的对《史记》的集中性研究。本小节对二书民俗意蕴的宏观把握,并不拟对已有研究成果作梳理,而是从《管锥编》中钱锺书的相关论述出发加以引申,以图对两部经典的民俗意蕴进行把握。

（一）《左传》的宏观民俗意蕴

《左传》中载录有婚俗、占筮、信仰、谚语、居住、礼仪、梦兆、故事、传说等民俗内容,民俗内涵瞻富。说《诗经》是民俗的集合体,《左传》、《史记》亦当如是。

当然,十三经的注疏者,如孔颖达诸君,随文生发,曲与逶迤,原籍中有民俗处,即以民俗释之,这又在原有经籍民俗的基础上进行了一次极大地丰富。因为钱氏是以十三经注疏本作为经部"注"的基础,因之于此作一个总的说明,不再在其他章节赘述。

于《经》与《传》之关系,钱锺书有一个殊为贴切的比喻,引述如下:

　　《经》之与《传》,尤类今世报纸新闻标题之与报道。苟不见报道,则只睹标题造语之繁简、选字之难易,充量更可睹词气之为"惩"为"劝",如是而已;至记事之"尽"与"晦"、"微"与"婉",岂能得之于文外乎? 苟曰能之,亦姑妄言之而妄听之耳。(《管锥编》,第 268 页)

报纸的生命即是源于世俗获知信息、摄取知识所需,我们现时所谓的"大众传媒",其载风录俗、服务大众之用,仍是其主要功能。钱锺书在《论俗气》一文中,即认为俗有多之意,①那么大众之多,正乃俗世之众,"大众传媒"又可转生成"俗传媒"。因此,钱锺书对经与传关系的解释,似乎已经带有"俗"蕴了,当然,此"俗"与民俗之俗还有相当距离。

最为重要处,当然还是钱锺书对"史"的看法。而钱氏读"史",即在言俗,俗与史的关系,一直是钱锺书在清理的命题。

如《管锥编·左传正义》第一则:

———————————

① 钱锺书:《写在人生边上·人生边上的边上·石语》,三联书店 2002 年版,第 65 页。

> 吾国史籍工于记言者,莫先乎《左传》,公言私语,盖无不有。(《管锥编》,第271页)

此处,将《左传》记言的特征概括为"公言私语,盖无不有",即《左传》所记之言,不仅有堂皇的官话,亦有民间野语、街巷之谈,这与《左传》的内质是完全吻合的。

> 虽云左史记言,右史记事,大事书策,小事书简,亦只谓君廷公府尔。初未闻私家置左右史,燕居退食,有珥笔者鬼瞰狐听于傍也。上古既无录音之具,又乏速记之方,驷不及舌,而何其口角亲切,如聆声欬欤?或为密勿之谈,或乃心口相语,属垣烛隐,何所据依?如僖公二十四年介之推与母偕逃前之问答,宣公二年鉏麑自杀前之慨叹,皆生无旁证、死无对证者。注家虽曲意弥缝,而读者终不厌心息喙。纪昀《阅微草堂笔记》卷一一曰:"鉏麑槐下之词,浑良夫梦中之噪,谁闻之欤?";李元度《天岳山房文钞》卷一《鉏麑论》曰:"又谁闻而谁述之耶?"李伯元《文明小史》第二五回王济川亦以此问塾师,且曰:"把他写上,这分明是个漏洞!"盖非记言也,乃代言也,如后世小说、剧本中之对话独白也。(《管锥编》,第271页)

此处,对"左史记言"之"私言",有一种温和的质疑。对史书中惟妙惟肖的"言"进行质疑,代有人在,钱锺书仅是多家质疑声音中的一家之疑。床秭私言、闺中密语乃至起居饮食中的对谈,撰史者并没有亲历,何能有如此细腻、传神之描绘?因此,诸家质疑的声音也确实切中了治史者的要害之处。钱锺书提出"代言"之说以求圆通,很有见地。史家治史在很多情况下是"代言",而非"记言"。这种代言行为一个直接的后果,便是史家的主观随意性和修饰行为进入治史活动中,因而,不管是所记之事、所记之人,都有可能成为传说、故事。记言、代言以至成为传言,特别是野史趣闻涌入史家笔端后,所记之言,便完全有可能成为民俗学意义上的传说、故事。史书中围绕传主或史事等,有很多引人入胜的描写,并且这些描写被民间代代传讲,都可生成为民间传说与民间故事。

正是因为史官代言机制的介入,《左传》、《史记》中的诸多描写,都具有民间故事与传说的特征。并且,代言又可分为史官代传主之言和史官代民间言说,民间关于传主的种种传说和故事、轶闻,都可载诸史家笔端,成为史书内容。这一代言机制,正是《左传》、《史记》具有很强的可读性,不像其他正史那样面目冰冷的重要原因。

同时,对史的"记言"与后世小说、剧本有"共通"之处进行类比。所以钱先生有非常精彩的见解:"盖与小说、院本之臆造人物、虚构境地,不尽同而可相通;记言特其一端。"小说、院本都是与民间文学有着千丝万缕联系的文学样式,有的直接就是民间文学,有的与底层民众血脉相连,有的以民俗材料为素材,等等,后世所谓通俗文学,当指小说、院本这些俗韵厚重的文学品类,只是小说等后来居上,成为了研究者眼中似乎与民俗毫无关联的文学种类,殊不知这些文学种类的根就是民俗。所以,钱锺书先生在上述引文的结尾说:"《左传》记言而实乃拟言、代言,谓是后世小说、院本中对话、宾白之椎轮草创,未遽过也。"《左传》的"俗"本质,因着小说、院本这些文学样式而生动体现出来。

《左传》的民俗性是多重的,钱锺书先生当然也对这多重层面有精到的论述,这在后续章节中会详细论述,此处只是对《左传》的民俗性作一个宏观的把握。

(二)《史记》的宏观民俗意蕴

钱先生的《史记》注,以泷川资言的《史记会注考证》为参考文本。对泷川资言的观点,钱先生当然有论述、评价,如:

> 按泷川此书,荟蕞之功不小,挂漏在所难免。涉猎所及,偶为补益,匪吾思存也。(《管锥编》,第415页)

"偶为补益,匪吾思存也",表明的立场还是自己对《史记》的注,虽然是借泷川的考证为酒,以浇自己胸中块垒,钱先生主要阐发的还是自己对《史记》这一文本中诸多问题的看法。

对泷川的考证,钱锺书亦是客观评介,该褒则褒,如上述引文"荟蕞之功不小"的断语,该贬则贬,如:

> 泷川多事曲解,以不谬为谬,悖矣!(《管锥编》,第481页)

对泷川的评述,不是《管锥编·史记会注考证》的重点,钱先生对《史记》中相关问题的看法,才是其核心内容。这一核心内容,一个重要成分就是对《史记》民俗成分的发掘。此处只谈及钱先生对《史记》民俗成分的宏观把握,微观考察留在后续的章节中进行。

《史记》的民俗内容,较《左传》更为丰赡。司马迁处汉世,与左丘明所处的春秋时期相比,不仅文明的发展已经推进了一大步,而且至汉世,民俗资源也有相当的积累,这为司马迁采风问俗以撰史书提供了更多可能。

如《史记》开篇之"五帝本纪",所载帝王谱系之人物,便可视为神话中人,20 世纪顾颉刚等古史辨派学者对之有深度的研究与论证。虽然古史辨派带给学界的结论争议很大,但最少我们对这一谱系有了不同的理解视角。如果以民俗学视野来看,这一谱系完全可以视为一个成熟的神谱,与古希腊神话的神谱进行比较,从哪一个层面看都不逊色。

钱锺书先生《管锥编·史记会注考证》之二"五帝本纪"中的相关论述,便于此意有申述,先引述其相关原文:

> 黑格尔言东土惟中国古代撰史最夥,他邦有传说而无史。然有史书未遽即有史学,吾国之有史学,殆肇端于马迁欤。……屈原《天问》取古来"传道"即马迁"不敢言"之"轶事"、"怪物",条诘而件询之,剧类小儿听说故事,追根穷底,有如李贽《焚书·童心说》所谓"至文出于童心",乃出于好奇认真,非同汰虚课实。……哀公十四年论《春秋》托始,屡称"所见异辞,所闻异辞,所传闻异辞";《穀梁传》桓公五年论《春秋》之义,谓"信以传信,疑以传疑";史识已如雨中萤焰,明灭几微。马迁奋笔,乃以哲人析理之真通于史家求事之实,特书大号,言:前载之不可尽信,传闻之必须裁择,似史而非之"轶事"俗说应沟而外之于史,"野人"虽为常"语",而"缙绅"未许易"言"。……《史记》于"怪事"、"轶闻",固未能芟除净尽,如刘媪交龙、武安谢鬼,时复一遭。……洪迈《夷坚丁志·自序》至举《史记》记秦穆公、赵简子、长陵神君、圯下黄石等事,为己之道听途说,"从事于神奇荒怪"解嘲,几以太史公为鬼董狐!马迁盖知而未能悉见之行者。虽然,其于乙部之学,不啻如判别清浑之疏凿手,"史之称通",得不以斯人为首出哉!(《管锥编》,第418—419 页)

这里面有几层意思值得琢磨。

其一,历史与传说的关系。于史而言,提及"纪传"体,我们更多的理解是将"传"理解为传记;是一种与传主相符合的真实叙述。这一意义过多地遮蔽了"传"的另一重含义:传说。治史时,治史者其实更多地将传说、传闻纳入撰史行为中,这几乎是史家治史时的一种自觉行为。"列传"不仅占据了《史记》内容的大部,而且《史记》以人物为核心的结构方式,正为与传主关联的种种传说的植入提供了便利。司马迁治《史记》,自帝王至龟策者,几乎都以民间传说附会传主,如刘邦、老子以及列传的诸多传主,都掺入传说与传闻。并且,这些传闻由于《史记》是重量级典籍而广泛被人阅读,这中间的传说、传闻因之会在民间得到更广泛的传播,因而获得更多的民俗品质。史与传的问题,以《史记》、《左传》等典籍来看,传说等民俗因素的渗入似乎较传主的真实"传记"所占的成分要大得多。因而,任何对《史记》有阅读的人,这一阅读记忆是非常深刻的。

其二,"怪、力、乱、神"的问题。司马迁秉承儒教传统,对"怪、力、乱、神",特别是"神",虽然有"芟除",但《史记》远没有挣脱对"怪、力、乱、神"的记载。这里,必须提及《史记》开篇的"五帝本纪",司马迁实际上在远古帝王纪中绘制了一个"神谱",这个神谱,与古希腊神话中的神谱是可以媲美的,这在前文已有述及,现兹将这一神谱勾勒如下:

少典→黄帝(嫘祖)→玄嚣(青阳)→桥极→帝喾高辛→挚与放勋;

少典→黄帝(嫘祖)→昌意→高阳→颛顼→鲧→禹

少典→黄帝(嫘祖)→昌意→高阳→颛顼→穷蝉→敬康→句望→桥牛→瞽叟→重华

即以处于这个体系的最末端的挚与放勋、鲧、禹等为例,古史辨派学者考证其为神话中人,《史记》五帝本纪所提供的谱系,是否为神谱,这是一个需要存疑的问题,但以神谱的角度来看这个谱系,却十分有意思。

其三,以屈原《天问》为类比对象,将《史记》隐而不彰的因素凸显出来,"屈原《天问》取古来'传道'即马迁'不敢言'之'轶事'、'怪物',条诘而件询之,剧类小儿听说故事,追根穷底,……"《天问》同样对先秦时期的神话等民俗材料有很多记载,并且多有所问。屈原多言,司马迁相对少言,但以今之眼光来看,司马迁所言"怪、力、乱、神"已经非常丰富了。

其四,史与"信"的问题另一重意蕴。所谓信史,常人理解,更多指历史与事实的符合,而对历史中传说等成分的掺入较少关注。钱锺书先生看到了这一面,所以他说"知作史当善善恶恶矣,而尚未识信信疑疑之更为先务也",所谓先务之"信疑",虽然钱锺书先生指出:"马迁奋笔,乃以哲人析理之真通于史家求事之实,特书大号,言:前载之不可尽信,传闻之必须裁择,似史而非之'轶事'俗说应沟而外之于史,'野人'虽为常'语',而'缙绅'未许易'言'。"但"迁盖知而未能悉见之行者",钱先生指出,司马迁不可能完全排除民俗这一史料来源,正因为民俗材料的大量引人,司马迁要做到史与信的完全统一,几乎没有可能,倒是可以做到"通",所以,钱先生在本段最后指出"'史之称通',得不以斯人为首出哉",治史"通"法之运用,司马迁正为第一人,所谓通即能将包括民俗史料在内的材料纳入治史之中。

因而,以上"五帝本纪"中的相关论述,钱先生实际已对《史记》的宏观民俗意蕴做了非常充分的说明。

在另外的地方,钱锺书不仅申述了《左传》注中相同的意思,即记言——代言——传言的生成惯制:

> 此类语皆如见象骨而想生象,古史记言,太半出于想当然(参观《左传》卷论杜预《序》)。马善设身处地、代作喉舌而已,即刘知几恐亦不敢遽谓当时有左、右史珥笔备录,供马依据。然则班书删削,或识记言之为增饰,不妨略马所详;谓之谨严,亦无伤耳。马能曲传口角,而记事破绽,为董氏所纠,正如小说戏曲有对话栩栩欲活而情节布局未始盛水不漏。李渔《笠翁偶集》卷一《密针线》条尝评元人院本作曲甚工而关目殊疏,即其类也。(《管锥编》,第452页)

而且,对史家治史偏废"民俗"的一面提出批评,以彰显民俗的重要:

> 古人编年、纪传之史,大多偏详本事,忽略衬境,匹似剧台之上,只见角色,尽缺布景。……小说家言摹叙人物情事,为之安排场面,衬托背景,于是挥毫洒墨,涉及者广,尉常琐屑,每供采风论世之资。然一代之起居服食、好尚禁忌、朝野习俗、里巷惯举,日用而不知,熟狃而相忘;其列为典章,颁诸法令,或见于好事多暇者之偶录,鸿爪之印雪泥,千百中才得什一,余皆如长空过雁之寒潭落影而已。陆游《渭南文集》卷二八《跋吕侍讲〈岁时杂记〉》曰:"承平无事之日,故都节物及中州风俗,人人知之,若不必记。自丧乱来七十年,遗老凋落无在者,然后知此书之不可缺。"过去习常"不必记"之琐屑辄成后来掌故"不可缺"之珍秘者,盖缘乎此。曩日一法国史家所叹"历史之缄默",是亦其一端也。(《管锥编》,第492—493页)

《史记》这一文本,有着多种角度对之释读,民俗学是不可或缺的角度。钱先生的宏观把握,便对我们多有启发。

三、子部作品——《老子王弼注》、《列子张湛注》、《楚辞洪兴祖补注》的宏观民俗意蕴

（一）《楚辞》的宏观民俗意蕴

关于这三部经典作品民俗性的宏观把握，亦已有较多研究成果可供参考，特别是《楚辞》的民俗性研究，论文、专著的数量都不在少数。本节无意作无意义的续貂之论，在此提及三部经典作品的民俗意蕴的宏观把握，与提及其他七部作品民俗意蕴的宏观把握的目的都一样，是为坚持一点：经典的解读，如果从民俗学角度入手，完全会别开生面。当然，提十部经典作品的宏观民俗意蕴，也是与《管锥编》细部的民俗事象分析相呼应的，表明钱锺书的《管锥编》之写作，无论是宏观还是微观方面，都有民俗意图的安排含蕴其中。

对以屈原为主要创作代表的"楚辞"的民俗性把握，应该分为两个层面来进行。

第一个层面，是屈原、宋玉等一批创作主体本身被民俗符号化，这里最有说服力的是端午节这一节日民俗。端午节是华夏节俗中文化承载厚重的传统节日。2007年，中国政府出于对传统节俗的尊重，将清明、端午、中秋三大传统节日设定为法定节日。将端午节等设定为法定假日，这不简单是一年中多出一个休息日，也不仅仅是表示对传统节俗的尊重姿态，更重要的是让华夏子孙在节日的氛围中感受传统节俗带给我们沉甸甸的文化馈赠。其实，年年端午，真正理解端午节俗却不简单。仅就"端"与"午"这两字而论，便有不同寻常的内涵。端午节中的"端午"两字，循名责实，颇有渊源，可有多重而丰富的理解。"端"，《说文》释为"直"，《广雅》释为"正"，端最原初的意义，可能就和"正"、"直"这样的立身行事标准联系在一起，用"端"来定义一个节日名称，寄寓的正是我们的祖辈求正求直的文化理想。如果将其与端午节关系最密切、忠直不阿、刚洁高尚的屈原联系起来，更能强化我们对"端"字这一释义的理解。"午"，可与"五"相通，这就又可以上溯至《周易》对数字"五"的尊崇，五是阳数，代表阳刚，"九五之尊"，是《周易》中最重要的数。又因为农历以地支纪月，依地支纪月顺序，五月为午，因此称五月为午月。

又如端午节的纪念对象问题，纪念屈原当然成为主流说法，但其他说法也应了解，纪念苏州古城的建立者伍子胥是纪念屈原说之外的第二大主流

说法,现在江浙一带的端午节便是纪念伍子胥,而非屈原,一个在民间传说中一夜白头的正直者形象。还有纪念曹娥说,起于三代夏至节、恶月恶日驱避说,吴越民族图腾祭祀说,等等,这些又都与民俗紧密相连。

国家将端午节等设定为法定节日,透露出的信息非常清晰:让国人感受节俗所承载的传统文化内涵,让这种文化内涵一次又一次地熏陶我们的精神世界,并且将这种熏陶的行为一代又一代地延续下去。

关于屈原本身的民俗性问题,还有一层意思也为研究者关注,特别是近年来的林河、张中一等人,将屈原本身就视为一介大巫,结论大胆尖新,对屈原的身世背景又多了一重审视角度。

宋玉等人,在民间也并非没有自己的身份,《太平广记》即给宋玉留下了位置,附会民间传说,让宋玉也成为一个民俗符号。

第二个层面,即是研究者关注最多的《楚辞》文本所载录的民俗材料。即以《楚辞·九歌》为例,《楚辞洪兴祖补注》载王逸叙:"九歌者,屈原之所作也。昔楚国南郢之邑,沅湘之间,其俗信鬼而好祠;其祠必作歌乐鼓舞以乐诸神。屈原放逐,窜伏其域,怀忧苦毒,愁思沸郁。出见俗人祭祀之礼,歌舞之乐,其词鄙陋,因为作九歌之曲,上陈事神之敬,下见己之冤结,托之以风谏;故其文意不同,章句错杂,而广义焉。"自东汉王逸始,《九歌》的内质便被清楚地定义了:民间俗祭之歌。自此始,《九歌》与民俗关系紧密便成为定论,汝后的争论,便集中于《九歌》与屈原的关系。大致分为两种论调:其一,为屈原改编楚地"鄙陋"的祭神歌舞之词而成现有的《九歌》,如朱熹:"九歌者,屈原之所作也。昔出南郢之邑,沅湘之间,其俗信鬼而好祠;其祠必使巫觋作乐歌舞以娱神。蛮荆陋俗,词既鄙俚,而其阴阳人鬼之间,又或不能无亵慢淫荒之杂。原既放逐,见而感之,故颇为更定其词,去其泰甚,而又因彼事神之心,以寄忠君爱国眷恋不忘之意,是以其言虽若不能无嫌于燕昵,而君子反有取焉。""更定其词"之说,即是屈原对沅湘之间巫觋娱神歌舞之词进行改编,屈原非作者,而是编者,其效正同刘禹锡与竹枝词之关系。在这一层意思里面,近人又有一些新见颇有启发,如董楚平认为,"《东皇太一》、《河伯》、《国殇》"此三篇"绝非民间可能有的特殊作品",其理由是"《国殇》祭祀为国阵亡的将士,民间祭词不可能有这样的作品,它应该完全是屈原的创作。《河伯》祭黄河之神。黄河没有流经楚国。纯粹的民间祭礼只祭与自己直接有关的自然神祇,也不可能有这样的作品","东皇太一是楚人信仰中的至上神上帝。……古代有权祭太一的只有天子。战国各诸侯皆已称王,在礼制上都以天子自居,故楚王是可以祭'东皇太一'的,民间祭礼则断乎不可。"①这样的说法也自有其理,但即便如此,也不能否定《九歌》所涉及的其他六神为民间诸神、其他作品为民间性作品。同时,屈原对民间性作品的改写,是作家文学与民间文学互动关系的生动例子,说明了知识分子对民俗资源的利用是一直不变的传统。其二,《九歌》不为屈原所改编,如胡适即持此论,他在《读楚辞》中说:"九歌与屈原的传说绝无关系,细看内容,这九篇大概是最古之作,是当时湘江民族的宗教歌舞。"胡适当然也没有直接证据来支撑自己的观点,但胡适等人同样没有否定《九歌》为民间性作品。

因而,最少可以断定,《九歌》中的大部分作品为民间性作品,作为《楚辞》重要组成部分的《九歌》,即完全可以说明《楚辞》的民俗内质。更为重要的是,《离骚》、《九章》中所涉及的诸神,《招魂》所涉及的招魂仪式与地狱描写,《天问》中的诸多与民俗关联的质问,《大招》载录的祭词,等等,都能让研究者产生民俗学方面的学术想象,所以,《楚辞》中的民俗因素,如巫觋、神灵信仰、神话、婚恋、楚地方言等,都有研究者进行发掘,年代稍为久远的如长期生活在湖广地区熟知楚地风俗的王夫之,其《楚辞通释》释《楚辞》即着眼于楚地的衣食居住民俗、神话乐舞、祭祀游乐。时代较近的则如闻一多的《楚辞》研究,钟敬文的《楚辞》研究,巫瑞书的楚文化研究,萧兵的《楚辞》与神话研究,林河的《九歌与沅湘民俗》,等等,都是有见地的研究成果。当然,钱锺书《管锥编》也于《楚辞》的民俗有新解,如《管锥编·楚辞洪兴祖补注》第一节"离骚经章句序"论楚地方言:

……"离骚"即"骚离",屈原盖以"离畔为愁"。足备一解而已。夫楚咻齐傅,乃方言之殊,非若胡汉华夷之语,了无共通。诸侯朝廷官府之语,彼此必同大而异小,非若野处私室之语,因地各别。苟布在方策,用以著作,则较之出于唇吻者,彼此必更大同而小异焉。《论语·述而》之"雅言",刘宝楠《正义》释为别于土话之"官话",是矣而未尽然;以其仅识官话视土话为整齐画一,而未识笔于书之官话视吐诸口之官话愈整齐画一,官话笔于书之训诰雅颂者又视笔于书之通俗底下者

---

① 董楚平译注:《楚辞》,上海古籍出版社2006年版,第46—47页。

愈整齐画一。故楚之乡谈必有存于记楚人事或出楚人手之著作,然记楚人事、出楚人手之著作,其中所有词句,未宜一见而概谓"楚人之语自古如此"。(《管锥编》,第889—890页)

此处,钱锺书先生主要从楚之方言这一角度谈《离骚》之解题。所谓"识官话视土话为整齐画一,而未识笔于书之官话视吐诸口之官话愈整齐画一,官话笔于书之训诂雅颂者又视笔于书之通俗底下者愈整齐画一",说明书面语言与方言之殊,而方言俗语是最能体现民俗的地区差异的,一地方言表达的是一地民俗,钱先生在释"离骚"时,突破传统的释"离骚"为"遭遇忧愁",将"离骚"倒置为"骚离",即离开忧愁。而在楚地方言中,倒置之俗也非不常见,钱先生此解,最少为"离骚"的解释提供了一个从方言俗语致思的角度。

(二)《老子》、《列子》的宏观民俗意蕴

老子《道德经》五千言,有多少内容与民俗相关,似乎难于从文本里找到证据。不过,如下之处倒是可以生发。第10章"载营魄抱一,能无离乎"之句,便开启了后来长期存在的身体与神魂关系的争辩;第31章"吉事尚左,凶事尚右。偏将军居左,上将军居右。言以丧礼处之。杀人之众,以悲哀泣之,战胜以丧礼处之",不仅言及尚左尚右的礼俗规范,而且提及了丧礼这一最重要的中国民俗礼仪;第38章"夫礼者,忠信之薄,而昏乱之首",对礼的功能有反面的描述;第54章"故以身观身,以家观家,以乡观乡,以邦观邦,以天下观天下",便有观俗问俗之含意;第80章"甘其食,美其服,安其君,乐其俗",便有重俗尊俗的意思。诸如此例,也体现了老子对"俗"是注重的。

现存列子之《列子》,文八卷,汪洋巨著,特别是张湛整理加注后,文本材料更为充实,又据研究者统计,全书共载民间故事寓言、神话传说等134则,这完全可以从民俗学的角度去把握《列子》的宏观民俗意蕴。

不过,虽然老子的民俗意蕴无法更多地从其文本中找寻,但从老子与道教关系的角度,则可为其民俗意蕴的阐发找到依据。列子有文献资料,而且列子和老子一样,被视为道教的重要人物,因此,将老子、列子并置一起讨论其宏观民俗意蕴,或许更有可操作性。

先秦道家与道教的关系,聚讼纷纭,难有公断。如许地山等人认为,道家是道教之源,在《中国道教史》里他论及:"本来,道教自承其教起于老子,不过在汉末宗教家眼中的老子,已经被神格化,称为'道'的化身,又是一切修仙之术的老祖宗。所以道教亦自称为道家。正史中最早为道教立传的是《魏书·释老志》,开卷第一句话就是'道家之源出于老子'。那一'老子',也是'先天地生'的神仙班头。"①道家为道教的源头,老子为道教的主要人物,这似乎是道家与道教关系的主流说法。道教尊老子为"道德真人"、"玄元皇帝",其《道德经》在唐时被国家尊为《道德真经》,《道德真经》与"南华真人"庄周的《南华真经》(即《庄子》,唐时被尊为《南华真经》)、"冲虚真人"列御寇的《冲虚真经》(即《列子》,唐时被尊为《冲虚真经》)一起,成为道教的三大基本典籍。道教长期以老子、庄子、列子为信仰对象,这些对象在民间又广为流传,即以《西游记》为例,"老子道君"便出现在开篇中。在民间俗信或民间故事中,老子道君出现的频率也是非常高的,民间非常认同这位道教的祖师爷。

另一派认为先秦道家与道教没有任何关系。如许地山在《中国道教史》中也指出:"及于近代,章太炎先生乃认为道教与道家完全相违背,最多不过是前者托于后者:'神仙之说,汉末或托老子,与其初旨背驰。今之黄巾道士,起于张陵、张鲁之伦。其妖令祭酒,虽主习《老子》五千言,本非虚无贵胜之道,而亦不事神仙,但为箓解劾治而已。期乃古之巫师,其术近出墨翟,既非老庄,并非神仙之术也。'"②章太炎、任继愈等人即认为,道教与道家关联不大。

道教一直被认为是中国土生土长的宗教,而且被认为是有深厚民间基础的宗教。"道教开始拥有群众是从下层开始的,如东汉的黄巾(内地道教)、张鲁(巴蜀的道教)多以下层群众为对象。中国农村长期愚昧落后,缺医少药,以符水治病,驱妖捉鬼,祈福禳灾,与民间巫术、占卜、星相、图谶等迷信相结合,道教活动得以广泛蔓延,道教典籍中也保存了这一部分内容。"③任继愈先生的论述是能揭示底层民众与道教深层感情联系的某些侧面的,道教的重要派系如"五斗米道",即从这些派系的名字便可以看出它的民间本位与民俗性。道教诸神与下层民众的亲近,对中国民间信仰影响之大,都不可低估,道教中的"八仙",及其衍生成的"八仙过海"等故事,都能生动地说明这一点。

① 许地山:《道教史》,上海古籍出版社1999年版,第11页。
② 许地山:《道教史》,上海古籍出版社1999年版,第12页。
③ 任继愈主编:《中国道教史》,上海人民出版社1990年版,第3页。

钱锺书先生在《管锥编》中,对道教论及的地方非常多,特别是就儒、佛两教与道教的关系论述者更多见,如《管锥编·太平广记》第26则(《太平广记》卷六五):

> 《姚氏三子》(出《神仙感遇传》)夫人"乃敕地上主者,令召孔宣父,须臾,孔子具冠剑而至,夫人临阶,宣父拜谒甚恭。"按此道士之明抑儒家也。卷六六《谢自然》(出《集仙录》)自然骑麟升天,跨鹤还家,曰:"上界无削发之人,若得道后,悉皆戴冠";此道士之隐贬释家也。又仙人来召自然时,"将天衣来迎,自然所著衣留在绳床上",即韩愈《谢自然》诗所谓:"须臾自轻举,飘若风中烟;入门无所见,冠履同蜕蝉。"施肩吾《谢自然升仙》:"如花年少一女子,身骑白鹤游青天";则不必拘以与"骑麟"、"跨鹤"较核矣。(《管锥编》,第1028页)

道士贬抑儒、佛两家,是教派关系的常态,"跨鹤"、"戴冠"亦都是典型道家形象,钱锺书先生论道家时,总喜教派对举,这样更能让读者看清道教等信仰的真实面目,及其与民间信仰之间的关系。

所以,《老子》、《列子》的民俗意蕴的宏观揭示,首先必看到这两者与道教的关系,进而探及道教与民间信仰领域及民间口头文学等其他民俗领域之间的关系。

老子的《道德经》过于简略,仅从《道德经》这一文本出发,能发现与民俗关联的地方相对少些。《列子》则不一样,篇制较大,正如上文所提到的,之中仅寓言故事就有134则,单凭这一点就可以说《列子》俗韵厚重。同时,《列子》还载录其他民俗材料,加上张湛之注,以及后人的附益,民俗内涵便越来越厚重了,兹举一例以说明。

《列子·天瑞篇》中说:"精神离形,各归其真,故谓之鬼。鬼,归也,归其真宅。"此处,列子即对民间信仰中的"鬼"给出了一个定义,指出鬼是返回太清之境的东西,太清即宇宙。近人杨伯峻所撰《列子集释》集张湛注及唐人卢重玄之解以及其他诸人之说,于此处,即指出张注:"真宅,太虚之域。"张注言明了鬼是要回太虚之域的东西。又集王重民之说:"……《韩诗外传》:'死者为鬼。鬼者,归也。'《论衡·论死篇》:'人死精神升天,骸骨归土,故谓之鬼。鬼者,归也。'《风俗通》:'死者,澌也;鬼者,归也。精神消越,骨肉归于土也。'……"①这些

---

① 杨伯峻撰:《列子集释》,中华书局1979年版,第20—21页。

成分的叠加,便形成了对"鬼"这一民间俗信的解释,以后诸多民俗学者在论及鬼神信仰时,总会或多或少要追溯到这一层面。

同时,由于钱锺书在续《管锥编》的未竞著述计划中,有注《庄子》的打算,"在作者其时致友人郑朝宗的信中,透露了续辑准备论述的书也是十种,并写出了其中七种书的书名。它们是《全唐文》《少陵》《玉溪》《昌黎》《简斋》《庄子》《礼记》等十种。"①因此,如果将《老子》《庄子》《列子》三者同列为钱氏所著书目,无论是从民间信仰角度,还是从其他民俗学角度出发审视,都可见出其宏观民俗意旨。

四、集部作品——《太平广记》、《全上古三代秦汉三国六朝文》的宏观民俗意蕴

(一)《太平广记》的宏观民俗意蕴

与有宋一代的文学、文化研究,如宋词研究的丰富相比,《太平广记》的研究略显单薄与瘦瘠。已有的研究大多将目光集中在《太平广记》的版本、引用书目考证与引书数量多少、校注、史料价值、语词训诂、传播接受与域外影响等方面,虽精研之作不乏,对《太平广记》这一五百卷巨作有较多角度的阐释,但于《太平广记》本身所负载的核心信息——民俗文化,并没有过多关注。

已有的研究似乎更多地将《太平广记》定义为"野史小说"性质的大型类书,②这一说法颇值商榷。鲁迅的《中国小说史略》对《太平广记》的描述,《广记》研究者征引颇多,极易致人误途。"宋既一平宇内……又以野史传记小说诸家成书五百卷,目录十卷,是为《太平广记》,……《广记》采摭宏富,用书至三百四十四种,自汉晋至五代之小说家言,本书今已散亡者,往往赖以考见,且分类纂辑,得五十五部,视每部卷帙之多寡,亦可知晋唐小说所叙,何者为多,盖不特稗说之渊海,且为文心之统计矣。"③如果仅看鲁迅这样一些相关表述,而忽略他谈论"小说"时所括定的诸多细节,则极易误认鲁迅是以现代小说眼光来界定《太平广记》的。鲁迅溯源"小说之名"时,一再述及小说是"街谈巷语,道听途说者之所造也"这一民俗品质,并且在第

---

① 张文江:《营造巴比塔的智者——钱锺书传》,上海文艺出版社1993年版,第117页。

② [宋]李昉等编:《太平广记》,中华书局1961年版,"点校说明"。

③ 鲁迅:《中国小说史略》,浙江文艺出版社2000年版,第71页。

二篇专门述及"神话与传说"这一民俗学重要的研究门类,至于在其他章节里述及的"鬼神志怪"、"神魔"、"笑话"等,都是民俗学研究的重要对象。所以,从《中国小说史略》的整体内容来考究鲁迅所设定的"小说"概念时,很容易发现这一概念的外延绝不仅仅只是我们今天意义上的小说,而是包含着民俗学研究诸多对象的一个概念。"小说"这一概念与民俗的关系,在前述魏晋南北朝志怪小说时已有述及,此处不再赘论。我们今天在征引鲁迅的相关论述时,往往忽略鲁迅概念外延的宽泛性,以现代小说观念"窄化"鲁迅所定义的"小说"。因此,涉及鲁迅"小说史"家族系列中的具体作品时,加之以现代"小说"观念便显得龃龉难纳,结论也流于皮相。诸多从"小说"视角切入《太平广记》研究的研究者,便没有廓清鲁迅的这一概念,结果,离《太平广记》的民俗本质也就越来越远了。

民俗学在 20 世纪成为一大学术主潮后,具有民俗学学术背景的研究者介入对《太平广记》的研究,对《太平广记》所负载的民俗文化信息,如仙类故事、"梦"故事、狐妖传说、婚姻民俗等,有一定程度的彰显,但深入的、有分量的研究成果殊为少见,诸如此类的研究仅涉及《太平广记》这一巨著的某个部分或某几个部分的内容,对之进行整体性的、通观式把握的研究非常少。同时,民俗学研究者在审视《太平广记》时,倾向于将其置入"中国民俗学史"这一背景中,并用少量文字进行概貌式介绍,如钟敬文先生主编的《民俗学概论》就如是处理:"唐宋民俗思想发展的第二个标志,是编辑了一批大型的官方类书,保存了唐、宋两代上、下两个阶层的大量民俗文艺资料。其中,比较著名的有唐代的《初学记》和《艺文类聚》,宋代的《太平御览》和《太平广记》。它们经帝王颁布诏谕,由文人学者进行收集和完成编纂工作。与前代不同的是,这种官修类书,侧重分类条贯,方便检索,收入了部分宫廷生活与都市街区的民俗生活史料,也搜集和保存了相当可观的民间文艺底本,还为展示民俗文艺的样式、规模和内容开辟了新的分类编目。"①这些概述式的文字完全不可能呈现《太平广记》五百卷的庞大内容的面貌。20 世纪的中国民俗学界,着力最深的领域是民俗学学科理论的构建、民俗学的田野调查、国外民俗理论的译介等方面,对诸如《太平广记》之类的有厚重民俗文化承载的传统典籍的研究与整理,用功较少。因此,民俗学界对

---

① 钟敬文主编:《民俗学概论》,上海文艺出版社 2009 年版,第 405 页。

《太平广记》的研究,也不是深入的。

事实上,从《太平广记》所辑录的内容来看,可将之视为一个以民间故事、民间传说为主体,涉及民俗信仰、人生仪礼、岁时节日、物质生产与日常生活、民间游戏与科技等民俗内容的民俗结构体,民俗性才是《太平广记》最本质的特征。这一特征,从《太平广记》的纂辑列目便体现无遗,如神仙、女仙、道术、方士、报应、征应、感应、谶应、豪侠、博物、卜筮、医、相、伎巧、博戏、酒、食、诙谐、嘲诮、嗤鄙、梦、巫厌、幻术、妖妄、神、鬼、夜叉、神魂、妖怪、精怪、灵异、再生、悟前生、冢墓、雷、雨、山、石、水、宝、草木、龙、虎、畜兽、狐、蛇、禽鸟、水族、昆虫等,无不显示出《太平广记》是民俗文化的集大成之作。

《太平广记》五百卷巨作几乎都由小篇什构成,鲜有长文。这也正和民俗学的重要研究对象——民间文学的基本特征相契合。民间性作品,特别是民间故事、民间传说、谚语等,适应下层民众的审美需求,短而有趣,谐而能寓教化之义,下层民众的接受特点决定了"街谈巷语"这样的民间作品不能是长篇幅、大容量的。过长的民间性作品,如民间长诗、史诗等,最后发展成只能在极少数人中流传,就是因为这一原因。《太平广记》纂辑的源头是"街谈巷语",所以多是短小精悍之作,而这种小什小篇的篇幅特征,又体现着它的民间本位特征与民俗文化内质。

更为重要的是,这些小篇小什的一个基本叙事语法特别值得关注。《太平广记》中诸篇什,其叙事基本由两个叙事部件构成:其一,"某某人是某某地方人或某官员",如"魏伯阳者,吴人也"之类;其二,附会该人物之上的基本情事。《太平广记》载录"街谈巷语",基本以"人"为统摄,因人而展开叙事。而所涉之人,许多都是历史人物,如墨子、晏子、孔安国、东方朔、魏征、虞世南、唐高祖、贾岛、李德裕、骆宾王、韦庄、张九龄、杜佑、刘禹锡等,实有其人,并非虚构。而附会于"人"之上的事,细读文本便可知是"道听途说者之所造也"。对这两个特征进行综合,就正是民俗学所界定的"民间传说":"民间传说是围绕客观实在物,运用文学表现手法和历史表达方式构建出来的,具有审美意味的散文体口头叙事文学。在民间传说的创作中,客观实在物始终处于核心地位,因此人们又将它称之为'传说核','传说核'可以是一个历史人物、历史事件,也可以是一个地方古迹或风俗习惯等。"①

----

① 刘守华、陈建宪主编:《民间文学教程》,华中师范大学出版社 2002 年版,第 126 页。

"传说核"是民间传说成立的关键,它必须具有客观实在物这一特性,否则就不是民间传说。《太平广记》所辑录的,正是民间以历史人物为"传说核",将诸般情事附会于这一"传说核"上的传说库。

同时,民间传说的"传说核",亦可以是地方古迹、动植物等素材,所以民间传说中又有动物传说、植物传说、古迹传说等更小部类的划分。《太平广记》除了人物传说外,以山、石、水、草木、虎、畜兽、狐、蛇、禽鸟、水族、昆虫为"传说核",构成了《太平广记》传说丛林中的另一个组成部分,即动物传说、植物传说和古迹传说。

民间故事是《太平广记》所辑录的另一重要民俗内容。民俗学界认为,"'民间故事'一词的英文是 Folk tale。对民间故事的定义,学术界有广义与狭义之分。广义的指称民众口头创作的所有散文体的叙事作品,包括神话、传说、幻想故事、生活故事、民间寓言、民间笑话等。狭义的指称神话、传说之外的散文体口头叙事,包括幻想故事、生活故事、民间寓言、民间笑话等。"①从《太平广记》的具体内容来看,幻想故事与生活故事居多,兼及民间笑话,这样的故事见录于神仙、女仙、道术、方士、报应、征应、感应、谶应、诙谐、嘲诮、嗤鄙、巫厌、幻术、妖妄、神、鬼、夜叉、神魂、妖怪、精怪、灵异、再生、悟前生等卷目。与民间传说一样,这些民间故事同样体现了民间的审美理想和道德追求,共同形成了《太平广记》这一民俗结构体最坚实的基础。

当然,对《太平广记》这一巨型民俗承载体所辑录的民俗内容,其划分并不如是简单。诸多民俗事象,如婚姻、丧葬、神鬼、巫术、民间游戏、民间医术、生产与生活民俗等,错杂其中,如刀划水,殊难两分。但有一点已经能充分说明,《太平广记》是以民俗信息为其"实"的结构体,循"实"责"名",研究者应将对《太平广记》的研究向民俗学视野回归,而不能再粗暴地将"小说"之名加诸其上。

钱锺书对《太平广记》的深度研究,是 20 世纪《太平广记》研究进程中最值得关注的学术现象。钱锺书的《太平广记》研究,绕开了版本、引书数量、流播等方面的内容,而是以《太平广记》的 213 卷中的某一或某几种篇目为点,从这个点出发提炼出某一角度,然后以点带面,旁及《太平广记》的其余卷目,从而几乎将《太平广记》五百卷的内定大致统摄起来,最终形成

---

① 刘守华、陈建宪主编:《民间文学教程》,华中师范大学出版社 2002 年版,第 141 页。

一种通观的研究效果。

同时,钱锺书在《管锥编·太平广记》这 213 则的论述体系之外,在《管锥编》涉及的其他九种著作的研究中,以及《谈艺录》等文本中,亦不时引证《太平广记》的相关内容以为理据,例可随拈,如《管锥编·史记会注考证》之 4 则"秦始皇本纪"论"写"为"象"义时述及:"唐人用'写'字,未失旧贯。如《太平广记》卷三六一《王惠照》(出《广古今五行记》):'顾工匠刻木,妙写形状'。"① 又如《管锥编·楚辞洪兴祖补注》第 10 则"九章(二)"论述"心之结"时,论及:"人之情思,连绵相续,故常语径以类似丝索之物名之,'思绪'、'情丝',是其例也。《太平广记》卷四八八元稹《莺莺传》崔氏寄张生'乱丝一绚',自言:'愁绪萦丝,因物达情。'"② 这些较为零散的论述,是钱锺书《太平广记》研究的有机组成部分,不可忽略,它们与《管锥编·太平广记》213 则的体系一起,形成了钱锺书对《太平广记》的通观研究。

除了整体研究构架独特、涉及《太平广记》卷目繁多、通观式研究效果等特色外,钱锺书《太平广记》研究最能启人心智的地方就是民俗学切入视角。

钱锺书《太平广记》研究的民俗学切入视角,有双重意蕴。其一,将《太平广记》本身视为民俗之书,以民俗的眼光对之进行重新审视,这最能体现在对《太平广记》中的民间故事、民间传说、民间信仰等研究上;其二,以大量的民俗材料作为支撑,完成对《太平广记》这一民俗结构体的解读。对第一个层面的论述,将在本书的第三部分集中进行。下面的论述主要就第二个层面展开。

钱锺书研究《太平广记》所使用的民俗材料,撮其大要,涉及神话、笑话、童话、寓言、民谣、史诗、谚语、俗语、婚俗、丧葬、生子、鬼神信仰、巫、预知、祭祀、称谓、医术等,有略表如下可供参照。

民俗材料	大概数量	《管锥编·太平广记》中对应的章节及页码
神话	4	第 5 则(P988—P989)、第 55 则(P1076—P1077)、第 117 则(P1197)、第 137 则(P1243)

① 钱锺书:《管锥编》第一册,三联书店 2007 年版,第 423—424 页。
② 钱锺书:《管锥编》第二册,三联书店 2007 年版,第 940 页。

民俗材料	大概数量	《管锥编·太平广记》中对应的章节及页码
笑话	7	第 5 则（P989）、第 6 则（P992—P993）、第 104 则（P1167）、第 113 则（P1183，P1188）、第 114 则（P1191，P1194）
童话	8	第 4 则（P1049）、第 38 则（P1053）、第 74 则（P1108）、第 117 则（P1195—P1196）、第 120 则（P1203）、第 137 则（P1241）、第 142 则（P1255）、第 196 则（P1344）
寓言	2	第 178 则（P1304）、第 204 则（P1354）
民谣	3	第 106 则（P1171）、第 196 则（P1344）、第 211 则（P1366—P1368）
史诗	2	第 27 则（P1036）、第 147 则（P1261）
谚语	21	第 6 则（P990—P991）、第 22 则（P1021）、第 27 则（P1033—P1034、P1036）、第 41 则（P1057）、第 44 则（P1060—P1062）、第 64 则（P1092）、第 67 则（P1095）、第 86 则（P1123—P1124）、第 102 则（P1164）、第 125 则（P1222）、第 138 则（P1245）、第 157 则（P1272）、第 188 则（P1325，P1326）、第 200 则（P1349，P1350）、第 209 则（P1363）、第 211 则（P1368）
俗语	27	第 1 则（P979）、第 3 则（P983）、第 19 则（P1014）、第 31 则（P1042）第 33 则（P1046）、第 37 则（P1052）、第 68 则（P1096）、第 70 则（P1099）、第 89 则（P1141）、第 90 则（P1143）、第 91 则（P1146）、第 95 则（P1150）、第 96 则（P1152）、第 99 则（P1160）、第 105 则（P1169）、第 114 则（P1190—P1191）、第 118 则（P1200）、第 120 则（P1202）、第 147 则（P1260）、第 173 则（P1295—P1296）、第 178 则（P1303）、第 187 则（P1323）、第 192 则（P1335）、第 193 则（P1338）、第 196 则（P1342）、第 204 则（P1354）
婚俗	4	第 36 则（P1051）、第 139 则（P1247—P1248）、第 142 则（P1252）、第 182 则（P1309）
丧葬	1	第 204 则（P1355）
生子	1	第 205 则（P1357）
鬼神信仰	15	第 6 则（P994）、第 18 则（P1010）、第 31 则（P1041）、第 34 则（P1048）、第 76 则（P1111）、第 96 则（P1154）、第 130 则（P1228—P1229）、第 131 则（P1230—P1231）、第 137 则（P1240）、第 138 则（P1244—P1245）、第 142 则（P1252—P1253）、第 144 则（P1257）、第 145 则（P1258）、第 151 则（P1265）、第 212 则（P1370）
巫	8	第 55 则（P1076—P1077）、第 86 则（P1123 等）、第 153 则（P1268 等）、第 124 则（P1215）、第 138 则（P1245）、第 183 则（P1317—P1318）、第 186 则（P1321—P1322）、第 202 则（P1352）
预知	1	第 60 则（P1084）

续表

民俗材料	大概数量	《管锥编·太平广记》中对应的章节及页码
祭祀	2	第 106 则（P1172）、第 135 则（P1238）
称谓	2	第 124 则（P1215—P1216）、第 211 则（P1366—P1368）
医术	1	第 208 则（P1362）

注：上表制定依据钱锺书：《管锥编》（第二册），三联书店 2007 年版。

　　上表只是一个粗略的统计，钱锺书《太平广记》研究调用的民俗资源，远不止这些。比如谚语，征引了多少，可以确切统计，但如笑话、信仰民俗、寓言等，并不是用数字简单能概括的。上表只是为了传达这样一个信息：钱锺书征引民俗资源的力度是非常大的。淹博如钱锺书，我们更多地关注他的淹博之处是他对中外典籍的运用，而忽略了钱锺书对民俗资源的高度热情。所以，绝大部分时候，我们看到的是深居高处、文化贵族式的钱锺书，而对他民俗性的一面极少关注。

　　（二）《全上古三代秦汉三国六朝文》的宏观民俗意蕴

　　《全上古三代秦汉三国六朝文》（以下非特别必要说明处均简称《全文》）共 15 辑：《全上古三代文》、《全秦文》、《全汉文》、《全后汉文》、《全三国文》、《全晋文》、《全宋文》、《全齐文》、《全梁文》、《全陈文》、《全后魏文》、《全北齐文》、《全后周文》、《全隋文》、《先唐文》，共收录唐以前作者3497 人（一说为 3520 人）的作品，每位作者附有小传，是迄今为止最全最巨的收录唐以前文章的总集。每集作者又分帝、后、宗室诸王、群雄、诸臣、宦官、列女、阙名、外国、释氏、仙道、鬼神等。

　　从每辑编目即可看出，《全文》所录作品，涉及民俗学的内容非常多。集部作品，特别是严可均这样的搜集者，无所不收，必然会搜集很多与民俗相关的文字，这是很容易理解的。

　　《全文》这一集部文献，与《太平广记》的辑纂相较，《太平广记》的搜集目的更为明确，但不如《全文》更广更泛，《全文》涉及的民俗内容更为丰富多彩。

　　正因为《全文》的这一特征，所以，钱锺书先生在对《全文》进行注释时，更容易就其民俗意蕴进行发挥，留下诸多机警之论，启人心智。下引几例，以为说明。

《管锥编·全上古三代秦汉三国六朝文》第 67 则"全后汉文卷九〇"：

> 庄季裕《鸡肋编》卷下："钱氏时'握发殿'，吴人语讹，乃云'恶发'，谓钱王怒即乘此座"；陆游《老学庵笔记》卷八《北方民家吉凶》条："'恶发'犹云'怒'也"（参观卷一《钱大王恶发殿》条）。（《管锥编》，第 1647—1648 页）

《管锥编·全上古三代秦汉三国六朝文》第 78 则"全三国文卷一八"：

> 《南齐书·文学传》载卞彬《蚤虱赋序》："若吾之虱者，……掐啮不能加"；庄绰《鸡肋编》卷上："近泊舟严州城下，有茶肆妇人，少艾，鲜衣靓妆，银钗簪花，其门户金漆雅洁。乃取寝衣铺几上，捕虱投口中，几不辍手，旁与人笑语不为羞，而视者亦不怪之。"蒙田论各地风俗仪节之殊，举例中亦言以口齿啮虱之人，见以指甲掐之死者，辄生鄙恶之心。（《管锥编》，第 1696 页）

《管锥编·全上古三代秦汉三国六朝文》第 171 则"全宋文卷三四"：

> 李贺《白虎行》咏秦始皇事，有曰："玉坛设醮思冲天"，方世举批："非先秦［汉？］所有时俗，不称。"（《管锥编》，第 2033 页）

《管锥编·全上古三代秦汉三国六朝文》第 175 则"全宋文卷四六"：

> 又按汉以后送别有折赠杨柳之俗，取意难揣，或即以杨柳"易生之木"为说，褚人获《坚瓠续集》卷四云："倒插枝栽，无不可活，絮入水亦化为萍；到处生理畅遂。送行折柳者，以人之去乡，正如木之离土，望其如柳之随处皆安耳。"颇见思致。（《管锥编》，第 2053 页）

以上四例中，陆游《老学庵笔记》卷八的《北方民家吉凶》、蒙田论各地风俗仪节之殊、方世举批李贺《白虎行》诗"非先秦［汉？］所有时俗"以及"汉以后送别有折赠杨柳之俗"，无一不是民俗学的内容，而这全是基于《全文》而进行阐发的。

第二章 《管锥编》与民间口头文学

夫稗史小说、野语街谈,即未可凭以考信人事,亦每足据以觇人情而征人心,又光未申之义也。(《管锥编》,第443页)

在《民俗学概论》中,钟敬文先生指出:"民间口头文学按文体可以分为三类:(一)散文的口头叙事文学,包括神话、传说和各种民间故事;(二)韵文的民间诗歌(抒情的和叙事的长诗、各种歌谣)、谚语、谜语;(三)综合叙事、抒情、歌舞,具有较多表演成分的民间说唱、民间戏曲。"①钟敬文所说的民间口头文学,实质上就是通常意义上所说的民间文学。在形形色色的民间文学类教材、专著中,将民间文学所涉内容分为神话、民间传说、民间故事、史诗、民间叙事长诗、民间抒情长诗、民间歌谣、民间谚语与民间谜语、民间说唱和小戏等部类,以是观之,民俗学界对民间文学内涵的界定不存在多大分歧。

几乎很难相信,一个人完全没有在神话、传说、故事这样的民间文学世界里成长过,受惠过。民间文学这一最贴近大众的文学样式,永远活跃在一切民族、文化的各个层面,谁都无法逃离它对自己的笼罩。民间文学不仅是民俗学研究的重要领域,其他各领域的研究者都会不时踏入这一领域,取自己所需,进行学理层面上的衍释。

民间文学的亲和力和渗透性,应该使其成为最具人文内核的精神产品。海德格尔曾在多处指出,艺术作品需紧贴"大地",聆听大地的呼唤,民间文学直接来自于大地,完全可视为最贴近大地的作品,任何人都不能割断与民间文学的血脉联系。"由于切断了跟希腊罗马的智力和想象力资源的联系,我们这个社会的政权和政治家的才干、法规和法律系统、社会和风俗、哲学、宗

---

① 钟敬文主编:《民俗学概论》,上海文艺出版社2009年版,第241页。

教、文学和艺术,甚至对艺术的鉴赏力,都变得越来越浅薄和没有生气。"①诚哉斯言,中国现代文学、文化研究中鄙弃民间文学,视民间文学为粗鄙之物而不应登大雅之堂者有之,我们的文学研究甚至在很大程度上排除了民间文学和民俗学,因此,这种文学研究越来越没有根基以至越来越暮气沉沉。

我们应该随时回到根基处。

钱锺书既沐浴故乡无锡的淳厚民风而度过童年,又有广博阅读俗文学的阅读体验,更有西方民俗的熏陶,因而在《管锥编》这一学术著作中,钱锺书调用了很多民间文学的资源来佐证学术观点。具体而言,神话、民间故事、民间传说、民间歌谣、史诗是钱锺书着墨最多的类别,本章的论述正循此类而展开。

第一节 "神话、魔术什九可作如是观,胥力 不从心之慰情寄意也":神话

> 秦宫镜、药王树、仙人石、上池水四者,皆人之虚愿而发为异想,即后世医学透视之造因矣。神话、魔术什九可作如是观,胥力不从心之慰情寄意也。(《管锥编》,第552页)

神话是最受宠的学术资源,依靠口耳相传而承续下来的那个蛮荒粗糙的远古世界,对研究者有无穷的诱惑。特别是以古希腊文明作为源头的欧洲学术传统,研究神话,或以神话为学术的切入原点的学术行为,如缕不绝地绵延在这一学术传统中。欧洲学术传统对神话的重视,以及积淀的诸多研究成果,对神话研究极具启发意义,特别是可给当下中国学界不重视神话研究的现实以更多启迪。

一、"古人之'质'":《管锥编》神话本质论

通览《管锥编》,钱锺书对神话这一民俗事象的征引并不密集,甚至可以说,在《谈艺录》、《七缀集》、《写在人生边上》等作品系列中,钱锺书也只

---

① [美]盖雷编著:《英美文学和艺术中的古典神话》,北塔译,上海人民出版社2005年版,第9页。

是零星地引用神话资源,或者对神话进行钱氏式的精要评述。

　　钱锺书对神话这一民俗事象的处理策略,从浅表层看,似乎是钱锺书对神话的关注度不够,但深究其原因,此中自有深意,这完全是钱锺书民俗学意蕴表达的一个重要层面,有着多重解读的可能。

　　在20世纪的知识分子中,受域外民俗思想的影响,对神话的研究倒是屡不乏人。胡适、顾颉刚等人的古史辩学派,纠结于神话与历史某种可能的联系,将神话引入与古史互证的研究一途;茅盾与郑振铎等人相似,对神话的定义与特征等一般神话知识,对神话与俗文学之间的关系、关注较多;而鲁迅的《故事新编》式的对神话的现代改写,似乎化古为今,将神话资源化入了文学创作中,这可算做是民间文学对作家文学发生影响的重要表现形式。闻一多以及钟敬文等稍晚出的一代民俗学者,则是真正从民俗角度研究神话的一代学人。

　　而钱锺书作为20世纪的一代大师,似乎远离了神话研究的主潮,但他是用自己的方式来审视神话,此中自有真意。

　　钱锺书对神话的虚幻本质有论及。试看:

　　　　"扁鹊以其言,饮药三十日,视见垣一方人;以此视病,尽见五藏症结。"按安世高译《奈女耆婆经》记耆婆于宫门前逢一担樵小儿,遥视悉见此儿五藏肠胃分明,"心念《本草经》说有药王树,从外照内,见人腹藏,此儿樵中,得无有药王耶"?《西京杂记》卷三记秦咸阳宫中有方镜,"以手扪心而来,则见肠胃五脏,则知病之所在"。《太平广记》卷四〇四《灵光豆》(出《杜阳杂编》)记日林国有怪石,"光明澄澈,可鉴人五脏六腑,亦谓之'仙人镜',国人有疾,辄照之,使知起于某脏某腑"。秦宫镜、药王树、仙人石、上池水四者,皆人之虚愿而发为异想,即后世医学透视之造因矣。神话、魔术什九可作如是观,肾力不从心之慰情寄意也。(《管锥编》,第552页)

　　　　窃谓此类言说实出于好古而复不信者之惨淡经营;乃是后人之"文",初非古人之"质"。盖信而好古,其事简,其心直,书则尽信,传则不察。原始多荒幻之想象,草昧生迷妄之敬忌;疑惧而须解,困穷而有告,或因寄所欲,又聊用自娱,结念构形:天神地只,怪人妖物,诡状殊相,无奇不有。伯益《经》传《山海》,淮南《训》著《天墬》,梗概犹存,隔举可反。人皇九头乃至于天皇氏十三头,夔一足乃至于烛龙神无足,其小者耳。时世迁移，知虑增进，尚论古先，折中事理，遂如《论语》所谓怪神不语，《史记》所谓缙绅难言。不肯信而又不忍弃，既奉典为不刊，却觉言之不经，苟非圆成其诞，必将直斥其诬。于是苦心疏释，曲意弥缝，牛鬼蛇神，强加以理，化奇异而为平常，"一而足"、"头为数"，即其显例。饰前载之荒唐，凿初民之混沌，使谲者正、野者驯，阳尊旧闻，潜易本意，有如偷梁换柱，借体寓魂焉。抑此技不施于非类异种，故"九尾之狐"、"九头之鸩"，未尝有以"头、尾为数"作解者，亦无援"十手所指、十目所视"以说《大悲咒》之"千手千眼观世音"者。【增订三】

……虽然观近可以度远，即妄可以揣真；苟欲识原始想象之构荒唐形象，凿空坐实，则鬼执斗、禹为兽之类，犹若得其仿佛，于觅初民之童心，不无小裨焉。复近取诸身，如痴人之说梦幻，则思过半矣。（《管锥编》，第 1608—1609 页）

以上两段引文，是钱锺书论述神话最为集中之处，最少可以作如下层面的阐释。

（一）神话的"质"属性

《管锥编·全上古三代秦汉三国六朝文》第 57 则"全后汉文卷五八"中，钱锺书论述的第一个问题"壁画"，系从王延寿《鲁灵光殿赋》之奇异描写而生发，进而推及"按此节写墙壁上图绘之象；观所描述乃知延寿父逸《楚辞章句》说《天问》为屈原睹庙壁图画而呵问之，盖相今度古耳"（《管锥编》，第 1067 页），王逸《楚辞章句》之屈原观庙中壁画而发天问之论，已成为屈原代表性作品《天问》产生原因的重要一说，而王延寿的壁画描写，钱锺书对之发挥，延伸至神话产生原因分析，则虽非王延寿初衷，但借钱锺书阐发之功，旧文出新意，用于神话分析，至为妥帖。

1.神话是先民之"质"

钱锺书对王延寿等人的奇异描写观后发论："窃谓此类言说实出于好古而复不信者之惨淡经营；乃是后人之'文'，初非古人之'质'。"即是说，"质"是属于古人本有，后人之"文"掩盖了这种本有。古人何人？质又何指？钱锺书后面的文字正是答案："原始多荒幻之想象，草昧生迷妄之敬忌；疑惧而须解，困穷而有告，或因寄所欲，又聊用自娱，结念构形：天神地只，怪人妖物，诡状殊相，无奇不有。伯益《经》传《山海》，淮南《训》着《天坠》，梗概犹存，隅举可反。人皇九头乃至于天皇氏十三头，夔一足乃至于烛龙神无足,其小者耳。"人即指"混沌之初民",质即是先民对自然的想象,亦即神话这些先民制造的最初的精神产品。

将神话归属于先民之"质",这是钱锺书神话本质论最有新意之处。历代神话研究中,少有将神话视为先民之"质"的。"质"是本有的属性,是本来面目,是不可剥离的成分。原始人的"荒幻之想象"、"迷妄之敬忌"这样的思维都是神话思维,他们以这样的思维去认知世界是他们的存在方式,所以,以"质"字来概括先民的神话存在方式,非常贴切。

而且,钱锺书以"质"界定先民的神话存在,是与"文"这一范畴对举的,更见其妙。"文"是中国文论最为传统的概念,其内涵也非常丰富,钱锺书借用"文"这一概念,不仅以之说明后人对古人的修饰、改编等行为,更以之来说明神话的长期流变,立论尖新,新意迭出。

钱锺书进行了一个反推,这是民俗研究者经常使用的策略,即如将神话去"文"返"质"后,可以走进先民的思维世界,"于觅初民之童心,不无小裨焉"。当然,如果出现所谓过度阐释,不管是顺推式的对神话进行"文"处理,还是反推式的"质"的还原,均不能接近先民的存在的本真状态,即所谓"思过半矣"。

2.神话的"自娱"功能被彰显

钱锺书指出了神话的另一重特征:先民自娱,这是神话研究中较少论及的层面。

神话不仅是一种认知方式,也是一种娱乐方式,一般情况下,神话的认知功能被放大,而神话作为先民的一种娱乐活动这一功能,则很少被发现。即使提及,也是从"民间文学的作用"这样的话语角度来笼统提及,而且绝大部分情况下并不指神话。

虽然列维-斯特劳斯在《结构人类学》中有这样的批评:"在宗教人类学的所有领域中,没有一个领域像神话学那样停滞不前。从理论角度来看,情况差不多同五十年前一样混乱。人们仍用互相矛盾的方式把神话笼统地解释为集体梦,或是某种审美游戏的产物,或是宗教仪式的基础。神话人物被视为人格化的抽象观念、神化的英雄,或者是沦落的神。不论何种假设,不是把神话归为消遣,就是把它说成一种原始的哲学冥想。"[1]列维-斯特劳斯

---

[1] [法]克洛德·列维-斯特劳斯:《结构人类学》,张祖建译,中国人民大学出版社2009年版,第43页。

说神话被归为消遣,是指后人对神话的消费方式,即把神话当成一种休闲资源,当做古木浓荫下年事颇高的爷爷奶奶对满脸稚气的子孙的一种讲述,而不是对之进行系统而有规模的研究。列维-斯特劳斯指出了后人对神话的粗放式处理,但并非对神话的全面认识。神话的娱乐功能不仅不能否定掉,而且还得从两方面来看待。

第一方面,神话确实可以娱乐一代又一代人。钱锺书、马尔克斯等人,若没有神话等娱乐他们的童年,娱乐他们的阅读世界,《管锥编》与《百年孤独》这样的作品里便不会有神话平添其趣,当然更不会引起钱锺书的神话释读兴趣。

第二方面,神话不仅娱乐后人,亦先民娱乐自己的方式。远古之人,虽然畏惧自然之威力,因而神化自然,但先民亦不缺游戏精神,他们同样以独有的想象调侃、挪揄、娱乐自然,所谓的"天神地只,怪人妖物,诡状殊相,无奇不有",这种想象便是先民娱乐自然的方式,便是先民因娱乐自然而又自娱的思维训练。神话是先民的自娱方式,这一点较少有人提及,而钱氏独具慧眼,敏锐地看到了这一点,可谓独具机心。

3.神话乃"荒幻之想象"

"原始多荒幻之想象,草昧生迷妄之敬忌;疑惧而须解,困穷而有告,或因寄所欲,又聊用自娱,结念构形:天神地只,怪人妖物,诡状殊相,无奇不有。"想象荒幻,敬忌迷妄,解疑惧,告困穷,因而结念构形,故神话生焉,这是神话产生的一个重要原因,也是神话的本质特征。

诸多学人在这方面有论述,王国维论神话出于想象:"夫儿童想象力之活泼,此人人公认之事实也。国民文化发达之初期亦然,古代印度及希腊之壮丽之神话,皆此等想象之产物。"①与钱锺书所说的想象原始荒幻,实为同辙。鲁迅在《中国小说史略》中说:"昔者初民,见天地万物,变异不常,其诸现象,又出于人力所能以上,则自造众说以解释之:凡所解释,今谓之神话。神话大抵以一'神格'为中枢,又推演为叙说,而于所叙说之神,之事,又从而信仰敬畏之,于是歌颂其威灵,致美于坛庙,久而愈进,文物遂繁。故神话不特为宗教之萌芽,美术所由起,且实为文章之渊源。惟神话虽生文章,而诗人则为神话之仇敌,盖当歌颂记叙之际,每不免有所粉饰,失其本来,是以

---

① 姚淦铭、王燕编:《王国维文集》(第一卷),中国文史出版社1997年版,第31—32页。

神话虽托诗歌以光大,以存留,然亦因之而改易,而销歇也。如天地开辟之说,在中国所留遗者,已设想较高,而初民之本色不可见,即其例矣。"①鲁迅论及神话是初民对天地万物变异不常超出"人力所能以上"诸现象的想象,与钱锺书持论正同。鲁迅也认为神话与宗教、美术(当是指美学——作者注)关系密切,更为重要的是神话乃"文章之渊源",即是文学之渊源,表明了神话等民间文学对作家文学的哺育和濡养。当然,作家文学等文学样式对神话的流播也颇多伤害,如改编、拟写、随意置换等手段参与之后,神话的本色便被磨光,其原汁原味消失殆尽。茅盾在《神话研究》中指出:"我们所谓的神话,乃指一种流行于上古民间的故事,所叙述者,是超乎人类能力以上的神们的行事,虽然荒唐无稽,但是古代人民互相转述,却信以为真。"②茅盾指出的神话的"荒唐无稽"特征,即是钱锺书所说的"诡状殊相"。但神话的另一面却为钱锺书所忽略,即古人以神话为信史,如印度便没有所谓远古史这一说法,因为他们视神话即为历史。而著明神话学家李明则提出:"可能除了印度的吠陀——印度宗教之外,古代希腊人的宗教或与之有关的其他宗教编造了世界上最复杂、最精深的神话。通常,我们阅读的是希腊神话中单个的故事,只有当我们在诸如罗伯特·格雷夫斯的《希腊神话》这样的书中通读了全部故事,我们才开始意识到希腊神话实际上是一个单一、由集体想象力和许多天才作家逐步创作而成的传奇,其中人物和事件从构思之初就在一个触及人类经历的每个可能的方面的复杂网中相互联结。"③所谓"集体想象力"与钱锺书所强调的想象同趣,但在致思上走得更远。

所以,神话乃"荒幻之想象",对神话是先民的原始想象这一特征是有所揭示的。

(二)"胥力不从心之慰情寄意":神话产生之心理机制

上述引文中,钱锺书指出了神话产生的一个基本心理机制——补偿:"人之虚愿而发为异想"、"胥力不从心之慰情寄意"。虚愿之不得满足而借助一种奇异的想象获得一种心理补偿机制,力不从心而又希望力能从心,因此借助奇异力量而达成心愿,这就是神话的基本表达诉求之一。

于神话之产生原因分析,心理补偿导其大端,代不乏人。在中国,马克

---

① 鲁迅:《中国小说史略》,上海古籍出版社1998年版,第6页。
② 转引自潜明滋:《神话学历程》,北方文艺出版社1989年版,第187页。
③ [美]李明:《欧洲神话的世界》,杨立新、冷杉译,三联书店2010年版,第45页。

思的神话定义最为经典,在很长一段时间内,中国学界对神话的理解都笼罩在这一神话学定义之中。"任何神话都是用想象和借助想象以征服自然力,支配自然力,把自然力加以形象化";"希腊艺术的前提是希腊神话,也就是已经通过人民的幻想用一种不自觉的艺术方式加工过的自然和社会形式本身。"①神话反映了远祖与自然之间的想象关系,是自然的人格化,寄寓人对自然力的态度、期望等,以现在的眼光来看,是一种功利化的自然审视方式。民俗学一系关于神话概念的界定,也带有明显的马、恩影响痕迹,如钟敬文认为,"神话是原始人对自然和社会的认识。""神话是民间文学中最富于幻想的形式,是人类童年时期的产物。"②刘魁立认为,"神话就实质和总体而言是生活在原始公社时期的人们通过他们的原始思维不自觉地把自然界和社会生活加以形象化、人格化而形成的、与原始信仰相关联的一种特殊的幻想神奇的语言艺术创作。"③当然,在钟敬文等一代民俗学者之后,刘守华等人除了继承已有的研究成果外,对神话的形成原因有进一步的推进:"神话,是人类各共同体(氏族、部落、民族或国家)集体创造、代代相承的一种以超自然形象为主人公、以特定宗教信仰为内核并为其服务的神圣叙事。它既是一种经典性的文学体裁,也是远古人类的知识体系和信仰体系。"④像刘守华等长期从事民间文学教学和研究的人,在阐述神话产生的心理原因时,都没有避开"虚愿而发为异想"这一切面,因为这确实是神话产生的重要心理原因。

所以,钱锺书对神话产生原因的持论,在心理成因方面,并无超越。

另外,钱锺书认为神话之"异想",为"后世医学透视之造因矣",实是将神话想象与科学发明之关系进行了一定的揭示,这是对神话功能的描述,民间文学研究者在神话研究中多有论及,钱锺书此论倒并无甚新意。

二、《管锥编》神话征引的其他视角探析

钱锺书对神话资源的征引,更多地是从他一贯擅长的类同角度出发进

---

① [德]马克思:《〈政治经济学批判〉导言》,《马克思恩格斯选集》第 2 卷,人民出版社 1995 年版,第 113 页。

② 钟敬文主编:《民间文学概论》,上海文艺出版社 1980 年版,第 178—179 页。

③ 刘魁立:《刘魁立民俗学论集》,上海文艺出版社 1998 年版,第 37 页。

④ 刘守华、陈建宪主编:《民间文学教程》(第二版),华中师范大学出版社 2009 年版,第 32 页。

行类比研究,几乎可以认定,神话是他所列举的诸多类同例子组成的系统中一个有机组成部分。

试看他在《管锥编》中的相关征引。

《正义》"实象"、"假象"之辨,殊适谈艺之用。古希腊人言想象,谓幻想事物有可能者,亦有不可能者,例如神话中人生羽翼、三首三身;……(《管锥编》,第24页)

丹麦神话中顽仙之现女身者,观其前,美艳可人,相其后背则枵然空壳而已。"风月宝鉴"之正反异照,迷觉殊趣,若是班乎。(《管锥编》,第60页)

西方民谣、神话亦言术士竞技,重叠变幻,互克交制。如女化兔,则男化猎犬,女遂化蝇,男登化网蛛;或徒化蟾入水,师化鳗相逐,徒于是化鸽飞空,师乃化鹰欲攫。此类志异颇多,要皆同归一揆。(《管锥编》,第907—908页)

古希腊喜剧中言天神欲远离人世纠扰,故居至高无上之处,不复见下界之交争、闻下界之祷祈,盖多不胜管,遂恝置"不管"矣。(《管锥编》,第925页)

西方神话有相类者,不独爱情之神弯弓以射也;如《荷马史诗》即写日神降大疫,在空中发矢下射人畜。(《管锥编》,第962页)

古希腊神话多言天神求妃偶于人间,亦思凡之例。基督教宗虽无思凡之说,顾似天上颇苦清静,无事而亦无聊,和适而又沉闷,有若"无间歇之星期日"。(《管锥编》,第988页)

符咒能禁服鬼怪而不能约束常人,常人畏鬼怪,却不畏鬼怪所畏之符咒;此种系连,亦见西方神话。如涡堤孩以巨石盖井,使大白人不出为厉,曰:"吾画符石上,足制此物,然不能妨阻常人之移石也。"(《管锥编》,第1076页)

古希腊传说美少年映水睹容,不省即己,爱慕勿释,赴水求欢,乃至溺死,化为水仙花;自爱成痼茌儿,如患心疾者,世即以此名其症。(《管锥编》,第1197页)

古希腊神话言天神许一人长生不死而未许其长壮不衰,英诗家尝赋诗托为其人老弊嗟怨之词,与天齐寿而深恨长寿考之为长受罪。正所谓"无死法"。(《管锥编》,第1243页)

西方词头,亦有斯制。古希腊相传,主文艺之女神凡九、主才貌之女神凡三、主情爱之女神祇一,诗人赠美妇或才媛之什遂谓"有卿而十九、四三、二一",故女诗人沙浮动被"第十位文艺女神"之号。不乏祖构者也。(《管锥编》,第 2057 页)

上引诸例,是钱锺书《管锥编》神话征引的主要情况。对之进行分析,有如下特征。

(一)古希腊神话为征引大端

从引例中很容易看出,钱锺书主要言及的是古希腊神话。

古希腊神话是欧洲文明的源头,欧洲学术传统中,对古希腊神话的重视程度之高,对古希腊神话解读的角度之多、之新,代有人出,并且,古希腊神话对欧洲社会文化影响之广,无出其右者。

即以 20 世纪西方文论而言,借神话之题以发挥者便比比皆是,举例以申述之。唯美主义的代表人物王尔德说:"其实,我愿意把批评称做'创作中的创作'。因为从荷马、埃斯库罗斯一直到莎士比亚和济慈,这些伟大的艺术家不是从生活中直接寻找题材,而是取材于神话、传奇以及古代故事,批评家也是这样,可以说,他使用的材料是那些别人已经为他加工提炼,已经具备幻想形式和色彩的材料。"①直言神话艺术创作的题材之源。直觉主义文论的代表人物叔本华说:"谁要是喜欢附会神话以当说明的话,他可以用最小一个泰坦的,即克隆诺斯的诞生象征这里所表明的,实际上本无始的时间初现的那一刹那;由于克隆诺斯阉割了他自己的父亲,于是天地造物的粗胚都终止了,现在是神的和人的族类登上了舞台。"②直接以神话为素材,另一位直觉主义文论的代表人物是尼采,更是经常借用神话以抒己意,其著作《悲剧的诞生》、《偶像的黄昏》都大量涉及神话,特别是其日神与酒神精神的说法,更广为人知。精神分析批评的重要代表人物弗洛伊德就不需再赘述其与神话的关系了,值得一提的倒是其《图腾与禁忌》一书,其中涉及神话的地方也不少。另一个精神分析批评的重要代表人物荣格,将他的主要观点——原型与神话关联到了一起:"另外,一个众所周知的表达原型的

① [英]王尔德:《谎言的衰落——王尔德艺术批评文选》,萧易译,江苏教育出版社 2004 年版,第 124—125 页。
② [德]叔本华:《作为意志和表象的世界》,石冲白译,杨一之校,商务印书馆 2007 年版,第 64 页。

方式是神话和童话。"①"……我们只需指出,与明显的个人心理交织在一起的还有一个非个人的母题。在其他领域中这个母题是我们非常熟悉的,这就是'双重母亲'的母题,它是神话和比较宗教领域中以各种变体出现的一个原型,它构成了无数'集体表现'的基础。"②原型批评的另一代表人物弗莱,其《批评的剖析》《神力的语言——"圣经与文学"研究续编》等著作,都以神话为基础来阐述自己的观点和立场,如其说:"由此可见,神话模式(也即关于神祇的故事,其中人物的行动都是力大无比)在文学的一切模式中,是最为抽象、最为程式化的;正像在其他部门的艺术——例如拜占庭的宗教画中,相应的模式显示出结构上的最高度的风格化。因此,文学的结构原理与神话和比较宗教学关系十分密切,一如绘画的结构原理之紧密关联着几何学。"③英美新批评的重镇韦勒克,在其代表作《近代文学批评史》中便如是说:"'神话与诗歌',乃是 20 世纪批评的重大主题之一。笃信集体神话学的信念,可能轻易导致超现实主义的一种翻版,以及对自动写作的确认,它意味着批评的死亡,因为通过某种至高和莫名其妙的外力而书记下来的文字,我们则难以作为审美客体而进行判断和批评。"④虽对神话有微词,但自觉无法绕开这一重要主题。现象学文论的重要代表人物伽达默尔在其名作《真理与方法》中说:"在哲学美学里,这种语言用法可能首先是在通过希腊'艺术宗教'的过程中出现的。这明确地表现在谢林艺术哲学从神话学的发展。谢林在艺术哲学里所援引的卡尔-菲利普·莫里茨虽然在其《神的学说》中已经驳斥了神话创作中的'单纯譬喻的解法',但他对于这种'幻想的语言'尚未使用象征这一术语。反之,谢林则写道:'一般神话,尤其是每一种神话创作,既不是图式化地,也不是譬喻性地,而是象征性地被领会。……'当谢林这样(在对赫涅的荷马观的批判里)提出神话和譬喻间的真正关系时,他同时就赋予了象征概念在艺术哲学中的中心地位。"⑤

---

① [瑞士]荣格:《心理学与文学》,冯川、苏克译,冯川编,三联书店 1987 年版,第 54 页。

② [瑞士]荣格:《心理学与文学》,冯川、苏克译,冯川编,三联书店 1987 年版,第 97 页。

③ [加]诺思洛普·弗莱:《神力的语言——"圣经与文学"研究续编》,吴持哲译,社会科学文献出版社 2004 年版,第 190 页。

④ [美]雷纳·韦勒克:《近代文学批评史》(中文修订版·第七卷),杨自伍译,上海译文出版社 2009 年版,第 3 页。

⑤ [德]汉斯-格奥尔格·伽达默尔:《真理与方法》,洪汉鼎译,上海译文出版社 2004 年版,第 98—99 页。

诸如此例,完全足以说明神话在西方文论、思想等诸多领域中受重视的程度。古希腊神话及诸神,一直活在欧洲文明的现实生活中,如太阳神阿波罗,要么以之命名重大科研项目,要么将其具体化为雕塑等艺术品,诸多领域都可以看到希腊诸神的身影,希腊诸神不仅在诞生时就有"神人同形同性"的特点,而且诞生后一直与世俗生活俱在。

钱锺书欧西求学,对欧洲文明源头的古希腊文明极为关注,张文江在《钱锺书传》里便提到了古希腊文明在钱锺书的西学根基中所占的重要分量。不过,言及钱锺书与西学的关系,甚至是言及钱锺书与古希腊的关系,都很少有论及钱锺书与古希腊重要的文化遗产——古希腊神话的关系,实是缺憾!

正如以上所引,钱锺书所引的神话,几乎都是古希腊神话,这非常生动地说明了钱锺书与古希腊神话之间的亲近关系,我们不能忽略钱锺书与古希腊神话之间的这种亲近关系。

(二)对西方神话研究理论的拒斥

通观《管锥编》,钱锺书对神话的征引,并没有像爱德华·泰勒、马克思·缪勒《比较神话学》、列维-斯特劳斯《神话学》那样,提出一个理论模型,如语言疾病说来解读神话,或者是对神话进行如餐桌礼仪神话、蜜蜂神话等大规模的同类归纳。依钱锺书广博的阅读,对国外神话研究理论当很有了解,在言及神话时,对之进行生发、进行文化解读,应该也是情理中事。

但钱锺书征引神话时,只是谈及神话本身,并未对之进行生发和阐释。以此看来,钱锺书与西方神话研究传统是有一定背离的。当然,钱氏征引神话,是为了支撑自己对经典的注释,更多的是服务这一目的,而不是以神话研究为主,没有对神话的深究也属正常现象。

但依笔者之见,钱氏对西方神话研究理论的背离是有意的,并非无意,因为他是为了坚守神话"质"的立场,因而保有对神话本身的观照。钱锺书言及神话,大都言及神话奇异的想象、夸张变形等特征,如人生羽翼、三首三身;或者神话中的人与物,重叠变幻,互克交制;古希腊神话言天神许一人长生不死而未许其长壮不衰,等等,都是指神话的想象。丹麦神话中顽仙之变女人,面相惊艳,背相奇陋,这一构思手法,数千年绵延,多有同趣者。神不胜人世之烦扰,厌弃人欲无足,或者爱神弯弓搭箭,或曰神射人畜,这在古希腊神话中多见,中国神话中的后羿只弯弓射日,这倒是中外神话中有意思的差别。古希腊神话多言天神求妃偶于人间,是"思凡"之举,这是古希腊神话神人同性的一个重要表现。至于涡堤孩的故事、美少年映水睹容而自杀的故事、古希腊女神,相对来讲,在中国的神话系统里出现得较少。

可以看出,钱锺书对神话的想象性特征、表现手法、叙事结构等关注较多,而对神话背后的文化因素探究则较少着墨,这与西方神话研究传统中的总是企图找出神话背后的文化隐因是完全不一样的。

而且,钱锺书还经常提到,想象宜出人意料又在情理之中。其在《楚辞洪兴祖补注》第 2 则之离骚"前后失照"这一小节,便申述了这个意思:

> 拟之三段论法,情节之离奇荒诞,比于大前提;然离奇荒诞之情节亦须贯串谐合,诞而成理,奇而有法。如既具此大前提,则小前提与结论必本之因之,循规矩以作推演。(《管锥编》,第 905 页)

"离奇荒诞之情节亦须贯串谐合,诞而成理,奇而有法",诞而无理,奇而无法,那便是纯粹的荒诞,不是"须蕴情理"(《管锥编》,第 909 页)的荒诞。钱氏认为神话的"荒幻想象"便是合乎情理的,所以,他津津乐道于这种"荒幻想象"。

第二节 "齐谐志怪,臧否作者,掎摭利病,时复谈言微中":民间故事

> 稽神志怪,大抵过屠大嚼,画饼充饥,以虚愿托偿于幻术耳。(《管锥编》,第 1045 页)

"对民间故事的定义,学术界有广义与狭义之分。广义的民间故事指民众口头创作并流传的所有散文体叙事作品,包括神话、传说、幻想故事、生活故事、民间笑话、民间寓言等。狭义的民间故事指神话、传说之外的散文体口头叙事,包括幻想故事、生活故事、民间笑话、民间寓言等。"①虽然对民间故事有这样一种界定,但民间故事的分类问题一直是民俗学界争论不休的话题,不同研究者依据不同的分类标准,企图对某国或某地区恒河沙数的民间故事进行分类:有的依据情节分类,有的依据故事的母题分类,有的以

---

① 刘守华、陈建宪主编:《民间文学教程》(第二版),华中师范大学出版社 2009 年版,第 64 页。

故事的主人公的形象为分类依据,等等,如由芬兰学者阿尔奈提出、美国学者汤普森完善的"AT 分类法",便依据相对有限的情节类型对故事进行分类编目,将故事分为动物故事、普通民间故事、笑话、程式故事、未分类的故事五大类共 2500 个故事类型。但明显可以看出,所谓的"AT 分类法"有多大的缺陷,如第五类"未分类的故事"完全是没有标准的标准,即使其他四类也无法囊括所有的故事。

对中国民间故事的分类,自钟敬文的《中国民谭形式》归纳出 45 个中国民间故事类型后,德国学者沃·爱德哈德等编纂《中国民间故事类型》从近 3000 篇故事中归纳出 300 个故事类型,美籍华人学者丁乃通的《中国民间故事类型索引》从 7000 多篇故事中归纳出 843 个故事类型,加上台湾学者金荣华集众家分类之长而形成的《中国民间故事集成类型索引》,中国民间故事的分类也一步一步精细化、科学化了。越来越复杂的分类也表明,民间故事的分类绝不是寓言、笑话等几种样式能概括完全的,加上各种民俗事象互渗性很强,如民间传说中有可能渗透民间故事,而民间故事又可能与民俗信仰交叉重叠,因此,分类就会更加困难,完全有可能出现的状态是:所有的关于民间故事的分类都不可能是穷形尽相的,也可能永远是未完成的,民间故事本身就不可能一一归类。

因此,本节虽然参考了钟敬文、刘守华等人的分类标准,但也仅仅是对《管锥编》所涉民间故事的一种粗略划分,目的是对钱锺书民间故事的处理进行较为深入的分析,以探究其故事使用背后更深层的东西。

一、《管锥编》是故事书

将《管锥编》视为故事书,绝非哗众取宠的噱头,以故事性眼光来看待《管锥编》以及钱锺书的精神世界,是长期被忽略的视角,而这一视角却非常有意义。

钱锺书对故事有浓厚的兴趣,也是讲故事的大家,这与他成长过程中所接受的"俗"文化熏陶是互为表里的,故乡无锡的俗说旧闻俚语笑话、通俗读物里故事等,都深植于钱锺书的记忆里,他能自如地化用这些民俗资源。

《管锥编》是一座故事的丛林,各类故事都在这里能找到安身立命的处所,并找到其存在的价值。在这座故事丛林中,民间故事,即笑话、寓言、童话及其他生活故事、民间传说,又居其大半。民间故事非常贴切地融入钱锺书的学术世界里,这是一道特异的风景。《管锥编》中充满了诸多这种小的故事形态,所以,我们能感觉到《管锥编》嬉笑怒骂的写作风格,也感觉到钱氏的治学门径异于他人,所以有论者将《管锥编》视为奇书,也就不足为怪了。钱锺书用典雅的文言文写作,语言极其精练,三言两语便将一个故事生动地叙述完,如果不是用心阅读,如果不是以有意识的故事眼光对之审视,这些故事很容易为钱氏的广博征引所淹没。因而,要感受《管锥编》的故事性,就得真正读懂钱锺书。

当然,有一点必须认识到,钱锺书经常化用民间故事的创作手法来进行故事的构思和创作,《管锥编》里的故事,有的是民间故事,有的则是文人化的故事,它们既有共性,更有较大的差异。

二、《管锥编》涉民间故事具体内容

正因为民间故事的分类困难,与其他民俗事象的边界模糊而且互相交叉,因此,本节对《管锥编》民间故事的梳理,除了寓言、童话、佛经故事等明确可以分类的外,只能作一个概要式处理,其终极目的都是为了最大限度接近钱锺书使用民俗事象的特点、意义及其与钱锺书学术世界的关系。

(一)以《管锥编·太平广记》为核心的探析

《管锥编·太平广记》共213则,从规模上看是仅次于《全上古三代秦汉三国六朝文》的一部经典注。《太平广记》500卷的篇制,钱氏注达213则(每则注涉及一卷中的某些内容),就从这一具体数目来看,也几乎涉及全书的一半内容。除了《太平广记》本身格制宏大这一客观原因外,钱锺书对《太平广记》的热爱、对《太平广记》丰富内涵的充分把捉,都是钱锺书于《太平广记》用功极深的重要原因。

《太平广记》按主题分92大类,150余细目,涉及传说、故事、信仰等多个民俗领域,这在本文第一章已有宏观的把握,不再赘述。《太平广记》这一巨大民俗集合体,主要以故事和传说两类内容为构成要素。

各种神怪故事,是《太平广记》故事类要素中最主要的成分。《管锥编·太平广记》注随文衍生,所以,所注及所补充之处,亦以故事为大端,民间传说与其平分秋色,其余的民俗事象则次之。

因此,本书在本部分论述《太平广记》注的民间故事特征,而在民间传说的相关章节再分论《太平广记》注的民间传说特征。

值得再一次指出的是,论者多持《太平广记》为志怪小说,本书则借鉴

民俗学学科的视角,将《太平广记》定位为民间故事与民间传说的集合体,更重视《太平广记》的民俗意蕴,因而,对钱锺书《太平广记》注故事性的分析也完全从民俗学视角出发。

1.《太平广记》注民间故事特征一:因俗入雅

钱锺书对《太平广记》中的神、仙、鬼、妖、怪诸多民间故事的研析,并非对该故事进行全景式分析,而是从某个"情节点"切入,循此而生发,牵引出与此"情节点"类同的一系列"情节群",由点至群,或抽丝剥茧,或一咏三叹,或借势引申,或求诸反例,以不同的文献作为支撑,对民间故事的情节进行深度解读。

对《太平广记》的研究,包括民间故事释读,钱锺书使用民俗资源时完全用了一种相反的策略:因俗入雅,即以《太平广记》中的"俗"为起点,引入各类典籍中与之可相关联的论述,俗为"引子",而典籍中的相同论述则成为主要材料。

因俗入雅,以俗牵引出"雅"中之俗因素,也生动地说明了雅俗互动的关系。平时过多地关注所谓"雅"的"雅面",而"雅"中的"俗面"却少有关注,钱锺书正是以注《太平广记》为契机对这一现象进行反拨,所以,钱锺书选择为《太平广记》作注,绝不是一个随意的行为,而是有着民俗学的安排意图。

因俗入雅的特征,试以《管锥编·太平广记》第5则与第96则的相关内容论之。

其一,《管锥编·太平广记》第5则(《太平广记》卷七),其主题为"天上乐不如人间",所涉内容列如下表。

情节点	天上乐不如人间
《广记》所出卷目及类同卷目	1.出目: 《白石先生》(出《神仙传》):"彭祖问之曰:'何不服升天之药?'答曰:'天上复能乐比人间乎?但莫使老死耳!天上多至尊,相奉事更苦于人间。'" 2.类目: A.天上乐不如人间——卷七《马鸣生》(出《神仙传》):"不乐升天,但服半剂为地仙,恒居人间";卷八《张道陵》(出《神仙传》):"合丹,丹成,服半剂,不愿即升天也";卷一九《李林甫》(出《逸史》):"二十年宰相,重权在己,安可以白日升天易之乎?";卷六四《太阴夫人》(出《逸史》):"问:'卢杞欲水晶宫住?作地仙?及人间宰相?此度须决!'杞大呼曰:'人间宰相!'" B.《广记》卷二〇《杨通幽》(出《仙传拾遗》)上元女仙曰:"偶以宿缘世念,其愿颇重,圣上降居于世,我谪居于人间";卷六五《赵旭》(出《通幽记》)天上青童曰:"久居清禁,……时有世念,帝罚随所感配。" C.刘、阮本事即见《广记》卷六一《天台二女》。

情节点		天上乐不如人间
天上乐不如人间	中国类同文献征引	1.《抱朴子》内篇《对俗》:"……彭祖言:'天上多尊官大神,新仙者位卑,所奉事非一,但更劳苦。'" 2.《北齐书·方伎传》:"又有张远游者,显祖令与诸术士合九转金丹,及成,显祖置之玉匣云:'我贪世间作乐,不肯即飞上天,待临死时服。'" 3.韩愈《奉酬卢给事云夫四兄》:"天门九扇相当开,上界真人足官府,岂如散仙鞭笞鸾凤相追陪"——倒句即:"鞭笞鸾凤相追陪,岂如散仙[逍遥乎?]",又《记梦》:"我能屈曲自世间,安能从汝巢神山?" 4.陆游《乌夜啼》词:"细思上界多官府,且作地行仙。" 5.辛弃疾《水调歌头·和德和上南涧韵》:"上界足官府,公是地行仙。" 6.《十洲记》:"方丈洲在东海中央。……群仙不欲升天者,皆往来此洲。" 7.朱彝尊《曝书亭集》卷一《五游篇》之五:"方丈之山,其高五千。群仙往来,不欲升天。" 8.陆游《剑南诗稿》卷一二《感旧绝句》一:"金丹炼成不肯服,且戏人间五百年。" 9.《两浙輶轩续录》卷二二载王斯年《哭张船山先生即题序诗卷子》第一首自注:"先生自镂印章曰:'群仙之不欲升天者。'" 10.是以屈原《远游》、郭璞《游仙》并企慕冲举,而六朝以来常写神仙"思凡",一若脱去人间,长生不老即成虚度岁月。 11.刘禹锡《巫山神女庙》:"何事神仙九天上,人间来就楚襄王!";谓必降人间方得遂男女大欲也。 12.苏辙《栾城集》卷一三《正旦夜梦李士宁过我》:"先生惠然肯见客,旋买鸡豚旋烹炙;人间饮食未须嫌,归去蓬壶却无吃!";并谓居仙山不能纵饮食大欲矣。 13.李商隐《戊辰会静中出贻同志二十韵》:"三山诚迴视,九州岛扬一尘。我本玄元胄,禀华由上津;中迷鬼道乐,沉为下土民。" 14.梁同书《频罗庵遗集》卷二《元遗山〈无题〉诗有"死恨天台老刘、阮,人间何恋却归来!"余为大地下一转语》:"到底人间胜天上,不然晨、肇不归来。" 15.元好问诗意早发于元稹《题刘、阮人山》:"千树桃花万年药,不知何事忆人间!" 16.康有为《大同书》癸《去苦界至极乐》篇侈陈"大同之世"饮食男女以至溷厕疾病,莫不怡神娱体,乃曰:"安乐既极,唯思长生。……盖神仙者,大同之归宿也";尘世已等欲界仙都,故神仙不必超凡出世,省去思凡谪降种种葛藤,用意与彭祖、北齐显祖辈实殊途同归而已。 17.桃源中人闻武陵渔夫来,无如许急遽,则上界日月之难于消磨,天神之静极思动、闲极生忙,皆可文外得之。 18.《隋书·儒林传》所记辛彦之事:"彦之又崇信佛道。……州人张元暴死,数日乃苏,云游天上,见新构一堂,制极崇丽,元问其故,人云:'潞州刺史辛彦之有功德,造此堂以待之。'彦之闻而不悦。"正"不愿即升天"、"不肯即飞上天"也。

续表

情节点	天上乐不如人间
国外类同事象文献征引	1.古希腊神话多言天神求妃偶于人间,亦思凡之例。 2.基督教宗虽无思凡之说,顾似天上颇苦清静,无事而亦无聊,和适而又沉闷,有若"无间歇之星期日"。 3.海涅有诗,述梦己成上帝,高拱九霄,诸神环坐,口饫甘旨,极清贵之福,而无聊闷厌不可堪,毋宁堕地或入九幽为魔鬼。亦即写"天上之沉闷"也。 4.但丁、密尔敦二豪均信有天堂:一写天堂诸众见凡人来,如池鱼睹投物,以为得食,嗷喁纷聚;一写天堂诸众闻有携人间消息至者,奔赴问讯,星流云集。 5.近世一小说有谑语云:"天堂愿同去,但今夜且缓。"

(《管锥编》,第985—989页)

对天上欢乐情景的想象一直是民间故事中重要的母题,这类民间故事寄寓的审美理想非常明显:现实苦难太多地压在底层大众肩上,他们无法规避这些苦难时,便将对美好的期待寄寓于对天堂的想象。

但《白石先生》讲述的却是另外一番天堂景象。《太平广记》卷七的第一则故事就是"白石先生":为中黄丈人弟子,至彭祖时已二千余岁,服药,煮白石以为粮,亦食人间烟火,"日行三四百里","视之色如四十许人",认为"天上多至尊"事奉,"更苦于人间",故不想升天为仙,时人目之为"隐遁仙人"。[①] 这则故事具有民间故事的一般结构要素:主人公为仙人弟子,服食丹药,有快速行走的能力,年轻不老。这些都是与民众的神仙崇拜、对速度的追求、对有限生命的否定等意趣相契合的。

不同的是,这则故事的情节设置最终实现了逆转,这是对民众一般审美心理的一次有意逆反——大多数人认同的天堂美在这里被否定了,天堂是单调的、枯燥的、等级森严的、诌上欺下的。"天堂并不乐于人间"的情节设定,一是获得民间故事的接受者——普能大众对民间故事的接受兴趣,二是对世俗生活的肯定——人间虽苦,但苦中有乐,比如饮食美味,白石先生就不仅"煮白石","亦食脯饮酒。亦食谷食。"俗世享乐可感可触,不似天堂遥不可知,因而,重俗世而轻天堂来得更实际。

尔后,钱锺书围绕着"天上并不乐于人间"这一"情节点",从"乐"这一俗世角度出发,列举了几十则例证,如上表中所示:《抱朴子》内篇《对俗》、《北齐书·方伎传》、韩愈《奉酬卢给事云夫四兄》与《记梦》、陆游《乌夜啼》

---

① [宋]李昉等编:《太平广记》,中华书局1961年版,第44页。

词、辛弃疾《水调歌头·和德和上南涧韵》、朱彝尊《曝书亭集》卷一《五游篇》、陆游《剑南诗稿》卷一二《感旧绝句》等,与《白石先生》的主题思想相映发。人间之乐,要么是天堂"尊官大神"多,不胜其累;要么是不能逞饮食、男女之大欲,故而"思凡";要么是天堂单调而人间娱乐活动花样百出,即可"戏"之物多。这些所谓的"俗"世之乐都在"雅"客人文的作品中得到生动表现,不仅是知识分子重俗传统的又一种生动诠释,更是雅俗互动无间融合的表征。

其二,《管锥编·太平广记》第 96 则(《太平广记》卷二三〇),内容亦列表如下:

情节点	照妖镜
《广记》所出卷目及类同卷目	1.出目:《王度》(出《异闻集》)。 2.类同目:《广记》卷四四三《车甲》(出《五行记》)引陶潜《搜神记》:"忽有二年少女来就之,……其壁上先挂一铜镜,径数寸,回顾镜中,有二鹿在床前";即其例,亦如《抱朴子》、《止观》未言镜之"古"与不也。《广记》卷三七一《马举》(出《潇湘录》):"公知其精怪,遂令左右以古镜照之,棋局忽跃起,坠地而碎,似不能变化";卷四四〇《逆旅道士》(出《潇湘录》):"持一古镜,潜伺之,俄有一队少年至,……道士以镜照之,其少年弃甲奔走"。
照妖镜 中国类同文献征引	1.《西游记》、《封神榜》中照妖镜能照见魔怪之原形。 2.《西洋记》中照妖镜则能照见隐形之人(第五四回王明恃隐形草,潜立番王座侧,金毛道长以镜照出)。 3."照妖镜"之名似始见李商隐《李肱所遗画松》诗:"我闻照妖镜,及与神剑锋。" 4.冯浩《玉溪生诗笺注》卷一引《西京杂记》谓汉宣帝臂上"带身毒宝镜,旧传此镜照见妖魅",似病拘挛。 5.晋唐俗说,凡镜皆可照妖…… 6.《抱朴子》内篇《登涉》:"不知入山法者,多遭祸害。……万物之老者,其精悉能假托人形,惟不能镜中易其真形耳。是以古之入山道士,皆以明镜径九寸以上悬于背后,则老魅不敢近人。" 7.《摩诃止观》卷八:"隐士头陀人多蓄方镜,挂之座后,媚[魅]不能变镜中色像,览镜识之,可以自遣。" 8.见于六朝词章者,如徐陵《山斋》:"悬镜厌山神",庾信《小园赋》:"厌山精而照镜",可觇风俗。 9.王绩"将遍游山水",而向度乞镜,职是之由。 10.《全后汉文》卷九七《镜铭》拓本之四:"洞照心胆,屏除妖孽",与沈涛《交翠轩笔记》卷一自记得唐铸海心镜铭全同;唐乎、后汉乎,言新铸镜即能除妖,则无待于镜古而后奏效。 11.刘禹锡《磨镜篇》:"流尘翳明镜,岁久看如漆,门前负局人,为我一磨拂。……山神妖气沮,野魅真形出。" 12.《墨庄漫录》卷一〇载崔伯易《金华神记》记吴生见女子,疑为鬼,示以剑与镜,女子曰:"剑阳物,鬼阴物,故鬼畏剑;镜阳物,精阴物,故精畏镜。昔抱朴子尝言其略。"

情节点	照妖镜
	13.《诚斋乐府·乔断鬼》徐行之鬼云："则被他床头镜儿照出我丑身形。"
	14.自唐迄明，均以为常镜已可祛魅却鬼。
	15.薛逢《灵台家兄古镜歌》："人言此是千年物，百魅闻之形暗栗。"
	16.章孝标《览杨校书文卷》："谁有轩辕古铜镜，为持相并照妖看。"
	17.王嘉《拾遗记》卷一〇《方丈山》："有池，……泥色若金，……百炼可为镜，色青，照鬼魅犹如石镜，魑魅不能藏形矣。"
	18.《初学记》卷二五引李巨仁《赋得镜》："非复照佳丽，复得厌山精"，乃咏常镜，下句正同庾信《小园赋》之"厌山精而照镜"。
	19.《全唐诗外编》一七三页张祜《古镜歌》："青龙耀[当做'跃']跃麟[当做'鳞']眼动，神鬼不敢当庭前。明朝擎出游都市，一半狐狸落城死。"
	20.《晋书·五行志》上、《甘卓传》、《殷仲文传》皆记"卓照镜不见其头，遂夷灭"，仲文"照镜不见其头，寻亦诛剪"。
	21.《梁书·河东王誉传》记誉"将败也，私引镜照面，不见其头"。
	22.《旧唐书·太宗诸子传》记越王贞"临水自鉴，不见其首，……未几而及祸"，岂将为无头鬼，故头临镜无影耶？
	23.道家古说仙人或无影，如《列仙传》及左思《魏都赋》所称"玄俗无影"；佛典如隋译《起世经》列举"诸天有十别法"，其六曰："诸天之身，有形无影"；贯休《赠信安郑道人》曰："点化金常有，闲行影渐无。"
	24.吾国古说谓鬼无影，故如《牡丹亭·圆驾》欲验杜丽娘"是人是鬼"，即以"有踪有影"断之。
	25.然妖怪则有影，观《警世通言》便知。卷二八白娘子曰："我怎的是鬼怪？衣裳有缝，对日有影"，则白蛇成精也；卷三〇："恍惚见一妇人，……道他是鬼，又衣裳有缝，地下有影"，则人虽死而蒙太元夫人"授以太阴炼形之术，以此元形不损"者也；卷三九白衣女子曰："我即非鬼，亦非魅，我乃是人。你看我衣裳有缝，月下有影"，则寿星所骑白鹤为幻也。
	26.蛇与鹤均属"怪"、"魅"，是以亟自明非鬼而顺口连及非怪非魅，夹带混过；于炼形之死人，说话人仅曰"道他是鬼"而已，不言"道他是怪"也。文心细甚。
	27.长白浩歌子《萤窗异草》三编卷一《挑绣》："众见其衣有缝，其行有影，不敢臆定为异类"，承《通言》来。
	28.太元夫人炼形术当即是《夷坚乙志》卷七《毕令女》所言"九天玄女回骸术"；《夷坚三志》己卷二《许家女郎》许女不讳为鬼，濮六曰："姐姐若是鬼，如何月下有影？"破枢则尸已不存，盖见形者非魂而为体矣。
	29.《全唐文》卷二八二王适《体元先生潘尊师碣》："身外无影，骨间有声。"言此道士修成"仙体"，故无影而有镈子骨也。
国外类同事象文献征引	1.西方相传俗信，谓操隐身术者，遇镜与水，形状呈映，不能遁匿，与《西洋记》说吻合。
	2.《女仙外史》第二三回鲍师以仙术救妇女出教坊，"一路上的狗跟着乱吠，可笑仙家隐形之术瞒不得狗眼"；仙家照妖之镜祇等狗眼之用，复"可笑"也。
	3.西方又有俗信，谓鬼魅临镜，不落影像，盖彼土亦以为鬼无影。
	4.欧西之"仙"乃万山水草木之精，非凡人修炼所成，脱西人而日中无影，则已自鬻于魔鬼矣。

（《管锥编》，第1152—1155页）

　　"照妖镜"是民间故事中寻常遇见的故事结构元素,以民俗学视角观之,"照妖镜"属于"宝物故事"这一较大民间故事类别。"照妖镜"这样的宝物故事,是对人们渴望具备超能力愿望的一种补偿,也是满足人们对不可视世界的窥探欲望,因为这种对不可视世界的窥探几乎成为人们的一种本能心理,当然,"照妖镜"表明了人对"妖"的态度,人妖关系几乎是民间故事诸多关系中一种最基本的关系,所以,妖故事在民间故事集中占有很大比重。

　　钱锺书对"照妖镜"这一民间故事"情节点"的梳理,就如下几个层面展开。

　　第一,对"照妖镜"出现的起点时间进行了追溯,李商隐《李肱所遗画松》诗"我闻照妖镜,及与神剑锋"并非首见,"晋唐俗说,凡镜皆可照妖,李句亦泛言耳"。然后列举六朝诗语,以觇镜照妖风俗。在后文中,钱锺书又引《全后汉文》卷九七《镜铭》拓本之四"洞照心胆,屏除妖孽"之语,将"照妖镜"这一情节原型的追溯推进到汉世(东汉),所以,汉晋唐时,"照妖镜"已是民间重要风俗,与"照妖镜"相关联的民间故事因而也随之而盛。

　　第二,镜有新镜与古镜之别。原来可照妖者,必古镜,后来,"镜愈古乃愈通灵耳"的古镜独享照妖之能的局面被打破,"新铸镜即能除妖,则无待于镜古而后奏效",镜无待古、新之别,说明民间故事之情节在长期的发展流变中更加简单化,更接近民间审美趣味,将情节重点置于镜与妖的关系,而对镜本身古新与否则不苛求。

　　第三,"镜阴物,精阳物"。镜与精,有阴阳之分,这是非常符合民间故事生成原则的。众所皆知,阴阳观念是中华文化从起源处就开始流传的基本观念,不仅浸润中国哲学、思想、文学等所谓的上层人物的精神世界,同时也流被底层众生,几乎每一个中国人都有阴阳观念,每一个炎黄子孙都有对阴阳的独特理解。阴阳观念在民俗领域里的影响,便是阴阳二元相克所生成的精神产品,这不仅是民间故事中一个重要的情节生成法则,也是民间传说等其他民俗产品生成的重要规则。因此,镜、精的阴阳之分,为镜制精提供了一个合理的解释,为一大批民间故事的合理存在找到了理据。钱锺书的这一探析,正彰显了"照妖镜"故事的重要层面。

　　第四,言及鬼与镜之关系。鬼与镜之关系又是民间故事中的一重基本关系,照妖不成复得照鬼,乃民间故事之俗套。"吾国古说谓鬼无影",看来鬼无影之说由来已久,何以验之?临镜无迹。所以,鬼故事里的情节与关目设置,离镜则少一重手段。

第五,言及西方俗信,以资比勘。操隐身术者遇水则无法遁匿,水之用情同镜之功;鬼无影,则中西俗说同;"仙家隐形之术瞒不得狗眼",却是西方俗信中自有中国所不具备的异民俗风味。

以上《太平广记》两则注,钱锺书调用诸多典籍,拈出其中与《太平广记》"情节点"相契合之处,旁征博引,时有妙论,对多角度认识民俗非常有帮助。

在《太平广记》注中,钱锺书大都采用这一"因俗入雅"的策略,以多重视角去审视民俗事象。

2.《太平广记》注民间故事特征二:家族类同

类同研究是钱锺书先生学术研究的一个最为世人所认同的特征。钱锺书凭借深厚的学术积累和敏锐的学术眼光,在调动多种学术资源的同时,将寻常者不经意的、习焉不察的、司空见惯的现象罗列在一起,然后一针见血地指出其不同寻常的关联性。这种关联性出人意料却在情理之中,妙趣横生,别有见地,给人很深的启发。

《太平广记》注中,钱锺书对民间故事的处理,同样使用类同研究的方法。钱锺书以《太平广记》中的某个故事、某个情节、某句话作为"原型",参照这一"原型"进行生发,引出同类故事或故事情节,最后达到对民间故事全方位的解析。

钱锺书对类同故事的研究,有的以《太平广记》这一文本内的故事为类同对象,有的则以《太平广记》外的故事为类同对象。如果说"因俗入雅"之特征是雅俗之间的事,那么故事之间的类同比较则多是俗与俗之间的事。

试以某些章节为例来说明。

其一,《管锥编·太平广记》第168则(《太平广记》卷三九四):

《雷公庙》(出《岭表录异》)"得楔如斧者,谓之霹雳楔"。按同卷《陈义》(出《投荒杂录》)"得黑石,或圆或方,号雷公墨";卷四〇四《肃宗朝八宝》(出《杜阳杂编》)其六曰"雷公石",斧形,长可四寸,即《旧唐书·肃宗纪》宝应元年建巳月楚州刺史崔侁所献"定国宝玉"十三枚之十二曰"雷公石斧,长四寸,阔二寸,无孔,细致如青玉"。《封氏闻见记》卷七记常见"细石赤色、形如小斧,谓之'霹雳斧',……俗谓之'霹霹楔'";《云仙杂记》卷一玄针子得石斧,铭曰:"天雷斧,速文步。"西方旧日拾得初民石斧、石矢镞之类,亦误为雷火下燎而堕,呼曰"雷器"。(《管锥编》,第1290页)

雷公故事在民间故事中属重要的幻想型故事,古人出于对雷电等天象的敬畏,不仅会虚构雷公电母这样的形象,而且还会围绕这些形象衍生出无穷的故事。《太平广记》有雷3卷,就记载了这诸多故事中的一部分。上述"雷器"之说,便是有关雷公故事的有机组成部分。

"雷器"有可能是民间故事里塑造的雷公的用具,也有可能是雷公惩罚凡世作恶的人而留于下界之证物,总之是属于雷公的"器具"。雷公故事在民间有多种形态,雷公对作恶的人会进行"雷劈"惩罚,这是雷公故事的主要模式之一。雷公执行惩罚后,会留下各种标记,这在不同地域各不相同,如有的地方是在被惩罚者背上留下"雷批"文字,披露死者所作之恶,有的地方则留下"雷楔",以示为雷公所为,上述钱锺书提到的各种"雷器",便是民间故事里具有这一性质的器物。

钱氏所列种种"雷器",实质上是对民间雷公故事"器物"层面的一个类同性比较,这种比较的资料来源,有《太平广记》内部的载录,有《封氏闻见记》、《云仙杂记》等民俗文献的载录,钱氏做这样一种综合,能让我们很容易看清楚民间对雷公看法的相同之处。

《太平广记》记录了诸多鬼狐精怪故事,这是《太平广记》除载录神、仙传说之外另一最引人注目的特征。依《太平广记》目录,妖妄3卷,鬼40卷,妖怪9卷,精怪6卷,狐9卷,这是有明确类目的,隐含在其他卷目中的鬼狐精怪故事,更是为数甚巨。

钱锺书注释《太平广记》,随书阐发,对之中的鬼狐精怪故事,多进行类同式的发挥、增补,或者指出其错讹之处,这也成为《管锥编·太平广记》注最有特色的地方。

下面第二引例即为说明。

其二,《管锥编·太平广记》第144则(《太平广记》卷三三〇):

《崔尚》(出《玄怪录》)著《无鬼论》,有道士诣门曰:"我则鬼也,岂可谓无?"按卷三一七《宗岱》(出《杂语》)、卷三一九《阮瞻》(出《幽明录》)、卷三二三《施续门生》(出《搜神记》)、卷三二七《魏征》(出《潇湘录》),事皆相同。又《宋书·范晔传》记晔欲作《无鬼论》,《新唐书·林蕴传》记蕴父披以临汀多山鬼淫祠,撰《无鬼论》。《施续门生》单衣白袷客曰:"仆即是鬼,何以云无?"尤类《崔尚》道士语。《五灯会元》卷六:"昔有官人作《无鬼论》,中夜挥毫次,忽见一鬼出云:'汝道无,我聱?'"即以此为禅机也。《癸巳类稿》卷一四力非无鬼,谓六艺九流以至天主教莫不明鬼,有曰:"昔阮瞻执无鬼论,而亲与鬼反复屈之;无鬼,何以屈之?然则论无鬼者亦明鬼者也!"夫瞻只知与客辩难,不识客之为鬼,岂得谓瞻"亦明鬼"乎?阮瞻事见《搜神记》卷一六,原云:"及鬼神之事,反复甚苦,客遂屈,乃作色曰";《广记》乃引《幽明录》作:"末及鬼神事,反复甚苦,客遂屈之,仍作色曰",则似客屈瞻而非瞻屈客矣,当有得色,何须"仍作色"哉?(《管锥编》,第1257页)

钱锺书首先从《太平广记》内部卷目作类同归纳,有"事皆相同"的结论;然后从《宋书·范晔传》、《新唐书·林蕴传》、《施续门生》、《五灯会元》、《搜神记》等典籍入手,以鬼现身说"有鬼",殊有趣味。

鬼故事中,有很大一类是鬼为自己寻求合法身份而努力的,冥界之灵,也有"正名"之需。鬼当然无法为自己正名,为鬼正名实人为之,人去虚构为鬼正名的故事情节,折射出人对鬼的态度。"鬼"与人,一直是相伴相生的,生与死、人与鬼,这本身就是人类长期在思考的命题。

《管锥编·太平广记》第137则至第164则,都言及鬼故事,都有类同比较,此处不作详细阐述。

其三,《管锥编·太平广记》第126则(《太平广记》卷二八八):

《纥干狐尾》(出《广古今五行记》)有人好剧,闻人间有狐魅,遂得一狐尾,缀着衣后,妻及邻人皆疑为狐。按《聊斋志异》卷一《贾儿》缀系狐尾,以使狐不疑为人,貌同心异,亦反仿之一道也。(《管锥编》,第1224页)

此处引例中,钱锺书以狐故事为本,讲到了民间故事的一个重要创作手法,即"反仿"。反仿手法在民间故事中多有体现,其目的均是为了增强故事的趣味性,给人耳目一新之感,以更加吸引听众读者,增强传播效果。反仿虽是对原故事情节的有意违反,究其实质,不过是同一个故事的两面,仍属类同性。

钱锺书涉及的民间故事类同比较是极为广泛的,除鬼狐精怪故事的类同比较之外,其他很多故事都有猎涉,下面再举两例以为说明。

其四,《管锥编·太平广记》第 10 则(《太平广记》卷一六):

> 《杜子春》(出《续玄怪录》)。按卷四四《萧洞玄》(出《河东记》)、卷三五六《韦自东》(出《传奇》)两则相类,皆前承《大唐西域记》卷七记婆罗痆斯国救命池节,后启《绿野仙踪》第七三回《守仙炉六友烧丹药》。《酉阳杂俎》续集卷四载顾玄绩事亦同,段成式即引《西域记》比勘。《华严经疏钞悬谈》卷二〇论"梦中所见广大,未移枕上,历时久远,未经斯须",《宗镜录》卷六八论"三世十世等皆从能变心生",均举《西域记》此节为例。扑杀儿子,以试道念坚否,则葛洪书早有,如《广记》卷一二《蓟子训》(出《神仙传》):"见比屋抱婴儿,训求抱之,失手堕地,儿即死。"西方中世纪苦行僧侣试其徒,亦或命之抛所生呱呱赤子于深沼中。(《管锥编》,第 1001 页)

以子为饵,在民间故事中是常见的结构故事情节的方式,这一套路,既是民间重子情结的一个曲折反映,更是一种以险求胜的故事讲述方式,民间故事便常以这种方式吸引受众。

其五,《管锥编·太平广记》第 182 则(《太平广记》卷四二九):

> 《申屠澄》(出《河东记》)至妻本家,见壁角一虎皮,妻大笑曰:"不知此物尚在耶!"披之,变虎形,突门而去。按卷四二七《天宝选人》(出《原化记》)、卷四三三《崔韬》(出《集异记》)、卷四六三《新喻男子》(出《搜神记》)皆相仿佛,惟前三事妻虎,末一事妻乌耳。偶睹挪威一传说酷似。一少年游海滨,见獭皮数张委沙上,波中有诸女方浴而水嬉。少年取一皮匿之,女郎辈浴罢,各拾皮自披,即化为獭,相逐而去。一女独不得皮,伫立啼泣;少年慰喻之,携归为妇,积岁有子女。一日,长儿登庋物小阁上,忽得旧獭皮一张,持下作剧。母正免身卧蓐,睹皮跃起,夺披己身,复形为獭,疾趋入海而逝。
>
> 【增订四】西方他国尚有天鹅妻、鸽妻等俗说,皆与挪威相传獭妻事相类,亦均如《广记》所载虎妻、乌妻之复得衣毛即变旧形而去。(《管锥编》,第 1309—1310 页)

此处钱锺书实际上触及了民间故事的又一个重要类型,即"虎妻"故事类型。钱锺书不仅指出了《太平广记》书中其他地方同类型的"虎妻"型故事,并且援引挪威的"獭妻"故事进行更为集中的类同比较。更重要的是,钱先生还以"虎妻"型故事为生发起点,对"天鹅妻"、"鸽妻"、"乌妻"等类同故事进行类同比较,让人能更清楚地看到这一故事的稍有变异的同型。

3.《太平广记》注民间故事特征三:涉及"田螺姑娘"等重要民间故事

《管锥编·太平广记》注中,钱锺书对《太平广记》载录的对后世影响巨大、被民俗学界高度关注的重要故事都有论述,如《白水素女》、《李娃传》、《长恨传》、《霍小玉传》、《莺莺传》等,都有不同角度的解析。

下面举例论之。

其一,《管锥编·太平广记》第25则(《太平广记》卷六二):

> 《白水素女》(出《搜神记》)。按与卷八三《吴堪》(出《原化记》)实为一事,皆螺精也,宜入卷四六七《水怪》门者;而前篇属《女仙》,或犹有说,后篇属《异人》,则匪夷所思矣。县宰向吴堪"要虾蟆毛及鬼臂二物","度人间无此";"鬼臂"不知何谓,"虾蟆毛"殆"龟毛、兔角"之类乎。
>
> 【增订三】《西湖二集》卷二九敷陈吴堪事,增"二物"为三:"升大鸡蛋、有毛虾蟆、鬼臂膊一只。"(《管锥编》,第1027页)

白水素女,即是民间故事里最广为人知的"田螺姑娘"故事,刘守华等民俗学者将之称为中国十个最有代表性的幻想故事,在我国流传很广,而且它还是国际型的故事。①《搜神记》对此故事有详细记载,可参照阅看。②

钱锺书在《管锥编》中,对这一故事的处理较为简单:首先指出《白水素女》与《吴堪》"实为一事,皆螺精也",然后指出其归类不当,最后指出《吴堪》故事在《西湖二集》中的一个小的变化。虽然钱锺书是简单处理,但并非没有解读意蕴。第一,钱锺书熟知螺精故事,所以能一眼看出白水素女即螺精。民俗学者在对"田螺姑娘"这一故事的流变史作考察时,便都溯源至白水素女,白水素女是田螺姑娘故事生成史上不可缺少的一环。第二,钱氏指出了《太平广记》对白水素女一类故事的处理的错讹之处,归入"女仙"类,当然有其理据,归入"异人"类,"则匪夷所思",这表明钱锺书对螺精故事的归类是明晰的,不能归入异人类,因为这一故事的本质还是带有仙类性质的故事,并不是异人。第三,钱锺书注意到了螺精故事在流传过程中的损益,对故事情节的增减,是民间故事运动发展的最基本模式。钱氏提出"鬼

---

① 刘守华、陈建宪主编:《民间文学教程》(第二版),华中师范大学出版社2009年版,第69页。

② 参见[宋]李昉等编:《太平广记》,中华书局1961年版,第388页。

臂"不知何物,当以《西湖二集》中的"鬼臂膊"解之,似乎意思相吻合。

钱锺书对《太平广记》载录的《柳毅传》、《李娃传》、《长恨传》、《霍小玉传》、《莺莺传》等对后世影响极大的作品,也进行了独到的评析,如:

> 《柳毅》(出《异闻集》)。按演为评话,谱入传奇,历来称引。唐世已成口实;卷四九二《灵应传》善女湫龙神九娘子谓周宝曰:"顷者泾阳君与洞庭外祖,世为姻戚。后以琴瑟不调,弃掷少妇,遭钱塘之一怒;伤生害稼,怀山襄陵,泾水穷鳞,寻毙外祖之牙齿。今泾上车轮马迹犹在,史传具存,固非谬也。""史传"正指此篇。卷三○○《三卫》(出《广异记》)北海女神为华岳第三新妇,"夫婿极恶",乞三卫寄家书,旋大风折华山树,雷火喧薄,徧山洞赤;与柳毅为龙女致家书而钱塘君怒淹泾川,水火异灾,情节一揆。龙女谓毅:"洞庭之阴,有大橘树焉。……叩树三发,当有应者";北海女神谓三卫:"海池上第二树,但扣之当有应者";皆落窠臼。《水经注》卷一九《渭水》引《春秋后传》华山君托郑容以书致鄗池君,"过鄗池,见大梓下有文石,取以欶列梓,当有应者"(《搜神记》卷四同);又卷三八《溱水》有使自洛还,忽一人托寄书,谓家在观歧诸前,"石间悬藤,……但叩藤自当有人取之"(《广记》卷二九一《观亭水神》出《南越志》即此)。《广记》卷二九二《洛子渊》(出《洛阳伽蓝记》)洛水神倩樊元宝致家书,曰:"卿但至彼,家人自出相看";卷二九三《胡母班》(出《搜神记》)泰山府君托致书河伯,曰:"扣舟呼青衣,当自有取书者";卷二九五《邵敬伯》(出《酉阳杂俎》)吴江使托通问齐伯,教至社林中,"取树叶投之于水,当有人出";卷四二一《刘贯词》(出《续玄怪录》)龙子托寄书,曰:"家在渭桥下,合眼叩桥柱,当有应者";则均小异。(《管锥编》,第1302—1303页)

钱先生此节指出柳毅之事,在唐代便成为重要的故事。然后列举诸多引例,指出"水火异灾,情节一揆",即故事的类同记载,特别是《太平广记》诸卷,情节类同者颇多。扣物"当有应者",正是传书当有接收者一个必不可少的中间环节,民间故事为自圆其说,总会设置诸多合情合理的关目,"扣物有应者"便是其一。

以上是对钱锺书《太平广记》中民间故事研析的一个粗略概括,因俗入雅、类同比较、涉及了中国最重要的民间故事类型、对故事的溯源考察等,是钱先生对《太平广记》中故事研究的主要面貌。

(二)"极嘲诙之致":《管锥编》与童话

童话是重要的幻想型故事,也是渗透力最强的民间文学样式。很难想象,一个人的成长从来没有受惠于某些重要童话故事。丹麦安徒生的《安徒生童话》、德国格林兄弟收集的《格林童话》、法国夏尔·佩罗收集的《鹅妈妈的故事》、意大利卡尔维诺收集的《意大利童话》,以及《阿里巴巴的故事》、《一千零一夜》、《爱丽丝漫游奇境记》、《骑鹅历险记》等童话故事,都影响过一代又一代人的精神成长。

钱锺书对世界各国的童话,都有涉猎,因此,在《管锥编》中,能自如、贴切地引用各国童话来论证学术观点。

1.《管锥编》童话引述综览

《管锥编》中直接言及童话的地方共计18处,大致情况如下所述。

(1)《格林童话》。

钱锺书先生提及最多的是《格林童话》,一本被当代人定义为"人生必读"之书的童话集。

"褒姒不好笑,幽王欲其笑,万方故不笑。"按贵主不笑,人君悬重赏,求启颜之方,乃西方民间故事习用题材。如《五日谈》中即三见;格林童话,亦有其事。祖构之作,故为翻案,有谓女君善笑,触事哑哑不能自已,出榜征能止笑之士。(《管锥编》,第420—421页)

试例以西方童话。猫着鞲谒术士曰:"人盛言公能随意幻形,窃未能信,愿目验焉。请化为象,可乎?"术士嗤之,立地成巨象。猫惊叹曰:"神乎技矣!不识亦解化狮欤?"术士即转型为雄狮,猫皇恐曰:"莫怖杀侬!"术士忻然意得,猫曰:"公化大物之能,仆已叹观止;苟兼工化成小物如鼷鼠者,则独步天下而仆亦不敢再渎矣。"术士曰:"小子可教!老夫不惜为汝一显身手耳。"语毕跃而作鼠,猫扑而咋之。猫之衣履人言与术士之随心幻物,荒唐之呓语也,而有鼠则遭猫捕,又真实之常事矣。……格林童话又一则述师变公鸡,徒遽变狐狸而啮鸡头断。(《管锥编》,第907—908页)

格林童话一则言一小儿七岁夭,母哀之,日夜涕泣,一夕儿现形曰:"阿娘莫啼哭!娘眼泪流注,使儿裹身布淋漓不干,儿不得安眠棺中。"母遂止声收泪。明夕,儿复见,曰:"阿娘视儿!裹身布就燥,儿可栖息地下矣。"亦言泣泪滴九泉,吾国古小说只道哭声彻九幽耳。(《管锥

编》,第 1241 页)

　　迭更司小说中则有"杀头以治斜眼"之喻,与贾让、淮南印可。童话中"灰姑娘"长姊斫趾,次姊铲踵,俾足可纳入小妹金屦中,二女血随步涌,真所谓"削足适屦"者。(《管锥编》,第 1529—1530 页)

　　格林童话是养育了一代又一代人成长的童话经典。正因为其是如此重要的民间故事,联合国教科文组织于 2005 年将格林兄弟原版的《儿童和家庭故事》选定为德国的第七个世界档案遗产。《儿童和家庭故事》共收录220 个童话故事,格林兄弟对这些童话故事的辑录原则是"从民众的口中来",所以,这些童话都具有鲜明的"民间"本色。格林兄弟"搜集传说故事的工作原本是为了给阿尔尼姆和布伦塔诺筹备的新著提供材料,但是书籍计划最终并未实现。然而由此发展出的兴趣使他们自 1811 年起开始以民俗学的研究方式自发地搜集新的传说故事。他们搜集故事的区域主要限于他们的故乡黑森(Hessen)地区,对象则包括了他们的亲戚、朋友和熟人等。他们自己曾这样写道:除了少数几个例外,几乎只在黑森、美因河(Main)和金翠奚河(Kinzig)地区附近以及我们的故乡哈瑙(搜集)。另一个较重要的故事来源地是距卡塞尔(Kassel)西北将近 100 公里远的威斯特法伦(West-falen)"。[1] 钱锺书先生广读博览,对经典童话不仅有阅读,而且有独到的、与学术思考紧密结合的阐发。即如此处,褒姒或妹喜之奇癖,不仅在各类成人作品中多见,而且民间童话亦采用其故事套路,这不仅说明民间文学与其他文学品类之间的渗透极为常见,更从侧面说明民间童话并不就如一般人所理解的只是儿童的读物,成人的思维不停地影响童话的生成,成人的世界观不断地进入儿童世界,这也就是现在诸多人反对儿童读童话的原因,因为,这样的童话实际上已或多或少变化为成人性的精神产品,离儿童的精神世界越来越远了。

　　钱锺书先生所引第二例童话,是为论证"《楚辞》中岨峿不安"、描写前后失照而援引之例。钱先生认为"离奇荒诞之情节亦须贯串谐合,诞而成理,奇而有法",再奇再诞之作,都得在情理之中才能成立,即使童话也不例外。所引格林童话中的两例童话,都能自圆其说,这就是童话想象的合理

---

　　① 白瑞斯:《作为世界非物质文化遗产和学术研究对象的格林童话》,何少波译,王霄冰校,《文化遗产》2010 年第 4 期。

之处。

第三例格林童话是钱锺书先生在论述《太平广记》卷三二○《蔡谟》条时，对鬼魂于地下，对生人哭泣的反应，即"闻君哀哭，恸之甚，某在泉途，倍益凄感"，因而在增订中引格林童话之一则与之连类。此处虽然是类同比较，但钱先生最后还是指出其同中之异，即格林童话"泣泪滴九泉"，但"吾国古小说祗道哭声彻九幽耳"，一者天上，一者地下，各异其趣。此处引用值得指出的是，钱锺书先生是在补订中特别拈出格林童话以为说明的，这不是一种兴之所致的较为随意地引用，而是一种特别有目的的对民间童话的引用，这生动地说明了钱锺书先生在治学活动中，对民俗资源的引用绝不是偶然的、随意的行为，而是出于特定的学术目的，殊有深意地调用民俗资源。

最后一例格林童话的引用是"灰姑娘"，"灰姑娘"是在世界各地广为流传的童话故事。有研究者指出，"灰姑娘"式的童话，其异文不下于 1500 种。我国唐代段成式编撰的《酉阳杂俎》续集《支诺皋》，记录《叶限》这一故事，被研究者视为世界上"灰姑娘"型民间故事的最早记载。斯蒂·汤普森（Stith Thompson）在《民间文学母题索引》（*Motif—Index of Folk Literature*）中，把"灰姑娘"故事归为阿奈尔-汤普森故事类型。

（2）《安徒生童话》。

> 安徒生童话《皇帝新衣》一篇，举世传诵，机杼酷肖；唯末谓帝脱故着新，招摇过市，一无知小儿呼曰："何一丝不挂！"，转笔冷隽，释书所不辨也。（《管锥编》，第 1053 页）

安徒生童话的经典性无须赘言，皇帝的新装更是家喻户晓的童话故事。不过，对安徒生童话，学界并不乏质疑的声音，如安徒生童话中的诸多故事，是否适合于现代的小读者阅读，《卖火柴的小女孩》这样的作品，还能让现在孩子的心灵世界充满温暖吗？经典童话阅读的时代适应性问题，这确实是一个值得长期思考的问题，因为，孩子的成长需要童话故事来滋养，当然，这是另外一个话题。钱先生此处对安徒生童话的引用，只是为了说明《鸠摩罗什》记大阿盘头达多语一节之机杼，与《皇帝的新装》酷肖，钱先生着眼的是故事构思的同工同趣。

（3）《木偶奇遇记》。

《木偶奇遇记》是意大利儿童文学作家科洛迪的作品，是儿童文学经典书系中的耀眼之作。科洛迪在写作过程中，曾一度想停止写作，不料此举却遭到读者"不满"信件的轰击,足见此书受欢迎的程度。

钱锺书在《管锥编·周易正义》之五"蒙"释"鸟飞无翼,兔走折足,虽欲会同,未得所欲"句时引《木偶奇遇记》中童话:

> 十八世纪法国诗人寓言中国瞽人与瘫痪人相约,秉孔子"人当互助"之遗训,"我以尔视,尔以我行"。十八世纪德国文家本盲瘸相须之事为谑语云:"盲问瘸:'您行吗?'瘸答盲:'您瞧呢!'"意大利童话名著《木偶奇遇记》写狐徉瘸而猫伪盲,一向导,一扶持,偕而行乞,若异病相怜,以同恶相济。(《管锥编》,第 834 页)

论述时,钱先生提出"人事离奇曲折,每出寻常意度,足令啼笑皆非,《易林》工于拟象"这一说法,指出《易林》工于拟人生中无可奈何情境之象,对人生困局实是一种有力揭示。此处童话之引用,钱先生于人生物事之描摹可谓入骨三分,钱先生的观点总是在看似不经意又略带嘲谑的引用中被牵引出来,由是观之,说钱先生的《管锥编》中没有自己的观点,真疏陋之论。

(4)《爱丽丝漫游奇境记》。

《爱丽斯漫游奇境记》是英国儿童文学作家刘易斯·卡洛尔的代表作。刘易斯·卡洛尔是数学家和逻辑学家,真名为查尔斯·路德维希·道奇逊,他以卡罗尔的笔名创作了两部脍炙人口的儿童文学作品:《爱丽丝漫游奇境记》、《爱丽斯镜中奇遇》,其想象力之丰富、语言之幽默,吸引了一代又一代读者。

钱先生在《管锥编·太平广记》第 196 则(《太平广记》卷四五九)引用了卡洛尔童话中语句:

> 卡洛尔所撰诙诞童话中亦曰:"吾将述身经之一奇事,使非吾亲睹,吾必不信;读者或未尝目击,则吾安能望其轻信吾言哉?"(《管锥编》,第 1344 页)

此处,钱先生是为了对《太平广记》中的《舒州人》条目进行阐释,以明如下观点:"记其事而复言理所必无,即欲示事之真有;自疑其理,正所以坚人之信其事。语怪述奇,难圆厥说,则抵却献疑于先,可以关他人质诘之口,文家狡狯,比之自首减等也,……"这既有对人认知心理的探讨,更有对"语怪述奇"这些民间文学作品创作方法的总结。以卡洛尔的童话来说明这一观点,非常贴切。

钱先生此处还提到了卡洛尔童话的一个基本特征:诙诞。卡洛尔的诙诞,指的是卡洛尔童话的幽默品质。卡洛尔童话有长久而持续的阅读效应,正是基于其幽默品质。此处需要指出的是,一直为人所津津乐道的钱锺书式幽默,肯定得益于卡洛尔等童话幽默的滋养。钱先生之读书治学,重要特征在一个"化"字,钱氏能将广博的阅读化为学术灵性,包括对童话幽默的这种移置,最后水到渠成、清楚明白地阐明自己的观点。

(5)"大拇指童话"。

在《管锥编·太平广记》第74则(《太平广记》卷一九四),钱先生提到了一个重要的童话类型:大拇指童话——一个拇指大小的小孩的故事:

> 英国童话言侏儒"大拇指汤姆"为巨人所食,一跃入腹,不遭齿决,于是虎跳筋斗,几欲穿穴脏腑,巨人痛极,觉如有魔鬼在腹中作网球戏者,急向大海哇而出之。(《管锥编》,第1108页)

与大拇指童话结构相似的童话流行于世界各地,如格林童话中就有《大拇指》和《大拇指的旅行》两篇,法国有夏尔·贝洛的《小拇指》,英国有《大拇指汤姆的故事》,安徒生亦写过《拇指姑娘》的童话,中国的《葫芦娃》也与之相类,等等。斯蒂·汤普森把这类故事归为"拇指大的汤姆"(类型700)。

钱锺书先生提到的英国版大拇指童话故事,是这一童话最早的存在形态。大拇指童话故事在世界各地都有相似的版本,正说明人类审美有共通性。大拇指童话表达的是人类对小与大关系的想象,如对弱小者智慧的肯定,对小与大力量对比的逆向性思考,等等。更为重要的是,民间文学作品惯常使用这一故事结构方法,如《西游记》中的孙悟空故事,能收到引人入胜的效果。

(6)其他童话。

除以上童话外,钱锺书先生在《管锥编》中征引的童话,还有如下几例:

> 然始皇精骛八极、目游万仞,而不知伏寇在侧,正如睫在眼前长不见也。西方童话言仙女与人赌捉迷藏,斯人鱼潜三泉之下,鸢飞九天之上,豹隐万山之中,女安坐一室,转宝镜即照见所在;渠乃穴地穿道,直过女座底而伏处焉,以彼身盖掩己身,女遂遍照不得踪迹。(《管锥编》,第441—442页)

宋人"谚语"称鹳鹤作东道延蟹,使钳己足,随以上树杪危巢(郑清之《安晚堂诗集》卷一〇《再和糟蟛蜞送茸芷且答索饮语》诗自《跋》）。鳖、龟皆中途堕地。西方童话亦有蛙附雁南飞之事，谓蛙中途下堕池塘，幸不死，闷绝复苏，乃强颜饰说："自天而降，一来观风问俗，逝将去此尔"；尤极嘲诙之致。（《管锥编》，第848页）

佯色揣称，写忧愁无远勿至，无隙亦入，能以无有入无间。运思之巧，不特胜"忧来叩门"，抑且胜于《浮士德》中之"忧媪"有空必钻，虽重门下钥，亦潜自匙孔入宫禁，或乌克兰童话之"忧魅"，小于微尘，成群入人家，间隙夹缝，无不伏处；然视"忧来搔足"，尚逊诙诡。（《管锥编》，第852页）

亚美尼亚童话言狐自负智囊多妙计，及大难临身，不如松鼠只擅上树一技之得保性命。均谓技不贵多而贵绝，……法国寓言名篇道狐与猫竞技，犹亚美尼亚童话之言狐与松鼠也，快捷方式多、利便伙，则徘徊瞻顾，不能当机立断、用志不纷，反致失时误事。（《管锥编》，第855页）

黎氏所载实出元常德《西使记》；杰公所述则同马哥波罗《游记》第一七一章载一国人取金刚石，投肉谷中，鹫衔肉出，驱之得石。《天方夜谭》中一则写此尤详，土克曼童话《宝石山》亦相类。（《管锥编》，第1049页）

西方童话言黑婢取水，水边树上有美女影落水中，婢睹影大诧，自叹曰："萝茜何太薄命乎！美貌如此而为主妇行汲乎！而安之若素乎？"因打桶破。（《管锥编》，第1196页）

陶谷《清异录》卷三《器具》门之"黑太阳"，指燃炭可抵负暄，犹谓"煤乃英国最佳之太阳"，文同意别，且言暖非言光也。童话中嘲讽科学家，谓其能造"黑光"，视之若无有，则亦谓实无光耳。（《管锥编》，第1255页）

十八世纪英国小说有角色诨曰："脱在山颠宜生愁思，则在山足当发欢情"；虽为戏言，亦征同感。……童话曰："物之更好者辄在不可到处，可睹也，远不可致也"；齐心如出一口。（《管锥编》，第1412—1413页）

窃谓童话有九尾雄狐佯死以试牝狐事，正复此意。骨不外乎莎士比亚名剧所嘲："不事二夫夸太早，丈夫完了心变了"。（《管锥编》，第

1639 页）

从以上引例可以看出，钱锺书先生以上的童话征引，具有如下特征。

其一，征引范围非常广泛，跨越不同的国家甚至文明种类。德国童话、意大利童话、乌克兰童话、亚美尼亚童话、阿拉伯童话、土克曼童话、丹麦童话、英国童话言等，古今中外，均有所涉。

其二，童话引用的经典性，即钱锺书先生所引用的童话，来自《格林童话》、《安徒生童话》、《木偶奇遇记》这样的经典文本居多。不管对这些经典童话文本采用何种解读角度，这些文本的经典地位从未动摇过。

其三，出于学术论证的目的而引用童话资源，是钱锺书先生童话征引的第三个特点。以童话作为论证证据，不仅要有独到的思维视角，能意识到童话这样的民俗资源对学术论证的重要性，更要对经典童话有精致的阅读，读而能化，化而能用，才能与学术观点贴切无间，这在钱先生的同辈学人中并不多见。

（三）"穷理析义，须资象喻"：《管锥编》与寓言

在《管锥编》中，钱锺书多处引用寓言，以资析理穷义之用。在学术思考中如此大量地引用寓言来支撑观点，这又是钱锺书在同辈学人中的特异之处。

1.钱锺书于寓言有论

钱锺书喜好寓言，不仅在《管锥编》中有尽致的体现，在其他地方亦时时流露这种喜好之情。最为重要处即他的《读〈伊索寓言〉》，他说："《伊索寓言》大可得看。"首先列举了三条理由：

> 它至少给予我们三种安慰。第一，这是一本古代的书，读了可以增进我们对于现代文明的骄傲。第二，它是一本小孩子读物，看了愈觉得我们是成人了，已超出那些幼稚的见解。第三呢，这部书差不多都是讲禽兽的，从禽兽变到人，你看这中间需要多少进化历程！我们看到这许多蝙蝠、狐狸等的举动言论，大有发迹后访穷朋友、衣锦还故乡的感觉。但是穷朋友要我们帮助，小孩子该我们教导，所以我们看了《伊索寓言》，也觉得有好多浅薄的见解，非加以纠正不可。①

这三条理由，钱锺书以惯有的冷静嘲讽风格，直指寓言于现代人有何意

---

① 钱锺书：《写在人生边上·人生边上的边上·石语》，三联书店 2002 年版，第 33 页。

义,钱锺书胸中的块垒还是对人心社会的批判,这正是寓言所"寓"的基本功能。

钱锺书对寓言的见解,当然不止此三点,若将《读〈伊索寓言〉》与《管锥编》中的其他诸处合观,便更为明了。

> 穷理析义,须资象喻,然而慎思明辨者有戒心焉。游词足以埋理,绮文足以夺义,韩非所为叹秦女之媵、楚珠之椟也(《外储说》左上)。(《管锥编》,第 21 页)

> 盖取譬设喻,寓言十九,乃善说之修词,非真知之析理。(《管锥编》,第 1483 页)

寓言是"资象喻"——借假动物等言语行为以"穷理析义",这是寓言最基本的表现形态。虽然钱锺书举韩非《外储说》左上两寓言:秦伯嫁女于晋公子,陪嫁姑娘衣被锦绣、花枝招展,结果乱花迷蒙晋人之眼,喜爱陪嫁姑娘而看轻秦伯之女;楚人之郑做卖珠子的买卖,将盛珠的匣子做得漂亮异常,结果郑人只购"椟",而弃珠,是为说明"游词足以埋理,绮文足以夺义",但钱氏所主张的是"资象喻"时不可过度,不能喧宾夺主。其"穷理析义,须资象喻"的议论正好可移用于寓言之表现。

> 谓世俗常态每面前虚词取悦,背后方实言无饰。……文学中寓言十九,每托后义。如世人熟晓之《红楼梦》第一二回贾瑞照"风月宝鉴",跛足道人叮嘱曰:"专治邪思妄动之症。……千万不可照正面,只照背面,要紧!要紧!"岂非"艮其背"耶?"其背"可"艮","妄动"能"治"之谓也。(《管锥编》,第 58—59 页)

此处触及寓言的讽世功能,"世俗常态每面前虚词取悦,背后方实言无饰",寓言故事中很多就是表现这一主题的。在《读〈伊索寓言〉》中,钱氏所举蝙蝠的故事,似有同趣:

> 蝙蝠碰见鸟就充作鸟,碰见兽就充作兽。人比蝙蝠就聪明多了。他会把蝙蝠的方法反过来施用:在鸟类里偏要充兽,表示脚踏实地;在兽类里偏要充鸟,表示高超出世。向武人卖弄风雅,向文人装作英雄;在上流社会里他是又穷又硬的平民,到了平民中间,他又是屈尊下顾的文化分子:这当然不是蝙蝠,这只是——人。①

---

① 钱锺书:《写在人生边上·人生边上的边上·石语》,三联书店 2002 年版,第 33 页。

人的寓言中,有多少"虚词取悦"的内容,只有世人心知。而钱锺书下述引文,又可视为世人的另一种"伪":

> 于是,言本空也,傅之于事,则言辩而遁;行亦常也,文之以言,则行伪而坚。"无言"而可以重言、寓言、卮言、荒唐之言矣;"无身"而可以脂韦滑稽、与世推移、全躯保命、长生久视矣;"无为"而可以无不为、无所不为矣;黄老清静,见之施行而为申韩溪刻矣。(《管锥编》,第 645 页)

无言、无身、无为,均可资寓言而"伪",只不过这是一种更巧妙的"伪"。

寓言既可反观现代文明,更能观照古代文明。经常言及的《庄子》、《列子》寓言,即是如此。钱锺书在《管锥编》中屡有言及:

> 庄子"著书十余万言,大抵率寓言也。……以诋孔子之徒,以明老子之术;畏累虚、亢桑子之属皆空语无事实。"(《管锥编》,第 501 页)

> 列固众作之有滋味者,视庄徐行稍后。列之文词逊庄之奇肆飘忽,名理逊庄之精微深密,而寓言之工于叙事,娓娓井井,有伦有序,自具一日之长。即或意出捃摭,每复语工镕铸。(《管锥编》,第 723—724 页)

钱氏不仅对庄、列之优劣有精到的评价,而且指出了寓言的叙事特征:"寓言之工于叙事,娓娓井井,有伦有序,自具一日之长。即或意出捃摭,每复语工镕铸。"寓言大都短小,但故事情节之设置却非常有趣,篇制短小却能波澜起伏,极易流播。

在《读〈伊索寓言〉》的末尾,钱锺书提出了儿童是否应该读寓言的问题,这也是钱先生对寓言看法的有机组成部分。我们总是有一个先入的观念,即寓言与童话是给孩子的读物,所以,不管什么童话与寓言,都塞给孩子。而时代变化,寓言与童话的适应度也会发生变化,有些寓言与童话在那个时代是适宜阅读的,在另一个时代则未必,如安徒生的童话《卖火柴的小女孩》、王尔德的《小王子》,儿童文学研究者当下便在讨论这些作品对现代儿童阅读的适宜性问题。钱氏主张"小孩子该不该读寓言,全看我们成年人在造成什么一个世界、什么一个社会,给小孩子长大了来过活",①大的社会环境决定了孩子的阅读选择,真为确论。

2.钱锺书于寓言有例

---

① 钱锺书:《写在人生边上·人生边上的边上·石语》,三联书店 2002 年版,第 36 页。

钱锺书以寓言来佐证学术观点,这也是他常用的策略。正如在《读〈伊索寓言〉》中钱氏举 8 则寓言故事:蝙蝠的故事、蚂蚁和促织的故事、狗和他自己影子的故事、天文家的故事、乌鸦的故事、牛跟蛙的故事、老婆子和母鸡的故事、狐狸和葡萄的故事、驴子跟狼的故事,来说明寓言与世道人心的关系。在《管锥编》中,钱氏同样列举了诸多寓言来佐证观点,兹粗略引述如下。

(1)中国寓言。

在前文论及钱锺书的童话征引时,几乎很少看到钱锺书征引中国的童话例子。中国的童话不发达,但寓言则不同,自先秦时期开始,寓言这一民间文学形式便蔚为大观了。正如有研究者所指出的,《庄子》含有寓言 187则,《列子》含有寓言 134 则,其余的如《韩非子》、《吕氏春秋》、《孟子》等,都载有寓言故事,引寓言以为说理之具,因而先秦典籍保存了较多的寓言故事。

春秋战国时期,百家诸子奔走说理,逞词辩舌,以阐述自己的主张。为求说理明了直接,借助于寓言这一短小精悍而又事理洞明的故事形式是智慧的选择,因而我国的寓言在很早时便极为发达。

追溯中国古代寓言之产生历程,总会溯源至庄子。《庄子·寓言》篇"寓言十九,重言十七,卮言日出,和以天倪。寓言十九,藉外论之。"《释文》:"寓,寄也。以人不信己,故托之他人,十言而九见信也。"庄子所说的"寓言",并非一种文体提倡的努力,但正与寓言的说理明了、使人信服的特征契合,即"托之他人,十言而九见信"。《庄子》中的寓言故事,历为人称道。

钱先生在《管锥编》中多次引用《庄子》,其中包括对《庄子》寓言的引用,如《管锥编·焦氏易林》第 7 则"比":

　　世事多方,更端莫尽,祸倚福伏,心异貌同;合观诸《林》,亦如蒙庄寓言之毅、豹双亡而木、雁各喜矣。(《管锥编》,第 842 页)

此处即言庄子寓言而明"世事多方,更端莫尽"的道理。钱先生多处引用庄生之语,正借鉴其寓言式析理的直接明了,直达目标。

《管锥编·焦氏易林》第 9 则"泰",释"龟厌河海,陆行不止,自令枯槁,失其都市,尤悔为咎,亦无及已",引寓言以明此理:

　　窃疑当时或有俗传,谓虾蟆正如《易林》之龟及蝻虾厌居水中,亦

欲舍去而旷观漫游,遂附鹄腾空,致陨身失命。……此类寓言,各国都有。(《管锥编》,第847页)

以动物为喻,说明离开本位而有不切实际的奢求,必遭致身亡命丧,正所谓"龟厌河海,陆行不止",水族离水,其结果只能是"自令枯槁",命丧都市,但又追悔莫及。

除直接征引寓言故事外,在《管锥编》中,钱锺书对寓言的引申义等也时有述及,如《管锥编·焦氏易林》第17则"剥":

盖取《史记·项羽本纪》之"沐猴而冠"一语,加以生发,大似寓言一则矣。(《管锥编》,第863页)

《管锥编·楚辞洪兴祖补注》第2则:

尤侗《艮斋续说》卷七论王安石《残菊》诗案曰:"《离骚》大半寓言,但欲拾其芳草,岂问其始开与既落乎? 不然岂茭荷果可衣乎? 芙蓉果可裳乎?"颇窥寓言之不同实言。(《管锥编》,第908—909页)

《管锥编·太平广记》第161则(《太平广记》卷三七〇):

《王屋薪者》(出《潇湘录》)铁铮化老僧,龟壳化道士,争佛道优劣,负薪者攘袂呵斥二氏无父无君,"不耕而食,不蚕而衣",焚茅庵而挥斧欲杀。按几如韩愈《原道》之寓言矣。(《管锥编》,第1278页)

特别是引王安石"《离骚》大半寓言"之语,新人耳目,而钱先生自己的观点"寓言之不同实言",又是对寓言的特征的一个恰当描述。

(2)西方寓言。

钱锺书对西方寓言的引用,其例甚多,特别是对古希腊、罗马寓言的引用更常见。

如《管锥编·左传正义》第37则"襄公二十一年(三)":

"女祸"之说亦所谓"使周姥制礼,决无此论";盖男尊女卑之世,口诛笔伐之权为丈夫所专也。寓言述一人与狮友昵,偶同观名画勇士搏狮,狮曰:"画出人手故尔,倘狮操笔作图,必不如是";比物此志。……范君旭仑曰:"乔叟诗中巴斯妇早以伊索之画狮寓言为'女祸'解嘲。"是也。(《管锥编》,第353页)

此处钱先生就引用了《伊索寓言》中的寓言故事。《伊索寓言》是古希腊留给后世的风韵独具的民间文学遗产,这些讽喻故事拥有的读者数量仅次于《圣经》。这些篇制短小的寓言故事,浅显生动,很易为下层民众接受,更容易传播,而其中的生活智慧完全可以完成对民众的启蒙,成为"民众的知识"。《伊索寓言》对后世的影响表现在多个层面,以民俗学为例,不仅影响后世的寓言创作,如古罗马的寓言创作,而且很多谚语、俗语等都来自于《伊索寓言》。

一般认为,《伊索寓言》在明朝由西方传教士利玛窦传入中国,即其所撰的《畸人十篇》对《伊索寓言》的介绍,而"明天启五年(1625),由法国耶稣会士金尼阁口授、中国文人张赓笔传的《况义》在西安刊刻出版。这是第一本专门翻译介绍伊索寓言的中文选译本"。① 中国第一个《伊索寓言》的选译本,即指此而言。

从上述引例可以看出,《伊索寓言》的故事构成是非常生动的,而这一生动的故事结构模式,并不是《伊索寓言》所独有,而是一种普遍的故事结构方法,这又说明了人类审美中的共通性。

在《管锥编》中,钱锺书引用了两则古罗马寓言,分别是《管锥编·史记会注考证》第 22 则"伯夷列传":

> 今本之"以暴易暴"即易君而未革政;古罗马寓言驴为盗掠一则所谓虽更新主,未减旧役,以喻当时执政频换而下民困苦不异于前,所变易仅在上者之姓名已耳。……所引古罗马寓言谓"虽易新君,未减旧虐",而比阅苏联流亡作家所撰劳改营纪事,卷三有一章标题曰:"统治者数更,劳改营长在。"(《管锥编》,第 495—496 页)

《管锥编·全上古三代秦汉三国六朝文》第 75 则:

> 《法苑珠林》卷一○八引《佛藏经》云:"譬如蝙蝠,欲捕鸟时,则入穴为鼠,欲捕鼠时,则飞空为鸟";古罗马一寓言类此,十七世纪法国名家抒写之,托为蝙蝠语:"身即鸟也,请视吾翅","身亦鼠尔,愿吾类万寿!"尤传诵不衰。(《管锥编》,第 1678—1679 页)

在《管锥编》中,钱锺书引用其他西方寓言的例子大略如下:

> 法国寓言名篇道狐与猫竞技,犹亚美尼亚童话之言狐与松鼠也,快捷方式多、利便伙,则徘徊瞻顾,不能当机立断、用志不纷,反致失时误事。(《管锥编》,第 855 页)

---

① 杜慧敏:《文学翻译中的文化冲撞——谈〈况义〉的翻译》,《中国比较文学》2005 年第 4 期。

　　　　法国寓言名篇,写狼虽困饿而野性自适,狗固餍饱,却为颈圈牵制;用意类陶弘景之二牛。(《管锥编》,第1133页)

　　　　白居易《续古诗》之四:"雨露长纤草,山苗高入云;风雪折劲木,涧松摧为薪。风摧此何意?雨长彼何因?百丈涧底死,寸茎山上春。可怜苦节士,感此涕盈巾!"则谓木被风摧,非缘其高,乃缘其劲,犹西方寓言中芦苇语橡树:"吾躬能屈,风吹不折。"(《管锥编》,第1715页)

因这些寓言所述事理简单易明,故不需多作论述,所以此处作从略处理。

　　以上所引诸例,涉及古今中外的寓言名篇,钱氏化用为学术证据,除了穷义析理以外,更为重要者乃讽世伤时。《管锥编》一书在很多时候被人误解为无观点、立场之作,实属门外之谈,深入《管锥编》内部,触摸如寓言、童话之类的故事,钱氏的观点、立场便自然浮现,钱锺书深沉的现世关怀就浸润在这些故事中,他有时不作评论而观点自见,有时只点缀三两言语,机警睿智,胜似那些下笔千言离题万里的空洞言理之作千万倍。

　　《管锥编》对寓言的征引带给我们的另一种启发是:对寓言的关注应该纳入文学、文论、思想等研究领域。前贤先辈留下的寓言遗产非不丰富,除《伊索寓言》、《拉封丹寓言》、《克雷洛夫寓言》、《列那狐的故事》等集辑之作,大家之作如《庄子》、《列子》等为代表的列子寓言以及托尔斯泰、鲁迅等人创作的寓言、童话故事,都是研究者可资利用的资料,但是,这些主体这方面的创作一直被排除在对他们的研究之外,这种人为的切除无疑使我们对这些主体的认识不会全面、系统。

三、"滑稽"与"谑":钱锺书笑话论

　　《管锥编》全书,提到"滑稽"二字的地方不下50处,提到"谑"字的地方近80余处。论及钱锺书,"滑稽"与其联系很容易把捉,论者多有关注。而"谑"与钱锺书的关系,钱锺书研究者关注则较少。在《管锥编》的阅读过程中,很容易发现钱锺书不仅于"滑稽"多有论述,于"谑"更为关注,事实上,这两者共同构成了钱锺书在《管锥编》中关于"笑"的基本看法,而这种看法中,诸多层面又都是与"民间笑话"紧密关联的。

　　在钱锺书研究中,钱氏幽默是一个常被提及的论题。钱锺书的幽默,与他对民间笑话的征引与化用、与他对谑诗谑剧的阅读及他对"滑稽"、"谑"

等的独特理解是天然联结的,论钱锺书的幽默,不可能绕开"滑稽"与"谑",从某种意义上说,这两者是钱氏幽默的重要源头。

钱锺书论"滑稽"、论"谑",再加上他散文化的《说笑》等文字,三极作用,共同构成了钱锺书"笑话"论的重要内容。

(一)滑稽——谓能乱同异也

1.滑稽之事理:《管锥编》对"滑稽"的阐释

《史记》卷七一"樗里子甘茂列传第十一"首句介绍樗里子的身世时,说道:"樗里子者,名疾,秦惠王之弟也,与惠王异母。母,韩女也。樗里子滑稽多智,秦人号曰'智囊'。"①于此句中的滑稽二字,司马贞索隐曰:"滑音骨。稽音鸡。邹诞解云'滑,乱也。稽,同也。谓辨捷之人,言非若是,言是若非,谓能乱同异也'。一云滑稽,酒器,可转注吐酒不已。以言俳优之人出口成章,词不穷竭,如滑稽之吐酒不已也。"张守节正义曰:"滑读为淈,水流自出。稽,计也。言其智计宣吐如泉,流出无尽,故杨雄酒赋云'鸱夷滑稽,腹大如壶'是也。颜师古云:'滑稽,转利之称也。滑,乱也。稽,碍也。其变无留也。'一说稽,考也,言其滑乱不可考较。"②

司马贞索隐,对"滑稽"的两重含义进行了阐述:一义引邹诞说,形容有辨才的人,"言非若是,言是若非,谓能乱同异也";另一义形容俳优之口才,如酒器"滑稽",汩汩而出,词不穷竭。两义一指"乱同"而言,一指"酒器"而言,两者系属不大。

张守节持三义,为"酒器"说与司马贞氏相同。然其引颜师古"滑,乱也。稽,碍也。其变无留也",释稽为碍,则明显不同;又说"稽,考也,言其滑乱不可考较",更是另作一解。

综上所言,滑稽实有四种含义。钱锺书依凭司马贞引邹诞解,然后据泷川资言《考证》支持邹氏说进行阐释,即是《管锥编·史记会注考证》第27则"樗里子甘茂列传"的内容(参见《管锥编》第510—511页"按《滑稽列传》题下《索隐》与此同而较略,……然则邹诞之释'滑稽',义蕴精深,一名之训于心要已具圣解矣"。不具引)。

---

① 司马迁撰:《史记》,[宋]裴骃集解,[唐]司马贞索隐,[唐]张守节正义,中华书局1959年版,第2307页。

② 司马迁撰:《史记》,[宋]裴骃集解,[唐]司马贞索隐,[唐]张守节正义,中华书局1959年版,第2307页。

在这一节长文中,于滑稽一解,亦是"义蕴精深,一名之训于心要已具圣解矣"。此中之义蕴,可作如下观。

其一,力挺邹诞"滑稽"之说:"滑,乱也。稽,同也。谓辨捷之人,言非若是,言是若非,谓能乱同异也。"钱锺书对邹诞的"滑稽"说,有两个评价:第一是"邹诞望文生义,未必有当于'滑稽'之名称,然而中肯入扣,殊能有见于滑稽之事理";第二是"然则邹诞之释'滑稽',义蕴精深,一名之训于心要已具圣解矣"。此处的望文生义并不具有贬义,只是钱锺书对邹诞的一个客观评价,而对邹诞为"滑稽"正名,则指出其未必为当。邹诞对滑稽的"滑"与"稽"的界定,有何不当? 钱锺书紧接着又指出邹诞"中肯入扣,殊能有见于滑稽之事理",其入扣之处表现在哪? 又何见于"滑稽之事理"? 钱锺书如此评价邹诞之说,自然能给出充足的理由,绝不会妄下断语。理由便在钱氏后续的论述中。

其二,钱氏对邹诞"滑"与"稽"的界定,与颜师古进行了一个打通:"颜之第一义:'滑、乱也,稽、碍也,言其变乱无留碍也',颇符邹诞之解。"邹诞与颜师古同取"滑"之乱义,但邹释"稽"为"同",颜释"稽"为"碍",两解龃龉不入,为何钱锺书说颜解"颇符邹诞之解"? 钱锺书调和邹、颜二说,正是为了引出自己关于"滑稽"的见解:"夫异而不同,则区而有隔,碍而不通;淆而乱之,则界泯障除,为无町畦矣。"有异同,则有区隔,有区隔,便有碍;如果借"乱"之力,混淆其界限,则无所"碍"也,籍人之智识,正好可以去碍而混同。所以,邹诞释"稽"为同,颜师古释"稽"为碍,其中的因关系便是人之智识淆乱种种障碍,最后求得"同"的效果。两解经钱氏撮合,正可互融。钱氏举庄子"将旁礴万物以为一"的"混同"辨才为例;又举《孔子世家》晏婴"夫儒者滑稽而不可轨法"之"轨法"释为"碍",而"滑稽"正"变乱""轨法"这一"碍",都是说明"滑稽"为人之智力淆乱"碍"而达到"同"。

其三,钱锺书以《三国志·魏书·应璩传》裴注引《文章叙录》之"为诗以讽焉,其言虽颇谐合"为切入口,将"滑稽"的另一义引入论述中。从引文中可得知,钱锺书认为"俳谐"有"乱同异"这一淆乱功能,可使"碍"者成"合",所以,"俳谐"即"滑稽"。钱锺书说:"'滑稽'训'多智',复训'俳谐',虽'义'之'转'乎,亦理之通耳。"将"俳谐"与"滑稽"等同,钱锺书认为完全是合情合理的。

其四,钱氏从西语"wit"等出同根为切入角度,将"滑稽"之界定最终清晰化:"盖即异见同,以支离归于易简,非智力高卓不能,而融会贯通之终事每发自混淆变乱之始事。"智力高卓者可将"混淆变乱"之事"融会贯通",所以,"滑稽"者都是机智之人。

其五,将"讔"与"滑稽"进行关联:"论创造心理者谓之'两事相联'。俳谐之设譬为讔,机杼莫二。"俳谐将了无系属之事进行巧妙关联,形成所谓刘勰《文心雕龙》"谐讔"篇所谓的"隐",便有强烈的"滑稽"感。钱锺书举"喁喽"者之为双关语这一行为为例,说明"混异义于同音,乱两字为一谈",正是有"稽"(碍)而"滑"(乱)之。

其六,"康德尝言,解颐趣语能撮合茫无联系之观念,使千里来相会,得成配偶;让·保罗至喻之为肯作周方、成人好事而乔装神父之主婚者。皆明其'乱同异'、'无留碍'。"钱锺书引康德言,将"解颐趣语"借"撮合茫无联系之观念"而引入"滑稽"论中,看似是对"隐语"的补充说明,实则涉及了"滑稽"的另一个层面:有趣、娱乐。

综上所论,钱锺书对"滑稽"的根本看法,即是智者涓乱障碍以达同之效果,"滑稽"需要调动"隐"等多种手段,以达到有趣、娱人的效果。这便是"滑稽之事理",为"滑稽"之"圣解"。

钱锺书另一个地方同申了对"滑稽"的如是看法。《管锥编·楚辞洪兴祖补注》第 14 则"卜居":

"突梯滑稽。"按"滑稽"之解,别详《史记》卷论《樗里子、甘茂列传》。文廷式《纯常子枝语》卷九论双声迭韵形容之词,有云:"注家未有能解'突梯'者。余按'突'、'滑'、'梯'、'稽'皆迭韵,'突梯'即'滑稽'也,变文以足句。"是矣而未尽。倘依邹诞之释"滑稽",则匪止变文迭韵,且为互文同意。"突"、破也,"梯"、阶也,去级泯等犹"滑稽"之"乱碍"除障,均化异为同,所谓"谐合"也。(《管锥编》,第 957 页)

不仅给《卜居》中"突梯滑稽"这一难以索解之句一个合情合理的解释,而且对"滑稽"的界定更显明朗化:"去级泯等犹'滑稽'之'乱碍'除障,均化异为同,所谓'谐合'也。"

2.滑稽之事例:《管锥编》对《滑稽列传》的阐释

因《史记》"樗里子甘茂列传"并没有具体言及樗里子滑稽多智的外在表现,《史记》中只传樗里子之战功及为秦三朝重臣,末尾借秦人谚"力则任鄙,智则樗里"对之的评价,《楚辞·卜居》更无滑稽事例以供说理之资,因而,钱锺书选择将对"滑稽事理"的论述归入这两个地方,而将"滑稽事例"置于《史记·滑稽列传》等其他部分,是一个清楚的安排。

在《管锥编》中,钱锺书多处提及《滑稽列传》,粗略统计,实质性论及的在 15 次以上,对《史记·滑稽列传》所载淳于髡、东方朔、汉武帝大乳母、优孟、西门豹等人之佚事,多有引述,可见钱氏对《滑稽列传》的重视度。

当然,最集中论《滑稽列传》的,当属《管锥编·史记会注考证》第 56 则"滑稽列传",其依《滑稽列传》生发,引据经典所载"滑稽"者事,具体分为如下几大类。

第一类,"滑稽"者谏:

"谈言微中,亦可以解纷。"按下文言齐威王"国且危亡,在于旦暮,左右莫敢谏",楚庄王欲以棺椁大夫礼葬马,下令曰:"有敢以马谏者,罪至死!"而淳于髡、优孟之流冒主威之不测,言廷臣所不敢,谲谏匡正。……宋耐得翁《都城纪胜》及吴自牧《梦粱录》卷二〇《妓乐》条载供应杂剧每"滑稽"以寓"谏诤",皆妆演故事,"隐其情而谏,上亦无怒","谓之'无过虫'"。此即"优无邮"、"不恶"之的诂。"无过虫"之称初不承袭经、史,而意则通贯古今中外;析理论世,可以三反也。(《管锥编》,第 602—603 页)

滑稽者多智,为达诤谏目的而自能找到门径,让人主折服。优孟之流、《国语·晋语》二优施、《荀子·正论》所言、意大利古时所称宫廷狎弄之臣、《韩非子·八奸》所载、《新五代史·伶官传》所言、宋耐得翁《都城纪胜》及吴自牧《梦粱录》所录,都是"滑稽"者诤谏之事,其例甚多。

第二类,"滑稽"者趣语:

"昔者齐王使淳于髡献鹄于楚,出邑门,道飞其鹄,徒揭空笼,造诈成辞,往见楚王"云云。按此褚少孙所补"故事滑稽之语六章"之四,……然其为淳于髡献鹄事之增华,则望而可知也。(《管锥编》,第 605—606 页)

多智滑稽之人,其妙语可解颐,上述引文中诸例,读来让人备觉有趣,直叹其心机之巧。

在《管锥编》其他地方,钱锺书也引述了不少滑稽事例,如下便是。

《管锥编·周易正义》第 6 则"噬":

英国滑稽者尝谓夫妻反目如巨剪之分张,外人多事干预,必遭切割之苦;意大利语以两造争讼时之辩护师比于剪刀之双刃,彼攻此诉,而互不相伤,受损害者则当事人。(《管锥编》,第40—41页)

英国滑稽者对夫妻关系的描述,读来令人捧腹,实是有趣,而用来解释"噬"卦,亦非常贴切。

《管锥编·太平广记》第142则(《太平广记》卷三二八):

> 西方礼俗以指环为婚姻标志,基督教《婚仪词》所谓:"夫妇礼成,指环为证";而善滑稽者曰:"戴指之环即亦拴鼻之环耳",可相参印。(《管锥编》,第1252页)

关于婚戒为"拴鼻之环"的嘲谑说法,民间习见,正是对婚姻的另一种理解。

滑稽为奇谈,与神怪有相通之处,这也是钱锺书对滑稽的理解,如《管锥编·全上古三代秦汉三国六朝文》第106则释王羲之《杂帖》:"石脾入水即干,出水便湿;独活有风不动,无活自摇。天下物理,岂可以意求,惟上圣乃能穷理。"钱先生在对"石脾""入水即干,出水便湿"这一与众物不同的特性进行描述时,便与滑稽连类:

> 古人博物"穷理"之学,多此类奇谈,匪特神怪或滑稽也。(《管锥编》,第1764页)

而滑稽正可借助神怪或其他民间文学"奇"的手法,来形成独特的滑稽效果。

与滑稽同名者,当为俳谐。钱先生屡屡提到"俳谐"二字,其中与滑稽同趣者居多,都指引人发笑的效果。

下面一例,则言及俳谐生成的另一个方法——以鄙俗为助笑之方:

> 严氏按语引《北史·成淹传》:"淹子霄好为文咏,坦率多鄙俗,与河东姜质等朋游相好,诗赋间起,知音之士所共嗤笑。"夫俳谐之文,每以"鄙俗"逞能,噱笑策勋;……(《管锥编》,第2331—2332页)

《管锥编·太平广记》第113则(《太平广记》卷二五六):

> 《平曾》(出《云溪友议》)献白马诗云:"雪中放出空寻迹,月下牵来只见鞍。"按同卷《崔涯》(出《云溪友议》)嘲李端端云:"黄昏不语不知行,鼻似烟窗耳似铛。"平诗誉马毛之白,崔诗讥女肤之黑,而机杼全同。……此固写景状物诗文中习用技俩,初不限于俳谐之作也。(《管锥编》,第1183页)

此处实质上是指出了笑话的一个生成法则,民间笑话经常采用这种方法来取得笑的效果。如嘲笑人长得黑,便有"黄昏不语不知行,鼻似烟窗耳似铛",这种夸张的手法确能让人大展笑颜。

下面一例,提到了一种重要的笑话故事集——《诽谐集》:

> 袁淑《鸡九锡文》……按均出淑《诽谐集》;诸篇与卷一五范晔《和香方序》……皆诙诡而别成体裁,后世落套依样,观缪艮《文章游戏》诸集,可以隅反。(《管锥编》,第 2049 页)

《诽谐集》为南朝宋袁淑所撰,今皆散佚,钱先生所列举的袁淑《鸡九锡文》等五篇,是袁氏仅留之作。文人知识分子撰写笑话故事,或称诙谐故事,一直是他们娱人娱己的一种方式,是知识分子重俗传统的一个重要表现。如隋代侯白的《启颜录》,唐代朱揆的《谐噱录》,刘讷言的《俳谐集》与何自然的《笑林》,等等,都是代表性作品。在下述引文中,钱先生还提到了沈起凤的《谐铎》:

> 沈起凤《谐铎》卷三《穷士扶乩》尤工嘲诙,所谓"近日名流专于纱帽下求诗"。(《管锥编》,第 2254 页)

清人沈起凤《谐铎》,多采录民间故事,有"嘲诙"之韵致,这一特征,从钱先生在本段中所引其他例子来看,也确有"黑色幽默"之效果。

最后,钱锺书还较多征引了滑稽诗、谐诗等,这与民间打油诗有着相同的引人发笑的效果,钱先生所引,有的正是打油诗。

如《管锥编·全上古三代秦汉三国六朝文》第 20 则:

> 然苟有他象足示窠臼难拔之意,初不粘着于牵磨团转,如谐诗云:"身不由己,动必循规,只许作有轨电车,欲求为公共汽车而不可得。"犹之船帆亦可象脂韦将顺,无须拘泥于车轮也。(《管锥编》,第 1481 页)

《管锥编·全上古三代秦汉三国六朝文》第 91 则:

> 古罗马称引希腊人语:"不胜且走,以便再斗";近世意大利谐诗:"死得其正,一生有耀;逃及其时,余生可保。"(《管锥编》,第 1733 页)

上引两例,正地道的打油诗体口吻。

其他如《管锥编·太平广记》第 114 则(《太平广记》卷二五八)"《权龙襄》……皆权龙襄诗派也。"(《管锥编》,第 1191 页)《管锥编·全上古三代秦汉三国六朝文》第 91 则"流俗如《西游记》第九四回……庶几集思备美"(《管锥编》,第2188页),都有此趣,《管锥编》中多引此种谐诗,不再泛举。

(二)"谑而未为虐":《管锥编》"谑"字的笑话内涵

谑,《说文》释为:"谑,戏也。"《尔雅》释为:"谑,浪笑。"可见谑为笑乃是古义。

谑是一个带有浓厚笑话意味的词,在《管锥编》一书中,钱锺书使用"谑"字凡计79处,有旧谑、俗谑、恶谑、暴谑、谐谑等种种说法,究其义,以笑为大端,兼有讽刺、嘲笑等旁义。

1."谑"为"笑"

取"谑"为笑的含义,甚至直接视之为笑话,这是《管锥编》对"谑"的一个基本界定。

《管锥编·毛诗正义》第53则"正月":

> "父母生我,胡俾我愈? 不自我先,不自我后。"……德国俗谑亦谓人能未生最佳,惜乎有此佳运者,世上千万人中无一焉。均"父母生我,胡俾我愈",而求"还我未生"也。(《管锥编》,第243—245页)

所谓俗谑,正民间笑谈之意。钱锺书此处引用民间笑谈夹解诗"生不逢时"之意,不仅意思贴合,而且基于《诗》的民间歌谣的特征,也是以民俗释民俗策略的具体运用。

《管锥编·太平广记》第33则(《太平广记》卷八〇)述及"代人如厕"为不可替代之事,亦引一谑语:

> 今日英美市语亦有"请也代我来一下!"之谑。(《管锥编》,第1046页)

这也是市井之笑谈。

《管锥编·全上古三代秦汉三国六朝文》第191则:

> "崎岖覆藏"四字曲传情状,吾吴旧谑谓僧徒于溺器口炖肉,即此意。……约束愈严,不过使"和光"者转为"隐避"者而已。然此等俗僧,出家比于就业,事佛即为谋生,初无求大法之心、修苦行之节。(《管锥编》,第2140—2141页)

钱锺书此处又是现身说法,引家乡笑话:僧徒自掩耳目,于溺器中炖肉而食,以为此举便不会破戒。用这一笑话来阐明"崎岖覆藏"四字,非常直观,并且与原意贴合紧密,在很多时候,民俗材料都能取得以一语敌百言的效果。正是因为民间笑话这些民间文学作品,直接来自民间大众的智慧,直截了当,一语便接近表达目的,所以,很有说服力。

同出于《管锥编·全上古三代秦汉三国六朝文》第 191 则的另一"谑",就是一个完整的笑话了:

西方旧谑谓西班牙一主教于星期五斋日出行,打尖客舍中,觅鱼不得而获双鸡,乃命庖烹以为馔,庖大惊怪,主教笑曰:"吾以鸡当做鱼而啖之耳。吾乃教士,领圣餐时,使面包为耶稣圣体,则使鸡为鱼,尚是小显神通也。"(《管锥编》,第 2144 页)

以下数则,也是民间笑话之例。

豕既食秽而字音又同"矢",古人因以为谑,如《太平广记》卷二五四引《朝野佥载》张元一嘲武懿宗诗云:"忽然逢着贼,骑猪向南窜",自解之曰:"骑猪者,夹豕走也",即谓惊怖而矢溺俱下也。(《管锥编》,第 461 页)

十八世纪德国文家本盲聋相须之事为谑语云:"盲问聋:'您行吗?'聋答盲:'您瞧呢!'"(《管锥编》,第 834 页)

明袁祈年《楚狂之歌·梦上天拟李长吉》之二:"偶便玉阶上,淮南送厕筹",至取为恶谑。(《管锥编》,第 992 页)

卷四《答徐方虎书》:"有人行于途,卖锡者随其后,唱曰:'破帽换糖!'其人急除帽匿之。已而唱曰:'破网子换糖!'复匿之。复唱曰:'乱头发换糖!'乃皇遽无措,回顾其人曰:'何太相逼!'弟之薙顶,亦正怕换糖者相逼耳"(咄咄夫《山中一夕话·笑倒》有此谑,作"换铜钱",结语云:"忒寻得我要紧!"(《管锥编》,第 1993 页)

等等,《管锥编》中其例甚多,细心的读者捧读之时,自当有会心之笑。

2.嘲谑、讽谑

"谑"字在《管锥编》中的另一义,即为嘲谑、讽谑之义。此一义,乍一看去,似与笑话相去甚远,实则不然。嘲谑、讽谑与笑话同样紧密关联,嘲谑、讽谑同样能引致笑的效果。只不过这种笑,与纯粹的解颐、启颜之作相比,多了一重讽、嘲的含义,因而更警人心,更易为人记住。

《管锥编·周易正义》第 8 则"大过"论及男女不等时,钱先生便引用了一古谑语:

古谑语所谓:"使撰诗、制礼、定律者为周姥而非周公,当不如是。"

（《管锥编》，第 43 页）

虽是简单的一句话，却完全可以生发成一个趣味十足的笑话。此笑话因为嘲讽男女不等，采用的是笑话常用的逆向思考的结构方法，让人发笑之余，当有所思。

又如《管锥编·周易正义》第 12 则"革"：

> 词令每正言若反，欲盖弥彰，如旧谑埋银地下而插标其上曰："此处无银"，或西谚讽考究字源曰："草木丛生，谓之'光风'，以其蒙密不通光漏风也。"拟事寓意，翩其反而，亦若是班，须逆揣而不宜顺求，"革"取象于牛皮是已。（《管锥编》，第 52 页）

"此处无银"是一个中国人非常熟悉的民间笑话，其具体内容不需赘述，讽刺的就是欲盖弥彰的行为。"此地无银三百两，隔壁王二不曾偷"已经成为习谚，以此言之，笑话这一民俗事象又派生出了其他民俗事象，证明了这一笑话在民间所具有的生命力。钱先生在《管锥编·全上古三代秦汉三国六朝文》第 19 则又提到了这一笑话：

> 而大为棺椁，备赠厚物，无异于埋金路隅而书表于上也"，点窜吕语，"埋金书表"又大似俗谚"此地无银三十两"之草创矣。（《管锥编》，第 1466 页）

此处不仅指出其俗谚之品质，而且指出与此民间笑话有相同意趣的"雅"作品，更能彰显其讽喻之义。

下述所引三例，直言谑之讽刺义。

其一，《管锥编·全上古三代秦汉三国六朝文》第 112 则：

> 按后世以"走狗"为刺词；近人刘成禺《洪宪纪事诗本事簿注》载当时有《走狗言志图》，讽谈士之趋附袁世凯者，或"狗而不走"，或"走而非狗"，或"亦走亦狗"，尤暴谑尽致。（《管锥编》，第 1794 页）

其二，《管锥编·全上古三代秦汉三国六朝文》第 191 则：

> 虐谑云乎哉？药言而已矣。（《管锥编》，第 2142 页）

其三，《管锥编·全上古三代秦汉三国六朝文》第 195 则：

> 嘲谑亦谈言微中。（《管锥编》，第 2163 页）

走狗为刺词之说，虐谑为"药言"，嘲谑"谈言微中"的品格，都是指谑的嘲谑义。

3.戏谑

　　谑之"戏",从某种层面上来讲,实际可以兼涵上述两义,但戏并非没有自己的特征。"戏",当做"游戏"来理解为贴切,所以,笑话的精神,实质上就是"游戏精神"。

　　游戏精神是人类最本原的精神,人的学习活动就始自游戏。中国的庄子,是一个游戏精力充沛的智者,对"游"有最为睿智的解释,如逍遥游,就是一种天马行空、挣脱一切约束后的精神自由。而中国的"游"文化,自先秦时起,就一直不停地积淀,成为中华文化中的一极重要力量。

　　《诗》中游戏之作不可谓少,钱先生在《管锥编》中便发掘了两例,即《管锥编·毛诗正义》第23则"淇奥",其一是引《郑风·溱洧》句:

　　　　《郑风·溱洧》:"维士与女,伊其相谑,赠之以芍药";而白居易《经溱洧》云:"落日驻行骑,沈吟怀古情。郑风变已尽,溱洧至今清;不见士与女,亦无芍药名。"与淇奥之竹,无独有偶。(《管锥编》,第154页)

其二是《淇奥》本文中之句:

　　　　"宽兮绰兮,倚重较兮。善戏谑兮,不为虐兮";《笺》:"君子之德,有张有弛,故不常矜庄,而时戏谑。"(《管锥编》,第157页)

　　士与女相谑,正男女情爱过程中的游戏场面。这是一个经典的、人之本性真情流露的场面,男女相互悦慕,取悦求偶的过程中相互戏闹,这是最动人的风俗画。解诗者视这些诗为"淫诗",实则是对"谑"的游戏精神在人性空间里的背弃。"伊其相谑"之"谑",有可能在这种"相谑"的过程中,便有讲各种笑话的行为。即便在今天,女慕男,或者在择偶过程中,有一个标准总会被提及,即要求有"幽默"感,"幽默"感的一个重要来源正是笑话、谑语这些笑料。所以,男女欢会是重要的婚俗,这一过程中相谑以互悦是对笑话等民俗资源的利用,整个相谑的行为就是一种生气充沛的游戏精神的表达。

　　而引《淇奥》句:"善戏谑兮,不为虐兮。"不仅戏谑连言,而且指出戏谑的另一个限度:不虐。游戏与笑话都是有限度的,超过了这个限度,即到了虐这一步,便走向了反面,不仅不具有笑的功能,甚至让人憎厌。谑而不虐,正是对笑话取笑原则的一个精到概括。

　　下面诸例,也是取谑之"戏"义:

　　　　近世法国善戏谑者展览"胡乱画",即用此法,如悬黑帆布一巨幅,题为黑人在山洞内夜战图。(《管锥编》,第1186页)

《昌言》下："今嫁娶之会，捶杖以督之戏谑，酒醴以趣之情欲；宣淫
佚于广众之中，显阴私于族亲之间。污风诡俗，生淫长奸，莫此之甚！"
（《管锥编》，第1637页）

近世吾乡惠山泥人有盛名，吾乡语称土偶为"磨磨头"，而自道曰
"㑇伲"，故江南旧谑，呼无锡人为"烂泥磨磨"，亦犹苏州人浑名"空
头"、常熟人浑名"汤罐"、宜兴人浑名"夜壶"。（《管锥编》，
第2282页）

4.人文之"谑"

在民间文学的视野里，民间文学这一"俗物"与人文作家的产品"雅
物"，是有清楚的界线的。此处之所以言及人文之"谑"，也即人文笑话，是
出于以下考虑：第一，民俗学最终以"民族共同体"的民俗为致思出发点，一
切人皆是民俗中之民，一切人都生活在民俗中，无所谓雅、俗之别；第二，雅
与俗，即作家文学与民间文学总是互相渗透的，人文之作往往汲取民间文学
的养料而生成作家文学作品，屡见不鲜，而人文作家整理、收集民间文学作
品，更是多见；第三，人文作品，在长期流传后，也很容易化为民间文学作品。
如下两例便极能说明这一点：

然鞋不必即示谐象，又孳生节目，如李开先《词谑·鞋打卦》云：
"不来呵根儿对着根儿，来时节头儿抱着头，丁字儿满怀，八字儿开
手。"（《管锥编》，第1051页）

李开先《词谑》载"打油体"诗："六出飘飘降九霄，街前街后尽琼
瑶，有朝一日天晴了，使扫帚的使扫帚、使锹的使锹"，又"天兵百万下
南阳，也无援救也无粮，有朝一日城破了，哭爷的哭爷、哭娘的哭娘"；
亦此体。（《管锥编》，第2046页）

以上两则，都提及李开先及其《词谑》。李开先醉心于金元散曲及杂
剧，同时，与冯梦龙等人一样有相同的民俗情结，非常喜欢民歌及民间戏曲，
认为"真诗只在民间"，先后编刻《烟霞小稿》、《傍妆台小令》等民歌集，还
用民间流行的《山坡羊》小曲形式写成《市井艳词》。李开先的文化生命的
重要时期是明嘉靖年间，与文学史上的明"前七子"之中的康海和王九思缔
交，同时与王慎中、唐顺之、陈束、赵时春、熊过、任瀚、吕高等人诗文唱和，人
称"嘉靖八子"，反对"文必秦汉，诗必盛唐"的文风，主张学习韩愈、柳宗元、
欧阳修和曾巩，强调作品的思想内容，要求文字平易朴实。李开先因抨击时

弊而被免职,归故里后结词社,度曲征歌,广泛搜罗民间戏曲及其他民间文学作品。

李开先的《词谑》,选录 37 则有关戏曲与散曲的滑稽传说和曲文,这些传说和曲文都极富笑趣,如其第二则"张打油语"①和第三则"刺题诗邮亭壁"②,两则都有打油诗的意味,而第二则较第三则更为完整地呈现了一则笑话,读后自然能博一笑。

其实,从以上李开先《词谑》两例,加上钱先生在《管锥编》中所引的另外两例,即能看出人文笑话完全不能离开民间笑话这一沃壤,只有采掇民间笑料进行加工,或者采用民间笑话的叙事模式,人文笑话才能更富笑趣;而人文加工民间笑话,则能让民间笑话流播更远、更久。

钱锺书《管锥编》中所说之"谑",同样具有文人机趣者,细考《管锥编》本文,大致分为如下几类。

第一类,以文人知识分子本身为笑话材料。这一类笑话,历有记载。民间喜以鼎鼎具名的知识分子为谑笑对象,如李白、杜甫、苏东坡等人。这里面,既有民间众生对这些知识分子个体的喜爱,也有老百姓对这些个体的善意嘲讽,既有这些知识分子个体的民间活动带给普通百姓的记忆,也更有普通百姓对这些知识分子生存状态的另类想象。

如以下几个引例,即是如此。

《管锥编·全上古三代秦汉三国六朝文》第 89 则"全三国文卷四七":

> 《五灯会元》卷一一兴化存奖章次;"坠马伤足,乃支木拐子,绕院行,曰:'踏脚法师,说得行不得!'"东坡"害脚法师"之谑,得此而义蕴昭宣矣。(《管锥编》,第 1728 页)

《管锥编·全上古三代秦汉三国六朝文》第 118 则"全晋文卷六〇":

> 忆海涅游记言有二中国人在德国教授中国美学,其一姓名即为"嘻哈呵",亦善戏谑者!(《管锥编》,第 1808 页)

《管锥编·全上古三代秦汉三国六朝文》第 219 则"全梁文卷五五":

> 《诗品》所载轶事,如谢灵运"池塘春草"之句、江淹"五色笔"之

---

① 参见中国戏曲研究院编:《中国古典戏曲论著集成》(第三集),中国戏剧出版社 1960 年版,第 272 页。

② 参见中国戏曲研究院编:《中国古典戏曲论著集成》(第三集),中国戏剧出版社 1960 年版,第 273 页。

梦、汤惠休"诗父兄"之谑、袁嘏"诗飞去"之夸，均传为口实，用作词藻。（《管锥编》，第2253页）

以上三例，苏东坡、江淹、汤惠休等人，民间关于他们的传说乃至笑话颇为不少。即以东坡"害脚法师"为例，《墨庄漫录》载："东坡在黄州，陈季常慥在岐亭，时相往来。季常喜谈养生，自谓吐纳有所得。后季常因病，公以书戏之曰：'公养生之效有成绩，今一病弥月，虽复皋陶听之，未易平反。公之养生，正如小子之圆觉，可谓"害脚法师鹦鹉禅，五通气球黄门妾"也。'""害脚"即"蹩脚"，"鹦鹉禅"谓只善人云亦云而自己无所体悟，"气球"有五孔，但无一孔可以出气，"黄门"即太监，所娶之"妾"仅当摆设。有研究者认为："苏轼调侃雅俗兼杂，谑而不虐，甚易流传。早在南宋时，已有好事者为坡编集以虚拟人物为主角的《艾子杂说》（陈振孙《直斋书录解题》卷十一），明人王世贞复集坡语成《调谑篇》（《苏长公外纪》），而明清古代民间笑话集中亦例有东坡之语，可说为后世文人确立了一个笑话范式。"苏东坡善为笑话，这些笑话多有流传，另外，苏东坡本人成为笑话中人，以东坡语或其人为笑料之笑话亦多，"害脚法师鹦鹉禅"即为其例。

下面诸例，亦是以文人知识分子为笑料的：

西方古籍又谓天帝状如圆球，哲人法天，亦能自主而无待，庶几完全、光润而复浑圆；故或恶谑曰："斯多噶派大师号'圆人'，殆上无首、下无具之肉团欤？"（《管锥编》，第1476页）

正等拆字于王安石解字，"'滑'为'水'之'骨'"、"'竹'鞭'犬'为'笑'"皆苏轼辈仿《字说》中"'波'为'水'之'皮'"、"'竹'鞭'马'为'笃'"以供笑谑者。（《管锥编》，第1550页）

十九世纪德国一小诗人作剧本，以秦始皇焚书为题；写有士子惰不好学，恶典籍浩汗，倘付丙丁，便大有利于俭腹举子，应试不必繁征博引，因向始皇献燔书之策。善戏谑兮，亦刘、周辈之意耳。（《管锥编》，第2418页）

第二类，文人知识分子在文字上作机警而形成笑话。

喜欢在文字上作机警，玩文字游戏，这既是知识分子所长，也是其经常使用的谑笑手段。在上面的引例中，提及王安石的《字说》，以之为笑料的笑话便不少。

在《管锥编》中，其例不乏，如：

《全唐诗》载张揆妻侯氏《绣龟形诗》："绣作龟形献天子，愿教征客早还乡"，则以"龟"谐音，望夫之"归"，亦唐人不讳龟之证；后世以此"机警"施诸夫妇，便成暴谑矣。（《管锥编》，第215页）

如《全唐诗·谐谑》门李荣《咏兴善寺佛殿灾》："如来烧赤尽，惟有一群僧"；上句用"赤"，即谓"无遗"，既不可作"徒有"解，又岂可释为灰烬中仅存火色哉！下句则明谓"徒有"也。（《管锥编》，第1519页）

"龟"谐"归"，亦是一时一地的用法，但长期以来，"龟"之缩头乌龟之含义，正是对人不敬之词，若现在如此使用，真成暴谑，即大笑话。

下面几例，都是在文字上下工夫以产生"谑"的效果的例子：

《桓子新论·谴非》第六："鄙人有得腄酱而美之；及饭，恶与人共食，即小唾其中。共者怒，因涕其酱，遂弃而俱不得食焉。"按墨憨斋复位本《洒雪堂》传奇第十三折行酒令五言四句，分咏"谁趣、不谁趣、不谁趣、谁趣"，句各一事而贯串成章，有云："饿来肉堆盘［谁趣］，忽向盘中唾［不谁趣］；他每都不吃［不谁趣］，饱了我一个［谁趣］！"观《新论》则此谑由来旧矣。（《管锥编》，第1541页）

褚人获《坚瓠五集》卷二载"'佛'为'弗人'，'僧'为'曾人'"之谑；李绂《穆堂别稿》卷九《"僧"、"佛"字说》、卷三七《与方灵皋论笺注韩文字句书》附《原道》注六八条严词正色而道："'曾人'为'僧'，'弗人'为'佛'，'需人'为'儒'"；此就"佛"字之形以攻异端也。（《管锥编》，第2267—2268页）

第三类，文人载录笑话，如《管锥编·史记会注考证》第9则讥讽"名士"：

董说《西游补》第六回刻划西楚霸王丑态，树帜署衔曰："先汉名士项羽"。律以张辅之《论》，项羽未尝不可称"名士"，然插标自货，扬己炫人，董氏所讽，意在于斯。《板桥杂记》中"名士是何物？值几文钱？"暴谑有由来也。（《管锥编》，第465页）

《管锥编·太平广记》第116则（《太平广记》卷二六〇）：

《殷安》（无出处）记安谓人曰："自古圣贤，不过五人"，因屈指数得伏羲、神农、周公、孔子，"自此之后，无屈得指者，良久乃曰：'并我五也！'遂屈五指。"……明赵南星《清都散客笑赞·唐朝山人殷安》一谑取此则而易其结尾，添一波折，更堪解颐："……自此之后，无屈得指者。其人曰：'老先生是一个。'乃屈五指曰：'不敢！'"（《管锥编》，第1194页）

《板桥杂记》为清余怀所作，分上、中、下三卷，对明末秦淮南岸的长板桥一带诸名妓的情况，如李十娘、顾媚、董小宛有记录，并对其他见闻习俗一并记录。鲁迅在《中国小说史略》中写道："唐人登科之后，多作冶游，习俗相沿，以为佳话……自明至清，作者尤伙，清余怀之《板桥杂记》尤有名。"①《板桥杂记》故事性很强，极具可读性，这得益于其中的诸多引人大笑的笑料。

明赵南星所撰《笑赞》（人民出版社1958年版《明清笑话四种》辑入），即钱先生所说的《清都散客笑赞》，是一部重要的笑话集。《管锥编·毛诗正义》第18则"旄丘"亦引其笑话一则：

"叔兮伯兮，褎如充耳"；《笺》："人之耳聋，恒多笑而已。"按注与本文羌无系属，却曲体人情。盖聋者欲自掩重听，辄颔首哑口，以示人耳心通。今谚则不言聋子，而言"瞎子趁淘笑"，如赵南星《清都散客笑赞》记瞽者与众共坐，众有见而笑，瞽者亦笑。众问："何所见而笑？"瞽答："你们所笑，定然不差。"陈启源《毛诗稽古编》斥此《笺》为"康成之妄说"，正如其斥《终风》"愿言则嚏"郑《笺》（"俗人嚏，云：'人道我'"）为"穿凿之见"。就解《诗》而论，固属妄凿，然观物态、考风俗者有所取材焉。（《管锥编》，第145页）

赵南星为明万历进士，是明季重要的政治家和文学家，刚直敢言，与邹元标、顾宪成同被称为"三君"，是东林党的重要人物。其所撰《笑赞》，即为重要的讽世之作。

此外，钱锺书先生对文人知识分子的论笑之作，也有提及，并从"笑"的角度做了评述，如《管锥编·全上古三代秦汉三国六朝文》第118则"全晋文卷六〇"：

孙楚《笑赋》。按虽云："信天下之笑林，调谑之巨观也"，而只刻划笑声，略如成公绥《啸赋》之制，未及笑理、笑资。（《管锥编》，第1807

---

① 鲁迅：《中国小说史略》，上海古籍出版社1998年版，第184页。

页）

评论孙楚的《笑赋》时，便批评其没有涉及笑理与笑资。而所谓的笑理、笑资，正是笑话的核心构件。

（三）"雅中挽俗，笔致尖新"：滑稽、谑而走向的笑话

滑稽与谑的内在本质都是获得"笑"的效果，笑话等民间文学作品，在追求"笑"的效果这方面，比任何精神产品对"笑"的追求都来得直接和迫切，特别是底层民众，他们借用笑话等有限的娱乐资源来缓解深重的生活压力，释放自己。底层百姓善于调用滑稽与嘲谑这样的手段，制造出多种多样的民间笑话，这些笑话机智、幽默，机趣盎然。由这种笑话而产生的笑是天真自然、生气弥漫的，毫不做作。

上述钱锺书所论滑稽与谑，在很大程度上都是民间笑话所本有的滑稽与谑，钱锺书论滑稽与谑，最后都可以通向民间笑话。更何况，钱锺书所引述的滑稽与谑所衍生的产品，本身就是民间笑话。

钱锺书有《说笑》一文，集中论笑与幽默的关系，进而揭示什么才是真正的幽默。幽默是民间笑话、民间故事必备的特点，依据钱锺书的幽默论，民间笑话带来的幽默，才是真幽默。

在《说笑》中，钱锺书首先指出："老实说，一大部分人的笑，也只等于马鸣萧萧，充不得什么幽默。"①这一大部分，指的就是假幽默者，他们"借笑来掩饰他们的没有幽默"，他们的笑与傻子的呆笑、瞎子的趁淘笑，以及所谓的幽默文学的笑，并无二致。

钱氏在《说笑》中一再强调，幽默不是提倡出来的，"经提倡而产生的幽默，一定是矫揉造作的幽默"。民间笑话产生的幽默，就是自然而生的，不是提倡的产物。民间笑话的幽默没有功利目的，纯粹是老百姓的内心一乐，既非"出于尊敬"，也非"出于利用"，天然活泼，干净纯粹。

"真有幽默的人能笑，我们跟着他笑；假充幽默的小花脸可笑，我们对着他笑。""真正的幽默是能反躬自笑的，它不但对于人生是幽默的看法，它对于幽默本身也是幽默的看法。"②这是钱氏关于幽默的经典论述，深入人心。民间笑话带来的幽默，就具有这种品质，一个民间笑话讲完，你会跟着

---

① 钱锺书：《写在人生边上·人生边上的边上·石语》，三联书店 2002 年版，第 23 页。
② 钱锺书：《写在人生边上·人生边上的边上·石语》，三联书店 2002 年版，第 25 页。

讲述者哈哈大笑,你很自然就进入笑话带给你的享受之境,不需要忸怩作态。民间笑话带来的幽默也是能反躬自笑的,是普通大众对人生的幽默看法。

因而,钱锺书对滑稽、谑、幽默的看法,就是对民间笑话的某种解读,这之间是一个对等的关系。

在《管锥编》中,钱锺书辑录的下面这些笑话,同样值得细品。

> 古罗马大史家尝设喻谓五官四肢恶腹之无所事事,只安享而不劳作也,因相约惰息,不为致饮食,终于举体衰敝;又缚手屈尾之充类至尽也。(《管锥编》,第 660—661 页)

> 冯梦龙《广笑府》卷五:“一好饮者梦得美酒,将热而饮之,忽然梦醒,乃大悔曰:‘恨不冷吃!’”又几如此林第二句之衍义矣。(《管锥编》,第 880 页)

> 西方谐语言猫不肯教虎缘树,自解曰:“良师必不尽其道授弟子。”(《管锥编》,第 1151 页)

> 《不识镜》(出《笑林》)夫持镜归,妻引自照,惊告母曰:“某郎又索一妇归也!”母亦照曰:“又领亲家母来也!”按俞樾《俞楼杂纂·一笑》有“渔妇不蓄镜”一则,全袭此。敦煌卷子本侯白《启颜录·昏忘门》载鄠县董子尚村人买奴,入市睹镜中己影,误为少壮奴,买镜归;父视镜,怒子买老奴;母抱小女观之,诧“买得子母两婢”;召师婆禳之,悬镜落地分两片,师婆拾取,惊睹两婆云云;则踵事而增华矣。窃疑滥觞于《杂譬喻经》卷下之二九,有长者命妇取蒲桃酒来共饮,妇往开瓮,“自见身影在瓮中,谓更有女人”,大恚,夫自往视,“见己身影,逆恚其妇,谓藏男子”,互诤相殴。《维摩诘所说经·观众生品》第七“菩萨云何观于众生”句下,鸠摩罗什附注:“如一痴人行路,遇见遗匧,匧中有大镜,开匧视镜,自见其影,谓是匧主,稽首归谢,舍之而走”;用意同此。《青琐高议》前集卷三《高言》在胡地时,“或临野水,自见其形,不觉惊走,[以]为鬼出于水中,枯黑不类可知也!”,亦可参观。盖均认我为人也。(《管锥编》,第 1195—1196 页)

> 《艺文类聚》卷八〇引《笑林》:“某甲夜暴疾,命门人钻火;其夜阴暝,未得火,催之急。门人忿然,曰:‘君责之亦大无道理! 今暗如漆,何以不把火照我? 我当得觅钻火具。’”《太平广记》卷二五八《魏人钻

火》引《笑林》全同。(《管锥编》,第 1797 页)

《管锥编》很"谐"。这个"谐"指的是诙谐、滑稽、讽喻、妙语。指的是
"以解颐资解诂,也就是能在嘻嘻哈哈、开心快乐中把道理讲完。这正是
钱锺书本人的特点。他那淹贯中西古今的博学,仿佛同时也造就了他滔
滔不绝的口才和浓郁的机趣、睿智。严肃正经的学术研究到了他的舌底
笔下竟化作嘻嘻哈哈的插科打诨"。他似乎总跟常人"对着干"。你说
东,他偏说西;你要打狗,他偏捉鸡。仔细一琢磨,道理竟然在他那一头
儿。他论"滑稽",指出它首先源于乱,即不谐。但说到底,夫"滑稽"者,
以"不谐"为其表现形式,以"和谐"为其生成基础。他在考察了"滑稽"谐
趣的心理动因后发现:一种语象"变乱",每每能产生"启颜方"的效应,
"解人颐"的谐趣。因此,滑稽也就以语言的新诡、间隔、乱同异之类为基
本的表现形态。

以上各小节是对《管锥编》中所涉民间故事之内容的一个梳理,在本节
的最后,有一个问题必须单独掂出,即《管锥编》与印度民间故事等民间文
学样式的关系。单列一个部分论及《管锥编》与印度的民间文学,并不是一
个随意的行为,而是源于钱锺书与佛教、印度民间文学之间的密切关系,用
心研读《管锥编》会发现,《管锥编》中的每一个部分几乎都有佛典的踪迹,
与佛教有关的民间文学作品也随之进入《管锥编》中。所以,《管锥编》与印
度民间文学的关系,是钱锺书与民间口头文学关系论的一个不可或缺的组
成部分。

正如王向远所指出的:"印度大量的民间故事还保留在佛教徒所积累
的庞大的文献典籍中。因为佛教典籍有一个普遍的特点,就是为了吸引民
众,常常采用通俗的寓言故事或生动的譬喻阐发教义,这样,民间文学就与
佛教结下了不解之缘。"[①]钱先生在引用佛教典籍时,对载有民间文学作品
的佛教典籍,如《百喻经》、《杂譬喻经》多有引用,同时,其他并非专门性的
载录民间文学作品的佛典,对之中的民间文学作品,如民间故事,也经常为
钱锺书征引,故而钱先生与印度民间文学的关系,主要是通过其引用佛教典
籍而体现出来的。

同时,由于钱先生与佛教典籍之关系的复杂,更由于佛教典籍浩博无

---

① 王向远:《东方文学史通论》,上海文艺出版社 1994 年版,第 146—147 页。

垠,要在短短一节的篇幅里讨论清楚钱锺书与载录在佛教典籍中的印度民间文学之关系,几乎是不可完成的任务。本节的努力在于提出钱锺书与印度民间文学之关系,并就其中的某些层面进行粗略论述,更为完整的对钱锺书与印度民间文学之关系的研究,甚至是与佛教、佛典之关系的梳理,只能另立论题,俟来日完成。

下述略引几例,权当引玉之用。

《管锥编·老子王弼注》第12则:

> 佛书每忘己事之未工,而笑他人之已拙,如《百喻经》之四四:"有人因饥,食七枚煎饼"食六枚半已,便得饱满。其人恚悔,以手自打,言:"我今饱足,由此半饼,前六饼唐自捐弃,设知半饼能充足者,应先食之";或如《长阿含经》之七《弊宿经》中婆罗门缚贼,剥皮,脔肉,截筋,打骨以求"识神",小儿吹灰、捣薪以求火,村人以为声在贝中,触贝命作声,不知须以口吹贝。夫聚材方和车、因五指有拳,正如积六枚饼乃能饱、合贝与口气而作声。(《管锥编》,第685—686页)

此例在前文中已有论及,此处重提,目的是为说明钱先生对印度重要的寓言故事集《百喻经》的征引。王向远指出:"在佛教故事中,还有一类更世俗性的通俗寓言故事,称为'譬喻经'。'譬喻经'数量很多,较重要的有《百句譬喻经》、《天譬喻经》、《杂喻经》、《本生蔓》等。原文为梵文。其中最有名的是《百句譬喻经》,简称《百喻经》。……我国现代作家鲁迅对《百喻经》很是赞赏……所谓'百喻',是指全书共收集了近百个故事,用譬喻的形式来解说佛教的道理。实际上,许多故事本身与佛教教义关系很小。这部寓言故事集共收了98则故事,篇幅比较短小,却能以小喻大,生动风趣、诙谐幽默。"[①]在《管锥编》中,钱锺书征引《百喻经》最少在9次以上,而且每次征引都可能提供一个完整的故事叙述。上例即可说明,下面两例亦是如此。

《管锥编·全上古三代秦汉三国六朝文》第161则"全晋文卷一五八":

> 又如《百喻经》卷一《乘船失釪喻》与《吕氏春秋·慎大览·察今》楚人契舟求剑喻,亦资参验。(《管锥编》,第1985页)

《管锥编·全上古三代秦汉三国六朝文》第189则"全齐文卷二五":

---

① 王向远:《东方文学史通论》,上海文艺出版社1994年版,第149页。

《百喻经》第一则云:"有愚人至于他家,主人与食,嫌淡无味,主人为益盐。既得盐美,便自念,言:'所以美者,缘有盐故;少有尚尔,况复多也!'便空食盐"(参观《吕氏春秋·用民》以"盐之于味"喻"不可无有而不足专恃")。(《管锥编》,第 2126 页)

刻舟求剑这一寓言,在中国人所尽知,"先食半饼"与"空食盐",都描摹出不顾前提与基础而多妄求的一种行为,极富谐味。

在《管锥编》中,钱锺书还在诸多地方提到了《杂譬喻经》,据笔者对《管锥编》的粗略统计,引用最少在 12 次以上,如《管锥编·列子张湛注》第 6 则"汤问":

佛经以傀儡子或机关木人为熟喻,《杂譬喻经》卷八北天竺木师造木女行酒食,南天竺画师自画绞死像,"汝能诳我,我能诳汝",颇类古希腊两画师竞胜,甲所画能诳禽鸟,而乙所画并能诳甲。(《管锥编》,第 778 页)

又如《管锥编·周易正义》第 7 则"比":

《杂宝藏经》卷三亦载昔雪山有鸟,名为"共命",一身二头,一头尝食美果,一头生嫉,即取毒果食之,二头俱死;《佛本行集经》卷五九记其事更详,两头各有名字,"一头若睡,一头便觉";《百喻经》第五四则、《杂譬喻经》第二五则言一蛇"头尾相诤",各欲"为大",致"堕火坑死"。旨同韩非,谓分必至于相争,争且至于同尽。释书大行,韩非"蝐"喻相形减色,遂掩没不彰;如司空图《共命鸟赋》(《全唐文》卷八〇七)、傅山《咏史感兴杂诗》之三四(刘霨辑《霜红龛全集》卷一)皆托共命鸟以寄慨寓讽。(《管锥编》,第 843 页)

这些都是通俗易懂的故事,正说明这些故事的亲民本质。

对其他佛教典籍中的民间文学材料,《管锥编》时有引用,如《管锥编·全上古三代秦汉三国六朝文》第 75 则"全三国文卷二五":

《法苑珠林》卷一〇八引《佛藏经》云:"譬如蝙蝠,欲捕鸟时,则入穴为鼠,欲捕鼠时,则飞空为鸟";古罗马一寓言类此,十七世纪法国名家抒写之,托为蝙蝠语:"身即鸟也,请视吾翅","身亦鼠尔,愿吾类万寿!",尤传诵不衰。(《管锥编》,第 1678—1679 页)

又如《管锥编·全上古三代秦汉三国六朝文》第 235 则"全陈文卷一六":

兹引《大般涅盘经·狮子吼菩萨品》第一一之六:"譬如有王,告一大臣:'汝牵一象,以示盲。'……众盲各言:'我已得见。'王言:'象为何类?'其触牙者,即言:'象形如芦菔根';其触耳者,言:'象如箕';其触头者,言:'象如石';其触鼻者,言:'象如杵';其触脚者,言:'象如木臼';其触脊者,言:'象如床';其触腹者,言:'象如瓮';其触尾者,言:'象如绳。'"(《管锥编》,第 2307 页)

上引《佛藏经》蝙蝠故事与盲人摸象故事,为人熟知,但钱锺书指出了古罗马寓言有与此类似者,则是钱先生广博阅读所无人能及者之一表现,更见出在不同文化类别中,寓言之构思一样有同出机杼者,正说明人类审美之同一性。而"象形"之事出释典,钱先生有一个较为详尽的考证,更使读者对"盲人摸象"的故事有深透的理解。

第三节 "虽为戏言,亦征同感":民间传说

十八世纪英国小说有角色谇曰:"脱在山颠宜生愁思,则在山足当发欢情";虽为戏言,亦征同感。(《管锥编》,第 1412 页)

前面已略略论及民间传说的某些特征,本节在论及钱锺书对民间传说研究之初,对民间传说的更为细节化的知识做一些必要的交代,以便更好地理解钱锺书与民间传说之间的关系。

中国民俗学界对民间传说的界定,一般涉及"人民群众口头创作、传播,与一定的历史人物、历史事件或地方古迹、自然风物、社会习俗相关"①这样一些层面,这是民间传说区别于民间故事等其他民俗事象的基本特质。而且,民俗学者提出"传说核"这一概念来强调民间传说必以"客观实在物"为基础,即以历史人物、历史事件、地方古迹、自然风物等为传说生成的基础,这成为判定传说是否成之为传说的一个关键性元素。带着这一标准去审视《太平广记》,发现《太平广记》是"传说"意蕴厚重的文本。即以《太平广记》卷三"汉武帝"为例,围绕"汉武帝"这一历史人物,衍生了汉武帝承天

---

① 刘守华、陈建宪主编:《民间文学教程》(第二版),华中师范大学出版社 2009 年版,第49 页。

命践帝祚、与西王母同宴等诸多情节,这完全可视为有关汉武帝的传说。而且,长期以来,关于汉武帝的这些传说,不停地在民间传播,在传播的过程中又不停地被丰富,衍生出关于汉武帝的其他情事,所以,关于汉武帝的传说也渐见庞大,并且在不同的地域有不同的传说内容附会其上。《太平广记》的"汉武帝"传说,正与《史记》的"刘邦"等帝王纪传的"传"因素有同妙,司马迁正采民间帝王传说以入史。诸如以"汉武帝"这样的历史人物为"传说核"的人物传说,以风物为"传说核"的风物传说,等等,在《太平广记》中占很大比例。钱锺书《管锥编·太平广记》随《太平广记》进行阐发,不仅彰显了之中的民间传说内容,而且对这些民间传说进行了丰富、阐释、平行比较,或者对其流变过程加以揭示,等等,这无疑于理解《太平广记》中的民间传说大有帮助。

民俗学界将牛郎织女传说、孟姜女传说、白蛇传和梁祝传说定义为中国的四大传说,对这四大传说的研究成果也屡有出现,如顾颉刚对孟姜女故事的考辨。从四大传说可以看出,民间传说与民间故事、神话关系复杂,有时无法做严格区分。本来,广义的民间故事就包括神话、民间传说、幻想故事等基本形态,神话是远古原始人的精神产品,神除了会混迹于民间传说与故事之中外,以时间作为区分标尺,将神话与民间传说和民间故事进行区分并不太困难。困难之处在于,在很多时候无法对民间传说与民间故事做绝对的区分,而且,民间传说也好,民间故事也好,都离不开故事、情节这一要素,"故事是文学的生命",民间口头文学亦不能例外。"民间传说与神话有着割不断的联系,民间传说与民间故事也是彼此渗透、相互影响。民间传说与民间故事之间可以相互转化,即故事的传说化和传说的故事化。田螺姑娘故事在流传过程中,一些地方的民众就把它依附到本地的特定风物之上,如福建闽江下游就有螺女江、螺州、螺祖庙、螺仙石碑等;而雁荡山一带的民众则传说田螺姑娘和她的丈夫变成了美女峰和卷螺峰等。因而,这些民间文学作品既可以看做民间传说,也可以看做民间故事。"①实为中肯之论,民间传说与民间故事多有交叉,有些既可目为民间故事,也可看做民间传说,并不能做一个清晰的划分。在一般情况下,"传说核"是一个判断的重要

---

① 刘守华、陈建宪主编:《民间文学教程》(第二版),华中师范大学出版社2009年版,第55页。

依据。

本节以钱锺书《太平广记》注为主体,兼及《管锥编》其他九书注中论民间传说的内容。

正如前面所论,《太平广记》载录诸多人物传说、动物传说,如老子、汉武帝、墨子、东方朔、刘安、孔安国、孙思邈、司马承祯、颜真卿、贺知章、白乐天等为人所熟知的历史名人,狗、狐、蛇、虎、猫等常见动物,桃、牡丹、桂花、月桂等植物,夜明珠等物产,山、石等古迹,以这些作为"传说核",《太平广记》会聚了一个庞大的民间传说群,这是选择以《太平广记》注作为本节的核心的主要原因。

《管锥编·太平广记》对《太平广记》中的部分民间传说,进行了独特的解读。这些解读,与《管锥编》对《太平广记》中民间故事的解读一样,有因俗入雅的策略,有民间传说的类同研究,等等,同时,钱锺书对《太平广记》中的民间传说的释读也有自己的独特之处,下面的论述对与民间故事相同的特征不再赘论,主要论及其中的新变之处。

一、《管锥编》论"牛郎织女"等传说

《太平广记》中诸多地方提及牛郎织女的传说,钱锺书以此为契机,对牛郎织女传说的某些侧面进行了深度解读。

重要之处如《管锥编·太平广记》第27则(《太平广记》卷六八)《郭翰》条的"天上人间地狱时间迟速异分"。

情节点	天上人间地狱时间迟速异分
《太平广记》所出卷目及类同卷目	1.出目: 《郭翰》(出《灵怪集》)织女曰:"人中五日,彼一夕也。" 2.类目: 卷六《东方朔》(出《洞冥记》):"朝发中返,何云经年乎?",谓人世"经年",仙家才半日;同言天仙日月视尘凡为长,惟长量两说差殊。卷一一五《张法义》(出《法苑珠林》)师曰:"七日、七年也";卷三四三《李和子》(出《酉阳杂俎》):"鬼言三年,人间三日也";卷三八三《琅玡人》(出《幽明录》):"此间三年,是世中三十年";则或言冥间日月长于人世,或言其短于人世,尚未众论金同。 卷二九八《柳智感》(出《冥报录》):"知幽显昼夜相反矣,于是夜判冥事,昼临县职。"

情节点		天上人间地狱时间迟速异分
天上乐不如人间	中国类同文献征引	1.释说如《长阿含经》之七《弊宿经》:"此间百岁,正当忉利天上一日一夜耳。" 2.《大般涅盘经·如来性品》第四之六:"如人见月,六月一蚀,而上诸天须臾之间频见月蚀,何以故? 彼天日长,人间短故。" 3.释贯休《再游东林寺》第一首:"莫疑远去无消息,七万余年始半年",自注:"人间四千年,兜率天一昼夜"(参观《法苑珠林》卷五《三界篇》第二之二《寿量》)。 4.安世高译《十八泥犁经》谓地狱有以"人间三千七百五十岁为一日"、以"人间万五千岁为一日"者不等,"大苦熟之狱"至以"人间四十八万岁为一日。" 5.《翻译名义集·鬼神篇》引《世品》谓"鬼以人间一月为一日"。 6.仲长统《昌言·理乱篇》:"夫乱世长而化世短。" 7.张华《情诗》:"居欢惕夜促,在戚怨宵长。" 8.刘禹锡《问大钧赋》:"望所未至,谓予舒舒;欲其久留,谓我瞥如。" 9.王建《将归故山留别杜侍御》:"沉沉百忧中,一日如一生。" 10.《竹庄诗话》卷一八引许彦国《长夜吟》:"南邻灯火冷,三起愁夜永;北邻歌未终,已惊初日红。不知昼夜谁主管,一种春宵有长短。" 11.《潜夫论·爱日篇》:"治国之日舒以长,乱国之日促以短。" 12.《清波杂志》卷一载无名氏《温阳老人对》,略谓:"天有二日,人有二年;富贵之年舒以长,贫贱之年促以短。吾虽阅一百二十二年之寒暑,而不离贫贱,若以二当一,则吾年始六十有一。" 13.章学诚《丙辰札记》云:"《西游演义》'天上一日,人间一年'之说,却有至理,非'山中七日,世上千年',烂柯、刘阮诸说所等例也。假令天上果有帝庭仙界,天体转运于上,列宿依之,一岁一周;日十二时,日仅行天一度,则必周三百六十日而始复原次。岂非'天上一日,人间一年'乎?" 14.崔涂《七夕》:"自是人间一周岁,何妨天上只黄昏。" 15.李廌《济南集》卷二《七夕》:"人间光阴速,天上日月迟,隔岁等旦暮,会遇未应稀。" 16.韩元吉《南涧甲乙稿》卷六《七夕》:"天上一年真一日,人间风月浪生愁",又卷七《虞美人·七夕》:"离多会少从来有,不似人间久;欢情谁道来年迟? 须信仙家日月未多时。" 17.《齐东野语》卷二〇载严蕊《鹊桥仙·七夕》:"人间刚道来年期,想天上方才隔夜。"桃源屡至,即成市廛,后来如李渔《笠翁一家言》卷五《七夕感怀》、孙原湘《天真阁集》卷一《七夕》、平步青《越吟残草·七夕》、《晚晴簃诗汇》卷七四载孙扩图《七夕吟》、《春在堂随笔》卷七载潘玉泉《赋衷情·七夕》等,腾挪狡狯,不出匡格。 18.张联桂《延秋吟馆诗钞》卷二《七夕》以概其他:"洞里仙人方七日,千年已过几多时;若将此意窥牛女,天上曾无片刻离。" 19.李商隐《七夕》:"争将世上无期别,换得年年一度来!" 20.李郢《七夕》:"莫嫌天上稀相见,犹胜人间去不回!" 21.《韩非子·大体》:"故至安之世,法如朝露,纯朴不散,心无结怨,口无烦言。故车马不疲劳于远路,旌旗不乱于大泽,万民不失命于寇戎,雄骏不创寿于旗幢,豪杰不著名于图书,不录功于盘盂,记年之牒空虚"(参观《守道》:"如此故图不载宰予,不举六卿,书不着子胥,不明夫差")。

情节点	天上人间地狱时间迟速异分
	22.曹唐《升平词》之五(亦作薛能《升平词》之一〇):"五帝、三皇主,萧、曹、魏、邴臣。文章唯返朴,戈甲尽生尘。谏纸应无用,朝纲自有伦。升平不可记,所见是闲人";曹诗之"升平不可记"即韩非之"记年之牒空虚"也。
	23.《苕溪渔隐丛话》后集卷一九引《复斋漫录》载无名氏题寝宫诗:"农桑不扰岁常登,边将无功史不能,四十二年如梦觉,东风吹泪洒昭陵"(参观王恽《秋涧大全集》卷三七《过仁宗陵》自序引首句作"干戈销弭岁年登");"无功不能"即韩非之"不著名、不录功","如梦觉"者,犹好梦之短而易醒也。
	24.马戴《塞下曲》之一:"却想羲皇代,无人说战功",贯休《塞下曲》之五:"因思无战日,天子是陶唐",而刘驾《塞下曲》:"圣代书青史,当时破房年";相映成趣,则无战无功,则"青史"无可"书"矣。
	25.李光地《榕村语录》续集卷七:"东宫问张英《史记·殷纪》祖甲、祖乙直下许多年代不载一事,但有帝名而已,想是年代久远无稽之故。张曰:'固是如此。然许多年代,无一事可记,此天下所以太平也'";质语甚明。
	26.贯华堂本《水浒》第一回:"那时天下尽皆太平,四方无事——且住!若真个太平无事,今日开书演义,又说着些甚么?"则是反跌之词。章回小说中套语:"有话即长,无话即短",有事即"有话"可"说着",而"无话"即无从"开书演义"矣。
	27.黄宗羲《吾悔集》卷一《谢皋羽年谱游录注序》:"夫文章、天地之元气也。元气之在平时,昆仑旁薄,和声顺气,发自廊庙,而邕浃于幽遐,无所见奇。逮夫厄运危时,天地闭塞,元气鼓荡而出,拥勇郁遏,坌愤激讦,而后至文生焉。故文章之盛,莫盛于宋亡之日。"
	28.归庄《归庄集》卷三《吴余常诗稿序》:"故自古诗人之传者,率多逐臣骚客,不遇于世之士。吾叹为一身之遭逢,其小者也,盖亦视国家之运焉。诗家前称七子,后称杜陵,后世无其伦比。使七子不当建安之多难,杜陵不遭天宝以后之乱,盗贼群起,攘窃割据,宗社颠危,民生涂炭,即有慨于中,未必其能寄托深远,感动人心,使读者流连不已如此也。然则士虽才,必小不幸而身处阨穷,大不幸而际危乱之世,然后其诗乃工也。"
	29.赵翼《瓯北诗钞·七律》卷四《题元遗山集》:"国家不幸诗家幸,赋到沧桑句便工"——用字来历则《左传》宣公一六年:"民之多幸,国之不幸。"
情节点	天上人间地狱时间迟速异分
国外类同事象文献征引	1.古希腊诗人云:"幸运者一生忽忽,厄运者一夜漫漫。" 2.拉丁诗人进一解云:"人生本短,疾苦使之长耳。" 3.十九世纪名什云:"安得欢娱时刻漫长难过浑如苦戚岁月耶?" 4.西方史学鼻祖记波斯王叔语曰:"灾难频仍,重之以疾痛为患,人有生之日虽短而只觉其长。" 5.蒙田《面貌篇》曰:"善着史书者视太平之世有若死水无澜,走笔亟过,而径叙作乱用兵等事,盖深知此乃吾辈所欲闻也。" 6.黑格尔《历史哲学》曰:"世界史中无可着安乐之处。时安世乐则于史书中为无字白纸。" 7.卡莱尔《法国革命史》曰:"孟德斯鸠尝云:'国史沉闷,国民幸运',或进一解云:'国史无録,国民有福'",其《弗里德里克大帝传》则直以后一语为出于孟德斯鸠。

续表

情节点	照妖镜
	8.十七世纪英诗人考莱自序其集曰:"兵凶战危、惨戚多事之秋乃最宜入诗之题材,亦即最不便作诗之时世。" 9.狄德罗论剧曰:"人相残杀,流血成渠,诗神之桂树赖以灌溉而怒苗敷荣。在太平无事之世,则此树婆娑意尽。何世无才,而非多故不安之世,末由发其才耳。" 10.兰德论彼德拉卡情诗曰:"幸而其意中人心肠坚冷,不许其遂欲如愿,吾辈耽诗者遂有佳什可以吟赏;倘渠好事竟成,则如鸣禽已营巢,不复娇啼恰恰矣。" 11.孟佐尼小说写男女角饱阅艰辛,终成眷属,乃曰:"此后两小生涯,平静美满,至于极地,令人艳羡。然吾苟叙述之,则诸君将读而厌倦欲死。" 12.叔本华详论:"史诗与剧本皆只写为幸福而求争竞斗之情事,而不写长久圆满之幸福。真正而复长久之幸福既无其事,遂亦不堪为文艺题材",所见略同焉。 13.托尔斯泰名言:"一切欢乐之家庭均相类肖,每一不欢乐之家庭则痛苦各异。" 14.亚里士多德尝引谚云:"人之善者同出一辙,人之恶者殊涂多方。" 15.爱略脱小说中语或本诸席勒一小诗来:"最有善政之国家正如最有淑德之妇女,均悄然不引人谈论。"

(《管锥编》,第 1029—1037 页)

《太平广记》卷第六八"郭翰"条讲述的是一个婚外恋型的"牛郎织女"故事:"少简贵,有清标,姿度秀美,善谈论,工草隶"的郭翰,为"赐命游人间"的织女所慕,并与之"解衣共卧",尽享男女之乐。如是夜夜皆来,郭翰还戏问"牵郎何在,那敢独行"?织女的回答更富民间趣味:"阴阳变化,关渠何事?且河汉隔绝,无可复知,纵复知之,不足为虑。"织女成为辣女,言行大胆,行事无忌。后七夕将至,织女却突然不再出现,数夕后方来,郭翰明白织女与牛郎相会,故意问之"相见乐乎"?织女又回答了钱锺书着力论述的问题:"天上那比人间。"郭翰复相问织女为何这次又来迟,织女便回答:"人中五日,彼一夕也。"[①]天上地下,时差所致,故而来迟。钱氏对织女故事的阐发,便肇因于这一句。

"郭翰"所涉及的主体内容,本身就是牛郎织女传说的一个变种,可视为对牛郎织女传说的丰富。

"郭翰"版织女传说,正是民间生活态度的一种张扬。织女一变传统痴

---

① [宋]李昉等编:《太平广记》,中华书局 1961 年版,第 420—421 页。

守牛郎的贞女形象,成为一个追求人间享乐、与传统妇道脱轨的形象,这既反映了有宋一代理学"礼禁"日严的风气下,追求人性自由张扬、尊重女性真实情感表达和身体解放的价值追求,不仅在上层社会中一直存在,在底层民众中更是有其生存空间,即使程颐等理学巨子,在现实生活中,并不是"存天理,灭人欲"的刻古形象,对世俗享乐持宽容态度。

而钱氏拈出"人中五日,彼一夕也"这一角度,却完全是另一种解读意图,但与牛郎织女本事能贴切无间。

此处,钱锺书与一个非常重要的概念——"时间"握手了,这一时间在很大程度上是一个形而下的时间,即普通民众对时间的看法。民众对天堂的时间想象,与上节提及的"天堂乐"一样,一直是民间故事、民间传说中的重要"母题",诸多民间故事与民间传说都会涉及天堂的"时间",这实可视为民众对世俗"时间"认识的某种延伸,这种"时间想象"是普通民众对未知世界的一种最朴实的想象。正如海德格尔的主张,对一个世界的存在状态考察,首先必定是对这个世界的时间考察。

但民众对冥间的时间想象,似较为少见。钱锺书钩沉掘异,重现了这种想象:"鬼言三年,人间三日。"上表中所列诸例,新人耳目。周振甫为本节标目为"人间天上日月迟速不同",实为不妥,依钱氏本节所言,应为"人间天上冥间日月迟速不同",这种对冥间的忽略,或为一个不经意的行为,但正说明了在一般观念里,我们对天堂的时间想象是重视的,对地狱时间的想象则常遭人忽略,可能这正是人喜天堂而厌地狱这一普遍心态的某种流露。

钱锺书还指出了民众对天堂与冥间的时间想象,量度标尺时或变化,并不一致。一般情况下,民众都以天堂时间一日为人世时间一年,这一观念深入民间,诸多传说与地区都有这一说法,应是主流。但不乏"差殊"之例,钱锺书即钩沉出《长阿含经》"百岁正当天上一日一夜"、释贯休《再游东林寺》第一首自注"人间四千年,兜率天一昼夜"等例子,可资说明。对冥间的想象,一样是"或言冥间日月长于人世,或言其短于人世,尚未众论金同",安世高译《十八泥犁经》之说、《翻译名义集·鬼神篇》引《世品》说,都可资说明。而且,通过比较之后发现,以天上一日为人间一年之说不仅是牛郎织女传说中的主流说法,在其他民俗事象中也较为普遍,这一说法较为稳定,但地狱时间说却相对混乱,随意性较大,这也说明,天堂时间观念较多地进入人们的视野,易于形成固定的说法,而民间的地狱时间想象,也确实少于天堂,故有逸笔草草之感,粗率、率易之论势必更多。

当然,对天堂、地狱的时间想象出现"差殊",也正符合民众的审美心态,即随意性强、善夸张。

钱锺书又选择了俗语"快活"为切入口,作为对"人间日月与天堂日月则相形见绌,而与地狱日月复相形见少,良以人间乐不如天堂而地狱苦又逾人间"的民众心理揭示,这又是一种贴切的阐述,很有新意。而且以"快活"为原点进行发散,钱锺书不仅对"快活"作出了"人欢乐则觉时光短而逾迈速,'活'得'快'"这一世俗化解释,而且延伸至"欢乐感即是无时间感",以及"乱世长而化世短",将对时间的想象关联至世之治乱、人生疾苦、离情别绪等现世角落。这样一来,民间传说中的天上地下冥间日月迟速异分的时间想象便有了现世对应物,这一天才的联想使钱锺书的思考最终回归大地,民俗资源又回到了它得以产生的土壤,这正是钱锺书现世关怀情结与民间本位立场的生动表征。

钱锺书又将"天上一日、人间一年"之说引申至咏赋《七夕》诗,"咏赋七夕,每借作波澜",将这种时间想象引入知识分子的诗咏中,上表中 14—20 诸条,从崔涂、李鹰至李商隐、李郢诸人,各有佳句,都是借"天上一日、人间一年"的时间想象以发挥。咏赋七夕,宣泄情怀,所谓的民间也好,所谓的上层也好,几乎同浴此风,这正生动地表明:民俗是一种生存方式,不管是精英,还是大众,都生活在一定的民俗中,都共享本国的民俗资源,民俗绝不是所谓的"底层民众"的知识,而是一国或一地区文化生命的重要组成部分,它会潜移默化地影响一切人的文化行为与价值观念。

钱锺书借题发挥,将"天上一日、人间一年"引申至一个更宽的"时间"领域——史家时间。上表中"国外类同事象文献征引"之 4、5、6、7、8、9 条,以及国内的《左传》"民之多幸,国之不幸"、黄宗羲、归庄等人,特别是赵翼的"国家不幸诗家幸,赋到沧桑句便工",都曲体人情,不仅指出治世日短乱世日漫,更指出"以身事充类至于世事",从史家笔底波澜推知时变,进而推及治乱,诚为非常精致的审视角度。此处钱氏的发挥,是钱氏本人对"天上一日、人间一年"的一种审视,钱锺书此处也是利用民间传说的某些元素来生发自己的议论,精致的引申正如钱氏自己所言:"野人涂说与哲士微言,若合符契。"

在《管锥编》其他地方,钱先生有 20 余处提到牛郎织女传说,特别是七夕诗,这一赋咏形式,很容易借七夕这一由头,抒写相思之愁与离别之苦。因而,七夕诗完全可视为雅、俗融会的一个经典案例。

相较于牛郎织女传说,钱先生对中国四大民间传说的其他三例:孟姜女传说、白蛇传说和梁祝传说所涉不多,故此处不作过多阐发。

二、人物传说为主体

《管锥编》涉及众多历史人物的著作,在言及这些人物时,钱锺书有时也会旁及与这些人物相关的传说或趣闻,这些都构成人物传说的内容。民俗学界认为人物传说的"主人公大多是历代实有其人的各种著名人物(如著名帝王、清官、佞臣、民族英雄、起义领袖以及文化科学方面的名人、各行各业的祖师爷等),我们这样说当然也不排除有部分虚拟人物,如某些菩萨、神仙之类"。[1]

民间传说之功用,在于记录当时的人情风俗、社会好恶、审美风尚、对历史人物的褒贬评价等,社会万象都可附丽于民间传说,《管锥编》里载录的人物传说、逸事、趣闻,都具有这些功能。

同时,作为《管锥编》重要组成部分的《太平广记》注,因其以人物为主体来结构全书——或以真实历史人物,或以虚构人物,只在结尾部分涉及山、石、花、草等物宜,所以,钱锺书为《太平广记》作注,《管锥编》中触及人物传说最为集中之处也就在这一部分了。特别是《太平广记》神仙、女仙等神、仙占《太平广记》比重很大,这正是民间传说中的"仙话"类内容。民俗研究者所言:

> 神仙传说也被称作"仙话",是人物民间传说里特殊的组成部分。神仙传说与宗教,特别是与中国民间影响较大的道教有着千丝万缕的关系,其产生的历史比较悠远,流传也非常广泛。神仙人物传说在中国古代文献里十分丰富,例如,西汉的《列仙传》,汉魏两晋时代的《汉武故事》《西王母传》《搜神记》,隋唐的《神仙感遇传》《墉城集仙录》,等等,都不同程度地包含神仙传说。神仙传说里的人物有的纯粹是虚构出来的,有的是从宗教人士仙化为神仙的,例如《汉书》中带有仙气的东方朔等。在神仙传说里,女仙传说的数量、内容相当丰富。在中国

---

① 钟敬文主编:《民俗学概论》,上海文艺出版社 1998 年版,第 245 页。

历史典籍《女仙传》、《列女传》、《后汉书》、《晋书》等中,记载了很多女仙传说。①

刘守华等人亦将"仙话"等归入人物传说这一大类,本书遵循民俗学界的这一惯制,将神、仙等"仙话"归入民间传说这一大类之中。

以下论及人物传说这一内容,分为两个层面展开:历史人物传说与"仙话"。

(一)"传说渺悠,不得稽也":历史人物传说

《管锥编》论及古今中外的重要典籍时,会将典籍作者随同置入论域之中。本来,著者与著作即为一个有机体,人与物无法偏废。钱锺书论及著者时,便将著者的佚事趣闻一起呈示给读者,平添机趣,又耐人思索。

上面论及"民间笑话"时,附论了"人文笑话与民间笑话"的互动与互化问题,人文笑话实质上也有人物传说的成分,坊间附会,以历史人物为"传说核",发挥演化,长期流传,便是民间传说。

如下例:

《五灯会元》卷一一兴化存奖章次;"坠马伤足,乃支木拐子,绕院行,曰:'跛脚法师,说得行不得!'"东坡"害脚法师"之谑,得此而义蕴昭宣矣。(《管锥编》,第1728页)

《诗品》所载轶事,如谢灵运"池塘春草"之句、江淹"五色笔"之梦、汤惠休"诗父兄"之谑、袁嘏"诗飞去"之夸,均传为口实,用作词藻。……《诗品》仅言江淹梦美丈夫索还五色笔,因而"世传江淹才尽",《南史》淹传同,《梁书》淹传言"才尽"而无梦中索笔事,至此笔之原得于梦中不,无可究诘;《南史·文学传》纪少瑜梦中受"青镂管笔",《旧唐书·李峤传》童时梦中受"双笔",若淹只梦索笔,未梦受笔,如姚诗所云,则"后生"美淹此梦而竞求"才尽"矣!姚盖习闻李商隐《牡丹》"我是梦中传彩笔"及李瀚《蒙求》"江淹梦笔"等讹传俗说;易"惊"字为"讹"字便中。(《管锥编》,第2253—2254页)

天纵之才苏轼的民间传说,坊间流传甚多,如"东坡"之名、"东坡肉"、苏轼与苏小妹等,而东坡"害脚法师"之谑,又有重要传说附会。东坡说陈季常喜谈禅,"谈空说有夜不眠",但其谈兴正浓时,"忽闻河东狮子吼,拄杖

---

① 毕桪:《民间文学教程》,中央民族大学出版社2009年版,第101页。

落手心茫然。"河东与狮子吼,在苏诗中都系特指,但后世进行演化,狮子吼又成为民间一种俗说,形容悍妇。而这与苏轼可脱不了干系!对陈季常的禅样生活,精通佛学的东坡曾戏言"公之养生,正如小子之圆觉,可谓'害脚法师鹦鹉禅,五通气球黄门妾'也"。"害脚法师"之谑,即讽陈季常禅艺不精。

而江淹"五色笔"等的传说,在民间更是广为流传。这些佚事,经长时间流传,就形成与历史人物相关的重要传说。

再举例论之。《管锥编·周易正义》第12则:

> 《云仙杂记》卷七:"杜甫子宗武以诗示阮兵曹,兵曹答以石斧一具,随使并诗还之。宗武曰:'斧,父斤也,使我呈父加斤削也。'俄而阮闻之,曰:'误矣!欲子斫断其手;此手若存,则天下诗名又在杜家矣!'"则阮之赠斧,犹君命臣自裁之赐剑,乃即物直指其用,宗武盖认直指之器为曲示之象矣。(《管锥编》,第54页)

钱锺书是述及"受者与赠物之性原相即或相引而督其离,或受者与赠物之性原相离或相却而督其即,皆鉴戒也,殊途而同归于反象以征者也",即"反象以征"这一观点而言及杜家两代人的。这一说法具有明显的民间传说特征,原因是:其一,《云仙杂记》这一记录载体。作者署名为后唐冯贽的《云仙杂记》记录了很多名士、隐者、显贵的逸闻轶事,并且内辑诸多载录民俗的典籍,惜其多数逸亡,至今不传。这一载体可视为民间传说集,辑录以人物为"传说核"的民间传说,如其卷一"文星典吏"实是民间杜甫为"文曲星"之传说:"杜子美十余岁,梦人令采文于康水,觉而问之,此水在二十里外。乃往求之,见鹅冠童子告曰:'汝本文星典吏。天使汝下谪,为唐世文章海,九云诰已降,可于豆垅下取。'甫依其言,果得一石,金字曰:'诗王本在陈芳国,九夜扪之麟篆熟。声振扶桑享天福。'后因佩入葱市,归而飞火满室。有声曰:'邂逅吾秽,令汝文而不贵。'"此传说有两情节,一是杜甫为天庭下谪之"文曲星",二是杜甫撞"秽",所以"文而不贵",这些情节都是典型的民间审美趣味下的产物,与《管锥编》所引杜甫子宗武之传说有同趣。其二,杜甫与其子都是历史人物,实有其人,是传说的"传说核",有可信性特征。其三,有传奇性情节,两则关于杜甫的传说都有引人入胜的情节,特别是认为杜甫为"文曲星"下凡,更是一直流传在民间的对杜甫的朴素想象,表达对杜甫天纵之才的最高肯定。其四,杜甫子宗武之"斧断其臂"以防诗名又落杜家的逸闻,与杜甫为"文曲星"的传说,都表明了普通民众对杜甫的敬重,寄寓了他们对杜甫这一历史人物最淳朴的情感。

诸如杜甫、李白、苏轼这样的历史人物,因为其本身取得的巨大成就,加上不平凡的生活经历,如李白与唐王朝的关系、杜甫的不得志、苏轼的贬谪等,民间自会形成很多传说、趣闻于其上,寄托民众对历史人物的质朴看法。民俗学界研究民间传说时,提出箭垛式人物形象这一说法。"所谓箭垛式,是指民众把一些同类情节集中安置在某一个人物身上的现象。民间传说在塑造人物形象时,往往将人物最具代表性的某种性格进行集中描述,使这一性格在传说人物身上得到强化,逐渐定型下来,形成一个具有极强凝聚力和包容性的箭垛式的人物形象。"①这实际上就是表明民众会将多种情节附会在某一个历史人物上,杜甫也一样,民间将很多自己喜欢的故事置于杜甫身上,杜甫草堂、杜酒以及杜甫所到之处等,都有可能发生故事而置于杜甫一人,上面所列举的两则传说,即为其例。

《管锥编·史记会注考证》第 10 则:

> 合观则辞旨益明。一角之兽,曾获其物,而为麟与否,有司迎合,不可必也;孔子适周,尝有其事,而果问礼老子与否,传说渺悠,不得稽也;箕山有冢,马迁目击,而真埋许由之骨与否,俗语相沿,不能实也。(《管锥编》,第 466—467 页)

钱锺书是在释"云"字之义时,即"'云'之为言,信其事之有而疑其说之非尔。常谈所谓'语出有因,查无实据'也",引出孔子、老子、许由三个历史人物,并以其传说的一面证"云"字义代表不确定性。

三个历史人物中,许由的传说似较为单一,其中有关孔子与老子的传说,千百年流传,一直是孔子、老子文化形象的重要组成部分。特别是作为儒家创始人孔子的传说,更见其多。陈金文的专著《孔子传说的文化审美研究》,就是借用民俗学中民间故事母体索引的方法分类,对关于孔子的民间传说进行分类研究,将孔子传说归纳为八大主题、五十个情节类型,不仅对始自先秦终自明清的有关孔子传说的记录文献进行梳理,并且对"现代口头资料中孔子传说的主题与类型"进行深度爬梳,最后追溯其文化意义。

---

① 刘守华、陈建宪主编:《民间文学教程》(第二版),华中师范大学出版社 2009 年版,第 59 页。

钱锺书此处提及孔子问礼于老子的传说,虽然是为说明"传说渺悠,不得稽也"的观点,但明确指出孔子问礼于周公是传说,这一论断能唤起我们对孔子其他传说的记忆。钱锺书治学的特点,正在于对诸多问题有精妙的提及,后面留下的学术探究空间很大,在钱锺书之后"接着说"本身就是研究钱锺书不可回避的课题,所以,钱氏这一提及,其意义亦不可等闲视之。

此处需要说明的是,钱锺书在《管锥编》中为数不多地正面提到"传说"二字,有时指民间传说,有时则不指传说,需作区分。如《管锥编·左传正义》第53则:

> 《书·洪范》:"水曰润下,火曰炎上";《参同契》中篇:"男生而伏,女偃其躯,及其死也,亦复效之",又苏轼《志林》卷三:"男子之生也覆,女子之生也仰,其死于水也亦然"(《朱子语类》卷七六略同),与西方传说适反;水为男而火为女,疑出于二事之牵合,以覆下为润、仰上为炎耳。(《管锥编》,第384页)

以上引文中"与西方传说适反"的传说,即应指一种约定俗成的说法,而不是民间传说,需明察。

《管锥编》中另一些人物传说,流传甚久甚广,粗作引述。

> 郭冲《条诸葛亮五事》。按第三事即俗传"空城计",……皆师诸葛亮"大开四城门"之故智,而"虏"、"贼"又蹈司马懿之前辙,"疑其有伏兵"。(《管锥编》,第1826页)

> 虞龢《上明帝论书表》。按必自张彦远《法书要录》辑出。此表具备二王轶闻;……(《管锥编》,第2068页)

> 所谓颊上添毫,"如有神明"(《世说·巧艺》),眼中点睛,"便欲言语"(《太平御览》卷七〇二又七五〇引《俗说》);谢赫、姚最曰"精灵",顾恺之曰"神明",此物此志也。(《管锥编》,第2112页)

> 蔡绦《铁围山丛谈》卷三、卷四记范氏性行颇亲切,范娶秦观女,所谓"'山抹微云'女婿"者是。(《管锥编》,第2127页)

民间关于诸葛亮空城计的传说,不可谓不熟知,不需多述。而王羲之、王献之这一书坛父子,其书法成就人人皆知,与其书法活动的传说也不少见。如王羲之,其"入木三分"的传说,描述王书雄健有力,力透纸背。传说内容大致为,有一次王羲之拜会朋友,赶巧友人不在,便于友人家茶几上留言而去。友人回家看完留言后,欲擦拭干净,却发现擦不掉,洗不净,让木工雕刻茶几上的字,发现木板上三分深的地方还渗有墨迹,此即"入木三分"的传说。民间俗传,对王氏书法的力道表达了相当的敬意。"千里送鹅毛,礼轻情意重"关于王羲之代仙人抄写《黄庭经》的传说,"洗砚池"与"鹅掌操"的传说,以及王献之与父亲王羲之的传说,正如钱锺书上述引例中所说,构成了二王的轶闻集,充分表达了民间对两位书家的尊敬。

又如上引例中的"山抹微云"女婿的传说,正是关于苏轼与"苏门四学士"之一的秦观的传说轶闻。

秦观《满庭芳·山抹微云》之作,誉满天下。其词曰:"山抹微云,天连衰草,画角声断谯门。暂停征棹,聊共引离尊。多少蓬莱旧事,空回首、烟霭纷纷。斜阳外,寒鸦万点,流水绕孤村。销魂,当此际,香囊暗解,罗带轻分。谩赢得青楼,薄幸名存。此去何时见也,襟袖上、空惹啼痕。伤情处,高城望断,灯火已黄昏。"作为秦观的老师的苏轼,极赏识秦观,对此作也有传说附会。据传,《满庭芳》一词是秦观写给一位歌妓的香艳之作,很快流行,极受欢迎。苏轼对学生秦观香艳之作,总要善意地嘲笑一下,《避暑录话》载:"苏子瞻于四学士中最善少游,故他文未尝不极口称善,岂特乐府。然犹以气格为病,故常戏云:'山抹微云秦学士,露花倒影柳屯田。'"这便是秦观与"山抹微云"传说之由来。关于"山抹微云"的秦观,另一则轶闻便出自钱锺书所说的蔡绦《铁围山丛谈》,其文曰:"范内翰祖禹,作唐鉴,名重天下,坐党锢事久之。其幼子温,字元实,与吾善。温尝预贵人家会,贵人有侍儿,善歌秦少游长短句,坐间略不顾温,温亦谨不敢吐一语。及酒酣欢洽,侍儿者始问:'此郎何人耶?'温遽起,又手而对曰:'某乃"山抹微云"女婿也。'闻者多绝倒。"范祖禹是名臣,既给皇帝授课业,又助司马光修《资治通鉴》,亦独著《唐鉴》、《帝学》等。范温是其子,也是秦观的女婿,席间不称为范公之子,而称"山抹微云"之婿,看来,范公之子很享受老丈人这一香艳名声。

在《管锥编》中,钱锺书对诸多历史名人的轶闻轶事有述及,这是一个无法轻易就可以悉数列举完毕的有限集合,而是一个无限集。因此,关于《管锥编》里的人物传说,也只能是"例说",而不是"全说"。值得说明的是,这些传说,不管是文人知识分子对他人的塑造,还是普通百姓对历史人物的附会,都表达了对所"传"人物的或好或恶的一种"说",这种说,就是一种审美表达和情感寄托。

（二）仙话

学界已经注意到了一种很有意思的文化现象，即中国的神话不发达，但仙话却颇为繁盛。所谓仙话，可以做一个简单的概括，就是与神仙有关的种种传说与故事。《说文》："仙，长生迁去也。"刘熙《释名·释长幼》曰："老而不死曰仙。"《汉书·艺文志》亦道："神仙者，所以保性命之真，而游求于其外者也。聊以荡意平心，同死生之域，而无怵惕于胸中。"学界一般认为，中国的战国时期是神仙思想生发的起点，吴天明等人也持不同观点，他认为："从墓葬朝向来看，中国神仙思想的起源和变迁经历了 4 个阶段：旧石器初民的墓葬大多朝向东方，旨在祈祷死者像太阳那样复活，说明灵魂观念和长生思想已经出现。新石器先民的墓葬大多朝向各自氏族发祥地、氏族公墓所在地，旨在祈祷死者重回先妣肚腹（子宫）中，实现生命的循环。三代时期古人虽仍葬山丘，但常常仅取让死者登上苍天、永生不死的新意，说明石器先民的生命循环信仰已经演变为登天成仙、永生不死的信仰。战国秦汉以来，古人亦葬山丘，但因道教的出现，古人相信，通过服食养性，灵魂和肉身都可长生不死，而这一新信仰正是最近几千年中国人最为熟悉的神仙思想。"[①]这一观点很有见地，但值得指出的是，神仙思想的产生可以追溯至很远的时期，但真正意义上的仙话成熟时期，则是在战国秦汉时期。特别是秦时秦始皇的求仙访道的传说式记载，西汉时刘向编撰的《列仙传》，都说明仙话的成熟已经有了足够庞大的文献支持。

仙话是能明显区别于神话的。神话产生的历史时期大大早于仙话，是原初先民对世界的看法，这在神话一节里有详论。仙话产生的历史时间则大大推迟了，只有到了秦汉，特别是受道教的影响，仙话得到了长足的发展。神话与仙话又是有着紧密联系的，仙话对神话的思维模式有借鉴，神仙与神话的"神"，在诸多地方是相通的，如生命不灭，或者神话中人摇身一变而成仙界大神。有学者认为，中国的神话之所以不发达，就是因为仙话夺取了神话的发展地盘，中国以仙话取代了神话，也不是没有道理的说法。"仙话晚出于神话，最初由神话发展演变而来。但仙话之所以能在中国神话的母体中诞生，中国神话之所以走向仙话化，归根到底是由上古时代中国生命意识

---

① 吴天明：《神仙思想的起源和变迁》，《海南大学学报》（人文社会科学版）2004 年第 2 期。

觉醒的独特道路和导向所决定的。"①持此论者便正宣此意蕴。

日本著名中国道教研究专家洼德忠说："在地球上使自己生命无限延长，这就是神仙说的立场。似乎可以认为现实的人们所具有的使天生的肉体生命无限延长并永远享受快乐的欲望，便产生了神仙说这样的特异思想。这种思想在其他国家是没有的。"②

中国的神仙众多，如观音、西王母、八仙等，多不胜数。《太平广记》便是仙话之集大成者，各路神仙，正如点鬼簿，都记录在籍。当代的研究者，如马书田的《中国冥界诸神》、高致华所编《探寻民间诸神与信仰文化》、潘蕃编著的《仙话》，等等，对民间信仰中的诸神也多有描述，这说明，自秦汉时开始，特别是道教神仙思想的长期浸染，中国的仙话便因有"仙"而绵延不绝，对仙话的研究，应该是一个特别有意思的论题。

从某种意义上说，钱锺书的《管锥编》触及了很多"仙话"资料，特别是对《太平广记》的注释，几乎每一则都有论及"仙"，都是关于神仙的故事。研究者对《太平广记》"仙"的内涵的研究，一直是《太平广记》研究的重中之重，取得研究成果不少。如曾礼军的博士论文《〈太平广记〉研究——以宗教文化为视角》、盛莉的博士论文《〈太平广记〉仙类小说类目及其编幕研究》，以及霍明琨的专著《唐人的神仙世界：〈太平广记〉唐五代神仙小说的文化研究》，等等，加上大量的论文，都对《太平广记》的神、仙等内容进行了阐释。由于《管锥编·太平广记》是依《太平广记》的仙话系统而注释与阐发，因此，《管锥编》这一部分的每一则注都涉及了"仙话"的内容，之中的很多部分在本章的其他部分已经述及，再论便有累赘、拖沓之虞。所以，对《管锥编·太平广记》中的仙话，不再作一一考证，因为每一则都涉及仙话内容，证无须证，聊引一例，以博其趣，再一次领略钱先生的阐释风格。《管锥编·太平广记》第 128 则（《太平广记》卷二九一）：

> 《李冰》（出《成都记》）冰化牛与江神斗。按其事始见《风俗通》，《水经注》卷三三《江水》引之。冰"以太白练自束以辨"，又与《广记》卷一一八《程灵铣》（出《歙州图经》）、卷一三一《临海人》（出《续搜神

① 梅新林：《生命的渴望与超越——中国仙话研究刍议》，《浙江师范大学学报》（社会科学版）1990 年第 3 期。
② 转引自梅新林：《中国神话的仙话化及其对文学艺术的影响》，《浙江社会科学》1995年第 1 期。

记》)事类,特牛斗与蛇斗异耳。欧阳修《集古录跋尾·张龙公碑》谓撰者唐赵耕,记张、郑二人夺居龙宫,化龙相斗,以绛绡、青绡为辨,苏轼《张龙公祠记》一称《昭灵侯庙碑》转述之,刘斧《青琐高议》后集卷九《梦龙传》又以为宋曹钧事;亦踵李冰之传说者。(《管锥编》,第1226页)

不仅都江堰之修建者李冰化身为仙,而且化身牛类,与诸神相斗。钱先生依《太平广记》"李冰"条进行搜索,对"李冰传说"进行了一个溯源式考证,这正是民间文学研究中的故事源流考,也是钱先生基本治学风格的生动体现。

在《管锥编》其他九部经典著中,涉及"仙话"者,也甚为不少,亦举一例以明之。如《管锥编·全上古三代秦汉三国六朝文》第120则"全晋文卷六二":

> 则孔子真成飘洋之海客,从者七十二人,不独由也。饰虚坐实,有如此者。投杖事与葛陂龙无异,庾信《竹杖赋》所谓"送游龙于葛陂",盖径以孔门为海上神仙,亦犹葛洪以墨子入《神仙传》矣。陆云《登遐颂》虽早列孔子于神仙,尚未道其异迹也。(《管锥编》,第1815—1816页)

孔子成为神仙,在民间多有传说。而孔子异乡为仙,正如钱先生所言,"尚未道其异迹",钱先生不仅对孔子为仙的"仙话"有细节考证,如"投杖事与葛陂龙无异",而且引出墨子为仙的"仙话",短短一节文字中,"仙话"信息却不少。

三、《管锥编》"物"之传说

除"人"之传说外,传说的另一个重要部分即是"物"之传说。民俗学界认为,物之传说是包括地方传说、史事传说、动物植物和某些自然现象的传说以及各种风俗、土特产品、民间工艺等的传说的集合体。"地方传说,是关于各地特定山、河、泉、石、名胜古迹的特点,以及某些地名由来的带有解释性的故事。故事本身常常涉及古代神祇、历史名人、能工巧匠,或普通劳动人民的生活遗迹等。""史事传说是关于重大历史事件的传说群,如历代农民起义传说,某些地方性事件的传说等。"动物植物和某些自然现象的传说的"基本模式,是讲述者大多相信某种动植物或自然现象系由现实的人幻化而成。如古代蜀国望帝化为杜鹃鸟的传说，……"而关于各种风俗、土特产品、民间工艺等的传说"大多着重解释传说对象及其特点形成的原因，具有丰富的知识性，其故事广泛涉及历史、地理、传统审美观点等文化内容"。①

当然，人之与物，绝非两极对立，而是紧密相连，人之传说，往往会形成与之关联的物之传说。比如王昭君，坊间关于这一绝代佳人，传说便多。而与她相连属的"物"之传说，即以王昭君的故乡湖北兴山为例，与王昭君相关的遗迹风物，如"兴山八景"之一的"妃台晓日"、"昭君渡"、"昭君台"、"娘娘井"、"香溪"、"站穿石"、"绣鞋洞"、"望月楼"等遗迹，"桃花鱼"、"鸽子花"、"白鹤茶"等特产，都附会昭君其人，而形成特定的"物"之传说。

乌丙安等人提出了"风物传说圈"的概念，他认为传说的讲述和传播总是围绕着"风物点"这个特定的中心进行的，这样就产生了"风物传说圈"的问题。"传说圈"也是民俗学者关注较多的一种民俗现象，即围绕一个"传说点"，在时间和空间上形成一个较为密集的传说集合，这个集合可以存在于一个很小的地域空间，如上述王昭君在其故乡形成的小传说圈，也可以在很大的地域空间上分布，如建文帝传说圈，"重庆有一个密集的建文帝传说带，凑聚于沙坪坝区磁器口、渝北区、长寿区、南岸区、北碚区。中国有一个建文帝传说圈，涵盖鄂、黔、滇、桂、苏、蜀、秦、豫等省区，密集于西南和南方。渝市建文帝传说带处在中国建文帝传说圈的中心；乌江流域是连接重庆建文帝传说带与西南和南方建文帝传说圈的主要孔道。"②这里所说的建文帝传说圈，涵盖的空间范围便极广。

在《管锥编》中，钱先生除了对人的逸闻轶事这些传说因素多有涉及外，对物之传说也在多处有论及。如《管锥编·左传正义》第57则"昭公二十二年"：

> "宾孟适郊，见雄鸡自断其尾，问之侍者，曰：'自惮其牺也。'"按陆佃《埤雅》卷四《狨》云："取其尾为卧褥、鞍被、坐毯。狨甚爱其尾，中矢毒，即自啮断其尾以抑之，恶其为深患也。牦牛出西域，尾长而劲，中国以为缨，人或射之，亦自断其尾。左氏所谓'雄鸡自断其尾'。"夫中矢

---

① 钟敬文主编：《民俗学概论》，上海文艺出版社1998年版，第247—248页。
② 余云华：《建文帝传说圈及其重庆中心论》，《广西师范学院学报》（哲学社会科学版）2009年第1期。

方自断其尾,则二兽见事迟于此鸡多多矣。故董逌《广川画跋》卷四《雄鸡断尾图》云:"余闻麝被逐则自抉其脐;猩猩被执则啮其肤;虺蛇取胆者或不死,见人则示其创处;翠碧人网得之,不急取则断其羽毛。几物惮为世用者,其虑皆知出此,然不若雄鸡先患而预图之。"此鸡殆禽中之"新丰折臂翁"哉!西方传说,海獭见逐,即自嚙断其外肾而逃,知人所欲得止此也;《堂·吉诃德》中尝取为比喻,亦可参观。(《管锥编》,第394页)

钱先生取"昭公二十二年""雄鸡自断其尾"之句,单独成为《管锥编·左传正义》中的一则,如果仅从表面来看,"淡乎其无味",《左传》此句并无甚惊警之处,也见不出这一句在《左传》本文中有多重要,更见不出钱先生于平常处见惊奇的学术眼光。

如果以民俗学眼光来看此则注释,则别有韵致。钱先生此处并非要给读者一个惊奇的解释,更不是要彰显此处在《左传》中如何重要,而纯粹是一个民俗学意义的安排。在《管锥编》中,张扬自己的博涉多闻是钱锺书先生的一个重要目标,此"博"字,既有阅读之极为广博,亦有"博物之学"的多见博闻。多种民俗材料进入《管锥编》的书写空间,正是钱先生博见多闻的重要表征。因而,钱先生此处正是从"博"字着眼,手段是对风物传说的多方征引,落脚点则是钱锺书完成自己"博闻"形象的塑造,张扬自己的民俗文化情怀。

文中作为例证的陆佃的重要著作《埤雅》,是风物传说的又一重要文献。陆佃为有宋一代的经学大家。《埤雅》一书,为名物训诂之极见功力之作,据传陆佃历时40余年才写成,可见其对此书写作的看重与精致化的写作追求。《埤雅》引证极博,保存了大量的训诂、名物、典章制度、风俗习惯以及古代自然科学等方面的重要资料。学界一直对陆佃及其名作《埤雅》不够重视,钱先生则不仅关注其人其作,并且征引《埤雅》"狨"这样的重要片断,不仅以为《左传》引文之证明,更是以博物之书支撑博物之论证,相得而益彰。

而所引董逌《广川画跋》卷四《雄鸡断尾图》之句:"余闻麝被逐则自抉其脐;猩猩被执则啮其肤;虺蛇取胆者或不死,见人则示其创处;翠碧人网得之,不急取则断其羽毛。几物惮为世用者,其虑皆知出此,然不若雄鸡先患而预图之。"其中的虺蛇被人取蛇胆之后,如果蛇不死,"见人则示其创处",

这样的描写便极具传说特征了，钱先生之引用，正是"物"之传说的重要例子。

当然，钱先生在此处的引例中，各种动物在遇到危险，自断其重要器官以破坏人类得到之企图，很大程度上都带有物之传说的特征。所以，钱先生引"海獭见逐，即自啮断其外肾而逃"这一例子时，便明确说到了"西方传说"，可能，海獭等动物确有此破坏行为，但毕竟见者极少，关于这些动物的行为，传说意味更重。

在《管锥编·太平广记》注中，钱锺书先生依《太平广记》原文进行引申，对"物"之传说进行了更为集中的介绍。特别是对《太平广记》后半部分的花、草、木、山、石等进行注释时，因原文正是关于这些物的传说，钱氏据原文进行补充、增益，因而使关于这些物的传说更为立体、丰富。同时，在《管锥编》其他部分以及《太平广记》注的其他部分，对动物、土宜等传说，亦有论及，这构成了《管锥编》"物"之传说的重要内容。

下面引例即资说明。

其一，《管锥编·太平广记》第19则（《太平广记》卷三九）《韦老师》条"狗为乌龙"：

> 《韦老师》（出《惊听录》）"其犬长数丈，成一大龙。"按同卷《慈心仙人》（出《广异记》）："汝谓此为狗乎？非也，是龙耳"；卷四七《韦善俊》（出《仙传拾遗》）："常携一犬，号之曰'乌龙'。……犬化为龙，长数十丈"；卷五九《酒母》（出《女仙传》）："持二茅狗，……俱令骑之，乃龙也"；卷八三《贾耽》（出《会昌解颐》）："忽见一黄犬来池中，……状如沐浴，……其水即香，……即饮黄龙浴水"；卷三九五《甘露寺》（出《稽神录》）褐衣人牵一黄狗，实"霹雳取龙"；卷四二三《卢君畅》（出《宣室志》）二白犬"腰甚长"，入湫成白龙。古之常谈，"画虎类狗"、"天马龙种"、"白龙鱼服"，又有所谓"猪龙"。然观《博物志》卷七、《搜神记》卷一四、《水经注》卷八《济水》引《徐州地理志》、《艺文类聚》卷九四引《述征记》等载徐偃王狗名"后仓"或"鹄仓"者实为黄龙，则黄龙狗服，亦早有其说，而画龙正不妨复类狗。《晋书·郭璞传》为庾冰筮曰："有白龙者，凶征至矣！"后果有一"白狗子"，其身"至长而弱"；是又白龙狗服矣。晋人每以龙名狗，犹今人之每以虎名狗也，如《搜神记》卷二〇李信纯狗字曰"黑龙"，《广记》卷四三七《张然》（出《续搜神

记》）养狗名"乌龙"。唐人艳体诗中，以"乌龙"为狗之雅号。如元稹《梦游春》："乌龙不作声，碧玉曾相慕"；白居易《和〈梦游春〉》："乌龙卧不惊，青鸟飞相逐"；李商隐《重有戏赠任秀才》："遥知小阁还斜照，美杀乌龙卧锦茵"；韩偓《夏日》："相风不动乌龙卧，时有娇莺自唤名"；又《妬媒》："洞房深闭不曾开，横卧乌龙作妬媒。"宋世已入俗谚；王楙《野客丛书》卷二四："今谚有'唤狗作乌龙'语"，《说郛》卷四四章渊《槁简赘笔》："俚语云：'拜狗作乌龙'。"明小说《平妖传》第三九回述。"乌龙斩将法"，焚符念咒，以刀斫断"纯黑雄犬"之颈，则敌家之将头亦落地；命犬曰"龙"，尚是晋人风流。任渊《后山诗注》卷二《寄豫章公》："密云不雨卧乌龙"，陈师道自注："许官茶未寄"；任注只谓借用《易》"密云不雨"以指"密云龙"茶团，而未言"卧乌龙"之借用唐诗。"卧"则身不动，与"不雨"均双关茶之不来，而龙司行雨，龙卧则"不雨"，又相贯注，修词工密，正未可以数典故究来历了却也。又按刘埙《隐居通议》卷一六载刘辰翁《药王赞》："左畔龙树王望龙，右畔孙真人骑虎，惟有药王屹立于其中，不龙不虎，独与犬为伍，不知何故！"（《豫章丛书》本《须溪集》未收）；刘侗、于奕正《帝京景物略》卷三《药王庙》："韦慈藏左将一丸，右蹲黑犬，人称'药王'也"；实则药王即韦老师，黑犬即乌龙，《翻译名义集·菩萨别名篇第六》中《阿迦云》条引《本草序》言之甚明。贯休《寄四明间丘道士》之二："常将药犬行"，正用乌龙故事。（《管锥编》，第1013—1014页）

此处，钱先生对"狗为龙"这一动物传说进行了多重呈现，不仅指出《太平广记》中的相同描写，同时对《博物志》、《搜神记》、《水经注》、《艺文类聚》、《晋书·郭璞传》、《野客丛书》、《说郛》、《平妖传》、《隐居通议》、《帝京景物略》、《翻译名义集·菩萨别名篇第六》等典籍中的类同描写进行了征引，而且还征引元稹、白居易、李商隐、韩偓、黄庭坚等诗语描写为证。"狗为龙"的传说，表明了民间对"狗"这一动物的理解。虽然中国对狗的感情有矛盾之处，好、恶并存，如"狗腿子"、"狗眼看人低"、"狗仗人势"、"鸡鸣狗盗"、"狗日的"、"落水狗"等以狗为喻的恶语，就是对狗的不敬之称，但中国民间对狗这一动物，总是有着无尽的好感，有时甚至视其为家庭中不可缺少的一分子，此正与美国等国同风同俗。上述"狗为龙"的传说，正是国人对狗偏爱有加的最好说明。似乎在所有动物中，以龙为喻者似乎只有狗享有这一殊荣了,蛇,也只是在很少的情况下称为"小龙",但蛇总是令人毛骨悚然而使人憎厌。

倒是有另外一种植物传说,涉及乌龙之说,那就是"乌龙茶"。关于乌龙茶的传说,其主要传说形态为:清雍正年间,福建省安溪县西坪乡南岩村有一个茶农,名为苏龙,同时是一名猎手。因苏龙人长得黝黑健壮,人称"乌龙"。有一年春天,乌龙上山采茶,中途为猎获一头山獐,而耽误了将新采茶叶进行加工制作。但神奇的是,误时而放置了一夜的新鲜茶叶,已镶上了红边,并且散发出阵阵清香。这种半发酵茶,清香醇厚,后经过反复试验,最终制成了成品的乌龙茶。此传说中的乌龙茶,与钱先生所说的乌龙,是截然不同的两种传说,不可混为一谈。

下面一例,同样说明国人对狗的喜爱之情,《管锥编·全上古三代秦汉三国六朝文》第92则"全三国文卷五〇":

> 《冤牛文》所记,酷类西方中世纪以来相传"忠犬"事。其事流行欧洲民间。"卫"者非耕牛而为猎犬,所"卫"者非"主"而为"主"之稚子,所御者非虎而为狼;狼来啮儿,犬与殊死斗而杀之,主至,乍见血被犬体,以为其啖儿也,怒不暇究,遂杀犬云。(《管锥编》,第1735页)

上述"忠犬"之说,故事性很强,传说特征亦更加明显。上例虽为"流行欧洲民间"之传说,但在中国,有关"忠犬"的传说,也为数不少。特别是在20世纪至今的电影作品中,以"忠犬"为故事主角的作品便很多。

在《太平广记》注中,其他"物"之传说也不少见,如下例:

> 《潘章》(无出处)。按《类说》卷四〇《稽神异苑》引《三吴记》:"潘章夫妇死、葬,冢木交枝,号'并枕树'",则潘与其妇而非与其友也。《石点头》卷一四《潘文子契合鸳鸯冢》即本《广记》此则。潘与王仲先"合葬于罗浮山",亦有寓意,以地切事。《艺文类聚》卷七引《罗浮山记》:"罗、罗山也,浮、浮山也,二山合体",故可借喻好合;如孙原湘《天真阁外集》卷一《大家》第二首:"心如江汉交流水,梦在罗浮合体山。"(《管锥编》,第1286页)

> "共枕"、"相思",树名异而树形同。……西方古说以棕榈为相思或合欢树;传奇、风谣亦每道情人两冢上生树,枝叶并连;(《管锥编》,第1287—1288页)

此处即是相思树、罗浮山的传说。相思树之传说,国内外均有,象征爱情之忠贞不渝。在中国,干宝《搜神记》卷十一便有记载,读者可详参原文。此一传说,流布甚广,写男女情事,言相思,语即源于此。

罗浮山为中国十大名山之一,位于广东省惠州市博罗县境内,有"百粤群山之祖"、"岭南第一山"之盛誉,东晋葛洪曾隐居此地。罗浮合体之传说,是有关罗浮山的主要传说,即罗浮山是由两条化形"罗山"和"浮山"的神龙结合而成。

钱先生在《管锥编·太平广记》第 166 则(《太平广记》卷三八九)中同时提到了这两则传说,实是由于这两则传说都含有"相思"主题,易于连类。

《管锥编·太平广记》第 171 则(《太平广记》卷四〇二)"宝珠":

> 《水珠》(出《纪闻》)。按同卷《青泥珠》(出《广异记》)、《严生》(出《宣室志》)涯略相似。胡人得珠,剖臂或股,纳而藏之,见《青泥珠》及同卷《径寸珠》(出《广异记》)、《李勉》(出《集异记》)、《鬻饼胡》(出《原化记》)诸则;《通鉴·唐纪》八太宗贞观二年谓侍臣曰:"吾闻西域贾胡得美珠,剖身以藏之";《西洋记》第二〇回亦写老猴抓破李海"腿肚子",以夜明珠"填在那口子里";《聊斋志异》卷六《八大王》啮臂纳鳖宝,即其遗意也。李勉不受商胡临死赠珠,与卷一六八《李约》(出《尚书故实》)事同而主名异,卷一六五《李勉》(出《尚书谈录》)则记勉不受书生临死赠金,又一事别传也。(《管锥编》,第 1293 页)

此处即是关于"夜明珠"的传说。

《管锥编·太平广记》第 189 则(《太平广记》卷四四一):

> 《阆州莫徭》(出《广异记》)老象足中有竹丁,乞人拔之。按同卷《华容庄象》(出《朝野佥载》)事类。刘敬叔《异苑》卷三记始兴郡阳山县有人行田,遇象,被卷入山中,为病象拔脚上巨刺;《大唐西域记》卷三《睹货罗国》节详载群象负载沙门入大林为病象拔枯竹刺事。闻州之象酬莫徭以"酷大"象牙,售价百万;西域之象报沙门以"佛牙",海舶中为龙所夺,人几溺死。以俗谛论之,出家人大失便宜也。(《管锥编》,第 1330 页)

此即关于象之传说。

诸如此例,都是有关物之传说,在《管锥编》中多有其例,不一一列举。

第四节 "'风'字可双关风谣与风教两义":民间歌谣

> "风"字可双关风谣与风教两义,……是故言其作用,"风"者,风谏
> 也、风教也。言其本源,"风"者,土风也、风谣也,今语所谓地方民歌
> 也。言其体制,"风"者,风咏也、风诵也,系乎喉舌唇吻,今语所谓口头
> 歌唱文学也;……(《管锥编》,第101—102页)

自古迄今,民间歌谣一直是观风问俗者着力关注的,《诗经》立在我们
文明的源头处,即为证明。《诗经》是民间歌谣集,这已为很多论者所认同,
在第一章总论中已有述及。20世纪中国民俗学构建之初,即从歌谣整理入
手,《歌谣周刊》创刊,朱自清的《中国歌谣》、胡怀琛的《中国民歌研究》、钟
敬文编选的《歌谣论集》,即为这方面的代表性研究成果,对歌谣的收集、整
理,几乎成为民俗运动早期的主要内容。由之可见,民间歌谣在民俗学研究
中的不凡分量。

"歌谣是篇幅短小,以抒情为主的民间诗歌的总称。实际上它由'民
歌'和'民谣'两部分构成。"①歌、谣分途,很多论者都做了考证式分析,如
朱自清的《中国歌谣》"歌谣释名"一节,便分"歌谣与乐"、"歌谣的字义"、
"歌谣的广义与狭义"、"自然民谣与假作民谣"、"民歌歌词与歌谣"五个部
分,从中外角度对歌谣释名,其《诗经·国风·魏风》中提及:"心之忧矣,我
歌且谣",《毛传》"曲合乐曰歌,徒歌曰谣",《尔雅》"释乐"之"徒歌谓之
谣",《初学记》"乐部上"让《韩诗章句》之"有章曲曰歌,无章曲曰谣",歌
"谓引声长咏之"、"谣,声消摇也","齐歌曰讴,吴歌曰歈,楚歌曰艳,浮歌曰
哇,……"以及英国等对民歌的定义,等等。朱自清对歌与谣的考辨是精细
的,现在民俗学者在论及"歌"与"谣"时,大概都不出此框格。

民俗学界将歌谣分为劳动歌、时政歌、仪式歌、生活歌、爱情歌、历史传
说歌和儿歌7类,中国规模最大的民歌总集《中国歌谣集成》对歌谣分类便
依此7类划分,这种分类是民间歌谣分类的惯制,本节分析《管锥编》中的

---

① 刘守华、陈建宪主编:《民间文学教程》(第二版),华中师范大学出版社2009年版,第
120页。

民歌内容时,大致遵循这一划分法。

一、《管锥编》歌谣论

民谣论不是《管锥编》大量涉及的内容,虽然钱锺书在学术致思的过程中不时以童谣等来佐证观点、讽时伤世,并且将自己家乡的民谣记忆,也带入民谣征引行为中,但从《管锥编》整体来看,除却乐府之外,民谣在《管锥编》中所占的比重相对要少一些,民谣论也就更少了。

钱锺书对民谣的看法,集中在《管锥编·毛诗正义》的第 1 则至第 5 则,也就是钱锺书对"诗谱序"和"关雎序"的论述,钱锺书依循诗—歌—谣的路径,就民谣较为集中地发表了自己的看法。

《管锥编·毛诗正义》第 1 则对"诗谱序"中诗之三训"承也,志也,持也"进行分析,指出"说'志'与'持',皆未尽底蕴",既如此说,那"志"与"持"未尽底蕴何在呢? 钱氏言诗之"持"志谓:

> 非徒如《正义》所云"持人之行",亦且自持情性,使喜怒哀乐,合度中节,异乎探喉肆口,直吐快心。(《管锥编》,第 99 页)

所谓志,即人情,"持"不仅持别人之行,也持自己情性,都是人之"持",持的都是人情,都是使人之情"喜怒哀乐,合度中节",使情不"暴去",即"淫"、"伤"、"乱"、"愆"。

在这一节里,钱锺书对"歌"有一个定义:

> 夫"长歌当哭",而歌非哭也,哭者情感之天然发泄,而歌者情感之艺术表现也。"发"而能"止","之"而能"持",则抒情通乎造艺,而非徒以宣泄为快有如西人所嘲"灵魂之便溺"矣。(《管锥编》,第 100 页)

歌是情感之艺术表现,而非无所节制的感情宣泄,"持"是歌的主要特征,以宣泄为目的的感情是"灵魂之便溺",以持为目的的感情则是"歌",所以,钱锺书在"诗谱序"这一节,实质上给了歌一个"持"的界定,而这个"歌",是与"诗"同言的。

《管锥编·毛诗正义》第 2 则对"关雎·序"中的"风"义进行阐释,这是钱锺书民谣论最集中、最直接的一节:

> "风"字可双关风谣与风教两义,《正义》所谓病与药,盖背出分训之同时合训也。是故言其作用,"风"者,风谏也、风教也。言其本源,"风"者,土风也、风谣也(《汉书·五行志》下之上:"夫天子省风以作

乐",应劭注:"'风',土地风俗也"),今语所谓地方民歌也。言其体制,"风"者,风咏也、风诵也,系乎喉舌唇吻(《论衡·明雩篇》:"'风乎舞雩';'风',歌也";仲长统《乐志论》:"讽于舞雩之下"),今语所谓口头歌唱文学也;……(《管锥编》,第101—102页)

钱锺书从作用、本源、体制三层次谈及"风"的含义,除作用这一层面为"讽谏"而没有言及民谣外,另外两个层面都谈及民谣:"言其本源,'风'者,土风也、风谣也,今语所谓地方民歌也。""言其体制,'风'者,风咏也、风诵也,系乎喉舌唇吻,今语所谓口头歌唱文学也。"钱先生明言,"风诗"为地方民歌,是口头歌唱文学,正是以现代歌谣观点对《诗》的观照。

《管锥编·毛诗正义》第3则是对"关雎·序"中"声成文,谓之音"一语的注释,实质涉及的是声与音这一对范畴的关系。声音在现实生活中已经成为一个如此流行的说话,以致我们有时候完全忽略了它们之间应有的界线,也就是在读《诗》时,我们才偶尔意识到,声与音有如此大的区别,因为有"文"这一标尺存在于其间。

声不成"文",即成之为曲,不具备音之特质,钱锺书指出,文不过是一个通感式说法:

夫文乃眼色为缘,属眼识界,音乃耳声为缘,属耳识界;"成文为音",是通耳于眼、比声于色。……亦以听有声说成视有形,与"成文"、"成方"相类。(《管锥编》,第103页)

眼和耳,职各有司,"'成文为音',是通耳于眼、比声于色"。文是借可视之物,形象地来说明声要成音、成为乐,必须要成曲,才可适于歌。

钱锺书在第2则中,将"风"定义为"地方民歌"、"口头歌唱文学",承风为民谣之说,第3则即论"曲",风谣是有"文"之声,这是风谣一个非常基本也非常重要的特点。民谣虽然较为质朴,有时感情较为自由奔放,但一定是"情感之艺术表现",不是一种无节制的感情宣泄。虽然歌与谣发生了"合曲曰歌,徒歌曰谣"的分途,歌与谣也成为不同研究者的对象,但两者分途,并不是两者截然分开,合曲、有文同样是民间歌谣的一个基本特点,所以,说《诗》者在说诗时,从来没有回避过诗有文这一特征,是口头说唱文学,既说又唱,当然具有曲的特征。

钱锺书在本节还有一段重要的话是言及民间歌谣的特征的:

《乐记》又曰:"屈伸、俯仰、缀兆、舒疾,乐之文也",则指应乐而舞之态,正如所谓"周还、裼袭,礼之文也",即下文之"舞动其容"。非"声成文"之谓声音自有其文,不资外缘也。(《管锥编》,第104页)

民间歌谣以舞为容,特别是山歌或者在民间歌圩文化中,且歌且舞是常见的表现形式,而且就是因为具有这一表现形式,才具有更多的民间文化魅力。所以,民间歌谣也"资外缘",借助外部工具来表现自身是常态手段。

《管锥编·毛诗正义》第4则所论实际上是诗与乐与"情"的真伪关系问题:

> 《关雎·序》:"情发于声,声成文,谓之音";《正义》:"诗是乐之心,乐为诗之声,故诗乐同其功也。初作乐者,准诗而为声;声既成形,须依声而作诗,故后之作诗者,皆主应于乐文也。……设有言而非志,谓之矫情;情见于声,矫亦可识。若夫取彼素丝,织为绮縠,或色美而材薄,或文恶而质良,唯善贾者别之。取彼歌谣,播为音乐,或词是而意非,或言邪而志正,唯过乐者晓之。"(《管锥编》,第105页)

> 前谓诗乐理宜配合,犹近世言诗歌入乐所称"文词与音调之一致";后谓诗乐性有差异,诗之"言"可"矫"而乐之"声"难"矫"。(《管锥编》,第106页)

> 《乐记》之……郑、卫、宋、齐之音,《论语》之"郑声",皆调也,如今里俗之昆山、高平、弋阳诸调之类。昆山啴缓曼衍,故淫;高平高亢简质,故悲;弋阳游荡浮薄,故怨;聆其声,不闻其词,其感人如此,非其词之过也……(《管锥编》,第107页)

《管锥编·毛诗正义》第5则所论"兴",涉及民间歌谣创作的技法问题,并且以具体作品为例来说明,这与第2则论"风"一样,是钱锺书集中论及民间歌谣的章节。

《诗》之"风、雅、颂、赋、比、兴"六义,钱氏认为,"兴"最难索解,因而着力辨之。《管锥编》引胡寅《斐然集》卷一八《致李叔易书》载李仲蒙语:

> "索物以托情,谓之'比';触物以起情,谓之'兴';叙物以言情,谓之'赋'。"颇具胜义。"触物"似无心凑合,信手拈起,复随手放下,与后文附丽而不衔接,非同"索物"之着意经营,理路顺而词脉贯。惜着语太简,兹取他家所说佐申之。(《管锥编》,第110—111页)

"触物"之触,信手漫与,目的性很弱,是信手拈起与随手放下,不是着意经营有心为之的产物,与"兴"关联;而"索物"之索,目的性很强,有意为之,是为"比"。钱锺书服膺这种区分,赞其"理路顺而词脉贯"。

不过,胡寅所引李仲蒙语,离"兴"义还是较远,钱氏又举项安世《项氏家说》卷四申说:

> "作诗者多用旧题而自述己意,如乐府家'饮马长城窟'、'日出东南隅'之类,非真有取于马与日也,特取其章句音节而为诗耳。《杨柳枝曲》每句皆足以柳枝,《竹枝词》每句皆和以竹枝,初不于柳与竹取兴也。《王》国风以'扬之水,不流束薪'赋戍甲之劳;《郑》国风以'扬之水,不流束薪'赋兄弟之鲜。作者本用此二句以为逐章之引,而说诗者乃欲即二句之文,以释戍役之情,见兄弟之义,不亦陋乎! 大抵说诗者皆经生,作诗者乃词人,彼初未尝作诗,故多不能得作诗者之意也。"
> (《管锥编》,第111页)

钱锺书所引项安世对"兴"的界定,则较易于理解了,兴,实质上是"用旧题而自述己意",是一种写作套路,因而不能像所谓"经生"斤斤于字面之义而强行索解,而忽略"词人"的创作技法。这里特别应注意的是项安世所举例的作品:《杨柳枝曲》、《竹枝词》、《王》国风、《郑》国风四类都是民谣性作品,虽然《竹枝词》经过了刘禹锡等人的"雅"化处理,但其民谣本质并未被磨去多少。这里可作某种理解:在民谣创作中,兴是常用之创作手段,这与民谣的创作主体的特性正相吻合。民谣创作多为下层百姓,在其日常生活中,接触得最多的物事便是花草树木等自然物,底层百姓表情达意,就地取材,取近便原则,实是太正常不过,所以,钱锺书借徐渭之说以申己意:

> 徐渭《青藤书屋文集》卷十七《奉师季先生书》:"《诗》之'兴'体,起句绝无意味,自古乐府亦已然。乐府盖取民俗之谣,正与古国风一类。今之南北东西虽殊方,而妇女、儿童、耕夫、舟子、塞曲、征吟、市歌、巷引,若所谓《竹枝词》,无不皆然。此真天机自动,触物发声,以启其下段欲写之情,默会亦自有妙处,决不可以意义说者。"皆深有得于歌诗之理,或可以阐"触物起情"为"兴"之旨欤。(《管锥编》,第112页)

而且,更深一层的原因,底层百姓对大地馈赠的感恩心态,使他们的歌咏随时都投向自然之物,这是普通民众的大地崇拜情结的曲折表达。

钱锺书接下来引朱熹的"兴者,先言他物以引起所咏之物"观点,便使人更明了兴是先言他物以引出所要言之物的创作手法。钱氏下文列举的诸多引例,大半为乐府民歌或现实生活中的歌谣,更见出民谣创作与"比"手

法之间的关系,兹将其例列举如下:

> 与项氏意同,所举例未当耳,倘曰:"如窦玄妻《怨歌》:'茕茕白兔,东走西顾。衣不如新,人不如故';或《焦仲卿妻》:'孔雀东南飞,五里一徘徊。十三能织素,……'"则较切矣。(《管锥编》,第111页)

> 《太平御览》卷八〇〇引《古艳歌》:"孔雀东飞,苦寒无衣,为君作妻",较《焦仲卿妻》起句更为突出孑立。余嘉锡《论学杂著》六五九页:"桓帝初童谣:'城上乌,尾毕逋。公为吏,子为徒'云云,'城上'二语,乃诗中之比兴,以引起下文,犹'孔雀东南飞'云云也";当只曰"乃诗中之兴",着"比"字似赘。(《管锥编》,第111—112页)

> 有声无义,特发端之起兴也。儿歌市唱,触耳多然。《明诗综》卷一〇〇载儿谣:"狸狸斑斑,跳遍南山"云云,即其一例,余童时乡居尚熟聆之。闻寓楼庭院中六七岁小儿聚戏歌云:"一二一,一二一,香蕉苹果大鸭梨,我吃苹果你吃梨";又歌云:"汽车汽车我不怕,电话打到姥姥家。姥姥没有牙,请她啃水疙瘩!哈哈!哈哈!";偶睹西报载纽约民众示威大呼云:"一二三四,战争停止!五六七八,政府倒塌!"。"汽车,电话"以及"一二一"若"一二三四"等,作用无异"妖女"、"池蒲"、"上邪",功同跳板,殆六义之"兴"矣。(《管锥编》,第112—113页)

上引诸例,不仅有《焦仲卿妻》等乐府民歌,有余嘉锡《论学杂著》所载桓帝初童谣,有《明诗综》所载儿谣,更有当下六七岁小儿聚戏所歌,亦有西报所载纽约民众示威的类民谣性作品,钱锺书都指出了"兴"乃民谣创作的手法。《诗》中绝大部分作品乃民间歌谣,"兴"又是《诗》之六义,钱锺书引入民谣以释"兴",正恰如其分,而列举诸多乐府等民谣为例,在《诗》的民谣本质被过多忽略的当下,更能唤醒我们对《诗》的民谣记忆。

二、《管锥编》民间歌谣征引述论

《管锥编》中征引的民间歌谣,粗略可分为童谣、生活歌、时政歌、爱情歌以及乐府民歌等几类,下面分类论之。

（一）儿歌

儿歌市唱,确如钱锺书先生所说,"触耳多然",世界各国都如此。儿歌是寓教育性与娱乐性为一体的民间文学样式,有着符合儿童接受心理的特质,符合儿童的认知特点,而且,借助儿童的反复吟唱,儿歌有极强的传播能力,因而,总有战争中借助儿歌以传播某些信息的记载,原因即在此。

钱锺书在《管锥编》中,所引儿歌,古今中外,都有涉及。有些还有两次以上引用,如《管锥编·周易正义》第 16 则"归妹"引用了英国儿歌:

> 尝见英诗人作儿歌云:"针有头而无发,钟有面而无口,引线有眼而不能视",举例甚伙,皆明"引喻取分"之意。(《管锥编》,第 69 页)

而在《管锥编·毛诗正义》第 56 则"大东"里又重提此儿歌:

> 西方儿歌举"分喻"之例,有曰:"针有头而无发","山有足而无股","表有手而无指","锯有齿不能噬"等等,皆"虚名"也。(《管锥编》,第 257 页)

可见此儿歌之流行,且能说明诸多道理,引用此例,可省却更多讲道理的口舌。

又如汉桓帝时一童谣,钱先生也引用了两次,其一是《管锥编·毛诗正义》第 5 则"关雎(四)":

> 余嘉锡《论学杂著》六五九页:"桓帝初童谣:'城上乌,尾毕逋。公为吏,子为徒'云云,'城上'二语,乃诗中之比兴,以引起下文,犹'孔雀东南飞'云云也。"(《管锥编》,第 111 页)

其二是《管锥编·史记会注考证》第 3 则"周本纪":

> "流为乌,其色赤,其声魄云";《集解》:"魄然,安定意也";《考证》:"魄然,状其声也。"按《后汉书·五行志》一载桓帝初童谣:"城上乌,尾毕逋",即"魄";与古乐府《两头纤纤》之"膈膈膊膊鸡初鸣"皆一音之转,状鸟之振羽拍翼声。(《管锥编》,第 420 页)

都可收此等功效。

其他引用诸例,大致如下:

> 他如《南齐书·五行志》永元中童谣:"七九六十三,广莫人无余",或卢仝《月蚀诗》:"驾车六九五十四头蛟螭虬",皆即《汉旧仪》句法。(《管锥编》,第 1171 页)

> 《三国志·吴书·诸葛恪传》童谣:"于何相求成子合",反语"石子冈"。(《管锥编》,第 1209 页)

> 马援《击寻阳山贼上书》:"除其竹木,譬如婴儿头多虮虱,而剃之荡荡然,虮虱无所复依。"……《太平御览》卷九七六引《晋书》逸文童

谣:"剪韭剪韭断杨柳",谓"贼如韭柳,寻得复生",取喻可以连类,而进一解谓剪断不尽,吹润又生。(《管锥编》,第1552页)

天纸、雁书亦见西方诗文中。如犹太古经(the Talmud)云:"海水皆墨汁,芦苇皆笔,天作羊皮纸,举世人作书手,尚不足传上帝之圣心";儿歌则云:"苟世界化纸,大海化墨水,树木尽化面包与干酪,则吾侪将以何物解渴乎?"普播遍传,大同小异。(《管锥编》,第2302页)

(二)生活歌

生活歌是钱先生引用得较多的民间歌谣。生活歌所咏叹之内容,或为生活经验之总结,或为生活万象之呈现,或为生活道理之训示,或为生活乐趣之分享,等等,生活歌是最能表现民间众生生活态度的歌谣形式。钱先生引用了如此之多的生活歌,说明了钱先生并非如常人所想象的那样,是远离生活的孤独的思考者,《管锥编》也非如一般人所想象的是高深难读之作,而是恰好相反,钱先生一样对日常生活关注极多,《管锥编》一样是生活味浓厚的作品。钱锺书写作《管锥编》,是一位智者对生活的体悟,包括对底层众生生活状态的关注。

第一,《管锥编》对民歌咏叹生活的表现技巧有讨论,如《管锥编·毛诗正义》第43则"蒹葭":

德国古民歌咏好事多板障,每托兴于深水中阻。(《管锥编》,第208页)

钱先生认为,民歌咏叹,"托兴"是重要表现手法。在论《诗经·蒹葭》中"在水一方"句时论及此一表现手法,很有意味。《诗经》之"国风",本为民歌作品,经常借用"兴"之手法来表情达意,所谓"赋、比、兴"即是;另外,民歌使用这一手法,能引起人的兴寄之感,此处如《论语·阳货》所谓:"子曰:小子何莫学夫诗? 诗可以兴,可以观,可以群,可以怨。迩之事父,远之事君,多识于鸟兽草木之名。"此两者,都是民歌所固有的特质。

下引三例,亦是钱先生论民歌表现技巧的,如《管锥编·楚辞洪兴祖补注》第2则"离骚":

西方民谣、神话亦言术士竞技,重迭变幻,互克交制。如女化兔,则男化猎犬,女遂化蝇,男登化网蛛;或徒化蟮入水,师化鳗相逐,徒于是化鸽飞空,师乃化鹰欲攫。此类志异颇多,要皆同归一揆。(《管锥编》,第907—908页)

民谣也会采取其他民间文学的表现手法,如神话的表现手法来构思,这在诸多民谣作品中都可见及,不需多论。又如《管锥编·楚辞洪兴祖补注》第5则:"九歌(三)":

> 黄遵宪《日本杂事诗》一〇七首"弹尽三弦诉可怜"云云,自注:"旧有谣曰:'倡家妇,若有情,月尾三十见月明,团团鸡卵成方形。'"正取"不可能事物"为喻。黄氏笔妙,译词俨若吾国古谣谚矣。(《管锥编》,第919页)

民谣取不可能之事为喻,乃常见手法。最为有意思的例子即是《刘三姐》等歌谣,在对歌时常以这样的手法难倒对方,相当于脑筋急转弯,反应不快者,见识不博者,便难以对上对方所唱。

最后一例是,《管锥编·全上古三代秦汉三国六朝文》第8则"全上古三代文卷一〇":

> 民间风谣亦有此构,如冯犹龙《山歌》卷二《哭》:"只指望山上造楼,楼上造塔,塔上参梯";西方谓之"累积歌"。(《管锥编》,第1405页)

这在民歌,特别是儿歌中,经常使用。

第二,《管锥编》所载生活类民歌中,很多都有对生活经验的生动表达。如《管锥编·焦氏易林》第9则"泰":

> 清末赤山畸士辑译《海国妙喻》中已有《龟学飞》一则。英国民歌《青蛙与乌鸦》一篇写蛙不甘伏处河中,鸦诱其登山跳舞,蛙为所动,鸦援引之上岸,即吞食之。亦犹《易林》之"龟厌河海"而"陆行"遭"咎"也。(《管锥编》,第848页)

此则即寓意人需各守本位,妄为则正如蛙听乌鸦之言、龟行陆路,必遭杀身之祸。又如《管锥编·焦氏易林》第11则"谦":

> 《艮》:"空槽住猪,豚彘不至;张弓祝鸡,雄父飞去。"按《困》之《节》:"雄父夜鸣",皆谓公鸡;《宋书·五行志》二、《晋书·五行志》中载京口谣:"黄雌鸡,莫作雄父啼。"(《管锥编》,第853页)

所谓雄父,即公鸡之称谓,公鸡乃民间报时之具,与鸡有关诗作亦不少,如《诗经》中"女曰鸡鸣"之诗,便如此。而下面的一则与计时有关的经验,则更有意思,且在民间广为流传,即《管锥编·太平广记》第188则(《太平广记》卷四四〇)所言:

《猫》（出《酉阳杂俎》）猫"目睛旦暮圆，及午竖敛如綖；俗言猫洗面过耳则客至"。按陆佃《埤雅》卷四："猫眼早暮则圆，日渐午狭长，正午则如一线尔"；托名苏轼《物类相感志·禽鱼》门有《猫儿眼知时歌》："子午线，卯酉圆，寅申己亥银杏样，辰戌丑未侧如钱"；……（《管锥编》，第1324页）

民间俗传，猫眼在一日中不同的时间，形状会不一样，据此可推知一日中的时间。《猫儿眼知时歌》这样的歌谣，在民间可能有更多的表现形式。

第三，《管锥编》对古代生活类歌谣，也有征引，只是这些歌谣或年代久远，已经不流传于现代生活之中了。一时代有一时代之文学，歌谣的兴废存绝，代谢更新，亦是其存在常态，如下几例便是：

《师》："狡兔趯趯，良犬逐咋；雌雄爰爰，为鹰所获。"按司马光《司马文正公传家集》卷五《穷兔谣》："鹘翅崩腾来九霄，兔命迫窄无所逃。秋毫就死忽背跃，鹘拳不中还飞高。安知韩卢复在后，力屈但作婴儿号。"正其情景；一逃犬咋而为鹰获，一兔鹘爪而落犬口。此林十六字几如缩本郊猎图矣。（《管锥编》，第885页）

《水经注》卷三四《江水》："行者谣曰：'朝发黄牛，暮宿黄牛，三朝三暮，黄牛如故。'"（《管锥编》，第2042页）

江淹《被黜为吴兴令辞笺诣建平王》："白云在天，山川间之。"按《全齐文》卷二三谢朓《拜中军记室辞随王笺》："白云在天，龙门不见"；《文选》李善注引《穆天子传》西王母谣："白云在天，山陵自出，道路悠远，山川间之。"（《管锥编》，第2199页）

沈炯《幽庭赋》："长谣曰：'故年花落今复新，新年一故成故人。'"按机调流转，实开唐刘希夷《代悲白头翁》："年年岁岁花相似，岁岁年年人不同"（亦见贾曾《有所思》），……（《管锥编》，第2305页）

以上引例中，有些歌谣我们现在还知其意，如"故年花落今复新，新年一故成故人"，只是因为刘希夷"雅"化的诗对我们阅读的长期影响，我们其实早就遗忘了还有与此意义相近的长谣。有些我们还能容易理解其意思，如"朝发黄牛"、"白云在天"这两首，但《水经注》中所载歌谣，便较难理解了，这已离歌谣的明白易懂易记的本质非常远了。

第四，下面两例，不便作归类处理，姑且拈出，亦是钱先生民歌征引的一个组成部分：

美国民歌嘲村人赴市镇买袴,空手而归,云只睹房屋无数,市镇不得见也。此即昧于庄子言"十姓百名"可"合"以为"丘里"之义,而犯当世哲学家所谓"范畴错误"矣。(《管锥编》,第683—684页)

此处是为注释《庄子·则阳》句:"丘里者,合十姓百名而以为风俗也。……"此民歌形象生动,也贴合庄子文句之意。

英国一民歌亦云:"吾尝睹鱼池失火,汽球制以铅"等诧事,终之曰:"吾曾见一人,渠亦尝亲睹上述诸事,且云此等事虽差异而莫不确凿。"(《管锥编》,第1344页)

上例出《管锥编·太平广记》第196则,在论童话一节有论述,目的就是说明如何使所说不信之事让人相信,言后补笔,正是此中机杼。

(三)时政歌

钱锺书在《管锥编》中,征引的时政歌不多,依笔者所见,仅两例,即《管锥编·毛诗正义》第53则"正月":

《豆棚闲话》卷一一载《边调曲儿》:"老天爷,你年纪大,耳又聋来眼又花。你看不见人,听不见话。杀人放火的享着荣华,吃素看经的活饿杀。你不会做天,你塌了罢!你不会做天,你塌了罢!"(《管锥编》,第241—242页)

另一例即《管锥编·全上古三代秦汉三国六朝文》第34则"全后汉文卷一四":

明祖多猜,臣工表奏颂圣,每犯触忌讳:"一人有道,万寿无疆"则疑隐寓"强盗","体干法坤"则疑隐寓"发髡","作则"嫌于"作贼","生"、"扉"谐音"僧"、"匪","殊"拆字"歹""朱",皆科以大逆谤讪,当时有"撰表墓志"之谣。(《管锥编》,第1542页)

时政谣是借歌谣形式对时政状况进行描绘,对吏治政风进行揭露,上述两例,依文意即可以看出,均是对天下不公、吏治混乱的状况的描绘。

(四)爱情歌

钱先生对两性情爱用笔墨不少,如其名著《围城》,散见于钱氏其他作品中的情爱论也不少见。但钱锺书征引的爱情歌谣不多见,《管锥编》中只有一两处直接言及,即《管锥编·太平广记》第166则(《太平广记》卷三八九):

西方古说以棕榈为相思或合欢树;传奇、风谣亦每道情人两冢上生树,枝叶并连;……盖于李商隐《无题》之"身无彩凤双飞翼,心有灵犀一点通",及李调元《粤风》卷一所采民谣之"竹根生笋各自出,兄在一边妹一边,衫袖遮口微微笑,谁知侬俩暗偷连",不啻左抱浮丘而右拍洪崖矣。(《管锥编》,第1288页)

可能是笔者浅陋,闻见所限,因而对钱先生在《管锥编》中爱情歌谣的征引没有完全整理出来。上例所引,易于理解,正"身无彩凤双飞翼,心有灵犀一点通"诗意所道。

(五)《木兰辞》等乐府民歌

"乐府本是汉武帝时设立的掌管音乐、采集地方歌谣的政府机构。这个机构除掌管朝廷在祭祀、朝会等隆重的场面所使用的乐曲、乐歌(一般称为'雅乐')外,也掌管从民间采集来的乐曲、乐歌(一般称为'俗乐')。由此就进而把他们所掌管的上述两种乐曲、乐歌也统称为乐府,再往后便把别的(包括后人)以乐府旧题所写的诗歌也统称为乐府诗。"①章培恒等人还据《汉书·艺文志》持论,在汉武帝时便设立了"乐府"这一机构,以取代其他音乐机构,特别是"采歌谣"这一职责,更为汉武帝时"乐府"所有。

所以,本节论及乐府民歌,便自汉乐府开始。汉代乐府民歌,延续至魏晋南北朝的民间乐府,这是一个民间乐府歌谣极盛的时间段。胡适在《国语文学史》的第二章《汉代的平民文学》中说:"那无数的小百姓的喜怒悲欢,绝不是那《子虚》、《上林》的文体达得出的。他们到了'酒后耳热,仰天叩缶,拂衣而喜,顿足起舞'的时候,自然会有白话文学出来。还有痴男怨女的欢肠热泪,征夫弃妇的生离死别,刀兵苛政的痛苦煎熬,都是产生平民文学的爷娘。庙堂的文学可以取功名富贵,但达不出小百姓的悲欢哀怨;不但不能引出小百姓的一滴眼泪,竟不能引起普通人的开口一笑。因此,庙堂的文学尽管时髦,尽管胜利,终究没有'生气',终究没有'人的意味'。两千年的文学史上,所以能有一点生气,所以能有一点人味,全靠有那无数小百姓和那无数小百姓的代表平民文学在那里打一点底子。"②胡适说"汉朝的'乐府'里,有许多绝好的白话文学",并列举《孤儿行》、《陌上桑》、《孔雀东南飞》、《十五从军征》为例,说明这些平民文学是生气弥漫的、感人心魄的。

---

① 章培恒、骆玉明主编:《中国文学史新着》(增订本),复旦大学出版社2009年版,第206页。

② 欧阳哲生主编:《胡适文集》(第8卷),北京大学出版社1998年版,第23页。

在第三章《魏晋南北朝的平民文学》中，将南方的平民文学称之为"儿女文学"，吴语文学为代表，特色是"缠绵宛转的恋爱"，如各种《子夜歌》①；而将北方民族的平民文学称之为"英雄文学"②，如《木兰辞》、《敕勒歌》、《企喻歌》、《折杨柳歌辞》等。

乐府民歌的文学价值，一直为学者所看重，较早者如胡适，说乐府民歌"天真烂漫"，是不识字的平民"真率地说了他们的歌；真率地唱了他们的故事。这是一切平民文学的起点"。③ 较近的如章培恒等："汉乐府中属于俗乐的乐歌，对于我国诗歌的发展具有不可忽视的作用，但很难把这种作用确切地解释清楚。"④

钱锺书在《管锥编》中，提到了很多乐府民歌，特别是《陌上桑》、《孔雀东南飞》、《木兰辞》、《敕勒歌》等，这是钱先生与民间歌谣不可或缺的一个部分。下面以《木兰辞》与《孔雀东南飞》为例，说明钱锺书先生对这些乐府民歌的征引特征、内涵。

钱先生在《管锥编》中，引用《木兰诗》的地方，如《管锥编·史记会注考证》第 39 则"淮阴侯列传"：

> 《木兰诗》"可汗问所欲，木兰不用尚书郎，愿借明驼千里足，'送儿还故乡'"；夫"儿"、女郎自称词也，而木兰"见天子坐明堂"时，尚变貌现男子身，对扬应曰"送臣"，言"送儿"者，当场私动于中之女郎心语，非声请于上之武夫口语也。用笔灵妙，真灭尽斧凿痕与针线迹矣。（《管锥编》，第 541—542 页）

此处引用《木兰诗》中的相关诗句来论述"一人独白而宛如两人对语"的写作手法，并指出后世小说家习用此技法。

又如《管锥编·太平广记》第 158 则（《太平广记》卷三六七）：

> 《黄崇嘏》（出《玉溪编事》）。按后世以黄崇嘏与花木兰并为美谈，如徐渭《四声猿》是，而《广记》编纂者乃列之于《人妖》门。（《管锥编》，第 1273 页）

---

① 欧阳哲生主编：《胡适文集》（第 8 卷），北京大学出版社 1998 年版，第 32 页。
② 欧阳哲生主编：《胡适文集》（第 8 卷），北京大学出版社 1998 年版，第 34 页。
③ 欧阳哲生主编：《胡适文集》（第 8 卷），北京大学出版社 1998 年版，第 165 页。
④ 章培恒、骆玉明主编：《中国文学史新著》（增订本），复旦大学出版社 2009 年版，第 206 页。

引花木兰之事与黄崇嘏进行类比,以明将黄崇嘏列入《人妖》门之不妥当。而所谓的后世将两者同视为美谈,后世一词,更大程度上是民间的流传、传唱。

钱先生在《管锥编》中,引用《孔雀东南飞》中诗句的,《毛诗正义》注就有三则,其一,《管锥编·毛诗正义》第5则"关雎(四)":

> 朱熹《诗集传》注:"比者,以彼物比此物也。……兴者,先言他物以引起所咏之词也";……与项氏意同,所举例未当耳,倘曰:"如窦玄妻《怨歌》:'茕茕白兔,东走西顾。衣不如新,人不如故';或《焦仲卿妻》:'孔雀东南飞,五里一徘徊。十三能织素,……'"则较切矣。(《管锥编》,第111页)

其二,《管锥编·毛诗正义》第25则"氓":

> "兄弟不知,咥其笑矣",亦可与《孔雀东南飞》之"阿母大拊掌,不图子自归"比勘。盖以私许始,以被弃终,初不自重,卒被人轻,旁观其事,诚足齿冷,与焦仲卿妻之遭逢姑恶、反躬无咎者不同。(《管锥编》,第162页)

其三,《管锥编·毛诗正义》第34则"狡童":

> 《丰》:"衣锦褧衣,裳锦褧裳","驾予与行","驾予与归",即《氓》之"以尔车来,以我贿迁";盖虽非静女,亦非奔女。"衣锦"、"裳锦",乃《汉书·外戚传》上:"显因为成君衣补",颜注:"谓缝作嫁时衣被也"。《焦仲卿妻》亦云:"阿母谓阿女:'适得府君书,明日来迎汝;何不作衣裳,莫令事不举'。……左手执刀尺,右手执绫罗;朝成绣夹裙,晚成单罗衫。"(《管锥编》,第188页)

此三例,钱先生都引用《孔雀东南飞》中的诗句,来论述《诗》中的诗句。第一例,钱先生言《诗》的"比"的手法,便举《焦仲卿妻》中的诗句为例,说明此例才是确例,很能说明赋、比、兴中比的手法。第二例将《孔雀东南飞》与《诗经》中的描写相比较,并指出两者之不同处。钱先生此处是纯对两者的表达技巧进行比较,以文论文,自见差异。第三例与第二例基本意蕴相同,只是论及的具体的细节不一样而已。

在《管锥编》中,钱先生还有其他两例对《孔雀东南飞》的引用,其一是《管锥编·太平广记》第166则(《太平广记》卷三八九):

> 冢上生"共枕树",其"柯条枝叶无不相抱",可参观同卷《陆东美》

（出《述异记》）与妻朱氏合葬，冢上生梓树，"同根二身，相抱而合成一树，每有双鸿，常宿于上。"《孔雀东南飞》："两家求合葬，合葬华山傍。东西植松柏，左右种梧桐，枝枝相覆盖，叶叶相交通；中有双飞鸟，自名为鸳鸯"；此物此志也。（《管锥编》，第1286—1287页）

其二是《管锥编·全上古三代秦汉三国六朝文》第3则"全上古三代文卷三"：

> 至若《焦仲卿妻》："君当做磐石，妾当做蒲苇；蒲苇纫如丝，磐石无转移"；王僧孺《为人伤近而不见》："我有一心人，同乡不异县，异县不成隔，同乡更脉脉"；江淹《恨赋》："春草暮兮秋风惊，秋风罢兮春草生"……（《管锥编》，第1384页）

以上两例中，第一例可视为对"共枕树"这一物的传说的补充，第二例还是延续了前引三例说《诗》的策略，都是从具体描写的角度出发，以诗论诗。

第五节　"荷马载笔之家常亲切、质而不绮"：史诗

> 西方典籍写敌家情状而手眼与左氏相类者，如《荷马史诗》中特洛伊王登城望希腊军而命海伦指名敌师将领，塔索史诗中回教王登城望十字军而命爱米妮亚指名敌师将领，皆脍炙人口之名章佳什。（《管锥编》，第344—345页）

在《管锥编》中，钱锺书先生直接提及史诗的地方，相较于其他民俗事象，是较少的一类，在整个《管锥编》中总共凡7见。而且，钱先生所征引的史诗例子，几乎全是国外史诗，本国的史诗则全然没有提及。

一、史诗：一种"活态"文化标本

史诗在欧洲是非常早出的概念，亚里士多德《诗学》中论悲剧，便附带论及史诗，如《诗学》第5章："史诗和悲剧相同的地方，只在于史诗也用'韵文'来模仿严肃的行动，规模也大；不同的地方，在于史诗纯粹用'韵文'，而且是用叙述体；长短而论，悲剧力图以太阳的一周为限，或者不起什么变化，史诗则不受时间的限制；这也是两者的差别，虽然悲剧原来也和史诗一样不

受时间的限制。"①第 23 章:"现在讨论用叙述体和'韵文'来模仿的艺术。显然,史诗的情节也应像悲剧的情节那样,按照戏剧的原则安排,环绕着一个整一的行动,有头,有身,有尾,这样它才能像一个完整的活东西,给我们一种它特别能给的快感;显然,史诗不应像历史那样结构,历史不能只记载一个行动,而必须记载一个时期,即这个时期内所发生的涉及一个人或一些人的一切事件,它们之间只有偶然的联系。"②亚里士多德触及的欧洲史诗观的一些基本特征,如用韵文、格制宏大、不像悲剧一样受时间限制、史诗的情结安排、史诗与历史的时间区别等,这些观点都一直延续在欧洲的史诗传统中。钱先生在《管锥编·毛诗正义》第 7 则"卷耳"中,对亚里士多德的上述史诗观进行了评论:

> 要之,欲以网代链,如双管齐下,五官并用,穷语言文字之能事,为语言文字之所不能为而已。亚里士多德《诗学》称史诗取境较悲剧为广,同时发生之情节不能入剧演出,而诗中可以叙述出之。然无以解于以链代网、变并驾齐驱为衔尾接踵也。《荷马史诗》上篇每写同时情事,而一若叙述有先后亦即发生分先后者,则《诗学》所未及矣。(《管锥编》,第 121 页)

钱先生此处论及传统的表现手法,如"花开两朵、各表一枝"、"双管齐下"、"话分两头"等,同时指出《卷耳》等作品的表现手法又异于上述技法,即诗中"男、女均出以第一人称'我',如见肺肝而聆咳唾",男、女均以第一人称在作品中说话,但叙事视角是变化了的,若不了解这种叙事视角的变化,则无法正确理解《卷耳》等诗的诗意,此论极有见地,非深思明辨者不可为。钱先生不仅指出了这种表现手法"要莫古于吾三百篇《卷耳》者",也指出亚里士多德《诗学》中论及史诗时,并未指出如《卷耳》之表现手法,即诗具有"同时发生之情节""可以叙述出之"的功能,但对"以链代网、变并驾齐驱为衔尾接踵"的手法则没指出,这是《诗学》未完全尽意之处。

在作为欧洲文明源头的古希腊时代,出现了《荷马史诗》这样的宏大史诗作品,因而,史诗成为仅次于古希腊神话的一种文化资源而融化在欧洲文明传统中,所以,史诗一直为学者所关注。如黑格尔,其重要著作《美学》中

---

① 亚里士多德:《诗学》,罗念生译,人民文学出版社 1962 年版,第 17 页。

② 亚里士多德:《诗学》,罗念生译,人民文学出版社 1962 年版,第 82 页。

论史诗,虽然将史诗作品泛化至"东西方各民族的英雄史诗、神话史诗、具有史诗雏形的歌谣,以及现代小说出现之前文人创作的史诗仿制品和史诗性作品、史诗与抒情诗相互影响而产生的品种,等等。但他最为赞赏、着重研究的却是希腊英雄史诗,他认为史诗的本义就是英雄史诗,所谓'史诗',即源于希腊,希腊文为 Epos,它是通过人和神的事迹,表现民族生活最初期——原始父系氏族社会军事酋长制的英雄时代的民族生活所联系的世界情况的叙事诗。"①黑格尔还在《美学》中指出:"史诗……原义是'平话'或故事,……"②"史诗就是一个民族的'传奇故事'、'书'或'圣经'。每一个伟大的民族都有这样绝对原始的书,来表现全民族的原始精神。在这个意义上史诗这种纪念碑简直就是一个民族所特有的意识基础。如果把这些史诗性的圣经搜集成一部集子,那会是引人入胜的。这样一部史诗集,如果不包括后来的人工仿制品,就会成为一种民族精神标本的展览馆。"③因之可以看出,黑格尔对史诗的某些本质特征是有深刻揭示的。

钱先生还指出了叔本华论史诗的观点,如《管锥编·太平广记》第 27 则(《太平广记》卷六八):

> 叔本华详论:"史诗与剧本皆只写为幸福而求争竞斗之情事,而不写长久圆满之幸福。真正而复长久之幸福既无其事,遂亦不堪为文艺题材。"所见略同焉。(《管锥编》,第 1036 页)

虽然叔本华只是指出了史诗取材与剧本的类同之处,即只写"为幸福而求争竞斗之情事",但此处毕竟说明了,史诗一直是西方思想传统中关注和取资的对象,史诗与神话一样,都是西方思想可以无穷生发的一种长效载体。

中国的史诗概念,是因着外国传教士在华的传教活动而传入中国的,所以,史诗对中国来讲,是一个舶来品。这一舶来观念,曾长期笼罩中国学者的史诗研究眼光。如梁启超早在 1903 年就说"泰西诗家之诗,一诗动辄数万言",而"中国之诗,最长者如《孔雀东南飞》、《北征》、《南山》之类,罕过二三千言外者"。并在《饮冰室诗话》中盛赞黄遵宪《锡兰岛卧佛》具有西方

---

① 蓝华增:《简论黑格尔的史诗观》,《云南民族大学学报(哲学社会科学版)》1985 年第 4 期。

② 黑格尔:《美学》(第三卷下),商务印书馆 1981 年版,各门艺术的体系"诗"。

③ 黑格尔:《美学》(第三卷下),商务印书馆 1981 年版,各门艺术的体系"诗"。

史诗的特点,以有限的文字叙写深广的历史内涵,既具"诗情",更兼"史性",足堪"史诗"之称。王国维说中国"叙事的文学(谓叙史事诗、史诗、戏曲等,非谓散文也),尚在幼稚之时代",没有如荷马这样的"足以代表全国民之精神"的大作家。胡适在《白话文学史》里指出:"故事诗(Epic)在中国起来的很迟,这是世界文学史上一个很少的现象……纯粹故事诗的产生不在于文人阶级而在于爱听故事又爱说故事的民间。"①而陈寅恪先生独具只眼,在论及中国的弹词这一口头文学样式时,将之与印度和希腊史诗进行关联,指出"世人往往震矜于天竺希腊及西洋史诗之名,而不知吾国亦有此体。外国史诗中宗教哲学之思想,其精深博大,虽远胜于吾国弹词之所言,然止就文体而论,实未有差异"。② 陈寅恪对于弹词的文类界定,自有其精审之处,而将其与史诗等口传民间文学作品进行类比,也反映出他对史诗的理解有独到之处。

从梁启超、王国维诸位学人开始,以西方史诗观念来界定中国(确切说是汉民族)有无史诗的问题,一直纠缠着学界。其中,《诗经》的史诗性一直引起学界关注:有认为《诗经》不为史诗,因为不符合西方史诗观念中的格制宏大的标准,《诗经》都为短章;有以之为史诗者,如《大雅·生民》诸篇,反映了周族始祖的起源、生产、生活,而且渗入了"履足生商"的神话。诚然,如果以西方史诗观念来界定《诗经》的史诗性,龃龉之处势必难免,但以此就否定《诗经》为汉民族的史诗,并非公允之举。同时,由于文献资料的局限,一些地区属于史诗性的作品,并没有被发现。近年来,在湖北神农架地区发现的《黑暗传》,已经被民俗学界认定为史诗。

另外,在梁、王之时,中国少数民族的史诗没有进入学者的视野,而我国少数民族有着悠久的史诗传统。即以西方史诗观念视之,在我国纳西族、瑶族、白族中流传的多种《创世纪》以及《苗族古歌》等,多可视为创世史诗。再如,少数民族的三大说唱体长诗:藏族的《格萨尔》、蒙古族的《江格尔》和柯尔克孜族的《玛纳斯》,被并称为中国少数民族的三大英雄史诗。这些少数民族史诗,现在已经引起了研究者多方面的研究热情,也使中国没有史诗的说法不再成立了。"中国大多数史诗是在 20 世纪 50 年代后才被陆续发

---

① 胡适:《白话文学史》,东方出版社 1996 年版,第 53—55 页。
② 陈寅恪:《陈寅恪先生文史论集》(上卷),香港文文出版社 1972 年版,第 365—367 页。

现的;而史诗的搜集、记录、翻译、整理、出版,还是近30年的事情。中国史诗研究起步更晚一些,较为系统的研究开始于20世纪80年代中期,学术界开始把史诗作为民俗学的一种样式来研究,其中受人类学派的影响最大,重视史诗的社会文化意义的研究。进入20世纪90年代中期以后,学者们开始树立'活形态'的史诗观,认为中国少数民族史诗属于口头传统的范畴,重视史诗传统的内部结构研究。"①这些"活形态"的史诗,或许要花更长更久的时间我们才能完成对它们的解读。

二、《管锥编》史诗征引述论

正如前文所说,《管锥编》征引史诗的地方并不多见,而且于中国的史诗无一例引用。这一方面说明,在钱锺书所处的时代,处于梁启超、王国维之后的知识分子,虽然有钟敬文等学人正勤力于民俗学的构建,但毕竟民俗学没有成为学术主潮,对史诗的研究仍处于初始阶段;另一方面,钱锺书等一批学人,虽然没有看到中国少数民族丰富多样的史诗形态,但对国外史诗观念和具体的史诗作品的研究,已经开启了对史诗的研究,其中诸多讨论,对后学不无启迪。

对钱锺书史诗论的总结和梳理,当与《谈艺录》中论史诗的地方进行合观同审,更为妥帖。《谈艺录》也为数不多地论及了史诗,除了钱先生直接提到要参见《管锥编》论史诗诸处外,如《谈艺录》第69则"随园论诗中理语":"参观《管锥编》论《毛诗正义》第三四'含蓄与寄托'。古希腊哲人斥《荷马史诗》虚妄不根;其诗之苦心卫护者,曲解为寓言寄意,谓假人事以明天道,于是词章义理,两全兼美。"②其他地方与《管锥编》联系起来同样更能完整看到钱锺书史诗论的思致。

钱锺书史诗论的第一个层面是对史诗这一名称中"史"与"诗"的理解。如《谈艺录》第4则"诗乐离合文体递变[附说七]西人论文体演变评近人言古诗即史":"先民草昧,词章未有专门。于是声歌雅颂,施之于祭祀、军旅、昏媾、宴会,以收兴观群怨之效。记事传人,特其一端,且成文每在抒情言志之后。赋事之诗,与记事之史,每混而难分。此士古诗即史之说,若有符验。

---

① 尹虎彬:《中国少数民族史诗研究三十年》,《中国社会科学院研究生院学报》2009年第3期。

② 钱锺书:《谈艺录》,三联书店2007年版,第570页。

然诗体而具纪事作用,谓古史即诗,史之本质即是诗,亦何不可。论之两可者,其一必不全是矣。况物而曰合,必有可分者在。谓史诗兼诗与史,融而未划可也。按此即 vico 论荷马之说,……谓诗即以史为本质,不可也。脱诗即是史,则本未有诗,质何所本。若诗并非史,则虽合于史,自具本质。无不能有,此即非彼。"①此处,钱先生赞同"史诗"有诗与史结合的特征,"谓史诗兼诗与史,融而未划可也"即此之谓,而且,钱先生认为特别是在"先民草昧"的时代,亦即史诗产生的时代,古诗与古史之不分,先民以诗体的形式记载史事,更是有可能的事情。但"谓诗即以史为本质,不可也",诗与史又是有区别的,特别是在文体形态发展丰富后,史与诗便有可能完全分离。"即云史诗以记载为祈向,词句音节之美不过资其利用。然有目的而选择工具,始事也;就工具而改换目的,终事也。"②此处又指出史与诗的更进一步的区分,即史的记载取向,而史诗中的诗却是"资其利用"的工具,史诗中的史与诗,史更为本质,诗则为其外饰,诗不过是更好地表现史。

钱锺书史诗论的第二个层面是对史诗的描述功能的论述,这是钱锺书论史诗的一个主要层面。

《管锥编·左传正义》第 31 则"成公十六年"中描写精彩之处:

> 西方典籍写敌家情状而手眼与左氏相类者,如《荷马史诗》中特洛伊王登城望希腊军而命海伦指名敌师将领,塔索史诗中回教王登城望十字军而命爱米妮亚指名敌师将领,皆脍炙人口之名章佳什。然都无以逾于《元秘史》卷七中一节者,足使盲邱明失色而盲荷马却步也,兹撮录之。(《管锥编》,第 344—345 页)

此处钱锺书认为《元秘史》卷七中一节,"足使盲邱明失色而盲荷马却步",说明其描写更高出左丘明和荷马。《元秘史》的高明之处就在于铺叙不平板,有曲折起伏,"言谈伴以行动,使叙述之堆垛化为烟云",不是为文高手,难臻此境。但钱先生并没有否定《荷马史诗》与《左传》的描叙优长,而只是指出《元秘史》一节的描写,更有跌宕之致。

钱先生此处所论,还有一点值得指出,即"西方典籍写敌家情状而手眼与左氏相类者",《荷马史诗》与塔索史诗可当之。将《左传》与《荷马史

---

① 钱锺书:《谈艺录》,三联书店 2007 年版,第 102 页。
② 钱锺书:《谈艺录》,三联书店 2007 年版,第 103 页。

诗》、塔索史诗进行类比,而且是一个位置平等的类比,虽然提及的只是两者的描写内容相似,但无疑会让人做一种联想,《左传》也是民俗意蕴厚重的史诗性作品,两者进行类比,这会让《左传》的民俗意蕴更被放大。

其他论及史诗的描写功能的地方,如《谈艺录》第 2 则"黄山谷诗补注附论比喻"第五十六例评《题阳关图》之句:"断肠声里无形影,画出无声亦断肠。"便论及荷马史诗的描写:"盖陈简斋《和张规臣水墨梅》第四首云:'意足不求颜色似,前身相马九方皋';弇州进一解,谓意足自能颜色具,即张彦远之说也。《荷马史诗》描摹一金盾上,雕镂人物众多,或战阵,或耕耘,有曰:'犁田发土,泥色俨如墨。然此盾固纯金铸也,盖艺妙入神矣。'美学论师赞叹为得未曾有,审美形似之旨已发于此两句中。"①此处言史诗描写的神似,"艺妙"可"入神"。又如《谈艺录》第 75 则"代字":"代名之体在欧洲文学早成风会,Sormlaize:Grand Dictionnaire des Précieux 所载,Molière:Les Précieuses ridicules 所讥,厥例甚繁。英国十八世纪作诗,最讲'诗藻'(poetic diction),甚类惠洪等所云云也。始作俑者殆为古罗马之 Virgil,其Aeneid 史诗中,每不曰面包(panem)而以稷神名代之,如卷一第一七七行之 Cererem corruptam,亦犹吾国诗人之言'福习枯黄灵殖焦'也;每不曰酒(vinum),而以酿神名代之,如卷一第二一五行之 veteris Bacchi,亦犹吾国诗人之言'解忧惟杜康'、'杜康哇吾胃'也。"②此处言及的是代称的写作技法。又如《谈艺录》之第 88 则"白瑞蒙论诗与严沧浪诗话":"奥古斯丁(Augustine)少日好读弗吉尔史诗(Aeneid),长而有意淫之悔,又力诋文章之侔色揣称,以为弥近似而大乱真。德尔图良(Tertullian)亦以文学华言无实,好之不啻行奸;伊西独尔(Isidore of Seville)戒基督教徒毋读诗,诗能乱心曲而长淫欲。"③对史诗的描写之真有一个故事性极强的说明。又如《谈艺录》第 89 则"诗中用人名地名":"狄奥尼修斯《属词论》首言诗中用人名地名之效。……狄奥尼修斯书第十六章论此,举《荷马史诗》(Iliad,II,494—501)为例。西塞罗《修词学》论拉丁诗一句云:'此句得雄伟地名之力,光气大增。'儒贝尔论文,亦以善用人名地名为本领。"④诗中用雄伟地名,使诗气势

---

① 钱锺书:《谈艺录》,三联书店 2007 年版,第 29—30 页。
② 钱锺书:《谈艺录》,三联书店 2007 年版,第 608 页。
③ 钱锺书:《谈艺录》,三联书店 2007 年版,第 675 页。
④ 钱锺书:《谈艺录》,三联书店 2007 年版,第 709 页。

大增,这也是文学审美心理活动的一种情状。诸如以上所举之例,都是就史诗的具体写作技巧而言的,属于对史诗艺术特征的具体分析。

钱锺书史诗论的第三个层面是将史诗与其他民俗事象掺合而察,如《管锥编·左传正义》第 58 则"昭公二十八年(一)":

> 《荷马史诗》中奥德修斯曰:"吾虽忧伤,然思晚食。吾心悲戚,而吾腹命吾饮食,亦可稍忘苦痛"。与魏子引谚契会。一古希腊小诗云:"居丧谅暗,而亦饮食;荷马有言,哀悼以心不以腹"。维果不解荷马载笔之家常亲切、质而不绮,乃责怪其写奥德修斯等忧伤时唯酾酒以消块垒,未为知言。(《管锥编》,第 395—396 页)

此节在第三章"民间语言"中亦会论及,所谓魏子引谚,即"惟食忘忧"这一谚语,钱先生举荷马之语与此语相应证,文意完全贴合,更见谚语虽然简短,但表意功能极强。

又如《管锥编·焦氏易林》第 1 则"焦延寿易林":

> 占卜之词不害为诗,正如诗篇可当卜词用。《坚瓠秘集》卷五《签诀》记"射洪陆使君庙以杜少陵诗为签,亦验",即是一例。西方古时亦取荷马、桓吉尔史诗资占阄,《巨人世家》一章尝详道之。(《管锥编》,第 816 页)

"焦延寿易林"是《管锥编》注《焦氏易林》之第一则,首则即明言《焦氏易林》为占卜之作,对《焦氏易林》的民俗意蕴进行了界定。而诗与卜词的互渗互透,特别是民间占卜中经常借用诗句,如抽签时的签文使用李白、杜甫等人的诗语,便是俗信中借诗为用,荷马与维吉尔等人的诗,也有同等之功用。看来,雅与俗,在很多时候,不经意间就混融同一了。

第四,还有一些地方,提及史诗,不便归入某类,如《管锥编·楚辞洪兴祖补注》第 13 则"远游":

> "惟天地之无穷兮,哀人生之长勤;往者余弗及兮,来者吾不闻";《补注》:"此原忧世之词,唐李翱用其语作《拜禹言》"。按宋人诗话、笔记等记杜诗"身轻一鸟过",一本缺"过"字,"白鸥波浩荡",一本蚀"波"字,"林花着雨燕支湿",题壁而"湿"字已漫漶,人各以意补之,及睹完本足文,皆爽然自失。(《管锥编》,第 950 页)

钱先生在此处有一注文:"略似桓吉尔史诗遗稿缺而未完之句,后人搁笔不能足成。"此注文是承宋人诗话、笔记论杜诗缺字而来。名家之缺文,一字千金，不是能补便可补的。如杜诗、维吉尔史诗，都是如此。钱先生此处也从缺字而引出一段精彩的文章赏析之论：

> 即其事未必尽实，亦颇足采为赏析之助。取名章佳什，贴其句眼而试下一字，掩其关捩而试续一句，皆如代大匠斫而争出手也。当有自喜暗合者，或有自信突过者，要以自愧不如者居多。藉习作以为评鉴，亦体会此中甘苦之一法也。（《管锥编》，第 950 页）

不管是大匠，抑或庸人，都有续补之行为，不管最后效果如何，都有对经典致以敬意的因素在里面。

又如《管锥编·太平广记》第 147 则（《太平广记》卷三三六）：

> 古希腊修词学书言与暴君语，慎毋触讳，举例有马基顿王（Philip）眇，最恶人道荷马史诗中"奇目汉"，且不许人谈及眼；……（《管锥编》，第 1261 页）

此则便是君王普遍心态的揭示，所谓讳疾忌医，或"打人不打脸，揭人不揭短"，均可形容此种心理。

第三章 《管锥编》与民俗语言

　　毛奇龄《西河合集·五言三韵律·戏赠赘婿归里》:"妇已工盘帨,
人如解赘疣",谑语而亦的解。(《管锥编》,第1441页)
　　人活在语言中,而语言总是被人类遗忘,所以,当20世纪哲学主流出现
"语言转向"时,当维特根斯坦说一切哲学都是"对语言的批判",海德格尔
说"语言是存在的家"时,我们有如梦方醒的惊愕感。
　　而民间语言,诸如谚语、俗语、歇后语、称谓语、流行语、行话、黑话、暗
语、吉祥语、忌讳语、咒语、绕口令等,这些被频繁使用、活力充沛的原生态语
言,这些可能蕴含着极为丰富的语言遗传密码的语言,即使在哲学思考出现
"语言转向"的情境下,也不会有多大的可能被纳入致思的空间里。民俗语
言遭遇的可能不是"二度"遗忘,而有可能是三度、四度甚至更多度的遗忘。
我们回到了语言,但我们似乎没有回到语言的源头处。
　　海德格尔在批判传统的语言观念时说:"它们全然忽视了语言最古老
的本质特性。因此,尽管这些观念是古老的和明确的,但它们从未把我们带
到作为语言的语言那里。"[1]我们是否可以说,对民俗语言的遗忘,同样没有
走到"作为语言的语言那里"呢?
　　钱锺书是带领我们返回民俗语言、回溯语言源头的少数睿智学人之一。
《管锥编》这一学术巨作,大量引用谚语、俗语、流行语、歇后语等民间语言
形态,将这些看似显得俗气的语言资源,非常贴切地融入论理衡文中,本章
相关的部分引述将会还原这一生动的图景。

---

　　① [德]海德格尔:《在通向语言的途中》(修订译本),孙周兴译,商务印书馆2004年
版,第6页。

第一节 "雅中搀俗,笔致尖新":研究钱锺书语言与 修辞的民俗语言之维

《刘讽》(出《玄怪录》)。按此篇写女郎谈谑,颇曲传口吻而不为文语,如"须与蔡家娘子赏口","何不与他五道主使,怕六姨姨不欢"之类,与卷四八七《霍小玉传》之"苏姑子作好梦也未"等足相颉颃。雅中搀俗,笔致尖新,然惟记妇女谈吐为尔。(《管锥编》,第 1256 页)

一、从民俗语言角度研究钱锺书语言观的缺失

钱锺书是语言、修辞方面的大家,但并无语言学、修辞学的专著,他的语言风格论、修辞论思想都如珠玉,散落在《谈艺录》、《管锥编》等学术著作中,以及运用于他写作小说《围城》、散文集《写在人生边上》等语言应用的实践上。

钱锺书的语言和修辞思想总会为研究者的高度关注,并且得到阐释和总结。有影响的专著如高万云的《钱锺书修辞学思想演绎》,以九章的篇幅,从"钱锺书的语言观和修辞观"出发,分钱锺书的"文学修辞论"、"理解修辞论"、"词句篇章修辞论"、"辞格论"、"文体论"、"语言风格论"、"修辞批评实践"、"修辞史研究"等部分,从语言而及修辞,如比喻、通感、双关、仿效、用典、夸张、比拟、反复、对偶,对钱锺书的语言观,主要是修辞观,以《谈艺录》、《管锥编》等文本为文本基础,勾深探颐,多方总结归纳。如论及钱锺书的语言观时,便指出:"一名多义"、"虚涵数意"不仅是《管锥编》的起点和基点,而且也是统贯全书的主线;钱锺书的"语言文字为人生日用所必须,著书立说尤寓托焉而不得须臾或离者也"观点道出了钱锺书对语言重要性的认识,而"书不尽言,言不尽意"则是钱锺书对语言文字不能准确称物逮意缺陷的体认,等等①。

钱锺书的修辞论、钱锺书语言的幽默风格,这些主题都是研究者格外关注的,且多有研究成果,此处不赘述。

---

① 参见高万云:《钱锺书修辞学思想演绎》,山东文艺出版社 2006 年版,第 21—33 页。

但学界对钱锺书语言观中的民俗性因素的发现,对钱锺书学术语言与文学创作中的民俗语汇的渗透,等等,都少有论及。前文已经说道,钱锺书是大雅与大俗完美的统一体,他典雅的文言文书写中,点缀着诸多民俗语言,如谚语、俗语、流行语等,这些民俗语汇如此巧妙地融入钱先生的文言书写中,以致不细细品嚼,我们难于觉察这些语汇的存在。

因而,对钱先生《管锥编》等著作中民俗语汇运用的考察,是研究钱先生语言风格与语言思想不可缺省的角度。忽略钱锺书与民俗语言关系的研究,同样导致对钱锺书认识的不完整。

钱锺书的语言观里,充溢着对"俗"语言的多种体认。如下例:

……"离骚"即"骚离",屈原盖以"离畔为愁"。足备一解而已。夫楚咻齐傅,乃方言之殊,非若胡汉华夷之语,了无共通。诸侯朝廷官府之语,彼此必同大而异小,非若野处私室之语,因地各别。苟布在方策,用以著作,则较之出于唇吻者,彼此必更大同而小异焉。《论语·述而》之"雅言",刘宝楠《正义》释为别于土话之"官话",是矣而未尽然;以其仅识官话视土话为整齐画一,而未识笔于书之官话视吐诸口之官话愈整齐画一,官话笔于书之训诂雅颂者又视笔于书之通俗底下者愈整齐画一。故楚之乡谈必有存于记楚人事或出楚人手之著作,然记楚人事、出楚人手之著作,其中所有词句,未宜一见而概谓"楚人之语自古如此"。"骚离"与"距违"对文,则"骚"如《诗·大雅·常武》"绎骚"之"骚",谓扰动耳。伍举承言之曰:"施令德于远近,而小大安之也;若敛民利以成其私欲,使民蒿焉而忘其安乐而有远心。"是"骚"即不"安","骚离"即动荡涣散。(《管锥编》,第889—890页)

"楚咻齐傅,乃方言之殊","野处私室之语,因地各别",中国是一个多方言国家,方言种类繁多,各地方言不一,这是对"方言俗语"的第一重认识。但方言俗语不一,又"非若胡汉华夷之语,了无共通",各地方言在同一种语言文化背景下,并不是完全不同,方言亦有相通之处,这又是对方言的另一重认识。方言区里的人,著书立说,则较口头表达"必更大同而小异",方言被书面语"齐整化",是常见现象,此第三。第四,即所谓的官话与土话之差别,"官话视土话为整齐画一,而未识笔于书之官话视吐诸口之官话愈整齐画一,官话笔于书之训诂雅颂者又视笔于书之通俗底下者愈整齐画一"。官话、土话;笔于书之官话、吐诸口之官话;官话笔于书之训诂雅颂者、官话笔于书之通俗底下者,这三对关系,一层比一层划一规整,都是"雅"对"俗"的修改。这里,钱锺书对方言的论述,已是置于与"官话"平等的地位上了。

又如下例:

> "书名"之"名",常语也;"正名"之"名",术语也。今世字书于专门术语之训诂,尚犹略诸,况自古在昔乎?专家著作取常语而损益其意义,俾成术语;术语流行,傅会失本而复成常语。梭穿轮转,往返周旋。作者之圣、文人之雄,用字每守经而尤达权,则传注之神、笺疏之哲,其解诂也,亦不可知常而不通变耳。(《管锥编》,第635页)

钱锺书论及"常语"与"术语"的相互转化,"梭穿轮转,往返周旋",如钱锺书论"体用",现在看来,"体用"是一个非常学理化的名词,哲学上常分之为"体"与"用",而在魏晋时期,这是一习语,司空见惯。虽然以上引例,钱锺书谈的"常语"是与"术语"对举的,"常语"的"俗"成分相对要弱,但绝不能视为此处钱锺书就没有论及俗化的常语。"专家著作取常语而损益其意义,俾成术语;术语流行,傅会失本而复成常语。"取常语,完全有可能取俗语。上面所说的"体用",即是很好的说明。

更有意思的是,钱锺书在《管锥编》等著作中,时不时引入家乡的民俗语汇资源,以佐证自己的学术观点,聊举一例:

> 《张直方》(出《三水小牍》)"遥闻大叱曰:'夫人,差事!'"……吾乡口语称可奇、可怪者尚曰"差异",然只以言事,不似六朝及唐之并以"差"言人。去乡四十载,未知今犹如此道否。(《管锥编》,第1338页)

钱锺书引入家乡口语,正与所论者贴合,"去乡四十载,未知今犹如此道否",也正表达对乡音俗语的眷恋。

二、民俗语言研究现状

民俗语言的研究在当下已经引起研究者的足够重视,相应的研究成果也时有出现。

我国的方言俗语研究传统,一样可以溯源至先秦时期。这一薪火相传的语言研究传统,没有成为所谓"显学",但一样是整个中国学术传统的重要组成部分。传统方言俗语研究的简要发展轨迹,复旦大学孙毕的博士论文《章太炎〈新方言〉研究》"传统汉语方言学研究"这一节有勾勒:将对《诗经》、《荀子》、《公羊传》、《离骚》方言成分的挖掘作为起点,视杨雄《方言》为真正开端,引华学诚《周秦汉晋方言研究史》中所言及的《说文》、《释名》、《三仓》、《小尔雅》、《汉书》、《通俗文》、《越绝书》等著作,以及王逸《楚辞章句》的楚方言研究、何休《春秋公羊传解诂》的齐鲁方言研究、郑玄《三礼注》和《毛诗笺》方言研究、高诱《吕氏春秋注》、《淮南子注》方言研究等,作为对秦汉方言研究史的一个交代,历魏晋时李虔的《通俗文》和崔豹的《古今注》方言研究成果,重点突出郭璞的《穆天子注》、《山海经注》、《尔雅注》、《方言注》,然后经唐宋时颜之推、陆德明、孔颖达、颜师古、欧阳修等的方言研究,过渡到元明时期周德清的《中原音韵》,杨慎的《俗言》,张存绅的《雅俗稽言》,方以智的《通雅·谚原》,陈士元的《俚言解》,等等。① 清代一些重要著作孙毕的论文没有涉及,亦略举如下:翟灏《通俗编》、钱大昕《恒言录》、唐训方《里语征实》、陈鳣《恒言广证》、梁同书《直语补证》、杜文澜《古谣谚》、钱大昭《迩言》、平步青《释谚》、郑志鸿《常语寻源》、罗振玉《俗说》,然后止于重要的方言学研究著作,即章炳麟的《新方言》。

可以看出,方俗语汇的研究,代不乏人,而且涉及语义、语音以及俗语的辑录。

民俗学学科成立之后,对方言俗语的收录整理,一直坚持不懈地进行,如谚语辑录方面的《中国谚语集成》,规模庞大,收录繁富。中国民俗学筚路蓝缕的开拓者钟敬文等人,在《民俗学概论》一书中,辟专章来论述民俗语言。《民俗学概论》参照国外民俗学者班恩女士、柳田国男等人的研究成果,将语言民俗纳入民俗事象的一大门类,其包括民间语言与民间文学两部分。钟敬文没有使用民俗语言这一概念,而是用"民间语言"来概括"广大民众用来表达思想并承载着民间文化的口头习用语,其主要部分是民众集体传承的俗话套语。它自然生长于民众丰厚的生活土壤,通俗易懂,生动活泼,是广大民众世代相传的集体智慧和经验的结晶,传达和反映着民众的思想、感情和习俗"②。钟敬文先生倡导建立语言民俗学:"为了从民间语言考究其他民俗,同时又从其他民俗考究民间语言,就需要建立一门语言学和民俗学相互交叉的边缘科学——语言民俗学。"③钟敬文对语言学与民俗学结

---

① 参见孙毕:《章太炎〈新方言〉研究》,复旦大学博士学位论文,2004年。
② 钟敬文主编:《民俗学概论》,上海文艺出版社2009年版,第298页。
③ 钟敬文主编:《民俗学概论》,上海文艺出版社2009年版,第307页。

合的语言民俗学颇负期望,认为:"语言民俗学从语音、语汇、语法、修辞,及其记录符号文字,以至手势、眼神之类副语言行为等各方面展开研究,给语言学和民俗学双双注入旺盛的活力,为人们开拓了一重熟悉而又新奇的学术天地。"①钟敬文等人将"民间熟语"作为一个上位概念,以之为语言民俗学的研究对象,并指出其主要包括俗语、谚语、流行语等。应该说,钟敬文等人虽然没有具体将语言民俗学的构建真正落实,但他们揭开了语言民俗学构建的序幕,这对后来的"民俗语言学"创建极具指导意义,其前瞻之功不可没。

20 世纪后半期及 21 世纪刚过去的十年,民俗语言研究的新成果频现,将对民俗语言的研究推进加深。下面就某些成果做些概述,既作为对民俗语言研究现状的一个大略把握,也为后面论述谚语、俗语、流行语等民俗语言做一个必要的交代。

一是民俗语言研究开始真正走向"学"的层面——"民俗语言学"由学界开始提倡。这方面代表性的成果是 1989 年由辽宁教育出版社出版的曲彦斌的《民俗语言学》,以及后继的《民俗语言学》增订版。曲彦斌对钟敬文先生的"语言民俗学"做了一个修正,改称为"民俗语言学",并就此名称求教于钟敬文。最终,曲彦斌采用了"民俗语言学"这一概念,并为民俗语言学提出了一种界定:"以民俗语言和民俗语言现象为研究对象的科学,或可谓之民俗语言文化学。具体说,民俗语言学是综合运用语言学、民俗学及其他相关科学方法、材料,对语言、言语与社会习俗惯制等民间文化现象相互密切联系的形态(即民俗语言文化形态)、性质、规律、机制、源流等,进行双向、多方位考察研究,从而给予科学解释并指导应用的人文科学。"②在增订的《民俗语言学》中提出了一个更为简洁的定义:"简而言之,所谓民俗语言学,就是研究语言中的民俗现象和民俗中的语言现象,以及语言与民俗相互关系及运动规律的一门实证性人文科学。"并且,曲著从文字、语音、字源等方面论及语言与民俗的关系,多有有新意的发现。曲著提出的定义是否科学合理,有待时日去证实,但学者研究民俗语言的学术自觉则在其身上得到充分的表达。而且,他的微观民俗语言研究成果,如《杂纂七种》(校注)、

---

① 钟敬文主编:《民俗学概论》,上海文艺出版社 2009 年版,第 308 页。
② 曲彦斌:《民俗语言学新论》,《民俗研究》1992 年第 1 期。

《中国民间秘密语》、《"口彩"略论》等论文,也良能给人启发。

2011 年,李阳、董丽娟的专著《民俗语言学研究史纲》出版。① 李、董二人,同为民俗文化学方面的研究者,于民俗语言多有关注,并且与民俗语言学的首倡者曲彦斌有或多或少的学术渊源关系。《民俗语言学研究史纲》对民俗语言学研究的学术史进行了梳理,对研究现状进行总结研究和评价,对民俗语言学的代表研究人物如曲彦斌、谭汝为等人的研究成果以及民俗语言的教育教学机构有简要介绍,对民俗语言研究面临的问题有剖析,等等,特别是书后附录的民俗语言学研究专著和论文目录,便于翻检,收集整理之功,亦有心可鉴。

近年来的民俗语言研究,大致集中于如下几个方面。

整理辑录仍为其大端,如:尚恒元的《二十五史谣谚通检》、黄涛的《中国民俗通志:民间语言志》、史襄哉的《中华谚海》、朱语尊的《民间谚语全集》、齐如山的《谚语录》、温端政的《中国谚语大词典》、李耀宗的《民间谚语谜语》、蒋荫楠的《当代民谚民谣》、李布青的《金瓶梅俚语俗谚》等。

从文化角度切入民俗语言研究的成果增多,民俗学研究者对民俗语言所负载的文化含量认识加深,研究也更为自觉。较有影响的研究成果,如:周振鹤、游汝杰的《方言与中国文化》(第 2 版),黄涛的《语言民俗与中国文化》,王德春等的《汉英谚语与文化》,刘旭青的《浙江谚语的文化功能及其价值研究》,李庆善的《中国人新论:从民谚看民心》,谢贵安的《中国谣谚文化:谣谚与古代社会》,等等。

古代民俗语言典籍的重拾与阐发也占很大比重。如:孙毕的《章太炎〈新方言〉研究》,侯友兰的《〈越谚〉点注》,等等。

以某一具体民俗语言为研究对象的,如:王敏红《越谚与绍兴方俗语汇研究》,郭建民的《英语谚语研究》,孙维张的《汉语熟语学》,王勤的《汉语熟语论》,武占坤、马国凡的《谚语》,武占坤的《中华谚谣研究》,温端政的《俗语研究与探索》与《二十世纪的汉语俗语研究》,姚锡远的《汉语熟语论》,曾自立的《英汉谚语概说》,等等。

近年来的民俗语言学研究,有创见、有新意的研究成果不多见,大多是集录、整理之作,对民俗语言阐释的角度单一,有创见的角度极为少见。如

---

① 参见李阳、董丽娟:《民俗语言学研究史纲》,社会科学文献出版社 2011 年版。

20世纪的语言哲学思潮,便少有民俗语言研究者将之引入民俗语言的研究中。而语言哲学的诸多思想,完全可以为民俗语言提供新的阐释角度,如维特根斯坦的语言游戏说,与民俗语言的游戏精神正相吻合,两者结合,便会产生完美的阐释效果。将语言哲学引入民俗语言的研究,将摆脱民俗语言一直存在的单薄之弊,而增加其研究的厚度。

本章解读《管锥编》中的民俗语汇,也借助语言哲学中的某些理论,作为对民俗语言研究的一种尝试。同时,遵从民俗学的学科惯制,将钱锺书《管锥编》所涉民俗语言,分为俗语、谚语、流行语、谜语、歇后语、称呼语等类别,归纳论述,以探究钱锺书与民俗语言之间深层的互动与交流。

第二节 "俗语颇得其实":俗语

休谟谓北人嗜酒,南人好色,俗语颇得其实。(《管锥编》,第1641页)

《管锥编》涉俗语的情况非常复杂,这主要是源于钱锺书语言使用的复杂性。钱锺书是语言大家,不仅对语言理论有透辟的看法,而且在具体运用语言这一操作层面上有不同于常人的天赋,其使用俗语时亦如此,因而要全面而深刻地分析钱锺书《管锥编》俗语使用情况,绝非易事,本节亦只是一种尝试的努力。

本节拟从以下四个方面切入《管锥编》俗语使用情况的分析:一是学界在俗语方面有代表性的界定;二是钱锺书关于俗语的看法;三是钱锺书明确而具体地言及俗语的例子;四是《管锥编》体现出的雅语与俗语之互动关系。

一、学界"俗语"定义例说

俗语是一个惯见但极难理清楚的概念。

民俗学建立以来,民俗学研究者逐渐摒弃历代典籍中关于俗语的杂多名称,如"俗言"、"鄙语"等,越来越倾向于使用"俗语"这一概念。在民俗运动中,民俗学者充分认识到俗语这一语言单位的重要性,因而给予了越来越多的关注。

辞书方面对俗语的界定,权威者当属《辞海》,《辞海》1979 年版认为"俗语是流行于民间的通俗语句,指谚语、俚语及口头上常用的成语等",1989 年版与 1999 年版认为俗语还应包括惯用语。温端政的《中国俗语大词典》"前言"指出,俗语具有三重特征:群众性、鲜明的口语性和通俗性、相对的定型性,据此三重特征,将俗语定义为:"俗语是群众所创造的、并在群众口语中流传、结构相对定型的通俗而简练的语句。"温端政在《二十世纪的汉语俗语研究》一书第五章"关于俗语的性质和范围"中将俗语的范围括定为"首先应包括谚语……还应包括歇后语、惯用语和'口头上常用的成语'"。①

当代民俗语言学的最早发起者曲彦斌就充分意识到了这种厘清的艰难,他在其主编的《中国民俗语言学》一书中说:

> "俗语"这个术语,在传统语文学和现代语言学中迄无一种一致的概念和界定。光是关于俗语的叫法,古来即许多,如迻言、俚言、俚语、常言、常语、常谈、方言土语、乡言、乡谚、俗言、俗谈、直语、里语、传言、俗谚、古谚、俗话、野谚、里谚、鄙语、俏皮话,等等。其中,最常见的当属"俗语"了。俗语一词是汉语的固有语汇,具有自己的特定含义和文化底蕴;其"俗",不仅具有通俗的、大众的、约定俗成的、俚俗的等语义。尚含有民俗的意思。事实上,俗语之所以是民俗语言的一个重要语类,主要在于它往往表现民俗,是一种语言民俗艺术形态。
>
> 就汉语俗语事实而言,俗语是指包括口语性成语、谚语、格言、歇后语、惯用语、俚语等品类在内的,定型化或趋于定型化的简练习用语汇和短语。②

这一界定的特点是,其一,对俗语的表述形式有较全面的归纳,言及俗语,使用的名称大致包括这些,可见其混乱,特别是在中国典籍文献中,诸说纷呈;其二,对"俗"字的解释也合理:"不仅具有通俗的、大众的、约定俗成的、俚俗的等语义。尚含有民俗的意思。"其三,对汉语俗语事实的常见形态给予了明确的括定:"包括口语性成语、谚语、格言、歇后语、惯用语、俚语等品类。"事实上,我们言及俗语,大多指向这些品类。

---

① 温端政、周荐:《二十世纪的汉语俗语研究》,书海出版社 1999 年版,第 257—258 页。

② 曲彦斌:《中国民俗语言学》,上海文艺出版社 1996 年版,第 148—149 页。

曲著又强调了俗语的"民俗"内涵:"俗语和民俗之间的联系是非常紧密的。每一条俗语都有相应的民俗文化底座。"①即俗语一定要涵有民俗,这一概念是否科学有待商榷,但无疑道出了俗语的一个重要特征。

曲彦斌在《民俗语言学》中提出,民俗语汇指"那些反映不同习俗惯制主要特征或民俗事象的词语,包括成语、谚语、歇后语、惯用语、俚语等俗语和一些江湖切口、行话、隐语等社会习俗语。民俗语汇是语词中同风俗文化密切相关的部分。"②民俗语汇的重要成分即俗语,但所有这些俗语类型是否都包含有民俗内涵,难以下一断语。

钟敬文等在《民俗学概论》中说:

> 俗语的"俗"这个语素,既有"通俗"之义,又具"习俗"内涵。其习俗内涵,或涉民俗心理,如"打肿脸充胖子"、"刀钝怪肉老";或涉民俗惯制,如"换汤不换药"、"哪头炕热往哪头钻"。它"俗"字当头,直接或间接反映着民俗;它浩如烟海,渗透社会生活各个角落。它是民俗语言第一大类。③

这一定义,便既强调了俗语有"通俗"之义,也具"习俗"内涵。像"打肿脸充胖子"之所以成为俗语,是因为这一语言之通俗易解,易于理解故易于为广大百姓所接受,它没有什么其他民俗内涵,而只是通俗,约定俗成。相比之下,钟敬文的定义便较曲彦斌的合理很多。

学界关于俗语的定义,亦是多种多样,李阳、董丽娟在《民俗语言学研究史纲》"语言生活的五味调剂:俗语言研究"一节中,对俗语的概念研究、俗语的界说和种类研究、俗语的民俗语言特征、俗语的功用有详细的总结与分析,可资参照,④此处不做过多引述。

二、"俗语相沿":钱锺书论俗语

钱锺书集中论俗语的文献并不多见,当然,论谚语有较为集中的文字在其散文作品中,这在第三节中集中引述。钱锺书论俗语的文字散见于《管

---

① 曲彦斌:《中国民俗语言学》,上海文艺出版社1996年版,第160页。
② 曲彦斌:《民俗语言学》(增订版),辽宁教育出版社2004年版,第72页。
③ 钟敬文主编:《民俗学概论》,上海文艺出版社2009年版,第310页。
④ 参见李阳、董丽娟:《民俗语言学研究史纲》,社会科学文献出版社2011年版,第101—110页。

锥编》的不同部分，显得零乱无序，但如果将这些文字捉置一处，则可以窥见钱锺书在俗语方面较为系统的看法。本小节内容，就是这样一种梳理的努力。

（一）钱锺书对"俗语"理解的多义性

钱锺书多次提到"俗语"二字，如"流俗之语"、"俗说"、"习语"、"滑熟套语"等，言及最多的当然是直呼"俗语"。

使用"俗语"一词时，钱锺书对"俗"的意义的理解是有层次感的，他并不是在同一个语义层次上使用这一概念。

> 孔子适周，尝有其事，而果问礼老子与否，传说渺悠，不得稽也；箕山有冢，马迁目击，而真埋许由之骨与否，俗语相沿，不能实也。（《管锥编》，第467页）

此处，钱锺书是将"传说"与"俗说"对举的，"传说"的实体内容是"孔子问礼于老子"，"俗说"的具体内容是"箕山之冢是否真埋许由之骨"，完全能够见出，此处的俗说，是指长期以来流传的一种说法，即流俗之说，这一俗说，与俗语似全无系属。

俗说与俗语，有相异处，更有相同处。俗说的长期流传，极易成为俗语，只有在民间长期洗汰的语言，才有可能成为俗语。比如"挂羊头卖狗肉"，这一俗语，必然先由民间的经验形成"说"，这一说不停地在民众意识里得到强化，即"传"，尔后才固定为一种共同"语"，一种记忆牢固的"共识"，这才产生了"俗语"。虽然许由之说没有形成与之相关的俗语，但钱锺书的"俗说"在《管锥编》一书中，多次揭示了俗语的这一形成机理。

下面钱锺书所说的一例，与上例所揭示的道理一样。

> 《剥》："南山大获，盗我媚妾，怯不敢逐，退然独宿。"按猿猴好人间女色，每窃妇以逃，此吾国古来流传俗说，屡见之稗史者也。……西方俗说，亦谓猿猴性淫，莎士比亚剧本中詈人语可征也。（《管锥编》，第828—829页）

猴性淫，钱锺书已经指出"此吾国古来流传俗说，屡见之稗史者也"，故而在此不再举例。西方也以为"猴性淫"，看来，中外对猴性的认识，颇有相同之处。这一"流传俗说"，便会催生"俗语"，最能说明问题者，便是"猴急"一语。猴急几乎是常挂嘴边形容人"性"之急的俗语，不需有更多论述。

> 元曲《城南柳》第二折吕洞宾云："且教他酒色财气里过，方可度脱

他成仙了道";流俗之语,盖有由来。(《管锥编》,第795页)

上引是钱锺书为了论述"晏平仲问养生于管夷吾,管夷吾曰'肆之而已,勿壅勿阏。……恣耳之所欲听,恣目之所欲视,恣鼻之所欲向,恣口之所欲言,恣体之所欲安,恣意之所欲行'"而引入的。钱锺书要论述的是"欲抑先恣"这一主题,关于这一主题,有诸多俗语与之牵合,如"欲先取之,必先予之"。钱锺书引元曲《城南柳》之句,首先便有"酒色财气"这一俗语,"酒色财气"这一俗语的由来,钱锺书在《管锥编·全上古三代秦汉三国六朝文》之二"全上古三代文"释武王《盥盘铭》"溺于渊,犹可援也;溺于人,不可救也"时有深入论述,兹引述如下:

> 《论语·季氏》之"三戒"为"色"、"斗"、"得",实即色、气、财而不及酒;《后汉书·杨震传》记震子秉曰:"有三不惑,酒、色、财也";杨赋始言酒色财权。宋李曾伯《可斋杂稿》卷二有《和清湘蒋省干〈酒、色、财、气〉韵》五古四首;……是晚宋又易"权"以"气",沿袭至今。(《管锥编》,第1380—1381页)

钱锺书的考证溯源至《论语·季氏》,历《后汉书·杨震传》、杨夔《溺赋》等人"酒、色、财"三字,入宋而形成"酒、色、财、气",至明季奏折中都使用此俗语,可见接受程度之高。

于此俗语,钱锺书有两处增订,亦引述部分如下,更能见出"酒色财气"俗误之来历:

> "酒色财气"连举,北宋已然。全真教祖王喆生于宋徽宗政和二年,其词如《黄莺儿》:"酒色缠绵财气,沉埋人人,都缘四般留住",……撮合四者以为滑熟套语,似最先见道流篇什中,殆黄冠始拈此口号耶?(《管锥编》,第1381页)

此则补订又指明"酒、色、财、气"似最先出于道教,另一处增订也申此意,不再引述。由引文可见出,"酒色财气"这一俗语,历长时段而形成,流传极广,影响至深。

除引出"酒色财气"这一俗语外,钱锺书引元曲的第二重意思即是说明"流俗之语,盖有由来"。钱锺书此处所说的由来,是指"欲抑先恣"这一说法有由来。可此一说法,完全可以引申开来以论"俗说"。正如"酒色财气"与"欲先取之,必先予之"一样,俗语是有来由的,这一来由,首先是俗语有起源,有诞生处,然后是俗语是有一个长期的使用过程的,不停地使用,俗语渐渐被固化,才最终成为俗语。

俗语流传,在流传的过程中被不停地使用,这正是维特根斯坦所一直强调的:语言在于其被使用,如果不被使用,则语言很快就会消亡,有很多俗语有强大的生命力,正是因为这些俗语被不停地使用。

(二)俗语使用过程中的诸多变化

俗语流传和被使用,有很多种情况,如俗语会由俗而变雅,或消亡,或流向异域,或意义完全翻转,等等,钱锺书在《管锥编》中论到了俗语的这些特征。

如俗语会变成雅语:

> 夫体用相待之谛,思辨所需;释典先拈,无庸讳说,既济吾乏,何必土产? 当从李斯之谏逐客,不须采庆郑之谏小驷也。……《文心雕龙》曰"形用",承魏晋习语。(《管锥编》,第15—16页)

> 唐人以二字为惯语,如《全唐文》卷一高祖《令陈直言诏》:"非特乖于体用,固亦失于事情";若卷四一玄宗《道德真经疏释题词》:"故知道者德之体,德者道之用也";则攸关名理,更属老生常谈矣。(《管锥编》,第17页)

> 是"风鬟雨鬓"乃言容颜减悴,略同常语之"满面风霜"、"一脸风尘之色"。后世却以"风鬟雾鬓"形容仪态万方,如苏轼《洞庭春色赋》:"挽佳人兮往游,勒雾鬓与风鬟。"(《管锥编》,第1303页)

> 北宋末俗语称人之姿色,物之格制,每曰"韵",以示其美好。(《管锥编》,第2121页)

钱锺书是在论"体用"这一现在看来极为雅的雅语时而提出以上看法的。钱锺书在上述两段引文中提到的"形用",即为"体用"。在《文心雕龙》的魏晋时代,"形用"即是"习语",即非常普通的说法,唐时人以二字为惯语,说明唐代时"体用"仍是俗语,是"老生常谈"。但这一俗语,在长期使用的过程中被雅化了,现在成为一个非常学理化的词,其俗的一面早已湮灭不存。

而北宋以"韵"为俗语,形容"人之姿色,物之格制",正如印度传统中的"韵"义一样,但是,"韵"的这一义在现在不再是俗语了,而是成为一个极文雅的词。据田野调查,长沙等地的方言中还保有了这一说法,如"韵味",即味道好、很有味之意。

最为重要的变化,是引俗入雅成为重要的传统。在《管锥编》中,钱先生多次提到了这一传统,如下述诸例:

> 皆点化俗语,以高升、下降分指势位与人品,犹刘墉论卫哲治所谓:"其官每高一阶,而其品乃下一级"也(《清稗类钞·正直》)。"一筋斗栽上红楼"与"一跤跌在青云里",足缔语言眷属矣。(《管锥编》,第7页)

> 杨慎以还,学者习闻数有虚、实之辨,……章学诚踵而通古今语、雅俗语之邮(《文史通义》外篇一《〈述学〉驳文》),已窥端倪。(《管锥编》,第165页)

> 《何典》第九回:"由他羊咬杀虎,虎咬杀羊,我们只在青云头里看相杀。"贯串俗语,谿利可喜。(《管锥编》,第321页)

> "乞儿曰:'天下之辱,莫过于乞。乞犹不辱,岂辱马医哉!'"按嵇康《难〈自然好学论〉》:"俗语曰:'乞儿不辱马医。'"《列子》此节当是"俗语"之演义也。(《管锥编》,第808页)

> 陆游《老学庵笔记》卷七考"冬住"俗语,尝援据《广记》卷三四〇《卢项传》;……(《管锥编》,第979页)

> 《华阴店妪》杨彦伯将行,失其所着鞋,诘责甚喧,妪曰:"此即神告也;夫将行而失其鞋,是事皆不谐矣!"按卷四八七蒋防《霍小玉传》梦脱鞋,惊寤自解曰:"鞋者谐也,夫妇再合;脱者解也,既合而解,亦当永诀。"此唐人俗语,诗中屡见,……(《管锥编》,第1051页)

> 作手铸词,每掇拾时俗语而拂拭之,此堪为例。(《管锥编》,第1180页)

> "歌"舞作而"台"为之"融融",俗语所谓"热闹";歌"舞"罢而"殿"为之"凄凄",俗语所谓"冷静"。借曰不然,则歌必在羲和之房而舞必在望舒之室也,且日照歌台而雨飘舞殿,如"东边日出西边雨"也,得乎?"一宫之间,一日之内",而热闹、冷静不齐,犹俗语"朝朝寒食、夜夜元宵",言同地同日,忽喧忽寂耳。……西方俗语雅言不乏相类,顾都不如吾国"热闹"、"冷静"四字之简易而熨贴也。(《管锥编》,第1704—1705页)

以上诸例中,"点化俗语","章学诚踵而通古今语、雅俗语之邮","贯串俗语","'俗语'之演义也","唐人俗语,诗中屡见","作手铸词,每掇拾时俗语而拂拭之","西方俗语雅言不乏相类",无一不涉及引俗入雅、雅俗互动的俗语使用特征。而陆游《老学庵笔记》考"冬住"俗语,正是知识分子重民俗传统的表现。

某些俗语,只是一个时代的俗语,在长期的使用过程中,由于种种原因而完全消失,钱锺书的如下论述正说明了这一点:

> 昭明《姑洗三月启》:"聊寄八行之书,代申千里之契";旧称客套仪文之函札为"八行书"始见于此。……北齐邢邵《齐韦道逊晚春宴诗》:"谁能千里外,独寄八行书";与昭明《启》词意大同,颇征南北朝已以"八行书"为习语矣。(《管锥编》,第2177页)

"八行书"这一习语,随着一个时代的结束便消失了,现在很少有人提及"八行书"。"八行书"这一习语,与八行书的载体密切相关,是因为古代书信用纸,都是八行,且是竖向,而不是现代的横向,因而以"八行书"为书信代称。魏晋南北朝以还,这种载体司空见惯,因而"八行书"可成习语,现在,这种载体不存在了,我们再去看"八行书",便有隔代之感,对温庭筠《酒泉子》中的"八行书,千里梦,雁南飞"这样的句子,不知是习语,而视为雅语。

(三)俗语的构思技巧与对使用俗语不可"考之未赅"

钱锺书亦论及俗语产生时所使用的技巧问题。如下引:

> 《萃》"鼋羹芳香,染指勿尝;口饥于手,公子恨馋。"……《全宋词》三八四六页徐都尉《蟠人娇》:"灯前料想,也饥心饱眼","心"字与"肚"字作用无异,犹俗语"牵心挂肚肠"之互文一意也。前三林则不仅眼见,抑复手触,而终不获入口充肠,撩拨愈甚,情味遂更难堪。……类《红楼梦》第一六回所谓"还是这么眼馋肚饱的"?"延颈"、"眼饱",与"望梅止渴"、"画饼充饥"等常语,取譬相类,而命意适反;一谓转增欲慕,一谓聊可慰藉,又一喻之两柄也。(《管锥编》,第832页)

此处,钱锺书提及了几处俗语,如"牵心挂肚肠"、"望梅止渴"、"画饼充饥"等,这些俗语都有一个共同的语法生成规则:取譬。民间俗语在很多情况下都采取譬喻的结构法则,这一结构方式最能生成通俗易懂的语句,为下层百姓所理解、所接受,因而极受欢迎。

钱锺书在论及"酒色财气"的流变过程时,引申出了关于俗语的另外一个问题,即翟灏《通俗编》中对"酒色财气"流变过程"考之未赅",没有全面指出这一俗语的流传变化面貌,这又是诸多人使用、论述俗语时的通病。

下面的引述又是对俗语的不察而错用的一例:

> 古乐府《三妇艳》乃谓三妇共事一夫,《桑中》则言一男有三外遇,于同地幽会。……"桑中"俗语流传,众皆知非美词。(《管锥编》,第152页)

"桑中"为俗语,但如果不弄清楚其含义,则会闹出天大笑话。

钱锺书又说:

> 休谟谓北人嗜酒,南人好色,俗语颇得其实。(《管锥编》,第1641页)

俗语具有征实之功效,如休谟之语,甚至可移用至中国,但如果考辨不精,则俗语的征实功用就完全不存在了。

(四)俗语的感情色彩问题

最后,钱锺书论及了俗语使用的感情色彩问题。钱锺书在这个问题上的分析,独具慧眼,颇具启发。很多论者论及俗语时,都忽略俗语使用过程中所传达出的那种非常细腻的内心感受,而这正是俗语能曲尽其妙的一种最有意义的功能。

> "乃今然后"四字乍视尤若堆栈重复,实则曲传踌躇迟疑、非所愿而不获已之心思语气;《水浒》第一二回:"王伦自此方才肯教林冲坐第四位",适堪连类。……俗语所谓"终算等到这一天"。(《管锥编》,第519页)

对"乃今然后"这四个字,钱锺书便有非常独到的解读:其一,"曲传踌躇迟疑、非所愿而不获已之心思语气",将使用此俗语的人的心态纤毫毕现地表达出来;其二,若不如此使用,"则祗记事迹而未宣情蕴",完全不能表达使用者的内心感受,"未宣情蕴",真乃至评。其三,举俗语所谓"终算等到这一天",这是一个极为恰当的诠释例子,将等待这一时机的发起者那种快意、满足的心态完全表达出来了。俗语在表情达意方面,往往能起到以一敌百的效果,恰当而又简练。

再看一例:

> 俗情我慢自大,异族非种,每遭鄙讪,人地之号变为品藻之目;如清代俗语谓人或事饰伪无实曰:"西洋景一戳就穿"……(《管锥编》,第820页)

"西洋景一戳就穿"这一俗语,在晚清至民国时期极为流行,钱锺书指出这一俗语使用过程中的情感表达为"俗情我慢自大,异族非种,每遭鄙讪,人地之号变为品藻之目",这是一种对异族文化的情感表达,与晚清封建帝国的自闭心态完全相匹配。可见,俗语中自有大天地。

三、《管锥编》俗语分类论

依据《管锥编》所涉俗语的内容,粗略分为五个种类:生活、修身、情爱、国外俗语、不常见或消失的俗语。情同其他种类的划分,这些俗语划分不是对钱锺书俗语使用的一个穷形尽相的区划,而只是为分析钱锺书俗语使用的清晰图景提供一种较为便捷的描述。

(一)还原生活经验类俗语

俗语是生活经验的还原、总结,钱锺书引用此类俗语较多,这使得《管锥编》浓厚的学术气息里,充满了生活味。《管锥编》如《谈艺录》一样"虽为赏析之书,实忧患之作",甚至有比《谈艺录》更为浓厚的"忧患意识",这种忧患意识,不一定就是惯常所理解的对苦难的预警,对不虞之事的防范,同样是一种对待生活的姿态,一种对生活经验的总结。总结生活经验,俗语既精练,又生动,更深刻。

如下述《管锥编》中的例子:

死于安乐,眚疾有益,尤为出世法惯语。(《管锥编》,第359页)

顾炎武《日知录》卷二七、杭世骏《订讹类编》卷一、胡鸣玉《订讹杂录》卷四等皆本《汉书》"击鲜"以释《史记》"不鲜"之"鲜"为新鲜之食,谓《史记》语意乃"数见不烦击鲜",顾氏并参俗语"常来之客不杀鸡"。(《管锥编》,第549页)

倘依俞氏,两"道"字均指"言词",则一事耳,"道可道"即"言可言",与一一得一、以水济水,相去几何?"言可言,非常言":语大类冯道门客避府主名讳而诵《五千文》之"不敢说可不敢说,非常不敢说";义殆等"逢人只说三分话"、"好话说三遍,听了也讨厌",变老子为老妪矣!(《管锥编》,第640页)

督君谟不教啮镞法,俗语谓之"留一手",即《学记》所讥:"教人不尽其材",郑注:"谓师有所隐也",孔疏:"恒恐人胜之,故不尽其道也。"(《管锥编》,第1150页)

卷一二《后妃传》下元帝徐妃"以帝眇一目,每知帝将至,必为半面妆以俟,帝见则大怒而出";则妻憎夫貌,有意揭短触忌,以为戏弄,其"咄咄逼人",远过于参军"危语"之"盲人骑瞎马"矣。(《管锥编》,第1260页)

吾乡俗语谓人之不足倚恃者,亦曰"灯草拐杖"。(《管锥编》,第1505页)

按即老子所谓:"高者抑之,有余者损之"(参观《周易》卷论《系辞》之九),亦即俗语之"树大招风"。(《管锥编》,第1715页)

皆有佛性,则悉成佛,既具佛性,则易成佛,犹夫"万事具备,只欠东风";……(《管锥编》,第2080页)

周婴《卮林》卷三、翟灝《通俗编》卷二八考俗语"对牛弹琴",……周密《齐东野语》卷一四记蒙师姚镕作《喻白蚁文》:"告之以话言而勿听,俗所谓'对马牛而诵经'",则古尚别有此谚,以马伴牛,以读经易鼓簧。古希腊常语:"驴聋不能听琴",或云:"驴听琴,母猪听角";或云:"向驴耳唱歌";……(《管锥编》,第2082页)

以上九例,都显示出一种活泼泼的生活经验。民众的知识非常质朴,知道过于安乐,会使人失去斗志而置人于死地,乃人生之大"忧患",而小有挫折使人总处于活力状态,将有益于人生,后来的"生于忧患,死于安乐"之所以能如此深入人心,理由是一样的。"常来之客不杀鸡",更透着生活味儿,是民众待客心理的最好表达。"逢人只说三分话",是对人的一种戒防心理,"话到嘴边留半句"、"逢人且说三分话,未可全抛一片心",都表达同一种防人心理;"留一手"是民间师徒关系的一种典型描述,很能表达师傅的私心,"教一路,留一路,就怕徒弟打师傅",心理全同;而"盲人骑瞎马",钱锺书此处文意虽然以字面义产生戏谑感,但毫无疑义,这一俗语在现代生活中广为流传,表达的是双重危险,甚至是多重危险,因为"盲人骑瞎马,夜半临深池"是一体的,这一俗语是对多重危险的防范心理的一种表达;饶有趣味的是钱锺书所引家乡的俗语"灯草拐杖",将人的不足凭信形容得至为恰当;"树大招风",情同"人怕出名猪怕壮",都指人不可太招摇;"万事俱备,只欠东风",是妇孺皆知的俗语,表示一切准备妥当,只差最后一个关键环节;"对牛弹琴"现在同样流行习见,表达的是交流的无效,人所尽知。

俗语表达生存状态,也自有不可替代的贴切。如下例:

"愿言思伯,甘心首疾。"按王国维论柳永《凤栖梧》:"衣带渐宽终不悔,为伊消得人憔悴",以为即《伯兮》此章之遗意……今俗语有曰"伤脑筋",西语复称事之萦心撄虑者曰"头痛"或"当头棒",均此意。(《管锥编》,第169页)

此处的"伤脑筋",正是现在极其流行的一句俗语。"伤脑筋"虽然只三字,但含义极广,既表示遇上棘手之事、难解之问题,又有如钱锺书所说的"萦心撄虑"之情,等等,各种困境中人,都可以使用此语以自嘲。其实,俗语正代表了一种对生活的理解,正因为这种理解如此之深,所以俗语似乎有极强的适应性,能在多种情境里使用,这种使用就是维特根斯坦所说的语言的使用。

对日常生活境遇的揭示,是生活类俗语最主要的特征,钱锺书引用的生活类俗语,有很多就具有如此功能,如下例:

"岂不怀归,王事靡盬,我心伤悲。……不遑将父。……不遑将母"……后世小说、院本所写"忠孝不能两全",意发于此。《毛诗》中只一见,《韩诗》则屡见,且加厉而为悲剧性之进退维谷,生死以之。(《管锥编》,第226页)

《新五代史·唐臣传》之一二故人子弟谓郭崇韬曰:"俚语曰:'骑虎者势不得下'";……《后汉书·儒林列传》上:"孔僖叹曰:'若是所谓画龙不成反为狗者'";《马援传》书诫兄子曰:"所谓画虎不成反类狗者也。"(《管锥编》,第515页)

钱锺书以上所引俗语中,"忠孝不能两全"、"骑虎难下"、"画虎不成反类犬",都是常见俗语,现在的流布面也很广。钱先生首先指出了这些俗语的源头,然后对其类同的表现形式也进行了考察,如"骑虎"与"乘龙"都喻难下之意。当然,这三句俗语最终都对人的生存困境进行了形象的揭示,当下使用这三句俗语也正当此用。

表达生活与处世态度,也是生活类俗语的重要功能,例如:

"灵修"不仅心无思虑,万事不理,抑且位高居远,下情上达而未由,乃俗语"天高皇帝远"耳。(《管锥编》,第902页)

杜光庭为道流巨子,而尝作《迎定光菩萨祈雨文》,至云:"急难告佛,实出微诚!"(《全唐文》卷九三四);即所谓"抱佛脚"也,盖"急难"求雨,不顾门户之见矣。(《管锥编》,第1052页)

"嗔来把笑迎"犹《水浒》第二七回："自古嗔拳输笑面"或《五灯会元》云台因禅师语："嗔拳不打笑面"，而《中州集》卷七载王革一联："赤心遭白眼，笑面得嗔拳"，则愤慨之词。高承《事物纪原》卷九记"江淮之俗，每作诸戏，必先设'嗔拳'、'笑面'。"（《管锥编》，第 1096 页）

"天高皇帝远"，一般都以之示不在权力控制、掌控范围之内，但钱先生进行了化用，将"天高皇帝远"的引申义去掉，而光大其本义，即离皇帝很远。用"天高皇帝远"来形容隐居避世、远离权力，也是其意义之一种。"临时抱佛脚"、"嗔拳不打笑面"，都是坊间习见俗语，其义易见。

（二）修身与气度

正如下文论述谚语时会说道，中国有着独特而意味深长的修身文化，表现这种文化的形式多种多样，谚语、俗语、流行语，便是习见的样式。

在《管锥编》中，钱先生要么引文中提及这样的俗语，要么自己直接征引这样的俗语，如下述诸例：

"象曰：君子以慎言语，节饮食"；《正义》："祸从口出，患从口入。"……诸如此类，皆斤斤严口舌之戒而弛口腹之防，亦见人之惧祸遍于畏病，而处世难于摄生矣。（《管锥编》，第 42 页）

《太平广记》卷二一六《张璟藏》条引《朝野佥载》云："准相书：猪视者淫。"俗说由来旧矣。古希腊、罗马亦以壮豕、羸豕等词为亵语，与周祈《名义考》卷一〇《猪犯》所言"巴"字同义；近世西语称淫秽之事曰"豕行"。顾豕不仅象征色欲，亦复象征食欲。（《管锥编》，第 49 页）

当世英美俚语径称服某种麻醉药为参"立地禅"；"立地"如"立地成佛"之"立地"，谓登时也。注引詹姆士等人所意计不及矣。（《管锥编》，第 796 页）

《李固言》（出《摭言》）不晓人事，亲表戏于其头巾上帖文字云："此处有屋僦赁。"按法俗语嘲无智者亦云："渠头中有屋召租。"（《管锥编》，第 1099 页）

张君观教曰："颜文中'回残钱'、'回残银'之语，吾乡口说尚云然；如馈物数色，不尽受，其却还者曰'回残'。"是也。顾禄《清嘉录》卷三《犯人香》条："庙祠司香收神前残蜡，复售于烛肆，俗呼'回残蜡烛'。……"（《管锥编》，第 1342 页）

按《博物志》卷九、《搜神记》卷一二言"落头民"头飞时"以耳为翼"，语诞而有理。吾国及意大利俗语呼耳大而外耸曰"招（扇）风耳朵"，体物揣称，用意正同；……（《管锥编》，第1354页）

西方古称人之有定力而不退转者为"方人"，后来称骨鲠多触忤之人为"棱角汉"，当世俚谈亦呼古板不合时宜为"方"，皆类吾国唐、宋之言"方头"，……（《管锥编》，第1474—1475页）

贾让《奏治河三策》："夫土之有川，犹人之有口，治土而防其川，犹止儿啼而塞其口。"……；《说林训》："譬犹削足而适履，杀头而便冠也"，亦可连类，前喻尤成惯语。（《管锥编》，第1529页）

《论语·里仁》"观过斯知仁矣"，皇侃《义疏》引殷仲堪说："直者以改邪为义，失在于寡恕；仁者以恻隐为诚，过在于容非，是以与仁同过，其仁可知"；西方习语所谓"长处之短处"。（《管锥编》，第1667页）

《西游记》第七五回唐僧四众行近狮驼洞，太白金星报妖精拦路，孙行者欲邀猪八戒协力降魔，谓之曰："兄弟，你虽无甚本事，好道也是个人。俗云：'放屁添风'，你也可壮我些胆气"；又第八三回沙僧劝八戒"助助大哥，打倒妖精"，亦曰："虽说不济，却也放屁添风。"正肖英俚语："老妪小遗于大海中，自语曰：'不无小补！'"（《管锥编》，第1974—1975页）

上述诸例中，"祸从口出，患从口入"，或者"祸从口出，病从口入"，都是民间惯语，既戒人严口腹之欲，又戒人逞口舌之欲而招致祸患。"猪视者淫"或"豕行"，都形容人只顾身体享乐，而内心世界荒疏，即便在当代，与猪有关的语句都多含此贬义。"招（扇）风耳朵"之俗语也是与猪相关联的一句俗语，形容人耳大无当，耳朵与身体比例失调，嘲谑意味很浓。用"立地禅"俗语，本例钱先生引用是为了形象地说明"立地"乃"登时"之意，但"放下屠刀，立地成佛"这一俗语，现世流行，劝诫人立即放弃现时的恶行恶习，便能走向佛的境界。法国俗语"渠头中有屋召租"，经钱先生解释，形容内心粗陋、愚钝无智，极为贴切。"回残"现在在某些地方还流行，如湖南的某些地区，但更多指信仰义而言。"方头"、"方脑"，寓意不合时宜不知变通，"长处之短处"正俗语所谓"尺有所短，寸有所长"，都易于理解。"防民之口甚于防川"，多指统治者的钳口政策，不尊重民意而最后导致严重后果，这似乎看起来与修身关联不大，但引申一步，完全可以引申至统治者的治国修为处于一个极低的水平,才导致政荒国乱,历代乱国败国之君,有几人能有令人满意的内在修为? 所谓修身与治国,完全是关联在一起的。而"削足适履",与"方头"、"方脑",同样都可指不知变通不合时宜。

(三)情爱

钱先生《管锥编》中有关"情爱"的俗语,都是机智风趣、充满着幽默味道的。钱先生的幽默感,在关于男女情爱问题上,往往能得到更多的表现。反之,钱先生也正好利用有关情爱的俗语、谚语、流行语、笑话等,以张扬自己的幽默感。

如下述诸例:

点化禅藻,发抒绮思,则撩逗而不可即也,犹云"甜糖抹在鼻子上,只教他餂不着"(《水浒》第二四回),或"鼻凹儿里砂糖水,心窝里苏合油,餂不着空把人拖逗"(《北宫词纪外集》卷三杨慎《思情》),是为心痒之恨词。(《管锥编》,第65—66页)

夫情之所钟,古之"士"则登山临水,恣其汗漫,争利求名,得以排遣;乱思移爱,事尚匪艰。古之"女"闺房窈窕,不能游目骋怀,薪米丛脞,未足忘情摄志;心乎爱矣,独居深念,思骞产而勿释,魂屏营若有亡,理丝愈纷,解带反结,"耽不可说",殆亦此之谓与? 明人院本《投梭记》第二〇出:"常言道:'男子痴,一时迷;女子痴,没药医'";……(《管锥编》,第163页)

则左、右史可以徇私曲笔(参观《困学纪闻》卷一《中说·问易》条翁元圻注),而"内史"彤管乃保其"不掩"无讳耶? 骊姬泣诉,即俗语"枕边告状",正《国语》作者拟想得之,陈涉所谓"好事者为之词"耳。(《管锥编》,第272页)

济慈咏古器上绘男女欲就而未即之状,谓"彼其之子爱将永不弛,彼姝者子色复终不衰",盖涵两意。一犹俚语所谓:"偷着不如偷不着","许看不许吃"。(《管锥编》,第2370页)

"甜糖抹在鼻子上,只教他餂不着"真"心痒之恨词",正是后面的俗语"偷着不如偷不着"、"许看不许吃"的极好注释,事实上,这些俗语都成为男女欢爱时的心理状态描绘的常用语。"饭不沾匙,睡如翻饼"、"男子痴,一时迷;女子痴,没药医",都能让人在会心一笑之后,深觉其描绘之形象贴切。"枕边告状",或者说"吹枕边风",都是常用俗语,其义易见。

（四）不常见或湮没不存的俗语

很多俗语，在流传一定的时间后，会逐渐消失，或者不再流行。并不是所有的俗语都会有一个很长很长的生命期，从《左传》开始的时代一直延续到当今。语言的消失、死亡，是一个很复杂的过程，是一种正常的语言现象。

研究已经消失或不再流行的方言俗语，不仅能带给语言研究以启发，接近语言发展的真相，而且对民俗学等学科从语言切入文学、文化研究大有裨益。布鲁范德在《美国民俗学》第四章"俗语和俗名"中说："民俗学家感兴趣的是，群体中方言的使用，民间文学作品中过时的方言形式的保留，民间文学在口传过程中发生的语言变化。"布鲁范德所言，或者能让我们理解钱先生为何对已经消失或不再流传的俗语感兴趣，也能启发民俗研究者更多关注这样的俗语。

下面引述的钱先生所言及的俗语，在当下都不传或不流行了：

"豺狼从目，往来侁侁些"；五臣注："从、竖也。"按《大招》亦云："豕首从目。"陆佃《埤雅》卷四："俗云：'熊黑眼直，恶人横目'"；"从目"即"眼直"也。（《管锥编》，第968页）

李渔《十二楼》之五《归正楼》第五回："俗语道：'趁我十年运，有病早来医'"；《聊斋志异》会校会注会评本卷八《医术》但评："语有云：'乘我十年运，有病早来医'"；皆即医运之谓。（《管锥编》，第1146页）

王嘉《拾遗记》卷六记郭况家"悬明珠于四垂，昼视之如星，夜望之如月，里语曰：'洛阳多钱郭氏室，夜月昼星富无匹'"；释书添出燃灯泪出一节，情事遂细致。（《管锥编》，第1160页）

元稹《桐花》："非琴独能尔，事有谕因针"，与《游仙窟》盖用同一俗语。（《管锥编》，第1414页）

"今典州郡者，自违诏书，纵意出入。每诏书所欲禁绝，虽重恳恻，骂詈极笔，由复废舍，终无悛意。故里语曰：'州县符，如霹雳；得诏书，但挂壁。'"（《管锥编》，第1599页）

《典论·太子》："里语曰：'汝无自誉，观汝作家书！'言其难也。"按黄宗羲《南雷诗历》卷三《与唐翼修广文论文》："至文不过家书写，艺苑还应理学求。"（《管锥编》，第1666页）

《后村大全集》卷一九二《饶州州院推勘朱超等为趙死程七五事》：

"官吏急于狱成,逐鹿而不见山。提刑司亦只见录本。……当职初亦信之,今索到州县狱欺兰亭真本,然后知狱未尝成,囚未尝伏。"可与《词林摘艳》句合观,亦流传俗语之古例。"当职"即后世所谓"本官"。(《管锥编》,第1765页)

"蒙荣"者,俗语所谓"附骥"、"借重"、"叨光";"济伟"者,俗语所谓"牡丹虽好,绿叶扶持","若非培塿衬,争见太山高"(参观《太平广记》卷论卷二一八《吴太医》)。(《管锥编》,第1890页)

诸如"熊罴眼直,恶人横目"、"洛阳多钱郭氏室,夜月昼星富无匹"、"非琴独能尔,事有谕因针"、"州县符,如霹雳;得诏书,但挂壁"、"汝无自誉,观汝作家书"这些俗语,如果不是借助相关的释义,我们几乎都不易理解其含义,也不太会认定其为俗语。

而"趁我十年运,有病早来医","当职"、"附骥"、"借重"、"叨光"、"若非培塿衬,争见太山高"、"人在世间,日失一日,如牵牛羊,以诣屠所,每进一步,而去死转近",这些我们还能见出其基本含义,而且"俗"的味道也不淡,并且有些还在流传,但与"枕边告状"、"吹枕边风"等相比,其流行度则大为逊色。当然"牡丹虽好,绿叶扶持"在现代生活中是经常出现的。

第三节 "古无虚谚,不可不察也":
《管锥编》引谚、涉谚通检

古无虚谚,不可不察也,……(《管锥编》,第621页)

钱锺书嗜用谚,这一以贯之地体现在钱氏所有的作品中,而钱氏研究者很少发现钱锺书的这一面,正如很少有人具体而微地去总结钱锺书与民俗事象之间的关系一样。

《围城》是进入国人审美世界最深的钱氏作品,特别是这一经典作品影视化后,借助现代传播媒介,与国人更加贴近。"围城"已经成为象征男女婚姻状态的一个代称,钱锺书是将一法国谚语进行移植而生成这一经典作品的标题的,这一点钱氏在《围城》中有夫子自道,可资参照。钱锺书将这一法谚进行跨文化移植,以形容男女婚姻的胶着状态,国人可能忘了"围城"这一标题的生母是法谚,但从国人的接受效果来看,"围城"已在中国谚语化了,国人习用之,早就将之视为本土化的谚语式语词了。

据笔者粗略统计,《谈艺录》一书最少有 15 处引用谚语,如《谈艺录》二"黄山谷诗补注附论比喻"之"水清方见两般鱼"、"酿得蜜成花不见"①;《谈艺录》三"王静安诗"之"过缑门勿言索"②;《谈艺录》一九"荆公诗注"之"卵未抱而早计雏数"③;《谈艺录》四三"施北研遗山诗注"之"白头种桃"④;《谈艺录》六十"隋园非薄沧浪"之"简短与静默比邻"⑤,等等,兹不一一列举,于《谈艺录》读有会心者,自然深识于心。

《谈艺录》引谚诸处,有两例值得深究。其一为《谈艺录》三"王静安诗"之"过缑门勿言索"之谚,钱氏不仅指出严复《愈壄堂诗》卷上《复太夷继作论时文》一首五古起语"吾闻过缑门,相戒勿言索",喻新句贴,而且指出严复此句源于直译西谚,而非出自子史,继而指出"'过缑门勿言索'之谚,意、法、西、德、英各国都有",对这一谚语的普泛运用及特点有一个考证式论述,正体现了钱锺书的治学风格。此处予人之启示为:钱锺书使用谚语有一个跨文化的宏大背景,不是在一种文化语境中来审视谚语这一语言现象,而是用考据溯源式探究进行跨文化审视。其二为《谈艺录》五二"钱萚石诗",论钱载"好以乡谈里谚入诗,而自加注释,如《莳门口号》之'修娍''白相'",并指出钱载此举"又似放翁惯技"。⑥ 此处予人之启示为:里谚入诗,是陆游、钱载诸人常用的写诗策略,此又为知识分子重俗重谚之传统的又一明证。

在《七缀集》之《读〈拉奥孔〉》这一名文里,钱锺书在第一节文字中的见解,用于钱氏重谚之例证,殊为妥适,文虽较长,但实是精当,不弹其长,兹部分引用如下:

在考究中国古代美学的过程里,我们的注意力常常给名牌的理论著作垄断去了。……一般"名为"文艺评论史也"实质"是《历史文艺界名人发言纪要》,人物个个有名气,言论常常无实质,倒是诗、词、随笔

① 钱锺书:《谈艺录》,三联书店 2007 年版,第 66 页。
② 钱锺书:《谈艺录》,三联书店 2007 年版,第 90 页。
③ 钱锺书:《谈艺录》,三联书店 2007 年版,第 238 页。
④ 钱锺书:《谈艺录》,三联书店 2007 年版,第 481 页。
⑤ 钱锺书:《谈艺录》,三联书店 2007 年版,第 646 页。
⑥ 钱锺书:《谈艺录》,三联书店 2007 年版,第 585 页。

里,小说、戏曲里,乃至谣谚和训诂里,往往无意中三言两语,说出了精辟的见解,益人神智;把它们演绎出来,对文艺理论很有贡献。也许有人说,这些鸡零狗碎的东西不成气候,值不得搜采和表彰,充其量是孤立的、自发的偶见,够不上系统的、自觉的理论。不过,正因为零星琐屑的东西易被忽视和忘记,就愈需要收拾和爱惜,自发的孤单见解是自觉的周密理论的根苗。……试举一例。前些时,我们的文艺理论家对狄德罗的《关于戏剧演员的诡论》发生兴趣,写文章讨论。这"诡论"的要旨是:演员必须自己内心冷静,才能惟妙惟肖地体现所扮角色的热烈情感,他先得学会不"动于中",才能把角色的喜怒哀乐生动地"形于外";……中国古代民间的大众智慧也早觉察那个道理,简括为七字谚语:"先学无情后学戏。"狄德罗的理论使我们回过头来,对这句中国老话刮目相看,认识到它的深厚的义蕴;……我敢说,作为理论上的发现,那句俗话并不下于狄德罗的文章。①

首先,钱先生便指出,"中国古代美学的过程里"充斥着空而无当的连篇废话,读来令人乏味。然后,钱先生指出所谓短制文字的益神启智之功用:"倒是诗、词、随笔里,小说、戏曲里,乃至谣谚和训诂里,往往无意中三言两语,说出了精辟的见解,益人神智;把它们演绎出来,对文艺理论很有贡献。"此处,读者绝不可忽视的是钱先生在重点突出"谣谚"更具如此功效。最后,钱先生引中国的七字谚语"先学无情后学戏"呼应狄德罗的"诡论",更指出"那句俗话并不下于狄德罗的文章",即以今之眼光,寥寥几字的俗谚,便胜却长篇理论文章无数。钱锺书在《管锥编》里说古无虚谚,不可不察,他既如是言,亦如是行。

一、生活类

《管锥编》引谚条目极多,据笔者粗略统计在 116 条以上。有些地方虽然没有直接给出谚语的具体内容,即谚体,但涉及谚语某些层面论述的也不在少数。加上《谈艺录》、《七缀集》等作品中所使用的谚语,构成了一个庞大的谚语族群,充分显示了钱锺书对谚语的嗜爱及驾驭的熟练程度。

《中国谚语集成》这一大型谚语总集在编纂过程中,拟定了《中国谚语

---

① 钱锺书:《七缀集》,三联书店 2002 年版,第 33—35 页。

集成编辑细则》,将谚语分成八类进行编目:时政类、事理类、修养类、社交类、生活类、自然类、生产类、其他类,这是谚语分类较为通行的标准。以此标准对钱锺书所引用语进行分类,也不无妥帖,因而,下面对钱氏引谚归类即参照此标准,粗分为:生活类、事理类、时政类、社交类、修养类、其他类。当然,这种划分的边界是模糊的,而不是一清二楚判若黑白的,做这样一种粗疏之划分,纯粹是为了能对钱氏的引谚族群看得更清晰一点。

(一)释"都"与"长舌破家"

《管锥编》涉生活类谚语 45 处,生活类谚语是钱锺书引用最多的,起居饮食,人伦日常,正俗世样态,众生主题,在生活中,为概括日常生活经验,生活类谚语容易产生,使用也最为多。生活类谚语多,不仅说明民间喜爱,而且说明谚语正是维特根斯坦所言"语言"在于其使用,生活类谚语数量多且流传广,就是因为这是老百姓天天都用到、时时都想到的"群众哲学",因而极有生命力。

此处需稍作说明的是,为论述与翻检之便,将钱锺书所涉谚语进行编号,谚1、谚2、……是也,下文之引例便按这一编号规则展开。

下文即详论之。

谚1:《管锥编·毛诗正义》第 33 则"有女同车":

"彼美孟姜,洵美且都";《传》:"都,闲也。"……杨慎《太史升庵全集》卷四二、七八本此意说《诗》曰:"山姬野妇,美而不都",又据《左传》"都鄙有章"等语申之曰:"闲雅之态生,今谚云'京样',即古之所谓'都'。……村陋之状出,今谚云'野样',即古之所谓'鄙'";……(《管锥编》,第 183—184 页)

钱锺书此处释"都"字而引杨慎言谚,引杨慎谚又殊为贴切。杨慎号升庵,诵记之博,著述之富,有明一代无出其右。杨慎出入经史、诗文、书画、训诂、名物,涉猎极广,载录庞富。商务印书馆"万有文库"辑《升庵全集》计 8 册 81 卷,以民俗学眼光来看,之中辑录民俗内容丰赡,如卷 51"歇后"、卷 71"女巫"与"神荼"、卷 72"古今语言"以及《周礼》注,都民俗意蕴厚重。而其所编纂《古今风谣》、《古今谚》则是最重要的民俗文献,历代民俗研究者在研究民间歌谣与语言民俗时,都无法绕开杨慎辑作。所以,钱锺书引杨慎谚来作为注释依据,非常恰当。在后文,钱锺书又征引了杨慎的《古今谚》,下引谚 2 即是。

谚 2:《管锥编·周易正义》第 13 则"蛊":

《讼》:"长舌乱家,大斧破车。"……杨慎《古今谚》载《易纬》引古语:"跛马破车,恶妇破家"及"一夫两心,拔刺不深";……周婴《卮林》卷五《正杨》纠《古今谚》,却未及此;冯惟讷《古诗纪》卷一〇、孙谷《古微书》卷一五辗转因承。(《管锥编》,第 858 页)

钱氏释"都"字,引向"美义",引向"城乡、贵贱之判",将《诗》中原本淳朴后经千百年流转已显得古奥的诗句释义,又拉向了现实生活。杨慎所言之谚是民间活泼的语言,易于理解,"京样"相当于现代的"北京范儿",完全是老百姓的生活语言。而钱释"长舌乱家,大斧破车"此语,又引杨慎《古今谚》载《易纬》引古语,这一引用意义更大。其一,钱氏所释"长舌破家",早已传诵而成习谚,现在在民众生活中仍广为流传,表达民众对搬弄是非者的嘲讽态度,"长舌破家"之谚能长行不灭,正如维特根斯坦所说"语言在于其使用"之一解。其二,指出杨慎《古今谚》引谚的一个来源,是《易纬》所引古语"跛马破车,恶妇破家"及"一夫两心,拔刺不深",虽然钱锺书指出杨慎所引"实则此四句均出《易林》",杨慎误引,辗辗因承,鲜有察者,但这里明显指出了谚语生成的一个法则,即源于《易纬》、《易林》等民间信仰成分浓厚的作品。纬书对民俗的影响,在绪论部分的知识分子重俗传统中已有论及,不再赘述,《周易》、《易林》的民俗意蕴的宏观把握,也在第一章总论的"十书民俗意蕴的宏观把握"中论及。这里需要指出的是,谚语的生成可以有多种方式,民俗性强的作品更易接近民间,其中的某些成分很容易相传成习谚,并且长流不竭。其三,钱氏指出杨慎所载四句出自《易林》,正好指出了《易林》的一个重要民俗特征,其不仅为"四言诗"之祖,更是习谚生成的一个重要来源。《易林》民间易的特征非常明显,在民间有极好的传播效果,之中的很多内容能流畅地转化为民俗内容,谚语即是如此。如下所引即为其例:

《益》:"去辛就蓼,苦愈酷毒,不思我家,避井入坑,忧患日生。"……去辛就蓼、避井入坑、匿谷遭虎、避蛇遇虎四喻中之第二最流行,……(《管锥编》,第 859 页)

"去辛就蓼、避井入坑"等,现在都流行于民间,成为重要的谚语。

钱氏对"京样"这一谚语之来历与使用过程也有一个简考,《敦煌掇琐》二四《云谣集·内家娇》为其源,而刘禹锡、赵德麟、苏轼、陆游等人的化用又是其使用过程之描述。"京样"即使用于现时社会,也很好理解。

(二)与"婚恋"关涉谚

下述谚3—10与婚恋相涉,归入一个小的子类而论之。

谚3:《管锥编·毛诗正义》第47则"七月"释"春日迟迟,采繁祁祁,女心伤悲,殆及公子同归"句:

> 丁绍仪《听秋声馆词话》卷一一:"俗谚:'管得住身,管不住心',周济《虞美人》衍之曰:'留住花枝,留不住花魂'"。(《管锥编》,第222—223页)

谚4:《管锥编·史记会注考证》第15则"外戚世家":

> 各国俗谚或谓婚姻天定,或谓配偶如扯签拈阄,多不胜举,殆非偶然矣。(《管锥编》,第483页)

谚5:《管锥编·焦氏易林》第5则"蒙"释"乌飞无翼,兔走折足,虽欲会同,未得所欲":

> 吾乡俗谚所谓:"正要做亲[结婚],大胖牵[腿抽]筋"(沈起凤《文星榜》第九出、《伏虎韬》第一六出亦有此谚,词小异而亵),亦言紧要时刻偏不得力,误事扫兴也。(《管锥编》,第833页)

谚6:《管锥编·焦氏易林》第5则"蒙"释"乌飞无翼,兔走折足,虽欲会同,未得所欲":

> 《何典》第九回:"那刘打鬼正要想跑,不料夹忙头里膀牵筋起来,弄得爬滩弗动。"盖苏、常、沪等地皆有此谚。(《管锥编》,第833页)

谚7:《管锥编·太平广记》第200则(《太平广记》卷四六九):

> 志怪而可以风世;盖事过乃克豁悟,局外则能洞观,当时身处其境者固迷昧也。明人院本《琴心记》第二九出:"后妻之溺好浇饭吃";……西方古谚:"所爱之妇矢不臭秽",……(《管锥编》,第1349页)

谚8:《管锥编·太平广记》第200则(《太平广记》卷四六九):

> 秦观《淮海集》卷一二《眇娼传》:"谚有之:'心相怜,马首圆'";视觉如此,嗅觉亦尔。既情眼出西施,自复情鼻出香妃,惟爱所丁也。(《管锥编》,第1350页)

谚9:《管锥编·太平广记》第211则(《太平广记》卷四九○):

> 《法苑珠林》卷六五引《五无返复经》有妇丧夫不哭,梵志怪而问

之,妇说喻言:"譬如飞鸟,暮宿高林,同止共宿,伺明早起,各自飞去,行求饮食;有缘即合,无缘即离。我等夫妇,亦复如是",常谚"夫妻本是同林鸟,大限来时各自飞",当出于此。(《管锥编》,第1368页)

谚10:《管锥编·全上古三代秦汉三国六朝文》第83则"全三国文卷三三":

> 《万机论》:"语曰:'两目不相为视。'昔吴有二人共评主者,一人曰:'好!',一人曰:'丑!',久之不决。二人各曰:'尔可求入吴目中,则好丑分矣!'夫士有定形,二人察之有得失,非苟相反,眼睛异耳。"按即俗谚"情眼出西施"、"瞋人易得丑"之旨。(《管锥编》,第1707页)

谚3中所提及的丁绍仪《听秋声馆词话》,实际上论"周济止庵词"条时引两谚:"语云:'管得住身,管不住心。'又云:'丢了青竹杖,忘了弄蛇时。'皆俗谚也。教授衍为虞美人后结云:'留住花枝,留不住花魂。'又云:'才得春晴,都不记春寒。'读之清隽轻圆,初不觉其意在讽刺。"①

而钱锺书只引其一,略去其二,并非随意。两谚对照,第一谚当然更贴切"七月"诗意,这是原因一;原因二是"管得住身,管不住心"语更简、更口语化,更便于大众使用,传播效果亦更佳。维特根斯坦说语言的意义在于使用,不便于使用的语言很快就会死去,此又一证明。

谚4"婚姻天定",同样是使用极为广泛的谚语。这一谚语,实质是表明了民众对不可把捉力量的一种态度,也是对婚姻偶然性特质的一种揭示。

谚5、谚6有两个明显特征:其一是现实性,是钱锺书家乡俗谚,"吾乡俗谚所谓:'正要做亲[结婚],大胖牵[腿抽]筋。'"当然,这一俗谚同样有流变发展的历史,因为乾隆时剧作家沈起凤之剧作中便有此谚,至钱锺书时流传已经很长时间了,但流传中出现流变:一是"词小异",面貌有变化;二是"亵"义,意义彻底翻转,现在使用的意义是"紧要时刻偏不得力,误事扫兴也",完全是贬义。其二是地域性,"盖苏、常、沪等地皆有此谚",这一谚要是不加解释,非苏、常、沪等地的人便有可能不懂而不得其旨,地域性特征非常明显。

谚7、谚8在《管锥编》中同出,都是表明爱人及物。但两谚引用自有其特点。谚7是古谚,谚8出自宋秦观《淮海集》,也历时久远,且现在似不流

---

① 唐圭璋编:《词话丛编》,中华书局1986年版,第2713页。

行。秦观《淮海集》、《眇娼传》(参阅《淮海集笺注》卷二五)讲述一个独眼妓女的故事。本应无人喜欢的独眼妓女,他乡遇故知,有一少年为其痴狂,其理由是:"自余得若人,还视世之女子,无不余一目者。夫佳目,得一足矣,又奚以多为!"竟以独目为美,视其他女人都多一只眼睛!所以,文末秦观有一段精当议论:"前史称刘建康嗜疮痂,其门下二百人,常递鞭之,取痂以给膳。夫意之所蔽,以恶为美者多矣,何特眇倡之事哉?传曰:'播糠眯目,则天地四方易位。'余尝三复其言而悲之。"①

所以,秦观引谚8与谚7看似关联不大,因为"心相怜,马首圆"完全可以理解为"只要心里喜欢,就觉得马脸也是圆脸",可能唐宋风尚,以肥为美,圆脸即丰满之象征,所以喜欢即为美,但实质完全有一致之处,即以恶为美。谚7与谚8,钱锺书在《管锥编》中使用时大的语境是相同的。

谚9指出了"常谚'夫妻本是同林鸟,大限来时各自飞'"的出处:来自佛典!钱锺书此处指出了谚语生成的又一来源,即佛教等宗教与民间密切接触后,佛典中的诸多话语会成为民俗资源。佛教与民俗,关系密切:"因为佛教典籍有一个普遍特点,就是为了吸引民众,常常采用通俗的寓言故事或生动的譬喻阐发教义,这样,民间文学就与佛教结下了不解之缘。"②正因为佛教与民间关系如此密切,其中的很多警语,完全有可能生成谚语,并且会长时段流传,谚9即说明了这一点。

谚10的两条谚语:"情眼出西施"、"瞋人易得丑"不仅产生年代较远,而且流传极广,现代人常挂嘴边。

上述诸谚,都与恋情、婚姻有关联。婚恋乃人生之常事,亦人生之大事,恋人如漆似胶或小有隔阂,夫妻恩爱抑或反目为仇,这样的情景剧天天在上演。正因为婚恋为俗世常事,所以,与婚姻有关的谚语不仅数量多,而且流传广,这正是俗世男女人伦日常的一种特定的文化表达。

(三)与"食"相关谚

自谚11—17诸谚,与食、客相关,捉置一处论之。

谚11:《管锥编·左传正义》第58则"昭公二十八年(一)":

魏子曰:"吾闻诸伯叔,谚曰:'惟食忘忧。'"按此谚殊洞达情理。

① [宋]秦观撰,徐培均笺注:《淮海集笺注》,上海古籍出版社2000年版,第822—823页。

② 王向远:《东方文学史通论》,上海文艺出版社1994年版,第147页。

有待之身,口腹尤累,诗人名句"切身经济是加餐"(张问陶《乙巳八月出都感事》之四),所以传诵。(《管锥编》,第 395 页)

谚 12:《管锥编·左传正义》第 58 则"昭公二十八年(一)":

塞万提斯书第二部第五五章引谚:"肚子吃饱,痛苦能熬"尤贴切"惟食忘忧"。(《管锥编》,第 396 页)

谚 13:《管锥编·史记会注考证》第 41 则"郦生陆贾列传":

《汉书·楚元王传》穆生所云:"醴酒不设,王之意怠",俗谚所云:"人无千日好,花无百日红。"(《管锥编》,第 550 页)

谚 14:《管锥编·老子王弼注》第 17 则"祸福倚伏":

《晋书》卷七五《王湛等传·论》:"亦犹犬羴腴肥,不知祸之将及";……美俗谚有云:"猪肥即其厄运";口腹小故,不妨继安石为解《老》也。(《管锥编》,第 710 页)

谚 15:《管锥编·焦氏易林》第 5 则"蒙":

后四林即《乐府诗集》卷四九《西乌夜飞》曲所云:"目作宴填饱,腹作宛恼饥",俗谚谓之"许看不许吃","眼饱肚里饥"。(《管锥编》,第 832 页)

谚 16:《管锥编·全上古三代秦汉三国六朝文》第 66 则"北方寒而其人寿":

李治《敬斋古今黈》卷五:"《潜夫论》曰:'小儿多病伤于饱',然此言但知节食耳,不知衣食之丰,亦受病之源也。俗谚有之:'小儿欲得安,无过饥与寒';……"吾乡谚亦云:"若要小儿安,常带三分饥与寒",与范寅《越谚》卷上等所载全同。(《管锥编》,第 1640 页)

谚 17:《管锥编·全上古三代秦汉三国六朝文》第 213 则"百一":

陶弘景《肘后百一方序》:或后世俗谚:"夜饭少吃口,活到九十九",西方亦有古谚:"食宜少,夜食宜更少。"(《管锥编》,第 2227 页)

民以食为天,食是人间大事。特别是在中国,饮食文化源流极长,内涵丰富,同时,几千年的历史发展,又与饥荒并行,"食"又更显得极为重要。所以,关于食的谚语,在中国非常多。

谚 11 的"唯食忘忧"之谚,出自《左传》卷 52"昭二十八年":

退朝,待于庭。馈入,召之。比置,三叹。既食,使坐。魏子曰:"吾闻诸伯叔,谚曰:'唯食忘忧。'吾子置食之间三叹,何也?"

"唯食忘忧"这一古谚,钱锺书给了一个非常有修辞技巧的解释:"岂能以愁肠而尽废食肠哉?"也就是说再忧愁,也不能废掉吃饭,正可谓"饿死事大,其余事小",《荷马史诗》中奥德修斯曰:"吾虽忧伤,然思晚食。吾心悲戚,而吾腹命吾饮食,亦可稍忘苦痛。"即是这一谚语的异域呼应,正如钱锺书所说的"荷与魏子引谚契会"。

而在《左传》中,魏子引谚只可理解为"吃饭要忘掉忧愁",故吃饭时不能叹气,在《礼记》中已有对这一礼仪的规定,如《礼记正义》卷二"曲礼上第一":"毋抟饭,毋放饭,毋流歠,毋咤食,毋啮骨,毋反鱼肉,毋投与狗骨,毋固获,毋扬饭,饭黍毋以箸,毋嚃羹,毋絮羹,毋刺齿,毋歠醢。客絮羹,主人辞不能亨。客歠醢,主人辞以窭。濡肉齿决,乾肉不齿决,毋嘬炙。"《礼记正义》卷三"曲礼上第一":"当食不叹。"这与钱锺书对谚语的阐释完全是一个相反的意思,但钱锺书旧题新解,更符合"民以食为天"的食尚原则。因此,钱锺书亦评价此谚"殊洞达情理",是有感而发的。

谚12借塞万提斯引谚重申谚11之观点,谚16"许看不许吃","眼饱肚里饥",讲的是"不能吃"或者"没有吃","唯食忘忧"讲的是要吃,同样是对"吃"的看法。谚13由食之"鲜"与"不鲜"进而言及"食之'不鲜'又由于人之'不鲜',频来长住,则召慢取怠",此处钱锺书说的是常来之客则主人会慢怠,引俗谚"人无千日好,花无百日红"可以附会,但似欠妥帖,"人无千日好,花无百日红"在现时的意义,当指人在旅途,不可能总是一帆风顺而无跌宕,总会遇有挫折。所以,以之解释"频来长住,则召慢取怠"这一说法,还是钱氏在前文提到的俗语"常来之客不杀鸡"更为理顺词畅。

谚14所言美俗谚"猪肥即其厄运",本可归入动物谚,因为使用这一谚的语境都是与"饮食"相关,故归入"食"这一子类中亦未尝不可。钱锺书对异域谚语的关注度非常高,并且能理解其精义,化入学术致思之中。理解一种语言,最高境界就是理解这种语言中的方言俗语俚谚,其钱氏之谓乎!

谚16、谚17所引谚语,实质上言及了食之度与饮食原则。关于小儿的饮食问题,钱锺书引两条谚语,一是"小儿欲得安,无过饥与寒",二是钱锺书自己家乡的俗谚:"若要小儿安,常带三分饥与寒。"这两条俗谚,是朴素但长效的育儿经,这里面既有科学的育儿之道,又有民众于子嗣养育重视精神意志培养的一面。若要小孩身体健康,不宜让小孩吃得过饱,反观现时儿童肥胖现象越来越严重,这一谚语是否应该对现代父母有所启发呢?让小孩适量穿少一点,增强小孩的抗寒能力进而增强其体质,也应该是一种好的锻炼方法,又反观我国现代的孩子身体素质普遍下降,易感冒易生病,与父母过分关注孩子穿着、没让孩子受到应有的锻炼紧密相关。"劳其筋骨,饿其体肤,空乏其身",这一原则不仅适于成人身心之健康成长,也是育儿的重要经验,目的是"苦其心志"——培养吃苦耐劳精神;"增益其所不能"——增强体质;身体与精神,双重锻炼,双管齐下,生命就应该受到打磨才能健康成长,正是此谚的内在含蕴。

同时,钱锺书提到谚16中的谚语与范寅《越谚》所载全同,既示此谚渊源有自,又示此谚行世之久。

谚17的俗谚"夜饭少吃口,活到九十九",西方亦有古谚:"食宜少,夜食宜更少。"这一俗谚流传极广,据钱氏说法,亦流传极古。关于"夜食"的原则,宜少吃,这已是公论。虽然吃是大事,但吃有方法,有限度,有健康考虑,这才是真正有质量的"吃",完全不可等同于胡吃海塞,饕餮无度。

(四)"动物"主题谚

谚18—25是以动物为主题的谚语,归入一类。

借动物以发挥,并非民间故事、传说、寓言、童话所专擅,也是民间谚语习用之手段,以下8谚正是以动物为现身说法,将民众智慧表现出来。

谚18:《管锥编·左传正义》第51则"昭公十一年":

> 按《韩非子·扬权》篇:"为人君者,数披其木,毋使枝大本小,枝大本小,将不胜春风。"西谚则谓狗不能掉尾而尾将掉狗。(《管锥编》,第382页)

谚19:《管锥编·焦氏易林》第4则"屯":

> 以猿为喻,犹西谚之以猫为喻(The cat falls on its feet)。……法国文家高谛叶(Gautier)自夸信手放笔,无俟加点,而字妥句适,有如掷猫于空中,其下堕无不四爪着地者。(《管锥编》,第831页)

谚20:《管锥编·焦氏易林》第23则"大壮":

> 西方古谚云:"前临绝壁,后有恶狼"。一诙诡小说中主翁言:"吾忽见一狮当路,惊骇欲僵,回顾身后则赫然有巨鳄在;避而右,必落水中,避而左,必坠崖下。"(《管锥编》,第874页)

谚21:《管锥编·焦氏易林》第29则"渐":

> 苏辙《栾城集》卷一《次韵子瞻闻不赴商幕》第一首:"闭门已学龟

头缩,避谤仍兼雉尾藏",自注:"雉藏不能尽尾,乡人以为谤";……吾乡谚亦有:"藏头野鸡,缩头乌龟",一自信为人不能见己,一示人以己不敢见人,撮合之巧,冥契栾城。观此林则汉人已云然矣。(《管锥编》,第 882 页)

谚22:《管锥编·太平广记》第 6 则(《太平广记》卷八):

张德彝《八述奇》光绪二十九年七月二十六日记:"吾人尝有俗谚云:'猫认家不认人,狗认人不认家。'"(《管锥编》,第 991 页)

谚23:《管锥编·太平广记》之第 19 则(《太平广记》卷三九):

宋世已入俗谚;王楙《野客丛书》卷二四:"今谚有'唤狗作乌龙'语",《说郛》卷四四章渊《槁简赘笔》:"俚语云:'拜狗作乌龙'。"(《管锥编》,第 1014 页)

谚24:《管锥编·太平广记》第 188 则(《太平广记》卷四四〇):

严元照《柯家山馆遗诗》卷四《咏猫》之五:"我欲试君洗面,今朝有客来无",正指《杂俎》所引"俗言";忆德国亦有谚,称猫自舐须乃人客过访之兆。(《管锥编》,第 1324—1325 页)

谚25:《管锥编·太平广记》第 188 则(《太平广记》卷四四〇):

张德彝《八述奇》光绪二十八年九月十四日记:"天下各国风土人情有迥异者,有相同者,有迹同而义异者。如中西国虽不信谶纬,而大小各船亦必有鼠方敢远驶,不则虑遭沉裂,是又目鼠如福神矣。"此又英谚"鼠不恋破舟"之别解也。(《管锥编》,第 1325—1326 页)

谚18 之"西谚则谓狗不能掉尾而尾将掉狗",此谚以狗为喻,曲折表达的则是一种逆向思维方式,表达对某些异常现象的看法。此类谚语有如禅家偈语,看似平淡,实则奇崛。狗与尾,是一物之不同部分,但两者力量对比悬殊,狗不能离尾而去,但尾可以离狗,以喻事物富有戏剧性变化,对现实中弱小力量最后牵制强大力量是一个极好的形容。以狗言事者,还有谚 23 的"唤狗作乌龙"、"拜狗作乌龙",出自王楙《野客丛书》与《说郛》,宋世已入俗谚,可见此谚生成时间之早。狗为乌龙,这在民间传说的一节有论及,都是民间对狗的一种看法,表达人对狗的感情。

谚19 言及猫,与民间说法"猫有九命"其理一揆,而钱锺书巧妙地与英国哲学家洛克戏作《叫春猫》诗、法国文家高谛叶自夸之言进行关联,旧谚又生发出新意,钱锺书用谚,有很大一部分就是因巧妙关联而生发新意的。

谚 24 德谚"猫自舐须乃人客过访之兆",与严元照《咏猫》诗相对照,并言及《杂俎》,中外谚语的类同对比,是钱锺书引谚、用谚的一个重要特征,探究的是中西俗文化中的相似、类同之处,体现人类审美的共通之处。

有意思的是,钱氏引谚,又有同时言及猫与狗的,即谚 22"猫认家不认人,狗认人不认家",这里既是动物习性的一种描述,亦是对人情世事的一种看法。猫认家不认人,民间说法是猫只享富贵不能共贫贱,所以只认家,不认人;而狗则是忠诚的动物,无论贫贱,对主人不离不弃。这里表面言动物,实则言人事,表达人对忠诚友谊的渴求。

谚 25 提及英谚"鼠不恋破舟",指出这是中西俗信类同之处。《美国民俗学》作者也提及另一谚"船沉鼠先逃",亦是从民俗信仰角度提出来的,如果目"鼠如福神",则归入俗信殊为有理。但实际上两谚均是民众生活的一种总结,无鼠之船,肯定有危险即将来临,这是一种对生活的观察与把握,是生活经验,与俗信无涉。

谚 20 以狼为喻,指人临深履薄,进退失据;谚 21 实为"掩耳盗铃"之解,两谚都在现实生活中广有流传。

(五)"钱谚"

谚 26—29 是与"钱"相关的谚语,归入一类。

这四则引谚非常有意思,均出自钱锺书集中论及"钱"的章节。钱锺书先生因为自己姓"钱",故总有关于"钱"的妙论行世,本书"绪论"部分已经提到钱锺书拒绝被重金收购自己批注的《牛津词典》的逸事。钱锺书又喜欢将"钱"与"圆"关联起来,所以,他女儿的名字叫钱瑗,瑗与圆谐音,杨绛为世人所熟悉的著作《我们仨》的封面设计,即取此意构图。

谚 26:《管锥编·史记会注考证》第 57 则"货殖列传":

> 钱圆故转,各国谚都有,而法国谚独面面俱到:"钱形圆所以转动也,而钱形又匾所以累积也",盖兼明"流行"与"束聚"之相反相成矣。(《管锥编》,第 611 页)

谚 27:《管锥编·史记会注考证》第 57 则"货殖列传":

> "夫用贫求富,农不如工,工不如商,刺绣文不如倚市门。"按《汉书·货殖传》以此为谚语。(《管锥编》,第 614 页)

谚 28:《管锥编·太平广记》第 102 则(《太平广记》卷二四三):

> 法国一文人引波斯谚"钱可买鬼",驳之曰:"大不然!尚有送钱之

方式在";补笔庶无剩义。(《管锥编》,第1164页)

谚29:《管锥编·全上古三代秦汉三国六朝文》第113则"全晋文卷四七":

> 吾乡有俗谚:"象牙筷配穷了人家","配"者、"搭配",他物称是也。英人曰:"雨过天青磁器配穷了人家",亦此意。(《管锥编》,第1796页)

钱锺书在《史记·货殖列传》论"财币欲其行如流水"一节言及谚26、谚27,在论及《管锥编·太平广记》《张延赏》"钱至十万贯,通神矣!无不可回之事"句时涉谚28,而这一意思早见于钱锺书论《史记·货殖列传》,谚29则是《管锥编·全上古三代秦汉三国六朝文》之113则论傅玄《傅子·校工》"尝见汉末一笔之枥,雕以黄金,饰以和璧,缀以随珠,发以翠羽。此笔非文犀之植,必象齿之管,丰狐之柱,秋兔之翰;用之者必被珠绣之衣,践雕玉之履。由是推之,其极靡不至矣"时论及。这几则谚语实质可构成一个整体。

论"财币欲其行如流水",钱锺书从如下层面切入分析。

第一,引司马迁《平准书》:"太史公曰:'虞夏之币,……或钱、或布、或刀'";并征引如淳、司马贞等注:"布于民间也;名钱为刀者,以其利于民也;钱本名泉,言货之流如泉也;布者,言货流布;刀者,钱也,以其形如刀,故曰刀,以其利于人也。"言钱如泉,以利而言刀,都有新意且合情理。

第二,引《汉书·食货志》下"钱圜函方。……利于刀,流于泉,布于布,束于帛",孟康、李奇等注:"外圜而内孔方也;束,聚也。"出现外圆内方等对钱的描绘,且有"束"即聚义附加于钱上。

第三,引《全晋文》鲁褒《钱神论》:"钱之为体,有乾有坤,内则其方,外则其圆,其积如山,其流如川。……钱之为言泉也,其源不匮,无远不往,无深不至。"鲁褒《钱神论》为奇文,是写钱最传神的篇章之一,钱锺书多处言及《钱神论》,极为欣赏。如所引,钱已经进入乾坤的范畴,包举宇内,牢笼百态,钱真为神。

第四,引《金瓶梅》第56回西门庆论财所谓"兀那东西是好动不好静的",如流水之动,圆转不息,西门庆一语,也能直指钱之本质。

第五,又引亚当·斯密《原富》喻"钱之流通为圆转如轮",以及德国哲学家形容"言钱之体用在乎流动不居,其形圆,即长转之象",钱与圆的关系变得特别亲密了。

第六,即谚26,钱锺书调用谚语资源以资辅证。

第七,对鲁褒之语进行阐释,借以申述己意:"知钱之'内则其方,外则其圆',而承之曰'其积如山,其流如川',亦谓圆行方止,圆缘宜转而方孔便串,'流行'于外与'束聚'于内交互为用也。钱本刀形,'故曰刀';'利民'之说,乃望文生义。"

第八,以《太平御览》卷836引《风俗通》所言"'钱刀'、俗说害中有利。'利'傍有'刀',言人治生率多得钱财者,必有刀剑之祸也",申述钱与刀的关系,利之旁,必有刀在,亦是警示之意。

第九,引陈继儒《岩栖幽事》之说:"李之彦尝玩'钱'字傍,上着一'戈'字,下着一'戈'字,真杀人之物而不悟也。然则两'戈'争'贝',岂非'贱'乎?"又将两"戈"牵扯入钱与利之论,确实为旧题新解,很有意思。

第十,引《虞初新志》卷20汪价《三侬赘人广自序》之语:"余与汉阳李云田偶遍汴市,见有争钱而相搏者。云田曰:'古人名钱曰刀,以其铦利能杀人也;执两戈以求金谓之钱,亦以示凶害也。'余曰:'……执两戈以求贝谓之贱,执十戈以求贝,则谓之贼而已矣!执戈者,贪必济以酷也。'"也是对钱与利关系有新意的发挥。

以上十层引用,对"钱"此物之解读,淋漓尽致,启人心智。钱锺书用谚,都是利用谚之惊警与简洁,一语中的的直指问题要害,能为自己观点的论证起到最有说服力的作用。以俗入雅,雅中掺俗,钱氏所惯引,其中道理,即取其说理透辟易为人接受之功能。

谚27同出自《管锥编·货殖列传》,谚的本质即"重商主义",要想脱贫求富,须重商。

谚28实则是"有钱能使鬼推磨"这一谚语的另一版本,其意义不言自明,不须再阐述。而钱锺书围绕这一主题所引述的其他文献,则极有意思,不嫌拖沓,一并引述:

第一,引《太平御览》卷36杜恕《体论》所言:"可以使鬼者,钱也;可以使神者,诚也",钱能使鬼,但并未言及磨。

第二,引鲁褒《钱神论》之"有钱可使鬼,而况于人乎"之句,将人不可拒绝金钱诱惑凸显出来。

第三,引《金瓶梅》第57回西门庆之语"咱闻西天佛祖也只不过要黄金铺地,阴司十殿也要些楮镪营求;咱只消尽这些家私,广为善事,便强奸了嫦娥、和奸了织女",西门庆语言鄙野,极尽嘲谑,但也直指人心。

谚29是钱锺书家乡谚语,意思为力有不逮而勉强为之,则事必得其反。

(六)与"梦"、"心"相关涉谚

谚30—33是与梦、心相关的谚语,因梦与民间信仰中的预知、征兆关联紧密,实为一揆,故归入一类。

谚30:《管锥编·列子张湛注》第4则"梦有六候":

> 叶子奇《草木子》卷二下:"梦之大端二:想也,因也。想以目见,因以类感;谚云:'南人不梦驼,北人不梦象',缺于所不见也"(《张协状元戏文》亦有此谚);……(《管锥编》,第752页)

谚31:《管锥编·列子张湛注》第4则"梦有六候":

> 《醒世姻缘传》四四回薛素姐梦凶神破胸换其心,惊叫而醒,母问知,因慰之曰:"梦凶是吉。好梦!我儿别害怕!"西俗亦同,其旧谚(Dreams go by contraries)可征;……(《管锥编》,第759页)

谚32:《管锥编·左传正义》第20则"文公元年(一)":

> 然荀子言"形不胜心"乃谓相恶心善,无害为君子,而相善心恶,无害为小人;吴氏则谓:"谚曰:'有心无相,相逐心生,有相无心,相逐心灭'。此言人以心相为上也。故心有三十六相"云云,乃世俗"修心补相"之说矣。(《管锥编》,第324页)

谚33:《管锥编·太平广记》第89则(《太平广记》卷二一六):

> 《药地炮庄》卷六《田子方》天界觉杖人评引谚:"脑后见腮,莫与往来",可补释"过颐"则其人"不仁"。(《管锥编》,第1141页)

谚30与谚31,同出《管锥编·列子张湛注》之4"梦有六候",所言均是与梦候有关者。梦候本是与民间信仰的"预知"密切相关的,故置于民间信仰中详论。此处两谚,第一谚指出梦以现实为依据,梦中所见之物,均生活事象,"南人不梦驼,北人不梦象",因南方无驼,北方亦无象,无具体生活作为支撑,梦亦无理据;第二谚即常说的"梦凶则喜",反向以推,是占梦者常用之手法,并且,围绕反梦以占,会衍生出诸多民间传说、故事,这又是民俗事象互相粘连、牵合无间的显例。

心相之术,千百年不衰,上自帝王,下至百姓,多有喜好者。心相还是属于"预知"中的一种,也是一种俗信。谚32即现在常说的"相随心生",道理其实简单,人的心理变化必在外貌上得以体现,心变则相变,此中并无多少玄机。谚33则是面相说中的一个具体例子,"脑后见腮"为猪相,人讨厌猪,应是普遍现象,《管锥编·太平广记》之第89则一节所举诸例,如裴珪姜赵氏相,《战国策·齐策》所言"太子相不仁,过颐豕视",法俗语嘲顾视淫荡者曰"有猪眼",都说明了人大概都不喜欢猪。钱锺书在《管锥编》中的其他地方还论及猪是最少入画的动物,又是人不喜欢猪的一个例证。

(七)与"医"相关的谚语

谚34—35是与医有关的谚语,归入一类。

谚34:《管锥编·史记会注考证》第42则"扁鹊仓公列传":

> 马迁乃以"巫"与"医"分背如水火冰炭,断言"巫"为"不治"之由,识卓空前。……《汉书·艺文志》、《隋书·经籍志》三言医之"拙者"、"鄙者"反本伤生,皆引谚曰:"有病不治,常(恒)得中医";"不治"谓不求医人治病。(《管锥编》,第555页)

谚35:《管锥编·太平广记》第138则(《太平广记》卷三二一):

> 忆吾乡旧有谚:"喫唾不是药,到处用得着";小儿为虫蚁所啮,肌肤痛痒,妪媪涂以唾沫(old wives' remedy),每道此语。是唾兼巫与医之用矣。(《管锥编》,第1245页)

谚34中所言及的"巫"、"医"关系,自古时一直延续到当下,信巫是民间俗信的重要内容,信医是科学的范围,巫与医,迷信与科学,冰炭相憎,又难解难分,信巫不信医者,现在亦多有人在。谚34的观点是信医,若不信医,病情恶化,那就得长期与医相伴。不过,正如钱锺书后面引刘克庄诗语"术庸难靠医求效,俗陋多依鬼乞怜","人不信医,亦因医多不足信也。"如果以钱锺书此处所论反观当代医界诸怪现状,则有"诚哉斯言"之慨。钱氏文字,多有直指现实人心世道者,用谚即如此,说钱著《管锥编》没有观点者,都是没有真正读通钱锺书之作品者,正如钱锺书所言:"没有真正看懂我的书。"

谚35又是钱锺书引家乡俗谚为说法。这一谚语不仅在江苏一带流行,湖南等地亦有此谚,看来,唾沫当药,治蚊虫叮咬,在江湖流传颇广。

(八)其他类生活谚语

谚36—45是不太便于归类者,置于生活类谚语的最后。

谚36:《管锥编·左传正义》第40则"襄公二十四年":

今世英美俚俗，见人所为有异平日，如悭吝者忽慷慨，亦曰："此乃将死之变态。"葡萄牙旧谚谓人之忽改宿习素行者云："隐隐发死尸臭"，亦此旨。(《管锥编》，第361页)

谚37：《管锥编·焦氏易林》第9则"泰"：

"捕鱼遇蟹"即罗愿《尔雅翼》卷三一引渔者谚所谓："网中得蟹，无鱼可卖。"皆所得非所求，而或则过望，或则失望，或则"钓敌"。(《管锥编》，第846页)

谚38：《管锥编·焦氏易林》第9则"泰"：

《大畜》之《丰》："钓鲤失纶，鱼不可得"；胥《易·旅》之六五所谓"射雉，一矢亡"，即俗谚之"赔了夫人又折兵"、"偷鸡不得反失米"。(《管锥编》，第847页)

谚39：《管锥编·焦氏易林》第26则"益"：

《萃》："往来井上，破瓮坏盆。"按即扬雄《酒箴》："观瓶之居，居井之眉；处高临深，动常近危，身提黄泉，骨肉为泥"；今谚所谓："瓦罐终于井上破。"西谚亦谓："吊桶常下井，损边又折柄。"(《管锥编》，第879页)

谚40：《管锥编·楚辞洪兴祖补注》第5则"九歌(三)"：

黄遵宪《日本杂事诗》一〇七首"弹尽三弦诉可怜"云云，自注："旧有谣曰：'倡家妇，若有情，月尾三十见月明，团团鸡卵成方形。'"正取"不可能事物"为喻。黄氏笔妙，译词俨若吾国古谣谚矣。(《管锥编》，第919页)

谚41：《管锥编·太平广记》第64则(《太平广记》卷一七〇)：

《姚元崇》(出《明皇杂录》)张说悔恨曰："死姚崇犹能算生张说！"按《三国志·蜀书·诸葛亮传》裴松之注引《汉晋春秋》："百姓为之谚曰：'死诸葛走生仲达。'或以告宣王，宣王曰：'吾能料生，不能料死也！'"(《管锥编》，第1092页)

谚42：《管锥编·太平广记》第67则(《太平广记》卷一七五)：

《清异录》卷三《衣服》引谚："阑单带，选埝衫，肥人也觉瘦岩岩"，即言带之柔弛貌。(《管锥编》，第1095页)

谚43：《管锥编·太平广记》第90则(《太平广记》卷二一八)：

按冯梦龙《古今谈概》卷三二引此则，按语云："谚讥苏人为'空心头发',是未检段成式语。北人有以'空发'嘲余者,余笑谓曰:'吾乡毛发玲珑,不似公等七窍俱实。'"以"空发"讥"苏意"之华而不实,明季书中习见。(《管锥编》,第1143页)

谚44:《管锥编·太平广记》第114则(《太平广记》卷二五八):

范成大《吴船录》卷下:"云绕山腹则雨,云鬐山顶则晴,俗谓'庐山戴帽,平地安灶;庐山系腰,平地安桥。'"盖莫非直寻,岂须拆补古语哉。(《管锥编》,第1190页)

谚45:《管锥编·太平广记》第125则(《太平广记》卷二八四):

戏剧及小说每有此情节,班·琼生称为"交错求情",近人或谓之"连锁单相思";窃以为不妨名曰"鹅笼境地"。……西方谣谚亦道此境地。(《管锥编》,第1222页)

谚36所引葡萄牙旧谚谓人之忽改宿习素行者为"隐隐发死尸臭",由于文化差异,我们现在对这一谚语理解起来较为困难。但结合钱锺书言及此谚的语境,可知这是对人异常行为的一种描述,正与中国之"鸟之将死,其鸣也哀;人之将死,其言也善"有同趣,两者相映发,有助于理解。

谚37与谚38同出,谚37所言"网中得蟹,无鱼可卖"之谚,现在或不传,理解起来亦有困难,但与谚38合观,则易知其意。"赔了夫人又折兵"、"偷鸡不得反失米",都是现代习见之谚。

谚39所引"瓦罐终于井上破"以及西谚"吊桶常下井,损边又折柄",都是以生活中习见之事来言事明理。

谚40黄遵宪《日本杂事诗》一〇七首"弹尽三弦诉可怜"云云,自注:"旧有谣曰:'倡家妇,若有情,月尾三十见月明,团团鸡卵成方形。'"正取"不可能事物"为喻。黄氏笔妙,译词俨若吾国古谣谚矣。

谚41的"死诸葛走生仲达"虽现在已不常见,但诸葛亮则是一个民间非常熟悉的名字,是一个代表智慧与计谋的符号,所以,此谚也含有对诸葛亮计谋的赞许。谚42"阑单带,迭垛衫,肥人也觉瘦岩岩"也不习见,不过借助钱先生的解释,我们还能隐见其义。谚43"空心头发"据钱先生介绍,其老家现在仍流行,谚44的"德俚语"里所说的天象,民间类似的谚语很多。谚45所说的西方谣谚所道的"斧斫境地",也是习见的现象,表明事物轮回,起点即终点。

二、事理类

《管锥编》中涉及事理类谚语从谚 56—76 计 31 处,仅次于生活类谚语,在《管锥编》所引谚语中占的比例极大。

依钱锺书所用事理类谚之内容,粗将其分为三类:谚之理、事理之理、心理之理。谚之理是钱锺书对谚语的看法或有关谚语的理论,事理言物事,心理言人心人情。钱锺书在《管锥编》中多次言及心理与事理,并且指出两者交纠,不可截然划分,如《管锥编·周易正义》第 1 则"论易之三名":

> 心理事理,错综交纠:如冰炭相憎、胶漆相爱者,如珠玉辉映、笙磬和谐者,如鸡兔共笼、牛骥同槽者,盖无不有。(《管锥编》,第 4 页)

即言心理事理错综纠结,不可绝对分开。因而,本节的划分也是粗疏之分,是为了对钱锺书事理类谚有一个更为清晰的把握。

(一)"摭拾西谚,论允喻切":谚之"事理"

谚 46:《管锥编·周易正义》第 12 则"革":

> 词令每正言若反,欲盖弥彰,如旧谑埋银地下而插标其上曰:"此处无银",或西谚讽考究字源曰:"草木丛生,谓之'光风',以其蒙密不通光漏风也"。(《管锥编》,第 52 页)

谚 47:《管锥编·周易正义》第 27 则"革":

> 坤之为母,则西方亦有地媪之目,德国谈艺名家早云,古今语言中以地为阴性名词,图像作女人身。干之为马,西方传说乃大异;或人考论谣谚风俗,断谓自上古已以马与妇女双提合一。(《管锥编》,第 96 页)

谚 48:《管锥编·史记会注考证》第 58 则"太史公自序":

> 然此特亡、弑之数耳;欲明马迁之意,当求之《韩非子·备内》篇引《桃左春秋》曰:"人主之疾死者,不能处半",又《奸劫弑臣》篇曰:"谚曰:'厉怜王',此不恭之言也。虽然,古无虚谚,不可不察也,此谓劫杀死亡之主言也。……"(《管锥编》,第 621 页)

谚 49:《管锥编·老子王弼注》第 3 则:

> 严复评点《老子》二〇章云:"非洲鸵鸟之被逐而无复之也,则埋其头目于沙,以不见害者为无害。老氏'绝学'之道,岂异此乎!"摭拾西谚,论允喻切。(《管锥编》,第 645 页)

以上四则,都言及"谚"的某方面之功能。谚 46 之"或西谚讽考究字源",三字言谚:讽、考、究。谚语讽喻时弊是其基本功能,易于理解;考,可考人心,可考物事,如本节所说的考字源即其例;究,虽然与考可以合观,但究亦可另作理解,如以谚穷究道理。总之,讽、考、究三字各有所重。

谚47 谣谚风俗之说,即是传统的"谣"、"谚"关系密切之描述,很多时候"谣"、"谚"是不分的,也不必分,如钱锺书在《管锥编》另一处即提到:

> 见于赋咏而几同谣谚,则有如杜牧《登池州九峰楼寄张祜》:"睫在眼前长不见,道非身外更何求";《宋诗纪事》卷九〇夏元鼎诗:"崆峒访道至湘湖,万卷诗书看转愚;踏破铁鞋无觅处,得来全不费工夫";……

(《管锥编》,第 698 页)

在《谈艺录》中亦申此意,并且具体到"折字"这一技巧:

> 古之谶记谣谚每托于折字,《文心雕龙·明诗》所谓:"离合之发,则萌于图谶。"①

但谣与谚在民俗语言研究细分的背景下,两者分途又是明显的。谣、谚两字既指出谣与谚的共生关系,同时又模糊了其界限,应该有区分。

谚47 又提到了谚与风俗,这也是谚的重要功能,以谚知俗与谚之讽世功能一样,都是谚语的基本功能。

谚48 之"古无虚谚,不可不察也"的引述,提出了一个重要的命题,即察谚是重要传统。《左传》便引谚极多,引谚当然是为了察谚。"古无虚谚"这一判断充分揭示了谚语的价值内涵,正因为其义不虚,都是实实在在的道理,所以,察谚才变得必不可少。钱锺书用谚如此之多,深得此理。

谚49 论及"撷拾西谚",这是要在中西文化交流日益频繁的条件下才会发生的,在钱锺书这一代学人身上最有条件实现引西谚的学术行为,在与钱锺书同辈的学人当中,撷引西谚,又在钱锺书身上体现得最为彻底,从本节所粗疏总结出的钱氏引谚数量即可看出。撷引西谚,必须要对西谚有透辟的理解,方可贴切引用,不然画虎不成反类犬,甚至因为对原文把握不到位而成为笑柄。

(二)"有本事而寓微旨":事情之理

谚50—63 共涉谚 14 处,以言事理为主。

谚50:《管锥编·毛诗正义》第 34 则"狡童":

---

① 钱锺书:《谈艺录》,三联书店 2007 年版,第 616 页。

其在考史、说教,则如由指而见月也,方且笑谈艺之拘执本文,如指测以为尽海也,而不自知类西谚嘲犬之逐影而亡骨也。(《管锥编》,第187页)

谚51:《管锥编·左传正义》第13则"僖公四年":

"尚犹"复重,正见词意之"郑重",谓熏不敌莸,十年而遗"臭"仍在,犹元曲《争报恩》第一折所谓"夜盆儿刷杀到头臊",或西谚之"鱼桶腥不退",乃指事物之实况;……(《管锥编》,第301页)

谚52:《管锥编·列子张湛注》第6则"汤问":

《庄子·刻意》:"夫有干越之剑者,柙而藏之,不敢用也,宝之至也。"……意大利古谚云:"物太好遂至于不足贵。"亦斯旨也。(《管锥编》,第780页)

谚53:《管锥编·焦氏易林》第1则"焦延寿易林":

"唇亡齿寒",《左传》僖公五年谚也,……(《管锥编》,第815页)

谚54:《管锥编·焦氏易林》第2则"乾":

意大利古掌故书亦有"捉狗牵尾"之谚,释者曰:"将遭其啮也",足相发明。(《管锥编》,第824页)

谚55:《管锥编·焦氏易林》第12则"豫":

又卷四四二《戏场獝》(出《酉阳杂俎》):"獝见虎,则跳入虎耳";今谚尚云:"老虎吃刺猬,无下嘴处。"(《管锥编》,第854页)

谚56:《管锥编·焦氏易林》第21则"离":

《蹇》之《坤》及《革》之《巽》:"兔聚东郭,众犬俱猎,围缺不成,无所能获";又言众强虽合,而谋之不熟,虑之不周,亦不保事之必成,未遽如德谚所谓"犬众则兔无逃命"。(《管锥编》,第870页)

谚57:《管锥编·太平广记》第27则(《太平广记》卷六八):

俗谚有之:"无新事可报,即是佳事可喜";野人涂说与哲士微言,若合符契。(《管锥编》,第1034页)

谚58:《管锥编·太平广记》第27则(《太平广记》卷六八):

亚里士多德尝引谚云:"人之善者同出一辙,人之恶者殊涂多方",……(《管锥编》,第1036页)

谚59:《管锥编·全上古三代秦汉三国六朝文》第8则"全上古三代文卷一〇":

英、法谚皆曰："庖人太多则败羹"，而德谚曰："庖人多则败羹"，词旨相等，有"太"不为增，无"太"不为减焉。（《管锥编》，第1406页）

谚60：《管锥编·全上古三代秦汉三国六朝文》第13则"全汉文卷一五"：

《晋书·李歆载记》泛称上疏："谚曰：'野兽入家，主人将去'；今狐上南门，亦灾之大也。"（《管锥编》，第1422页）

谚61：《管锥编·全上古三代秦汉三国六朝文》第17则"全汉文卷一九"：

英谚谓"明日遥无日"，西班牙以"明日"为否、却之词，犹"后"之涵"毋"、"不"。（《管锥编》，第1444页）

谚62：《管锥编·全上古三代秦汉三国六朝文》第38则"全后汉文卷一九"：

《左传》昭公二十年晏子："以水济水"；《庄子·人间世》："以火救火，以水救水"；《吕氏春秋·尽数》："以汤止沸"；《陆象山全集》卷三五《语录》："泥里洗土块"（陈亮《龙川文集》卷二○《答朱元晦秘书·癸卯通书》："如俗谚所谓'黄泥塘中洗弹子'耳"）；……（《管锥编》，第1560页）

谚63：《管锥编·全上古三代秦汉三国六朝文》第83则"全三国文卷三三"：

《万机论》："谚曰：'学者如牛毛，成者如麟角'，言其少也。"按蒋《论》中唯此语流传最广。（《管锥编》，第1707页）

《管锥编》言"事情之理"类谚语，具有如下层面的特征：

其一，有三例谚是至今仍极为流行的，即谚50"西谚嘲犬之逐影而亡骨"、谚53"唇亡齿寒"和谚55"老虎吃刺猬，无下嘴处"。"狗逐影亡骨"，喻舍本逐末，正不识大体者不明白之事理；"唇亡齿寒"，是《左传》中极为有名的一条谚语，喻两者关系密切，互不可离，一离另一即灭；"老虎吃刺猬，无下嘴处"谓无处下手，事情局面复杂，没有理路。此三谚几乎家喻户晓，是很有生命力的民俗语言。

其二，本节引国外谚语极多，又是一显著特征。谚50"犬之逐影而亡骨"、谚51西谚之"鱼桶腥不退"、谚52意大利古谚"物太好遂至于不足贵"、谚54意大利"捉狗牵尾"之谚、谚56德谚"犬众则兔无逃命"、谚57

"无新事可报,即是佳事可喜"、谚58 亚里士多德尝引谚"人之善者同出一辙,人之恶者殊涂多方"、谚59 英、法谚"庖人太多则败羹"与德谚"庖人多则败羹"、谚61 英谚"明日遥无日",共9处之多。这些谚语,除谚50外,谚52、谚54、谚58、谚59 都是常用谚,在现实中广为运用。谚51"鱼桶腥不退",虽然在中国同类谚语不多见,但与其义相同者则不乏其例,如"狗改不了吃屎的本性";谚56"犬众则兔无逃命"、谚57"无新事可报,即是佳事可喜"、谚61"明日遥无日"三例,易于理解,但在中国同类谚语不多见。

(三)刻写人心理之谚

以下谚语,重在对人心理的刻写,因而归入一类。

谚64:《管锥编·毛诗正义》第18则"旄丘":

"叔兮伯兮,襃如充耳";《笺》:"人之耳聋,恒多笑而已。"按注与本文羌无系属,却曲体人情。盖聋者欲自掩重听,辄颔首呀口,以示人耳心通。今谚则不言聋子,而言"瞎子趁淘笑",……就解《诗》而论,固属妄凿,然观物态、考风俗者有所取材焉。(《管锥编》,第145页)

谚65:《管锥编·左传正义》第6则"庄公六年":

明人院本《喜逢春》第三〇折载俗谚:"真是胖子过夏,插翅也飞不过去";吕留良《东庄诗集·伥伥集·寄晦木次旦中韵》之四:"安得床头生两翅,消磨今夜不能眠",正点化俗谚,不眠则长夜漫漫,愿得羽翼飞度。(《管锥编》,第289页)

谚66:《管锥编·焦氏易林》第5则"蒙":

又常谚:"儿必奇慧,方知父谁";均所谓"公不可知"、"子不知公"也。(《管锥编》,第835—836页)

谚67:《管锥编·焦氏易林》第6则"师":

拉丁文谚:"豕视豕美,狗视狗美,牛视牛美,驴视驴美";又:"苟相爱怜,癞蟆天仙";前一语即《易林》意,后一语则兼有《庄子》"孰知正色"及张衡《西京赋》"盛衰无常,唯爱所丁"意。(《管锥编》,第838页)

谚68:《管锥编·太平广记》第22则(《太平广记》卷五二):

刘昼《刘子·贵速》篇曰:"力贵突,智贵卒。……"《刘子》引谚早见《吕氏春秋·贵卒》篇。(《管锥编》,第1021页)

谚69:《管锥编·太平广记》第41则(《太平广记》卷九四):

《玄览》(出《酉阳杂俎》)题诗竹上曰:"欲知吾道廓,不与物情违;大海从鱼跃,长空任鸟飞。"按《全唐诗》失收,三四句传诵几成习谚,《五灯会元》卷四大随法真章次即引之。(《管锥编》,第1057页)

谚70:《管锥编·太平广记》第44则(《太平广记》卷九九):

二事可与谚"若依佛法,冷水莫呷"及剑南句"拍蚊违杀戒"参印。(《管锥编》,第1062页)

谚71:《管锥编·太平广记》第209则(《太平广记》卷四八七):

谚曰:"疑心自生鬼",此则"疑心自认龟"也。《国史补》卷中举时士患"心疾"者,有云:"李益少有疑病,亦心疾也。"(《管锥编》,第1363页)

谚72:《管锥编·全上古三代秦汉三国六朝文》第47则"全后汉文卷三六":

焦循《易余钥录》卷一二:"《列子·杨朱篇》引周谚云:'田父可坐杀',余则云:'学究可誉杀'";即路傍儿"快之"而致马力尽以死也。(《管锥编》,第1582页)

谚73:《管锥编·全上古三代秦汉三国六朝文》第138则"全晋文卷九七":

正合吾国旧谚所云:"先学无情后学戏"(见缪艮《文章游戏》二集卷一汤春生《集杭州俗语诗》、卷八汤诰《杭州俗语集对》)。盖造艺之通则常经,殊事一贯者也。(《管锥编》,第1880页)

谚74:《管锥编·全上古三代秦汉三国六朝文》第181则"全宋文卷六二":

周密《齐东野语》卷一四记蒙师姚镕作《喻白蚁文》:"告之以话言而勿听,俗所谓'对马牛而诵经'",则古尚别有此谚,以马伴牛,以读经易鼓簧。……原引亚理奥斯多(Ariosto)二语,稍变希腊成谚,非谓驴不解听琴,而谓驴不解鼓琴、驴与牛不解奏弹乐器,余译文不确。(《管锥编》,第2082页)

谚75:《管锥编·全上古三代秦汉三国六朝文》第181则"全宋文卷六二":

近世有讲学者自慨解人难索云:"如对母牛而讽咏古希腊名家之牧歌。"则犹宋谚"对马牛而诵经"矣。(《管锥编》,第2084页)

以上 12 条谚语,有些重出,都对人之心理的某些层面有所揭示。如谚 64 是对盲者或聋者心理的一种呈现,无所见或无所听者,其心理往往有单面化特征,这种单面化特征的面部表情就是"淘笑"。谚 65 所刻写的心理,正如钱先生所言"不眠则长夜漫漫,愿得羽翼飞度",形容时间漫长难度之心理。谚 66 则是一种普遍心理的揭示,"有其父必有其子"与其同意。谚 67 之拉丁文谚"豕视豕美,狗视狗美,牛视牛美,驴视驴美",正所谓情人眼里出西施。诸如此类,都是对人心理的一种描写,不必一一解会。

三、时政类

时政类谚语,是谚语家族中最为常见的一种。以中国而言,不管是专门的谚语收集文献,还是散见于其他典籍中的谚语,时政类谚语都是最常见的。

《管锥编》所征引的时政类谚语也为数甚巨,下面分类述之。

（一）暴露吏治黑暗

下述几则谚语,都与对吏治黑暗面的揭露有关。

谚 76:《管锥编·毛诗正义》第 20 则"北风":

"莫赤匪狐,莫黑匪乌";《传》:"狐赤乌黑,莫能别也";《正义》:"狐色皆赤,乌色皆黑,喻卫之君臣皆恶也。"按今谚所谓"天下乌鸦一般黑"。（《管锥编》,第 147 页）

谚 77:《管锥编·毛诗正义》第 57 则"楚茨":

聊举正史、俗谚、稗说各一则,为之左证。……明高拱《病榻遗言》记张居正阴倾害而阳保全,"俗言:'又做师婆又做鬼'";师婆、鬼神,"自做"、"又做",一身二任。（《管锥编》,第 259 页）

谚 78:《管锥编·史记会注考证》第 39 则"淮阴侯列传":

《游侠列传》引"鄙谚":"何知仁义?已享其利者为有德",张文虎《舒艺室随笔》卷四谓"已"当做"己",犹言"身"也;（《管锥编》,第 545 页）

谚 79:《管锥编·史记会注考证》第 55 则"佞幸列传":

"谚言:'力田不如逢年,善仕不如遇合',固无虚言。非独女以色媚,而士宦亦有之。"按此传亦征马迁创识,别详《毛诗》卷论《驷铁》。（《管锥编》,第 599 页）

谚80:《管锥编·全上古三代秦汉三国六朝文》第147则"全晋文卷一一三":

> 《钱神论》:"谚曰:'官无中人,不如归田';虽有中人,而无家兄,何异无足而欲行,无翼而欲翔?"……今谚曰:"朝里无人莫做官"或"朝里有人好做官"。(《管锥编》,第1939页)

"天下乌鸦一般黑",现在都是流行的谚语。特别是在吏治腐败的朝代,更多用于天下污吏横行,民无宁日。"又做师婆又做鬼",师婆即巫师,巫师捉鬼,复又做鬼,正同于"监守自盗",形容张居正"阴倾害而阳保全",也很贴切。《游侠列传》引"鄙谚",据前文"得饲则随新主,棒打不离旧主,斯又狗喻之两边矣"之意,以狗之两面讨好形容人唯利是图,正说明此谚之含义。谚79所谓"谚言:'力田不如逢年,善仕不如遇合'",钱先生指出这是士宦取媚上级以图上进,很显然,这是对"善仕不如遇合"一个有意思的引申。而谚80所说的今谚"朝里无人莫做官"或"朝里有人好做官",人皆熟悉,其含义不难理解。

(二)与战争相关之谚

以下三条谚语,都与战争有关。谚81所引德谚"战争之本旨较战争之方式为先",战争的本旨是杀敌,至于取何种方式,则无关宏旨。唐谚"太平本是将军致,不使将军见太平",正是"狐兔死,走狗烹"之义。谚83的"敌师若遁逃,为搭金银桥"说的是发战争财,也是战争变态性的表现。

谚81:《管锥编·左传正义》第28则"成公二年":

> 昭公五年,女叔齐对晋侯曰:"鲁侯焉知礼!是仪也,不可谓礼";二十五年,赵简子问揖让周旋之礼,子大叔对曰:"此仪也,非礼也。"合观愈明。德谚有曰:"战争之本旨较战争之方式为先。"(《管锥编》,第338页)

谚82:《管锥编·史记会注考证》第39则"淮阴侯列传":

> 韩信临死语正如李斯狱中上书云:"若斯之为臣者,罪足以死固久矣";即吴融《闲书》所谓"回看带砺山河者,济得危时没旧勋",或唐谚所谓"太平本是将军致,不使将军见太平",禅宗常用为机锋接引者也,……(《管锥编》,第543页)

谚83:《管锥编·全上古三代秦汉三国六朝文》第4则"全上古三代文卷五":

西方遂有谚曰:"敌师若遁逃,为搭金银桥",《堂·吉诃德》中即引之。(《管锥编》,第1387页)

(三)警示当政者之谚

钱先生《管锥编》中所用的时政类谚语,不乏给当政者以警示之例。

谚84:《管锥编·左传正义》第63则"定公十四年":

戏阳速曰:"大子无道,使余杀其母,余不许,将戕于余。若杀夫人,将以余说。余是故许而弗为,以纾余死。谚曰:'民保于信',吾以信义也";《注》:"使义可信,不必信言。"(《管锥编》,第403页)

谚85:《管锥编·老子王弼注》第11则"二八章":

即《左传》宣公十五年伯宗谏晋侯所云:"谚曰:'高下在心,川泽纳污,山薮藏疾,瑾瑜匿瑕';国君含垢,天之道也";使伯宗不言为"谚",说者殆将以伯宗为老氏之徒欤。(《管锥编》,第681页)

谚86:《管锥编·太平广记》第111则(《太平广记》卷二五二):

其他零星数句者如《鸡肋编》卷中载金人入寇谚、《词谑》载《傍妆台》咏薄酒、《谈概》卷二七载袁景文、诸理斋诗、《一夕话》卷二载嘲时少湾诗,更复不少。《南亭四话》卷八载顾立谦作狎客《自悔歌》亦用《千字文》四四句。(《管锥编》,第1178—1179页)

谚87:《管锥编·太平广记》第149则(《太平广记》卷三四二):

《独孤穆》(出《异闻录》)县主赠诗曰:"白刃污黄屋,邦家遂因倾,疾风知劲草,世乱识忠臣。"按"疾风"一联,已成后世常谚。(《管锥编》,第1263页)

谚88:《管锥编·太平广记》第157则(《太平广记》卷三六三)

《李哲》(出《通幽记》)乃投书曰:"谚所谓:'一鸡死,一鸡鸣',吾属百户当相报耳。"按王楙《野客丛书》卷二九考"今鄙俗语",有曰:"'一鸡死,一鸡鸣',此语亦有自也;观《前汉·郅都传》曰:'亡一姬,复一姬',疑是此意,讹'一姬'为'一鸡'耳";虽出附会,且失引《通幽记》,然足征宋世仍行此谚。冯梦龙《山歌》卷三《陈》:"一鸡死子一鸡鸣,啰见无鸡困杀子人!"更征斯语明末尚流传。"鸡死鸡鸣","亡姬复姬",即西谚:"先王千古! 新王万寿!",所从言之异路耳。(《管锥编》,第1272页)

谚89:《管锥编·全上古三代秦汉三国六朝文》第154则"全晋文卷一

三四"：

> 并世之人，每以当时之得失利钝判是非曲直，《庄子·胠箧》所谓
> "符玺"与"仁义"并窃，"诸侯之门而仁义存焉"，西谚所谓"山呼'胜利
> 者万岁'"！后世之人，自负直笔公心，或复剌今陈古，每不以成败论英
> 雄、兴废定与夺，于是乎"正统"之说起矣。（《管锥编》，第 1955 页）

"民保于信"之谚，现在似不见用，但此中道理，却深入人心，所谓"得人
心者得天下"、"取信于民"，都讲求为官为政，当为民作主，为民所信。谚 85
所引《左传》之谚，是提醒为政者当有宽博之胸襟，有海纳百川之宽容。谚
86 讨论的是《千字文》入谚之事。《千字文》为启蒙读物，所用四字句子，易
于诵记，流传极久，几乎每一句都可成为习谚。"疾风知劲草，世乱识忠
臣。"现世虽仍流行，其义易解。谚 88 与谚 89 都是"胜者为王败者寇"的一
种描写，朝代更迭，胜者姿态，两谚中此意都易见出。

四、社交类

社交类谚更多是指人际交往而言，是对人与人之间关系所持态度的表
达。钱先生世事洞明，涉谚即成学问，人情练达，下笔即成华章。

谚 90：《管锥编·毛诗正义》第 30 则"采葛"：

> "一日不见，如三月兮"；《传》："一日不见于君，忧惧于谗
> 矣"。……李、秦、徐三人熏莸有别，而操心虑患，无乎不同，正毛《传》
> 所谓"不见"则"忧虞于谗"，亦即西谚所谓："身不在此，人必求疵。"
> （《管锥编》，第 175—176 页）

谚 91：《管锥编·史记会注考证》第 14 则"陈涉世家"：

> "辍耕之垄上，怅恨久之，曰：'苟富贵，毋相忘！'"……盖皆冀交游
> 之能富贵，而更冀其富贵而不弃捐贫贱之交也。《后汉书·宋弘传》光
> 武帝引谚曰："贵易交"；……（《管锥编》，第 480 页）

谚 92：《管锥编·史记会注考证》第 26 则"苏秦列传"：

> 正苏秦所叹"此一人之身，富贵则亲戚畏惧之，贫贱则轻易之"；而
> "故是昔时沈公"又即俗谚之"苏秦还是旧苏秦"也。世态炎凉，有如践
> 迹依样；盖事有此势，人有此情，不必凿凿实有其事，一一真有其人。
> （《管锥编》，第 507 页）

谚 93：《管锥编·史记会注考证》第 56 则"滑稽列传"：

徐渭《路史》载云南土官缅氏遣缅伯高贡天鹅过沔阳,浴之,鹅飞去,堕一翎,因拾取而上于朝,并作口号云:"将鹅贡唐朝,山高路遥遥;沔阳湖失去,倒地哭号号。上覆唐天子:可饶缅伯高!礼轻人意重,千里送鹅毛。"不知徐氏何本。窃疑五季以来有"千里鹅毛"俗谚,……(《管锥编》,第605页)

谚94:《管锥编·楚辞洪兴祖补注》第2则"离骚":

盖亦犹吾国旧小说所谓:"不来由客,来时由主"(《平妖传》二六回),或阿拉伯古谚所谓:"入时自作主张,出时须人许可。"颇可移解余所谓故事情节之大前提虽不经无稽,而其小前提与结论却必顺理有条。(《管锥编》,第906页)

谚95:《管锥编·全上古三代秦汉三国六朝文》第19则"全汉文卷二二":

常谚有曰:"为善最乐"(语始见《后汉书·东平王苍传》载明帝诏),顾古来修身所主张,实谓人乐为者多非善事,而事之善者每即人所恶为,故人之所应为当为辄反于其欲为愿为,甚且非其所能为可为。(《管锥编》,第1462—1463页)

谚96:《管锥编·全上古三代秦汉三国六朝文》第31则"全后汉文卷一":

西谚:"汝搔吾背,则吾将搔汝背",取此事以喻礼尚往来或交相为用,亦征背之难自搔而须人搔矣。(《管锥编》,第1534—1535页)

以"身不在此,人必求疵"对《诗》"一日不见,如三月兮"进行生发,看似相隔甚远,其实在情理之中。钱锺书先生的长处就是在看似了无牵系的文句之间发现精彩的对应,悟常人无法悟到的道理。"贵易交"现在或不流行了,但"苟富贵,毋相忘"则常被人言及,不过,"贵易交"之谚倒是对"苟富贵,毋相忘"的一个生动的注释,正如钱先生所言"盖人既得志,又每弃辂微时故旧之失意未遇者也","苟富贵,毋相忘",说之易而行之难,正俗世常态。"苏秦还是旧苏秦",这句话所饱含的世态炎凉、人情冷暖,人人都能体会得到,故而千年流传,"有如践迹依样",正因为此谚直指人心人情,对人际关系有一个最为直观的描述,因而才会流播如此久远。"不来由客,来时由主",这句亦成习谚,经常用于主人挽留客人之辞,阿拉伯古谚"入时自作主张,出时须人许可",与中国的谚语确有相通之处。在释"为善最乐"这一谚语时,借之以阐发的实际上是一种反面情形,即人往往不为善,故而提倡"为善最乐"。反观现实,此谚也是洞明人心。

五、修养类

所谓修身、齐家、治国、平天下,修身乃为人之始,中国人有着强烈的修身意识,强调内在修为一直是国人的传统,因而中国的修身文化是非常厚重的,国人修身自励,形式多样,这里面就包括用谚这一方式。

钱先生《管锥编》中,同样提及修身谚语,撮述如下。

谚97:《管锥编·史记会注考证》第5则"项羽本纪":

英谚"攀梯登后,蹴而去之",则类《元史》或元曲所谓"过河拔桥",以譬得志忘恩。(《管锥编》,第447页)

谚98:《管锥编·史记会注考证》第47则"卫将军骠骑列传":

《廉颇、蔺相如列传》相如论赵括曰:"王以名使括,若胶柱而鼓瑟耳!括徒能读其父书传,不知合变也";"读书不知合变"即《赵世家》引谚曰:"以书御者,不尽马之情。"(《管锥编》,第570页)

谚99:《管锥编·全上古三代秦汉三国六朝文》第98则"全三国文卷七一":

韦昭《博弈论》:"徙棋易行,廉耻之意弛,而忿戾之色发。"按俗谚论弈棋云:"落子无悔大丈夫";"徙棋易行"者,落子复悔而欲改着也。……《说郛》卷五王君玉《续纂·难忍耐》:"观棋不得人教行",又即俗谚"观棋不语真君子"之为难事也。(《管锥编》,第1745页)

谚100:《管锥编·全上古三代秦汉三国六朝文》第219则"全梁文卷五五":

葛胜仲《丹阳集》卷三《上白祭酒书》:"某闻江左词格,变永明体,抉微倡和,实自隐侯。……于时有'文章冠冕、述作楷模'之谚,凛凛乎儒流盟主矣。然而鉴奖后辈,唯恐一士不由己立也。"(《管锥编》,第2252页)

谚101:《管锥编·全上古三代秦汉三国六朝文》第219则"全梁文卷五五":

《水田居诗笺》:"近日持论者贬剥文长,盖薄其为诸生耳,谚云:'进士好吟诗',信哉!"……(《管锥编》,第2254页)

"过桥拆桥"、"攀梯登后,蹴而去之"、"过河拔桥",都是常见谚语,"譬得志忘恩",这是极为人所不齿的行为,常以之形容品性坏的人。"以书御者,不尽马之情"、"进士好吟诗"等谚语,以之形容读书人不知变通,不通俗世人情,迂腐,最为贴切。"落子无悔大丈夫"、"观棋不语真君子"、"文章冠冕、述作楷模",都是正面说人的内在修为高,品性学问双修。

六、其他类

以下谚语,不便归入以上门类,权宜归入"其他类"。

谚102:《管锥编·毛诗正义》第28则"木瓜":

余戏本唐谚(《述书赋》、《书断》引语:"买褚得薛,不落节",敦煌《李陵变文》:"其时匈奴落节、输汉便宜"),双关音义,译此名为"不得落节"。(《管锥编》,第171页)

谚103:《管锥编·毛诗正义》第53则"正月":

"民今之无禄,天天是椓;哿矣富人,哀此惸独!"《传》:"哿,可也"……然窃谓训"哿"为"可",虽非的诂,亦自与"哀"对文;此种句法语式无间古今雅俗,毛、郑、孔意中必皆有之。……《后汉书·南蛮传》:"益州谚曰:'虏来尚可,尹来杀我'"……(《管锥编》,第238—239页)

谚104:《管锥编·焦氏易林》第9则"泰":

宋人"谚语"称鹳鹤作东道延蟹,使钳己足,随以上树杪危巢(郑清之《安晚堂诗集》卷一〇《再和糟螷蚬送茸芷且答索饮语》诗自《跋》)。鳖、龟皆中途堕地。(《管锥编》,第848页)

谚105:《管锥编·楚辞洪兴祖补注》第6则"九歌(四)":

翩其反而,则英谚有云:"魔鬼是大辛勤人","魔鬼最忙于所事"。万能上帝,游手无为,而万恶魔鬼,鞠躬勇为,此一诗两谚可抵一部有神论者之世界史纲也。(《管锥编》,第925页)

谚106:《管锥编·太平广记》第22则(《太平广记》卷五二):

德谚曰:"迅捷非即妖法",堪窥俗情之以妖术为迅捷矣。(《管锥编》,第1021页)

谚107:《管锥编·太平广记》第86则(《太平广记》卷二一〇):

顾德谚谓:"壁上莫画魔鬼",盖图鬼足以召鬼;略如《新序·杂事》

言叶公子高屋室画龙而天龙下窥,或如《龙城录》引谚言"谈鬼则怪至",则魔鬼又似顾影自怜而非自观犹厌者。俗忌之纷纭如此。(《管锥编》,第1123—1124页)

谚108:《管锥编·太平广记》第191则(《太平广记》卷四四七):

唐时有一俗说,后世无传,余读唐诗得之。……《平妖传》第三回引谚:"无狐不成村",本《广记》卷四四七《狐神》(出《朝野佥载》):"当时有谚曰:'无狐魅不成村'";……(《管锥编》,第1333页)

谚109:《管锥编·全上古三代秦汉三国六朝文》第108则"全晋文卷三〇":

陶奭龄《小柴桑喃喃录》卷上引俗谚论草书曰:"热写冷不识"(明人《金钿盒》传奇第一一折痴哥白:"我的字热写冷不识");吾乡俚语亦云:"草字缺只脚,仙人猜不着";此均为初学胸无成竹,而"匆匆""信手"者,痛下针砭也。(《管锥编》,第1781—1782页)

谚110:《管锥编·全上古三代秦汉三国六朝文》第108则"全晋文卷三〇":

江少虞《皇朝类苑》卷五〇:"谚云:'信速不及草书,家贫难为素食',言其难猝置也";……"难猝置"即张、孙所言"不暇"、"心遽"。(《管锥编》,第1782—1783页)

谚111:《管锥编·全上古三代秦汉三国六朝文》第117则"全晋文卷五九":

陶宗仪《辍耕录》卷二七载燕南芝庵先生《唱论》引陶潜语而证以谚曰:"取来歌里唱,胜向笛中吹"即此意。(《管锥编》,第1805页)

谚112:《管锥编·全上古三代秦汉三国六朝文》第147则"全晋文卷一一三":

《钱神论》:"贪人见我,如病得医。"按《全宋文》卷三六颜延之《庭诰》:"谚曰:'富则盛,贫则病'";唐张说所以撰《钱本草》(《全唐文》卷二二六)耳。其文有云:"钱、味甘,大热,能驻颜,彩泽流润";《西湖二集》卷二九引谚:"家宽出少年";皆其意,"盛"与"病"对,谓强健也。(《管锥编》,第1941页)

谚113:《管锥编·全上古三代秦汉三国六朝文》第172则"全宋文卷三六":

"谚曰:'富则盛,贫则病'矣。"按参观《全晋文》鲁褒《钱神论》。(《管锥编》,第 2043 页)

谚 114:《管锥编·全上古三代秦汉三国六朝文》第 195 则"全梁文卷一一":

> 又卷九《警韶传》:"世谚'泻瓶重出,知十再生'者也。"后世儒者辟佛,设譬颇类。(《管锥编》,第 2166 页)

谚 115:《管锥编·全上古三代秦汉三国六朝文》第 225 则"全梁文卷六六":

> 庾肩吾《书品序》:"开篇玩古,则千载共朝;削简传今,则万里对面。"……《颜氏家训·杂艺》:"真草书迹,微须留意,江南谚云:'尺牍书疏,千里面目'";即肩吾所谓"万里对面"。(《管锥编》,第 2273 页)

谚 101 是唐谚,现已不常见,但不亏本、划算的意思还能看出来。谚 102 所说的益州谚、谚 103 宋人"谚语"现在都已不传,在当时或流行。谚 104 英谚"魔鬼是大辛勤人"倒是直白易解,极有趣味。谚 105 德谚"迅捷非即妖法"正说明妖法以迅捷为特征。谚 106 德谚谓"壁上莫画魔鬼",其义也容易理解,即画鬼易招鬼至。谚 107"无狐不成村"即指出狐与人的关系,是乡人的生活经验总结。谚 108 俗谚论草书"热写冷不识",不无嘲谑意味。谚 109"信速不及草书,家贫难为素食",钱先生的解释是"言其难猝置也",也是生活经验的表达。其余诸谚都有不同的理解侧面,不难解会,故不一一解释。

第四节 "求之今日常谈,会心不远":流行语

> 顾即以"十"、"九"为汪中《说三、九》所谓"不可执"之"虚数",亦颇无妨,求之今日常谈,会心不远。(《管锥编》,第 1556 页)

一、流行语的民俗学界定

流行语是语言中最具当下性和现世性的语言单位。

对流行语的研究,以目前的研究现状来看,主要是从语言学角度切入,以辑录整理为大端,并辅以社会学、文化学方面的解读角度,如夏中华的

《中国当代流行语全览》、黄涛的《流行语与社会时尚文化》、郭熙《中国社会语言学》等。

语言学界对流行语的界定,一般从时间、区域空间以及特定群体三个维度出发,如有研究者认为流行语是指在某个时期某些人群中广泛流行的语言形式;也有人认为流行语是指在某一时段产生,并且在一定范围内迅速传播且持续一段时间的词语,也即"有意义的字串","并将流行语分为词语和短语或音节层面的流行词及熟语、语段层面的流行语";有的人则认为流行语是在一定时段中被高频使用的新奇的语言形式;等等。

对流行语的研究,从民俗学角度出发的成果往往被人忽视,如钟敬文等人,在民俗学构建的过程中便给予了相当程度的关注,《民俗学概论》中指出:"指在民间流行的反映新近世风的时尚性词语,如'侃大山'、'套磁'、'大款'、'土得掉渣儿'等。流行语中有词、短语,也有熟语化的句子。""流行语总是在急剧变化中的社会潮流和风尚的产物,有着鲜明的时代气息和趋新性。具体的流行语总是属于某个特定的时期,在一段时期内广泛流行,过了一段时间又为新的词语所代替。"①民俗学角度对流行语的当下性、近世性特点的界定,与语言学出发的界定是一致的,同时也指出了流行语的表现形式有词、短语,也有熟语化的句子,这也与语言学的界定是一致的。民俗学者对流行语的界定,有自己的侧重之处,"流行语以方言俗语和当地风土民情为基础,……""流行语像一面镜子,及时映照着社会时尚和风习。"②流行语中所蕴含的民俗与风习这些特征,正是语言学研究所忽略的。

民俗学认为,流行语的来源有多种,有的源于隐语甚至黑话,有的源于旧有的方言俗语,如近年流行的"侃",早见于王实甫的《西厢记》;有的源于影视作品,而在当下的网络环境中,流行语更易产生,诸如近期出现的"给力"、"宅"、"不管你信不信,反正我是信了"、"很……很……"、"被……"等。

钱锺书的《管锥编》中,引述了很多流行语。当然,这些流行语不一定就是钱锺书所处的那个时代的,一时代有一时代的流行语,这是流行语的时代断层特征,钱锺书所引流行语,便来自不同的时代。

---

① 钟敬文主编:《民俗学概论》,上海文艺出版社 2009 年版,第 316 页。
② 钟敬文主编:《民俗学概论》,上海文艺出版社 2009 年版,第 316、317 页。

二、《管锥编》所引流行语分类论

(一)对钱锺书"今语"说法的一种考辨

钱锺书引用流行语时,使用最多的说法是"今语",如:

> 韩、吴等诗皆咏"茧虎",今语有"纸老虎",亦已见明季载籍。如《水浒》第二五回潘金莲激西门庆曰:"急上场便没些用,见个纸虎也吓一交",……犹德俚语所谓"橡胶狮子",正瓦鸡、木马、南箕、北斗之连类矣。(《管锥编》,第256页)

> 余幼时及见老辈酬对,甲于乙请上坐、让先行、道钦迟等,乙必曰:"岂敢! 岂敢!"或"不敢! 不敢!"正此"敢"之意。(《管锥编》,第312页)

以上两例,"纸老虎"经毛泽东"一切帝国主义都是纸老虎"的提倡后,已成为一个极为流行的、政治意味极为浓厚的流行语。钱锺书对这一流行语的源头进行了追溯,明代已见此说法,清代沿用,并且与德俚语"橡胶狮子"连类,共同说明"有名无实"是其涵意。"岂敢! 岂敢!"是每个时代均会使用的一句流行语,而"不敢! 不敢!"则较为近代一些,挂在嘴边,表示的意义也较为复杂,既可示"敢"义,也可示"不敢"义,既自谦,亦自嘲,特别是在礼仪场合,这一流行语用得更频繁,是中国独特礼仪文化的一部分。

这两种流行语,由于流行于民众中,表达民众的某种价值判断与情感,长期习用,两流行语便成为像民谣、谚语一样的民俗语汇,约定俗成的观点便存在于这一简洁的语汇中。

但在《管锥编》中,钱锺书使用的"今语",很多不是指流行语,而为"现在的说法"、"现在的意义"等含义,如以下诸例:

> 子贡之言"加",今语曰"欺压";《说文》之训"加",今语曰"欺哄"。(《管锥编》,第293页)

> 赵文子曰:"若敬行其礼,道之以文辞,以靖诸侯,兵可以弭。"按昭公十三年,刘献公对叔向曰:"君苟有信,诸侯不贰,何患焉? 告之以文辞,董之以武师。"两"文辞"略当今语所谓"宣传"。(《管锥编》,第365页)

> "程婴曰:'朔之妇有遗腹,若幸而男,吾奉之;即女也,吾徐死耳。'"按下文:"祝曰:'赵宗灭乎,若号;即不灭,若无声。'"两"即"字皆同今语之"假如"、"若使"。(《管锥编》,第476页)

前之"一切"指概同之经,后之"一切"指各殊之权;两意相反。今语"一切",惟存前意,括而无遗、全而无外,酷似释典之只指周遍,不寓特殊。(《管锥编》,第531页)

张君观教曰:"'必'作'如'、'若'解,是矣。然语气有强弱之别。其弱者即今语'如果',其强者即今语'果真要……的话'、'一定要……的话'。"分疏甚谛。(《管锥编》,第567页)

武帝曰:"朕独不得与此人同时哉!"按《张释之、冯唐列传》文帝曰:"吾独不得廉颇、李牧时";"独不"如沈佺期《古意》:"谁谓含愁独不见",今语所谓"偏偏不"。(《管锥编》,第577页)

"太史公曰:'唯唯! 否否! 不然!'"……英语则只可云"Well,no"耳。……犹今语答问每以"是啊!""可不!""对啦!"等为冒耳。(《管锥编》,第622页)

《敦煌掇琐》之三一《五言白话诗》:"闻道贼出来,母愁空有骨;儿回见母面,颜色肥没忽"即今语"肥鼓鼓"耳。(《管锥编》,第1157页)

"好见"之"好"即《汉书》"以好往"之"好",亦今语"好来好去"之"好"也。(《管锥编》,第1522页)

今语亦云:"热天小孩儿头上爱生疖子,吃的东西爱坏","爱"即"喜"耳。(《管锥编》,第1762页)

《全后汉文》卷九一王粲《荆州文学记官志》虽云"遂训《六经》",复论《易》、《书》、《诗》、《礼》、《春秋》之"圣文殊致",初非缘词章说法,"文学"所指甚广,乃今语之"文教"。(《管锥编》,第1870页)

两"必"字异意:"必捐"之"必"、决词也,如善释为"必须";"必所"之"必"、疑词也,今语所谓"如果"、"假使",……(《管锥编》,第1888页)

《书》三:"兄文章已自行天下,多少无所在。"按参观《汉书·翟方进传》:"又暴扬尚书事,言:'迟疾无所在'";今语曰:"不在乎多少、快慢"或"多少、快慢都一样"。(《管锥编》,第1915页)

《后村大全集》卷一〇四《跋本朝名臣帖十家·张无尽》:"予闻佛者宗杲尝问无虚[尽]:'贤温公而论之,何也?'答曰:'热荒[慌]要做官尔!'""热慌"即今语"急忙"也。"热读"暑类董说《西游补》第六回所谓"用个带草看法"、"怀素看法"。(《管锥编》,第1935页)

《鲕鱼》:"微哉鲕鱼,食而不骄。"按"骄"即腋气,今语所谓"狐骚臭"。(《管锥编》,第 1951 页)

程大昌《演繁露》卷九说贾耽《华夷图》,"广三丈,率以一寸折百里";即今语之"比例缩尺"也。(《管锥编》,第 2012 页)

文章、绘画,状物求肖,殊事同揆。"随"、从也,如"追随"之"随",犹今语"跟紧"、"贴紧",即"附"、"密附"。(《管锥编》,第 2110 页)

《水浒》第二六回:"叫过卖造三分饭来",又三九回:"酒店里相待了分例酒食",……犹《梦华录·饮食果子》:"其余小酒店,亦卖下酒,如煎鱼鸭子……粉羹之类,每分不过十五钱";即此"分"字。今语亦言"分饭"。(《管锥编》,第 2143 页)

《全隋文》卷一九薛德音《为越王侗别与李密书》:"昔言敬爱,载劳梦想,常恨以事途之情,未遂神交之望";谓想望缔交而未能,则"未遂神交"正是今语所谓"神交"矣。(《管锥编》,第 2207 页)

刘妻诉"打",屡云:"举手查臂",他则语焉不详;……"查"乃今语之"抓"("朱哇"切)。(《管锥编》,第 2209—2210 页)

"交"义甚广,概一切人世交往而言,非仅友谊;亦犹"利交兴"、"此殉利之情未尝异"之"利",非仅财货,乃概"势交"、"贿交"、"谈交"、"穷交"、"量交"五流,所谓"义同贾鬻"。盖交游、交契通等于今语之"交易"耳。(《管锥编》,第 2260 页)

以上 21 例中,均有"今语"一词,但之中说的今语:"欺哄"、"宣传"、"假如"、"若使"、"一切"、"如果"、"果真要……的话"、"一定要……的话"、"偏偏不"、"是啊"、"可不"、"对啦"、"肥鼓鼓"、"好来好去"、"热天小孩儿头上爱生疖子,吃的东西爱坏"、"文教"、"如果"、"假使"、"不在乎多少、快慢"、"多少、快慢都一样"、"急忙"、"狐骚臭"、"比例缩尺"、"跟紧"、"贴紧"、"分饭"、"神交"、"抓"、"交易",非常明显,都不是流行语。钱锺书是释某个词时使用到这些词,其义即相当于"现在的说法"、"今天的意义"。

因为钱锺书在《管锥编》中说到流行语时,前定语一般为"今语",这一修饰词是辨别钱锺书所言是否为流行语的一个重要标志,但因为钱锺书并不是在一种意义上使用该词,所以必须对之加以区分。

(二)《管锥编》流行语征引述论

钱锺书所使用的流行语,大都是他所处的时代的,而钱锺书是离我们远去仅短短二十多年的大师,他的时代实际也就是我们所处的时代,我们和钱锺书先生完全可共享他所提及的流行语。依据《管锥编》中流行语的征引情况,分为词、短语、句子三型。

1.词型流行语

词型流行语,指以词为表现单位的流行语。这类流行语数量大,应用极广。在《管锥编》中,钱先生言及了很多这样的流行语,如下述诸例:

震,"六三:震苏苏;上六:震索索";《正义》:"畏惧不安之貌"。按是也。……《杀狗劝夫》第二折孙虫儿唱:"则被这吸里忽剌的朔风儿,那里好笃簌簌避!""稣"、"簌簌"与"苏苏"、"索索",皆音之转。今吴语道恐战或寒战,尚曰:"吓稣哉!"或"瑟瑟抖"。(《管锥编》,第56页)

稚婴学语,呼狗"汪汪",呼鸡"喔喔",呼蛙"阁阁",呼汽车"都都",莫非"逐声"、"学韵",无异乎《诗》之"鸟鸣嘤嘤"、"有车邻邻",而与"依依"、"灼灼"之"巧言切状"者,不可同年而语。(《管锥编》,第196页)

苏轼称柳宗元《南涧》诗"忧中有乐,乐中有忧";常语亦曰"痛快",若示痛与快并。(《管锥编》,第374页)

吾、我之"朕",章炳麟《新方言》谓即俗语之"咱",赵高乃遽以通合于几、兆之"朕",从而推断君人之术。科以名辩之理,此等伎俩即所谓"字根瞀论",莱白尼茨所嘲"咕噜哗啐",亦即马克思与恩格斯所诃"以字源为逋逃所"。(《管锥编》,第434—435页)

"宋有兰子者,以技干宋元";《注》:"凡人物不知生出者谓之兰也。"按苏时学《爻山笔话》谓"今世俗谓无赖子为'烂仔',其义疑本于此"。窃意苏说近是,"兰子"即后世之"赖子"。(《管锥编》,第802页)

"厌于食兮,坏决垣墙";"当食不食兮,反受其殃";"损橾委食兮,遗三将七";"食"即今语之"吃子"。(《管锥编》,第1556页)

"地"即"质地"之"地",今语谓之"底子"。……皆此"地"字,盖魏、晋时早有其义,唐、宋沿用不绝。注古书者每忘参之时语,裴注是一例也。(《管锥编》,第1672页)

王羲之《杂帖》:"此书因谢常侍信还,令知问,可令谢长史且消息。"按此处"消息",即如同卷:"卿复何似? 耿耿! 善将息",今语所谓"休养"、"休息"。(《管锥编》,第 1761 页)

　　三如今语所谓"抹黑"、"搞臭",崔篆此篇中语是,犹夫西施之蒙不洁、李季之浴五牲矢也。(《管锥编》,第 2325 页)

以上 9 例中,第一例钱先生引吴地流行语"吓酥哉!"、"瑟瑟抖",来解释"酥"、"籁籁"与"苏苏"、"索索",指出都是形容"恐战或寒战",即都是形容恐惧的流行语。"索索"、"瑟瑟"这些形容恐惧的词,可能很早就开始流行了,这些都是生命周期极长的流行语,可以跨越时代界限而长期留存,流行语中,有些是有这种流行品质的。第二例中的"汪汪"、"喔喔"、"都都",稚子学语,常挂嘴边,不难理解。第三例中的"痛快",正词语型流行语,更多形容快乐。第四例中的"咱",或者"咱们",北方较多使用,人所熟悉。第五例中的"烂仔"一词,在广东等地流行,形容人游手好闲、不学无术,是一个地域特征极为明显的流行语。第六例中"吃子",是棋艺中经常用到的流行语。第七例中的"底子"一语,即使在当下也是民间习见之语,这一流行语本有深意,钱先生慨叹"注古书者每忘参之时语",流行语的这一功能为很多人所忽略。第八例中的"休养"、"休息",第九例中的"抹黑"、"搞臭",习见习闻,都是当下的流行语。

2.短语型流行语

短语型流行语,在形制上较词型短语为长,同样是十分常见的流行语样式。在《管锥编》中,钱先生提到了如下短语型流行语:

　　今语所谓口头歌唱文学也。(《管锥编》,第 102 页)

　　《庄子·徐无鬼》曰:"权势不尤,则夸者悲",又曰:"夫子、物之尤也。"盖出类异常之谓"尤";"视之尤"者,古人所谓"异视"、今语所云"另眼相看"、"不等闲视之"也。(《管锥编》,第 367 页)

　　今语常曰:"冷凄凄,暖洋洋","凄凄"之意,"冷"中已蕴,而"洋洋"之意,"暖"外另增。(《管锥编》,第 221 页)

　　《诗·氓》:"女也不爽,士贰其行;士也罔极,二三其德""无极"即"罔极",今语所谓"不到头"、"不到底"、"没收梢"。"无终"则今语所谓"没尽头"、"无休止"、"没完完了"。(《管锥编》,第 314—315 页)

　　大慧习闻吾国太公、符健等故实,本地风光,遂易"登岸舍筏"为"过桥拆桥",而命意不殊,均戒执着胶固,免于今语所讥"教条主义"

尔。(《管锥编》,第445—446页)

"取石"以"欹",要声之响激达内,胜于手叩,即所谓"敲门砖"、"叩门瓦"。(《管锥编》,第1303页)

至引"自大为'臭'",解字足以讽世,今语之"臭美"、"臭架子"可相发明,……(《管锥编》,第1549页)

"佳恶"可仅指"佳",如"利害"仅指"害","吹嘘"仅指"嘘",今语"识好歹"亦常谓知恩、感恩,即"识好"也。(《管锥编》,第1688页)

"极"如《书·洪范》:"皇建其有极"之"极",中也,今语所谓"中心思想","无两致"者,不容有二也;(《管锥编》,第1885页)

旧语曰"到地头",今语曰"达目的"。(《管锥编》,第1886页)

章学诚之"文德"又仅指一事,犹言"文之德",如今语之"文学良心"、"艺术贞操"。(《管锥编》,第2343页)

共计11例。第一例中的"口头歌唱文学",即指民间文学中的民间歌谣,是民俗学、民间文学研究界的流行语。第二例中的"另眼相看"、"不等闲视之",第三例中的"冷凄凄,暖洋洋",第四例中的"没尽头"、"无休止"、"没完没了",都是寻常习见之流行语,不必赘释。第五例中的"教条主义",则是一个有着政治意味的流行语,因为这是政治环境的产物,只不过,经过较长时间淡化之后,形容办事僵硬、不知变通的含义更多了。第六例中的"敲门砖"、"叩门瓦",第七例中的"臭架子",第八例中的"识好歹",第九例中的"中心思想",第十例中的"达目的",这些流行语都在民间流传极广。第十一例中的"文学良心"、"艺术贞操",是文艺批评与评论中的流行语,也是有着特定时代背景的流行语。

3.句子型流行语

句子型流行语的数量相对少一些。毕竟,作为流行语,易于"流行"才是其最本质的特征。词型与短语型流行语,易记易用,所以更易流行。句子型短语,相对较长,不符合民间所要求的简省原则,因而数量相对少一些。

在《管锥编》中,钱锺书提到的句子型流行语,大致有如下几例:

"终不曰'公',曰'夫己氏'";《注》:"犹言某甲。"按洪亮吉《春秋左传诂》载孔广森说,谓懿公母乃桓公妾次第六,故以甲乙之数名之;则今语所谓"六姨娘的那个儿子"也。(《管锥编》,第329页)

子臧曰:"前志有之曰:'圣达节,次守节,下失节'。"按"达节"即

昔语所谓"权",今语所谓"坚持原则而灵活应用"也。(《管锥编》,第340页)

又曰:"当身之娱,非所去也","死后之名,非所取也";李白《行路难》云:"且乐生前一杯酒,何须身后千载名?",……或《鲁拜集》云:"只取现钞,莫管支票",可借以最括此说。(《管锥编》,第787—788页)

第一例中"六姨娘的那个儿子",在当下很多地方更多使用其引申义,即"非亲生儿子"之意。因为中国婚姻制度的变化,不再存在"姨娘"这样的婚姻衍生产品,因此,不再实指"六姨娘的那个儿子"。但是,即使是实指,也带有"偏房所生"、"非正嗣"、"卑下"等意义。第二例中的"坚持原则而灵活应用",是常见说法。这一流行语亦褒亦贬,既可能指人能灵活处理问题,又可能指人虚与委蛇,滑言滑行,实则是不坚持原则的借口。第三例中的"只取现钞,莫管支票",这一流行语经常用来形容人计取当下利益,而不具长远眼光,是在国人中使用频率较高的流行语。

(三)流行语源流论

在《管锥编》中述及流行语时,钱先生追本讨源,对某些流行语的源流进行了考证,钱先生论述流行语的这一特征在上面所举例子中有体现,下面略举几例,集中就此进行粗浅讨论。

首先,钱先生对当今还普遍使用的流行语,进行了溯源考证,以使我们能见出其整体面貌,如下述几例:

《宋书·前废帝纪》:"太后怒,语侍者:'将刀来剖我腹,那得生如此宁馨儿!'"郝懿行《晋宋书故·宁馨》条谓"宁馨"即"如此",沈约"不得其解,妄有增加,翻为重复,《南史》'宁馨'上删去'如此'二字,则得之矣。"夫"如此宁馨"亦正累迭同义之词以增重语气,犹白话小说中之言"如此这般",或今语"这种这样的人真是少见少有"。(《管锥编》,第520页)

蔡襄《蔡忠惠公集》卷三《四贤一不肖诗》:"出见缙绅无面皮",或《红楼梦》第五五回:"连你也没脸面"、"那才正经没脸呢",即今语"丢尽脸"也。《易林》以"无面"承"少羞",则意适相反,乃指无耻、不识羞,如《儿女英雄传》第七回之言"没脸妇人",即今语"不要脸"也。"少羞"而亦曰"泥面",则如《西游记》第七九回之"泥脸子",亦犹"泥壁"之"泥",涂垩增附,即今语"厚脸皮"也。……或《广笑府》卷五撞席者有"二十四层笋壳脸,剥了一层又一层",皆"泥面"之旨矣。(《管锥编》,第856页)

　　《李校尉》(出《法苑珠林》)校尉语猪:"某今上番一月,未得将婆还舍,未知将何处安置婆?"猪答:"纵汝下番,亦不须将我还。"按"上番"、"下番",即"上班"、"下班",或"上值"、"下值",明、清人所称"番役"即在值之铃下也。(《管锥编》,第1323页)

　　《杨伯成》(出《广异记》)"家人窃骂,皆为料理。"按"料理"乃相苦毒、相虐侮之义,张相《诗词曲语辞汇释》卷五论"料理"有"帮助"、"排遣"、"逗引"三义,盖不识尚有此义也。……皆李治《敬斋古今黈》卷四所谓"《世说》中'料理'犹今俚俗所谓'照当'、'觑当'""亦犹后世之言"照拂"、"看承"。(《管锥编》,第1335页)

　　第一例中"如此这般"便与"如此宁馨"有牵涉,如果不解"宁馨"此义,则于《宋书》中语句便难索解。第二例中"丢尽脸",可以溯源至《易林》等典籍,只是说法有异,其义相同。第三例中的"上班"、"下班",估计是使用频率最高的流行语,而其前身有"更"、"上蕃"等形态。第四例中的"料理"二字,现今有"日本料理"、"韩国料理"之流行说法,但其前生有"相苦毒"、"相虐侮"、"帮助"、"排遣"、"逗引"之义,则又并非治学者所熟悉。不过,今天所谓"日本料理"、"韩国料理",与"善视优遇"还是可以关联的。

　　其次,对古时的流行语进行还原,指出其流行性。而治学者往往因不解其流行性而难解其义,正如钱先生所说:

　　　　古人词句往往撮拾流行习语,信手漫与,当时寻常见惯,及夫代远文庞,少见多怪,读者遂诧为作者之匠心独造。(《管锥编》,第2358页)

　　即说明了流行语因年代久远而造成理解之隔阂。更为重要的是,有些流行语在当时的意义,与现在的意义完全翻转了,这就更要仔细体察,如下例:

　　　　董仲舒《士不遇赋》:"孰若返身于素业兮,莫随世而轮转。"按"轮转"喻圆滑,……其实恶圆乃唐人讽世惯语,特不若元结之强聒耳。(《管锥编》,第1469—1471页)

　　　　张籍《酬秘书王丞见寄》:"今体诗中偏出格",亦谓特出非常,不同

今语"出格"乃贬斥不合格、破坏规格也。(《管锥编》,第1916页)

"恶圆乃唐人讽世惯语",以现在对"圆"的理解,可能只有言及"圆滑"时会联想到此义,否则完全不会与"讽世"义相连,而在唐时则为"讽世惯语"。特别是"出格"之流行语,在今天,已经完全脱离了"特出非常"之义,只表示行事过分、不守本分等义。

第五节 "故歇后、倒装,科以'文字之本',不通欠顺,而在诗词中熟见习闻,安焉若素":歇后语、谜语及其他

> 故歇后、倒装,科以"文字之本",不通欠顺,而在诗词中熟见习闻,安焉若素。此无他,笔、舌、韵、散之"语法程度",各自不同,韵文视散文得以宽限减等尔。(《管锥编》,第249页)

相比俗语、谚语、流行语,歇后语、谜语、称谓语这几类民俗语言,钱先生的论述和征引相对要少。下面就这三方面的内容作一粗略归纳。

一、歇后语

"歇后语,又称俏皮话,是由喻体、解体连缀而成的较为定型的趣味性语句。"①歇后语的两大特征是俏皮、趣味性,当然,这两者是一体两面的,俏皮能带来趣味性,而趣味性又更显得俏皮。不论如何,歇后语都是民众喜闻乐见的语言形式,"它轻松活泼,幽默俏皮,表现了民众旷达乐观的精神风貌。同时由于歇后语大多是群众在比较随便的场合所说的玩笑话,追求心理上的放松和愉悦,往往直言无忌,因而其中有一部分破除了往常的语言忌讳,出现从某个角度看来'庸俗无聊'或在较为正式的社交场合难以启齿的内容,如用人的生理现象或生理缺陷构成的歇后语:……'放屁扭腰——寸劲儿'。"②这些都道出了歇后语的某些本质层面的特征。

在《管锥编》中,钱先生对歇后语有一定的论述,如《管锥编·毛诗正义》第54则"雨无正":

---

① 钟敬文主编:《民俗学概论》,上海文艺出版社1998年版,第311页。
② 钟敬文主编:《民俗学概论》,上海文艺出版社1998年版,第312页。

故歇后、倒装,科以"文字之本",不通欠顺,而在诗词中熟见习闻,安焉若素。此无他,笔、舌、韵、散之"语法程度",各自不同,韵文视散文得以宽限减等尔。……叶氏举例有《小雅·宾之初筵》:"三爵不识,矧敢多又","室人入又",毛、郑皆释"又"为"复",则歇后兼倒装,正勿须谓"又"通"侑",俾二句得合乎"文字之本"耳。"屈指重阳又"歇后省"到"字;顾其歇后,实由倒装,"屈指又重阳"固五言诗常格,浑不觉省字之迹。(《管锥编》,第249—250页)

歇后语在中国是出现得极早的一种语言形式,有研究者如朱东礼、朱锡眉等人就认为,最早的歇后语见于《尚书》,如"若网在纲,有条不紊"。① 也有人认为《战国策·楚策四》"亡羊补牢,未为迟也"这样的句子形式,都称得上是歇后语的早期形态。当然,这些是否构成歇后语,还值得商榷,但歇后语出现的时间当很早,应该是有根据的。语言学研究者于歇后语关注得较多,如陈望道在《修辞学发凡》中,将歇后语与"藏词"格关联起来;郭绍虞在《谚语的研究》中,将歇后语的源起溯至"射覆语"(与谜语相似),等等。当下,从认知语用学角度研究歇后语的成果也在产生,如蒋向勇、邵娟萍的《汉语歇后语的认知语用解读——基于关联理论和概念合成理论》,即是就此而立论。②

钱先生论及了"歇后",指出了"歇后"与"倒装"一样,是对常规表达的有意违反,如果以常规表达规则去理解,则会显得"不通欠顺",而且,当歇后与倒装同时使用时,会出现更为复杂的理解,如果对《诗经》这样的典籍进行释读,若不理解《诗》语使用时的歇后兼倒装,对文句之精义便无法把握,甚至理解会出现极大偏差。"说《诗》经生,于词章之学,太半生疏",因而常出现这种理解的偏差。

此处,钱先生也是从语言学角度谈歇后这一语言现象的,虽然只涉及歇后而未言及具体之"语",但这正是对歇后语之歇后功能一个极有意义的发挥。研究歇后语,往往有就"语"论"语"单调单薄之积弊,钱先生将歇后功能引入典籍训诂一途,就为歇后语之研究开辟了新途。

下面的论述,钱先生也没有就"语"论"语",而一样另辟新径。

---

① 朱东礼、朱锡眉:《歇后语探源》,《邵阳师范高等专科学校学报》1999年第3期。
② 蒋向勇、邵娟萍:《汉语歇后语的认知语用解读——基于关联理论和概念合成理论》,《南昌大学学报》(人文社会科学版)2009年第1期。

《管锥编·毛诗正义》第 54 则"雨无正":

> "三事大夫,莫肯夙夜;邦君诸侯,莫肯朝夕。"按明叶秉敬《书肆说铃》卷上:"此歇后语也。若论文字之本,则当云:'夙夜在公'、'朝夕从事'矣。元人《清江引》曲云:'五株门前柳,屈指重阳又',歇后语也;《诗》云:'天命不又','室人入又','矧敢多又',已先之矣。"(《管锥编》,第 247 页)

上例与前论同出《管锥编·毛诗正义》第 54 则"雨无正",叶秉敬直言《诗经》语为歇后,正歇后产生时间极早之证明。

《管锥编·太平广记》第 118 则(《太平广记》卷二六七):

> 《侯思止》(出《朝野佥载》):"杀戮甚众,更无余语,唯谓囚徒曰:'不用你书言笔语,止还我白司马,若不肯来俊,即与你孟青。'……'白司马'者,北邙山白司马坂也;'来俊'者,中丞来俊臣也;'孟青'者,将军孟青棒也。"按酷吏以歇后谐音为双关之廋词也。(《管锥编》,第 1200 页)

上例中,钱先生评《侯思止》篇中之句为"以歇后谐音为双关之廋词也",此处,歇后与谐音又握手前行,共同构成机警之语。实际上,歇后语的一个重要的生成策略就是谐音双关,如外甥打灯笼——照舅(旧),"旧"即谐"舅"音。

《管锥编·全上古三代秦汉三国六朝文》第 208 则"全梁文卷三八":

> 苏轼《乘舟过贾收水阁》:"泪垢添丁面,贫低举案蛾",既以"举案"为妻之代词,复歇后以"蛾眉"为"蛾",亦资笑枋。(《管锥编》,第 2201 页)

苏轼《乘舟过贾收水阁》诗全文是:"爱酒陶元亮,能诗张志和。青山来水槛,白雨满渔蓑。泪垢添丁面,贫低举案蛾。不知何所乐,竟夕独酣歌。袅袅风蒲乱,猗猗水荇长。小舟浮鸭绿,大杓泻鹅黄。得意诗酒社,终身鱼稻乡。乐哉无一事,何处不清凉。曳杖青苔岸,系船枯柳根。德公方上冢,季路独留言。已占蒲鱼港,更开松菊园。从兹来往数,儿女自应门。""贫低举案蛾"句,举案齐眉,本为夫妻代称,也是民间习用之语,在举案之后再续以"蛾"字,钱先生认为此为歇后之法,并对此法也进行了一个善意的嘲讽,故有"亦资笑枋"之评语。

二、谜语

钟敬文先生在《民间文学概论》的第十二章"民间谚语和谜语"的"民间谜语"一节中指出:"谜语是民间文学中一种特殊的韵文形式作品。它是表现人民智慧、培养和测验人民智慧的民间语言艺术。"①刘守华等人也指出:"民间谜语是带有知识性和趣味性的民间韵文作品,也是一种和游戏娱乐分不开的民间口头语言艺术。"②这些定义都指出了谜语是特殊的韵文作品、具有游戏与娱乐的功能、智慧与趣味并重的民间语言艺术形式。"它在结构上具有和其他民间文学形式不同的特点。它是由谜面、谜底两部分组成的。谜面又叫喻体,是谜语的艺术表现形式,是提出的问题;谜底又叫本体,是谜语的题旨,问题的答案。底、面之间由事物的共同点相联系。"③钟敬文对谜语的结构进行了明晰的解释,这对于我们认识谜语极有帮助。

钟敬文等民俗学者将谜语的产生推溯至"原始社会后期",较为成熟的表现形式则是出现在《左传》等文献里的隐语,《说文解字》:"谜,隐语也。"刘勰《文心雕龙·谐隐》亦言:"自魏代以来,颇非俳优,而君子嘲隐,化为谜语。谜也者,回互其辞,使昏迷也。"④关于隐语为谜语,学界多有论述,并且以《左传》、《史记》等典籍文献为据,论有所出,最少能说明隐语与谜语之间是有关联的。

"中国古代文献绝少民间谜语的记载。古籍文献里所记载的隐语多出自文人和社会上层,自秦汉以后,谜语逐渐兴盛,以至有关制谜和猜谜作为社会上层和文人斗智的游戏不绝于书。宋代谜风尤盛,成为社会上斗智和娱乐的重要手段之一。宋末笔记小说里有大量猜谜的记载。一些政治家、文学家像王安石、苏东坡等人都是著名的制谜能手。"⑤不过,像苏东坡等嗜喜民俗的文人知识分子,从民间谜语里吸取素材而成为文人谜语,当是很自然的事情。这也正说明了,知识分子的重俗传统,在不同的民俗事象上都能得到表现。

---

① 钟敬文主编:《民间文学概论》,上海文艺出版社 1980 年版,第 327 页。
② 刘守华、陈建宪主编:《民间文学教程》(第二版),华中师范大学出版社 2009 年版,第 144 页。
③ 钟敬文主编:《民间文学概论》,上海文艺出版社 1980 年版,第 327—328 页。
④ [南朝梁]刘勰著,周振甫译:《文心雕龙今译》,中华书局 1986 年版,第 135 页。
⑤ 毕桪:《民间文学教程》,中央民族大学出版社 2009 年版,第 235 页。

钱锺书先生在《管锥编》里,同样较多述及了谜语这一民间语言艺术形式,其意蕴大致分为如下几个方面。

首先,提及了冯梦龙等重要载录谜语的文人知识分子,及其《黄山谜》等辑录谜语的作品,如《管锥编·毛诗正义》第 32 则"女曰鸡鸣":

> "女曰鸡鸣,士曰昧旦;子兴视夜,明星有烂"……以至冯犹龙辑《山歌》卷二《五更头》又《黄山谜·挂枝儿·鸡》、黄遵宪《人境庐诗草》卷一《山歌》之四,莫非《三百篇》中此二诗之遗意。(《管锥编》,第178 页)

《管锥编·毛诗正义》第 38 则"伐檀":

> 嗢噱之资,如阮大铖《春灯谜》第一五折:"这鼓儿时常笑我,他道是:'不通! 不通! 又不通!'"(《管锥编》,第 197 页)

《管锥编·焦氏易林》第 19 则"无妄":

> 《类说》卷六引《庐陵官下记》载一客作蛙谜试曹着云:"一物坐也坐,卧也坐,立也坐,行也坐,走也坐"(冯梦龙《黄山谜》载蛙谜作"行也是坐,立也是坐,坐也是坐,卧也是坐")。盖"坐"足以尽蛙之常、变、动、静各态焉。(《管锥编》,第 867—868 页)

《管锥编·全上古三代秦汉三国六朝文》第 35 则"全后汉文卷一五":

> 后人用此法而因"凿"见巧者,如孔齐《至正直记》卷四:"先人尝戏言'田'字云,昔为'富'字尾,今为'累'字头"(参观徐渭《文长逸稿》卷二《"田"字谜》、敖英《绿雪亭杂言》、褚人获《坚瓠十集》卷二《田说》)。(《管锥编》,第 1551 页)

除冯梦龙之外,阮大铖的《春灯谜》,虽为戏曲,但以灯谜为最重要的结构素材,这种结构方式不仅为阮氏所用,其他文人写作时也常用到,《红楼梦》中便多次写到猜谜。徐渭是个在民间有诸多传说的形象,《"田"字谜》即与田字相关的字谜,民间尚有"示守重叠一方田"之字谜,谜底即"富"字。

其次,钱先生引用了一些有意思的谜语。

如上引《管锥编·焦氏易林》第 19 则"无妄":

> 《类说》卷六引《庐陵官下记》载一客作蛙谜试曹着云:"一物坐也坐,卧也坐,立也坐,行也坐,走也坐"(冯梦龙《黄山谜》载蛙谜作"行也是坐,立也是坐,坐也是坐,卧也是坐")。(《管锥编》,第 867—868 页)

《管锥编·全上古三代秦汉三国六朝文》第 28 则"全汉文卷五二":

《两般秋雨盦随笔》卷四载灯谜以《玉簪记》三句为面："千不是，万不是，总是小生不是!"，射《孟子》四字为底："平旦之气"。……修词琢句，于字义上下其手，倬单文而同时复训，雅俗庄谐，莫不有之。(《管锥编》，第 1521 页)

《管锥编·全上古三代秦汉三国六朝文》第 31 则"全后汉文卷一"：

明之道学家至取搔痒以喻"致知"，如耿定向《耿天台先生全书》卷八《杂俎》："杭城元宵，市有灯谜，曰：'左边左边，右边右边；上些上些，下些下些，不是不是，正是正是；重些重些，轻些轻些!'盖搔痒隐语也。(《管锥编》，第 1534 页)

以上几例谜语，并不难猜，智慧含量少些，但趣味十足，形象生动。

最后，将谜语这类"俗"的东西，引入诗语等"雅"的领域，从而达到以俗鉴雅、因俗审雅的目的。

如《管锥编·史记会注考证》第 27 则"樗里子甘茂列传"：

譬如嘲噱之最凡近者为双关语，混异义于同音，乱两字为一谈，非直"稽"而"滑"之，有类谜语之"解铃系铃"格欤?(《管锥编》，第 511 页)

《管锥编·全上古三代秦汉三国六朝文》第 15 则"全汉文卷一六"：

李他作若《牡丹》，亦至末句"欲书花叶寄朝云"，方道出咏花，第一至六句莫非俪属人事典故，有如袁宏道自跋《风林纤月落》五律四首所谓："若李《锦瑟》辈，直谜而已!"(《管锥编》，第 1436 页)

《管锥编·全上古三代秦汉三国六朝文》第 145 则"全晋文卷一一一"：

又十七世纪一诗人云："诸女郎美目呢喃，作谜语待人猜度"，更酷似洪亮吉所咏"眉梢眼角禅"矣。(《管锥编》，第 1926 页)

《管锥编·全上古三代秦汉三国六朝文》第 195 则"全梁文卷一一"：

苦求寄托，浪猜讽谕，以为"兴发于此，义在于彼"(语出《全唐文》卷六七五冻巳白居易《与元九书》)，举凡"风流"之"篇什"，概视等哑谜待破，黑话须明，商隐篇什徒供商度隐语。(《管锥编》，第 2159 页)

《管锥编·全上古三代秦汉三国六朝文》第 213 则"全梁文卷四七"：

张籍《和左司元郎中秋居》第二首："神方谜语多"，诚片言据要者。(《管锥编》，第 2224 页)

"有类谜语之'解铃系铃'格"，正是以谜语的结构手法来进行相关释义。钱先生引袁宏道自跋语"若李《锦瑟》辈,直谜而已",更是以谜之"回互其辞"来解诗语之含蓄。在《管锥编·全上古三代秦汉三国六朝文》第 195 则"全梁文卷一一",同样评到了李商隐诗的这些特征,如上述引文即是。"举凡'风流'之'篇什',概视等哑谜待破,黑话须明,商隐篇什徒供商度隐语。"猜谜又称商,隐语又是谜语之别称,钱先生评李商隐诗的谜语特征,在借用谜语知识时,似乎又更进了一步。张籍"神方谜语多"之句,更是直接引谜语入诗。

三、称谓语

钟敬文等人指出:"称谓语是说话人在称呼或指代某人时根据双方之间的关系以及对方的身份、职业等因素而对他使用的指称用语,其类别有亲属称谓、人名称谓、职务称谓等。"①称谓语是最常见、使用最频繁的语言样式,人人挂在嘴边,天天叨念,因太常见,故似觉其不引人注目。

在《管锥编》中,钱锺书也涉及了一些独特的称谓语,仔细领会,这些称谓语除了幽默俏皮外,还有着独特的文化意蕴。

首行,钱先生提及了绰号、诨名这一称谓语,如《管锥编·太平广记》第 6 则"高祖本纪":

> 即"不读书"如欧阳修,撰《集古录跋尾》亦据碑志以是正史传之"阙谬",所谓"黑鬼媚着,不为无益"(《文忠全集》卷一四八《与刘侍读》之二),"黑鬼"者,墨拓之诨语耳。(《管锥编》,第 456 页)

即称墨拓为"黑鬼",欧阳修"黑鬼媚着,不为无益",正指出碑志拓本对纠正史"阙谬"之偏大有助益。而"黑鬼"之诨名,殊有民间趣味。

《管锥编·太平广记》第 3 则(《太平广记》卷三)涉自谦之称语:

> "道书中谦称":"下土浊民,不识清真"……道书中此等谦称,……西方旧日亦有自谦套语,如曰:"小的我"或"小虱我",不过"小子"、"虮虱臣"之类,方此蔑如矣。(《管锥编》,第 983 页)

"下土浊民"等自谦称谓,在民间口头语言中,现在也流传。

钱锺书的下述称谓语的考订,也很有趣味,如《管锥编·太平广记》第 124 则(《太平广记》卷二八三):

① 钟敬文主编:《民俗学概论》,上海文艺出版社 1998 年版,第 312 页。

古人男女之名皆可系"阿",如《汉书·游侠列传》陈崇劾陈遵"过寡妇左阿君,置酒歌讴";……攀附江西诗派如吴则礼《北湖集》效颦加厉,"阿常"、"阿杰"、"阿球"、"阿度"、"阿苍"、"阿先"、"阿印"、"阿朔"、"阿相"之类,连篇累牍。(《管锥编》,第 1215—1216 页)

以上"阿"字考,得出的结论很有意思:"古书中男女名皆可冠以"阿",而姓则惟女为尔,不施于男也。"男女名皆可与"阿"字相连用,但与姓相连,则仅限于女名。以当下现实来看,广东一带,男女姓前均可系"阿"字,则当是此称呼语用法的推广。

不过,钱先生在另一处又提及"阿"字之称谓,即《管锥编·太平广记》第 211 则(《太平广记》卷四九〇):

称"后土"曰"母",而复连称之曰"姊",已为离奇;但丁诗中称圣母玛利亚尤颠倒伦常,却自有义理:"完处子身之母,以所生子为父之女,卑而又尊于儿"。意语、法语皆称祖国为"父国"而以"阿母"呼之;当世法国社会学家遂谓国家俨若雌雄两性体,观"父国母亲"之怪称足徵。吾国古语"父母国"、"父母之邦",可出新义于旧解矣。(《管锥编》,第 1367 页)

异邦有男性称谓用女性呼之,与当下之男女均可用阿字称之,虽然差别很大,但在某些方面似有相通之处。

又如《管锥编·太平广记》第 173 则(《太平广记》卷四〇五):

然"吾人"不仅如"吾"、"我"之为自道,抑亦每等"尔"、"汝"之为称人,如文本此语是也。……今口语称人有曰"咱们",与小儿语尤多,称己有曰"人家",愤慨时更然。(《管锥编》,第 1295—1296 页)

"咱们"、"人家"都是习用称谓语,钱先生体悟精细,认为此等呼语,不仅包括自己,也包括他人,平时使用此称谓语时,似乎较少于此呼语之内涵有如此深究者。

《管锥编·太平广记》第 211 则(《太平广记》卷四九〇):

卢仝《萧宅二三子赠答诗》中"石兄"、"竹弟"、"石公"、"井公",迭出频见,古文似未之或知也。……意大利古诗《万物颂》有"月姊"、"风哥"、"水姊"、"火哥"诸称,庶几"雪公"、"雷哥"、"风爹"之伦;其最奇者为"后土娘娘姊姊",《梁书·元帝纪》南平王恪等奉笺称"明公大王殿下",《西游记》第五四回西梁女国王称唐僧曰"御弟哥哥",若是班

乎。(《管锥编》,第 1366—1367 页)

"石兄"、"竹弟"、"石公"、"井公"、"雷哥"、"风爹"与"雪公"、"月姊"、"风哥"、"水姊"、"火哥",乃至天父、地母,都是不常见但极有趣味的称谓语,这类称谓语,雅的气息更浓,但民间同样使用。

《管锥编·全上古三代秦汉三国六朝文》第 147 则"全晋文卷一一三":

鲁《论》"亲爱如兄"、"见我家兄"云云,最供踵事者以文为戏之资。董斯张《吹景集》卷九《管城子与孔方兄不两立》:"或问:'南阳以钱为神可也,谓之兄何居?'曰:'只是金戈戈耳。'客大笑";"兄"为"哥哥",音谐"钱"字偏傍之迭"戈"也。(《管锥编》,第 1938 页)

西方旧俗有"钱娘娘"、"钱爷爷"等称;意大利诗人句云:"任人说长短,亲戚莫如钱:同胞复中表,父母子女兼",所包更广;独遗夫妻,殆为韵律所限乎。视钱为得人怜之"自家儿",似愈亲于"家兄"、"家父",盖人情于子女之慈,每胜于孝悌也。(《管锥编》,第 1939 页)

《全上古三代秦汉三国六朝文》第 147 则前半部分论鲁褒《钱神论》时,全部内容都是与"钱"有关的称谓语,非常有意思。钱兄、金戈戈、孔方兄、钱娘娘、钱爷爷等,都是称呼钱的用语。"一个地方的称谓语系统可以鲜明地反映出此地的社会文化,包括传统习俗、伦理观、价值观、政治背景等。而称谓语的变化,又能及时地体现社会的变革与习俗的演变。"①"钱"之称谓,正当此旨。

---

① 钟敬文主编:《民俗学概论》,上海文艺出版社 1998 年版,第 312 页。

第四章 《管锥编》与民间信仰

　　盖信而好古,其事简,其心直,书则尽信,传则不察。原始多荒幻之想象,草昧生迷妄之敬忌;疑惧而须解,困穷而有告,或因寄所欲,又聊用自娱,结念构形:天神地只,怪人妖物,诡状殊相,无奇不有。(《管锥编》,第1608页)

　　民间信仰是一个庞大而又有着无限阐释可能的资源聚集体,不仅仅为民俗学研究者所关注,人类学、社会学、历史学、宗教学、文化史等领域的研究者一样会从这里找到支撑自己观点的材料以及学术灵感。民间信仰有着对人类文化独特的、神秘的启示,因而,人类在解决自己的问题时经常会回到这个资源聚集体。

　　从民俗学角度看,民间信仰是一种非常古老的民俗事象,其生成与流传过程中凝聚了太多的民间情绪和民间理想,因而对民间信仰的研究,随着越来越多的资料被挖掘出来,将会形成一种持久的研究热情,并且在多学科交叉的学术研究背景下取得更多的优秀研究成果。

　　钱锺书出入经、史、子、集时,就敏锐地看到了民间信仰在整个民族文化中所具有的分量,因而给予了极大的关注。《管锥编》涉及了民间信仰的多个侧面,如儒佛道及基督教等宗教信仰,天地信仰,神、妖、鬼信仰,动植物信仰,等等。在20世纪中国知识分子家族中,钱锺书是关注民间信仰最多的"旧式知识分子"。

　　钱学研究者对《管锥编》及钱锺书与民间信仰的关系有关注,在不同著述中有提及,但都是略略而论,鲜有深入研究者。黄宝生的《〈管锥编〉与佛经》是较早见到的将钱锺书与佛教相关联的研究,该文从比较文学角度切入,对钱锺书的佛经文献征引有一定的分析,惜其零散且是浮光掠影之作,更不是从宗教信仰角度出发的钱锺书研究。[1] 后续研究中对《管锥编》从宗

---

[1] 参见黄宝生:《〈管锥编〉与佛经》,《外国文学评论》1988年第1期。

教信仰角度出发的研究非常少,这与《管锥编》内含的包括民间信仰在内的宗教信仰信息的丰富很不相称。

本章的内容,既是对《管锥编》中所涉民间信仰成分的归纳与整理,又兼及钱锺书关注民间信仰背后原因的探析。

第一节 "旧说相沿,亦缘切中浮世薄俗也": 民间信仰多重阐释品质

旧说相沿,亦缘切中浮世薄俗也。(《管维编》,第1500页)

一、民俗学取向的民间信仰所涉基本内容

民间信仰这一术语的命名本身即有变动不居的特点,"民俗信仰"、"民间的信仰"、"民众信仰"、"民间宗教"在民间信仰研究的早期都曾以名冠之。

除命名之外,什么叫"民间信仰",历来更是歧说纷纭。各类概论性的民俗学著作中,如钟敬文的《民俗学概论》、张紫晨的《中国民俗与民俗学》、陶立璠的《民俗学概论》、乌丙安的《中国民俗学》等。如钟敬文先生主编的《民俗学概论》认为:"民俗信仰又称民间信仰,是在长期的历史发展过程中,在民众中自发产生的一套神灵崇拜观念、行为习惯和相应的仪式制度。"①这一说法强调了民间信仰养成的长期性,不是一时一地的偶然现象,有些民间信仰甚至经历了上千年岁月的流转。这一定义同时指出了民间信仰的三个主要层面:神灵崇拜观念、行为习惯和相应的仪式制度。《民俗学概论》"民俗信仰"一章中具体将民间信仰的对象分为灵魂、自然神、图腾、祖先神、生育神、行业神,将信仰媒介分为灵媒、巫,将信仰的表现形式分为预知、祭祀、巫术。而且,《民俗学概论》似乎更为关注民间信仰的巫的内容。

以专著的形式对民间信仰的内容进行全景式描绘的著作也不断涌现。如我国民俗学研究者乌丙安的《中国民间信仰》被认为是当时"我国第一本

---

① 钟敬文主编:《民俗学概论》,上海文艺出版社2009年版,第187页。

全面论述中国民间信仰的专著",他将民间信仰归为四大类:其一是对自然物、自然力的崇拜,包括对天、地、日、月、星、雷、风、云、火、水、山、石、兽类、鱼类、虫类、树、谷及与之对应的神(如天神、地神等)的崇拜,还有花草果实及其神灵崇拜;其二是对幻想物的崇拜,包括创世神、守护神、祖神(含图腾)、家神、俗神、鬼王、鬼吏、众鬼、妖精、魔怪等崇拜;其三是对附会以超自然力的人物崇拜,包括神人、仙人、圣人、巫师等的崇拜;其四是对幻想的超自然力的崇拜,包括灵物、灵魂(生魂、游魂、转生魂)、偶像、巫术等的崇拜。① 这样一种划分,清晰明了,对民间信仰的内容图景描绘得可感可触。类似的专著还有宗力、刘群主编《中国民间诸神》,姜彬主编《吴越民间信仰习俗》,何星亮《中国自然神与自然崇拜》,等等。

以某一具体民间信仰行为为描述对象的著作,更为多见。这样的著作大多能围绕某一信仰对象而深入展开,源流考辨、流变与流播等,都有细腻的介绍和精致的论述。如学苑出版社出版的《中华民俗文丛》,就包括《观音信仰》、《妈祖信仰》、《石与石神》、《花与花神》、《水与水神》、《关公信仰》、《土地与城隍信仰》、《狐狸信仰之谜》、《花巫术之谜》、《八仙信仰》、《财神信仰》、《山与山神》、《门与门神》、《中国民间神像》、《天神之谜》、《神秘的关东奇俗》、《炎帝神农信仰》、《泰山娘娘信仰》、《玉皇大帝信仰》、《灶与灶神》数十种类目,分别介绍不同的信仰对象。另外,刘锡诚主编的《中国民间信仰传说丛书》、杨利慧的《女娲的神话与信仰》和《女娲溯源》、邢利的《观音信仰》也是这方面的代表性成果。

还有一观点不得不提及,那就是在很长一段时期内,中国研究者持民间信仰即迷信的观点,将民间信仰指向泥塑木雕的菩萨、魂魄、妖怪、符咒、谣谶等对象,多加批判。而美国民俗学家布鲁范德却正好持相反的观点,他在自己的专著《美国民俗学》第十三章首句即言:"迷信通常被认做是幼稚的民众信仰,从逻辑上和科学上不值一驳,因而常用'民间信仰'一词取而代之,言外之意是,它是幼稚无知的'民间'群众的信仰。这种取代似有三方面的谬误:其一,迷信不仅包括信仰,而且包括行为和经验,有时还有器具以及谣谚等;其二,没有人能超然于迷信之外,总是在某种程度上信之或实践之;其三,'迷信'一词现在在民俗学界已广为运用,约定俗成,恐难更易,尽

① 参见乌丙安:《中国民间信仰》,上海人民出版社1995年版。

管它使人联想到愚昧和恐惧。"布鲁范德认为"迷信"较"民间信仰"更为科学,反其道而行之,自有因由。中国就不乏如布鲁范德式的反句厘定研究成果,正好可以说明个中原因。如宋红娟的《"迷信"概念在中国现代早期的发生学研究》对"迷信"概念进行发生学意义上的追溯,认为:"'迷信'也是一个转译自日本的西方概念,对应的英文单词为 superstition。中世纪晚期,基督教为了使整个欧洲都皈依他们的信仰,便以神之名将其他宗派诸如地方神灵、巫术,归为异教、异端,并称之为 superstition;殖民时期,非西方社会中的宗教信仰都被贬低为 superstition。通过晚清的文献,可以发现与之对应的中文迷信一词基本上可以等同于信仰,是中性词。"这一追溯正好说明了布鲁范德定义的合理性,也正好让我们弄清了"迷信"一词原来是个概括口径很大的概念,只是在特定的历史时段内,这个概念被人为地压缩了。宋红娟就指出,我国是在中国现代化进程中完成这一压缩的:"首先,延续西方对非西方宗教的态度,中国知识分子将散落于社会生活中的信仰笼统归为'迷信',认为它们是阻碍中国'进步'的障碍;另一方面,各个时期的政治话语以及相关的宗教政策也不同程度地将民间信仰甚至宗教信仰列入'迷信'之列。"[1]正因为这是一个人为的仄化概念行为,所以,宋红娟也指出江绍原、陶思炎、李亦园以及法国人类学家杜瑞乐等人早已经开始反思这一行为的不合理性了,并且对迷信提出了独特的看法,详见宋红娟的研究成果。

当然,正如有论者指出,"民间信仰"在 20 世纪 30 年代已成为一个相对稳定的术语而取代了其他术语,包括迷信,看来,民间信仰这一术语更具有包容性,也更有助于理解民间诸多信仰的本质。

"无论是在传统中国、还是在现代中国,真正对老百姓的日常生活和精神状态影响深远的,不是佛教、道教,也不是基督教、天主教,而是杂糅了原始宗教和儒释道三家的各种民间信仰。"[2]这一结论是合情合理的,民间信仰无所不在无所不能地影响着民众生活。当然,在中国,制度性宗教与民间信仰的互动关系非常复杂,你中有我,我中有你,这使得中国的民间信仰异貌纷呈的同时,又与制度性宗教难解难分地纠结在一起,有时使我们无法对制度性宗教和民间宗教作一个真正的区分。民间信仰的内容与宗教信仰的

---

① 宋红娟:《"迷信"概念在中国现代早期的发生学研究》,《北京大学研究生学志》2008 年第 4 期。

② 陈彬:《民间信仰的社会学研究论纲》,《浙江社会科学》2011 年第 3 期。

内容存在诸多相似与重叠之处,很容易将民间信仰与宗教信仰关联起来,所以,《辞海》对民间信仰所下的定义为:"民间流行的对某种精神观念、某种有形物体信奉敬仰的心理和行为。包括民间普遍的俗信以至一般的迷信。它不像宗教信仰有明确的传人、严格的教义、严密的组织等,也不像宗教信仰更多地强调自我修行,它的思想基础主要是万物有灵论。"①这里明显将民间信仰与宗教信仰进行了比较阐发,这很容易联想到宗教学界将民间信仰进行"宗教民俗学"方向的引申,如陶思炎等人的研究就认为:"民间信仰既是民俗学的研究领域,也是宗教学关注的对象,它亦俗亦圣,时显时潜,常带有迷离神奥的色调和乐生入世的韵味。……民间信仰研究将向'宗教民俗学'发展,而这一学科的建立则有赖于一个较完备的、符合其运动规律,且能推进其演进的体系。"②民间信仰向民间宗教信仰研究的发展,是民间信仰研究的一个重要内容。

二、民间信仰的多重研究品质

对民间信仰的研究,有着多重的切入角度,史学、宗教学、文化学、人类学、心理学、思想史、音乐、舞蹈、美术等学科都可以从自己的学科背景出发,对之进行解读,甚至旅游等行业将民间信仰引入实用领域,将民间信仰变为一种可以带来经济价值的资源而进行整合,这些都充分证明了,无论是学理探究层面还是实用价值层面,民间信仰都是活力充沛的。

民间信仰有多重的研究品质,这几乎是已成定论的学术实事,诸多研究者已经从不同角度切入民间信仰的研究了。如有研究者认为,民间信仰研究"第一类就是传统史学的理路,如柳诒徵、许地山先生等,其特点就是完全从史料出发,引经据典,考察一种信仰或仪式的来龙去脉。第二类则以顾颉刚、费孝通诸先生为代表,他们的特点就是注意与其他学科,特别是社会人类学、民俗学的结合,注重田野考察与理论探讨的结合。第三类则是专门从民俗学的角度对民间信仰进行考察"。③ 时下,有研究者提出了"民间信仰的社会学研究论纲"这一说法,对当下民间信仰的社会学方向研究进行

---

① 《辞海》,上海辞书出版社1999年版,第5120页。
② 陶思炎、[日]铃木岩弓:《论民间信仰的研究体系》,《世界宗教研究》1999年第1期。
③ 王健:《近年来民间信仰问题研究的回顾与思考:社会史角度的考察》,《史学月刊》2005年第3期。

了诸多设想,如以国外的某一流派的社会学理论阐释民间信仰,"社会学中还有不少理论资源可以借鉴,例如戈夫曼的戏剧理论可以用来作为分析某些民间仪式的操作技巧和表演过程;布劳的结构交换理论也可用来解释乡村民间信仰盛行原因的从微观到宏观的动力机制;福柯的'治理技术'也可被用作同宗教场域内不同寺庙宫观之间在竞争中所用到的方法与技巧;吉登斯的行动—结构理论可以在信众的信仰行动与信仰空间结构的再造之间建立起一种动态关联;布迪厄的'惯习'概念可以摆脱理性与非理性的二元划分从而帮助我们重新理解民间信仰行动中的'实践理性';贝克的风险社会理论也可帮助我们从'风险社会'的角度来对乡村民间信仰复兴的社会原因予以新的解释。"[①]

诸如此类,从心理学、文学、音乐等角度都可以切入民间信仰的研究。与此相关的论述很多,无力整体复述亦无须赘述。有意义的启发倒是从不同的视角审视民间信仰对研究者思维和视角的丰富,以及将这些视角进行移植以考察《管锥编》的俗信世界的可能性。

三、《管锥编》信仰内涵的宏观把握

从信仰角度来审视《管锥编》,它是一个以儒教为基本框架,佛教、道教、基督教信仰和民间神鬼信仰等渗透其间的信仰有机体。这诸多信仰成分在钱锺书的学术世界里天然地糅合在一起,形成对《管锥编》的强力支撑。

儒家是不是一种宗教,甚或是不是中国国教,这是学术界长期争论的话题。根据钱锺书在《管锥编》中的相关论述,他对儒教这一说法应该是肯认的。如《全上古三代秦汉三国六朝文》第 52 则《全后汉文卷四四》论崔骃《七依》写"美人",钱锺书先生对崔骃的"孔子倾于阿谷,柳下忽而更婚"之语便释为"以儒宗道祖配柳下惠",谓孔子为儒宗道祖,正是以宗教眼光来看待孔门儒学的。诸如此例在《管锥编》中多出,不一一列举,只是依钱锺书先生的治学理路,将儒家与儒学亦目为儒教。而且,在有关宗教史的著作中,如王治心的《中国宗教史大纲》的"三教同源说"一节,[②]牟钟鉴、张践的

---

① 陈彬:《民间信仰的社会学研究论纲》,《浙江社会科学》2011 年第 3 期。
② 参见王治心:《中国宗教史大纲》,东方出版社 1996 年版,第 109 页。

《中国宗教通史》"三教的状况与相互关系"一节,①等等,基本上都认同儒教说。

由此生发,《管锥编》所注十书中,儒家经典就有《周易正义》、《毛诗正义》、《左传正义》三书,而书中征引的材料遍及儒家经典,如《周礼》、《仪礼》、《礼记》等体现儒教教义的经典,不仅囊括十三经这一基本的儒经体系,而且旁涉儒家众多代表人物的著作,因此,儒教系列著作的征引与阐释构成了《管锥编》这一有机体的重要成分。

第二节 "故媚奥媚灶,投合所好耳": 神与鬼为主体的俗信世界

> 然人之信奉鬼神,正亦望其非冰心铁面而可利诱势夺,故媚奥媚灶,投合所好耳。(《管锥编》,第 1229 页)

《管锥编》所涉民间信仰之内容,以鬼神信仰为大部,以巫、巫术为次之,兼及预知等俗信,本章分论这三块内容,首先论及神鬼信仰这一俗信。

一、神、鬼、魂信仰

在所有民俗事象中,鬼神信仰是最具"全民"性的。从原始先民集体对自然崇拜而产生的神鬼想象,历经不同社会形态,神鬼信仰就从不是某一具体地域、某一族群、某一种文化特有的信仰现象,而是整个人类共享的资源,神与鬼是一个通用的信仰符码。从这个意义上说,神鬼信仰是最能说明所有人都生活在民俗中的民俗事象。即以现代社会科技理性发达,无神论思想普遍渗透的情形之下,人类也并没有丢弃鬼神信仰,且不论民间多种多样的鬼神信仰形态存在,中外大量影视作品以神故事、鬼故事为题材,就是这一信仰存在的曲折反映。

中国的神鬼信仰形态丰富多样,自金石铭文,至诸子典籍,以及后继之时代,不管是所谓的"雅"文化,还是所谓的"俗"文化,均载录繁富。《老子》:"谷神不死。"《礼记·祭法》:"山陵川谷丘陵能出云为风雨,皆曰神。"

---

① 参见牟钟鉴、张践:《中国宗教通史》,社会科学文献出版社 1998 年版,第 444 页。

《礼记·祭义》:"众生必死,死必归土,此之谓鬼。"《说文》:"神,天神引出万物者也。"《说文》:"鬼,人所归为鬼。"诸如此类,举不胜举。

《管锥编》以十部经典为纲,跨经、史、子、集以及国外各类经典,对之中的鬼神信仰之记载,时有评述,并以之为起点进行生发,表达自己对鬼神信仰的看法,多有机警之论,启人心智。

(一)"神道设教":一个长期的俗信话题

"神道设教"是《管锥编》中一个重要的话题,钱锺书直接言及"神道设教"的地方是《管锥编·周易正义》第5则"观"、《管锥编·史记正义》第31则"田单列传"、《管锥编·全上古三代秦汉三国六朝文》第155则"戴逵《放达为非道论》",而以论"观"、"戴逵《放达为非道论》"两节最为集中且重要。

如果仅从表层意思来看,"神道设教"是一个政治寓言,正如钱锺书所引:

《彖》:"圣人以神道设教,而天下服矣。"(《管锥编》,第30页)

"神道设教"是御天下之术,按传统理解,宗教信仰有正统信仰与民间信仰,正统信仰是官方宗教,而民间信仰"是在长期的历史发展过程中,在民众中自发产生的一套神灵崇拜观念、行为习惯和相应的仪式制度",正统信仰与民间信仰被人为分拆,两者之间的复杂的互渗关系、互依关系、互动关系往往得不到深入关注。

但是,一定要看到,神鬼信仰是民间信仰与正统信仰所共有的对象,两者在很多时候是交纠在一起的,这就是神鬼信仰的特异之处。

《管锥编》在《周易正义》"观"卦提及"神道设教",因而必须提到《易》"观"卦的民俗意味。今人陈望衡释"观"为"观民设教":"临卦之后为观卦,临强调的是临察,观是临的具体表现,强调的是观看。"《象传》说:"风行地上,观。先王以省方观民设教。"陈望衡释为:"'王省方观民设教'举了先王的三件大事:'方'巡省全国各地;'民'观察民情、民俗、民风;'教'设立各种教育手段教化天下。'观'虽然只是三件大事之一,而究其实,其他两件大事也离不开观。观卦确定'观'的主体是君,以先王的'观'为榜样。"① 陈望衡释"民"为观察民情、民俗、民风,是很有见地的,这正揭示了"观"卦

---

① 陈望衡:《周易玄机》,人民出版社2011年版,第93、94页。

的民俗内涵,先民很早便重视观风问俗,因而特设这一卦。

而《管锥编》释"观"卦,取《象》之"神道设教"立论,陈望衡则直接释"观"为"观民设教"。同为设教,一为神道,一为观民,看似无关联,实则意趣完全一致。

钱锺书在《管锥编·周易正义》中论"神道设教"从如下层面展开。

第一,"神道设教"是政理之要言,所谓的"教",是为政治而假神鬼以教。钱锺书以《礼记·祭义》、《管子·牧民》、《淮南子·泛论训》、《论衡·四讳》、《墨子·明鬼》等典籍言论为论据,申述此意,如《淮南子·泛论训》与《论衡·四讳》:

> 《淮南子·泛论训》历举俗忌如"飨大高者,而靡为上牲;葬死人者,裘不可以藏;相戏以刃者,太祖軵其肘;枕户橉而卧者,鬼神跖其首";而抉其隐曰:"凡此之属,皆不可胜著于书策竹帛而藏于官府者也,故以机祥明之。为愚者之不知其害,乃借鬼神之威,以声其教。"《论衡·四讳》篇亦曰:"夫忌讳非一,必托之神怪,若设以死亡,然后世人信用。"皆可为"神道设教"示例。盖世俗之避忌禁讳,宗教之命脉系焉,礼法之萌芽苗焉,未可卑为不足道也。(《管锥编》,第30页)

此处示例,必须看到,钱锺书已经言及俗忌,这里的"俗",即民间俗信。《淮南子·泛论训》所举民间俗信之忌讳,为"官府"所用,正是"借鬼神之威,以声其教"。这里,民间俗信之神鬼内容,因为"政教"这一上升通道,找到了与正统信仰的融合点。由此可见出,这种融合不仅时间早,而且一直延续在中国历史发展的进程之中。钱锺书举明末清初散文三大家之一魏禧、清末魏源两例,正隐晦地表明了神鬼信仰的这种长时段延续特征:

> 后世谈士阐发政教相须,与墨子暗合。如魏禧《魏叔子文集》卷一《地狱论》云:"刑赏穷而作《春秋》,笔削穷而说地狱";魏源《古微堂集》内集卷一《学篇》云:"鬼神之说有益于人心,阴辅王教者甚大;王法显诛所不及者,惟阴教足以慑之。"夫设教济政法之穷,明鬼为官吏之佐,乃愚民以治民之一道。二魏见其治民之效,而未省其愚民之非也。(《管锥编》,第31页)

钱锺书在《论衡·四讳》中之语"夫忌讳非一,必托之神怪,若设以死亡,然后世人信用",还有一重意蕴,即正统信仰对繁杂多样的民间信仰,"齐物"之道便是"托之神怪",神鬼信仰这一共同的信仰对象,最能震慑下层民众,政教者正托此便宜。

上引《淮南子·泛论训》与《论衡·四讳》两例中,钱锺书的另一句话极为重要:"盖世俗之避忌禁讳,宗教之命脉系焉,礼法之萌芽苗焉,未可卑为不足道也。"这里钱锺书阐述了两层意思:其一,俗信及附生于其上的禁忌,是宗教与礼法之命脉,没有俗信禁忌,所谓正统信仰便是孤枝危岩,无可生存;其二,俗信忌讳,"未可卑为不足道也"。长期以来对民间俗信的人为贬低,忽略其存在的重要性,也是普遍现象。钱锺书意识到信仰忌讳的重要,故而在《管锥编》中预留足够的空间而"道之",这又是钱锺书的不凡之处。

第二,上引二魏之例,开启了钱氏下一重论述层面,即于"神道设教"既要"见其治民之效",又要"省其愚民之非也"。"神道设教""非"的一面,钱锺书有如下例论:

> 十八世纪英史家吉朋尝谓,众人视各教皆真,哲人视各教皆妄,官人视各教皆有用,则直凑单微矣。(《管锥编》,第31页)

> 古希腊怀疑派而还,相率谆谆告诫,谓于国教以至俗信,不妨二心两舌,外示和同而内不奉持,所以免祸远害,蒙田、笛卡尔且标为律己之首要焉。(《管锥编》,第31页)

所谓"众人",据钱锺书括号内之英文原文,即民众之义,"官人"为国家管理阶层。这两者之信仰,"国教以至俗信,不妨二心两舌,外示和同而内不奉持,所以免祸远害",都有"貌敬"而"腹诽"的一面,即两面性特征,表面上相信,而内心未必真信。

钱锺书还援引蒙田、笛卡尔将"貌敬腹诽"之"标为律己之首要"、16世纪基督教神甫制定"内心保留"之法、《老子》所谓"和其光,同其尘"、释氏所谓"权实双行法"诸例,说明信仰"非"的一面,不必少见多怪。

钱氏指出了俗信更具有这一特征:

> 身心二本,内外两截,固流俗人优为常习;饰貌匿情、当面覆背,行之容易,视亦等闲。(《管锥编》,第31页)

钱锺书又引古希腊、罗马文史家之言,与柳宗元《断刑论》,特别是马基亚伟利昌言之"为君者不必信教,而不可不貌示笃信",更畅厥旨。

第三,"神道设教"这一借信仰为名的治人术,不仅是为君者"君人"之具,亦臣下、民众"君君"之术,君、臣、民众三极都可以之为用,制约对方。钱锺书援引如下示例以为说明:

孟德斯鸠以为庶民不信神道，害犹不大，君主弁髦一切典章法律，若复不畏天惧神，便似虎兕出柙，为所欲为，则欲以其道还治其身。吾国古人每借天变以谏诫帝王，……（《管锥编》，第 33 页）

以上所言诸事，不管是借天变以谏帝王，还是帝王"有灾异则谴咎公卿"，均说明了一点，即钱氏于本段之最后一句："此类亦史不绝书，有若反戈之击、入瓮之请；盖人事一彼一此，非一端可执矣。"君、臣、民众这种反戈相斗，其实正是俗信与国家信仰之间互动关系的一个表征，"史不绝书"正表明世不绝事，这一相斗行为从未中断过。

接下来，钱锺书有增订四则，申述斯意。

增订一之主旨为：

盖凡臣下所以律君上者，君上莫不可以其道加诸臣下，反戈倒击，接箭还射，诿过有词，移祸多术。（《管锥编》，第 34 页）

增订之三，主旨为臣献计献谋，教君欺天逃罪之法：

二事均征君上不乏畏天而愿受罚者，臣下则教之以天可欺而得逃罪焉；本爱君之旨，献谋移祸。（《管锥编》，第 34 页）

此举的直接后果便是：

征君上或偶畏天而欲修德者，臣下则诇之为天所眷而毋引咎焉；本爱君之旨，贡谀长恶。"神道"之"教"，遂同虚"设"矣。（《管锥编》，第 34 页）

"神道设教"，在很多时候都是"虚设"，这又是信仰"虚无"表现形态的一种。

增订四则将"神道设教"极为血腥的一面揭示出来：

主政者不反躬自省，而杀人以当天变，中外古史数载其事。（《管锥编》，第 34 页）

杀人，谁当杀？替死者，可以是臣下——"可移于宰相"，可以是普通百姓——"可移于民"，亦"可移于敌国"——"归之虏酋"。这是"神道设教"于神鬼信仰的一个变例，所谓"替死鬼"，因变形而走向变态。

第四，上述论毕，钱锺书又有如下一段论述，殊为重要：

《荀子·天论》："日、月食而救之，天旱而雩，卜筮然后决大事，非以为得求也，以文之也；故君子以为文，而百姓以为神"；杨倞注："顺人之情，以为文饰"。神道设教，乃秉政者以民间原有信忌之或足以佐其为治也,因而损益依傍,俗成约定,俾用之偶有效者,而言之差成理,所谓"文之也"。若遽断鬼神迂怪之谈胥一二"圣人"之虚构,祭祀苛曲之统金一二"君子"所首创,则意遍于通,又十八世纪之陈言尔。(《管锥编》,第 37 页)

这段引文表明了钱锺书如下见解:其一,神鬼信仰与卜筮均为"文",而普通百姓以这一饰非之文为神,这可视为钱锺书对"神"的一个注脚;其二,"神道设教,乃秉政者以民间原有信忌之或足以佐其为治也,因而损益依傍,俗成约定",一针见血指出秉政者所秉持的神鬼信仰,正是对民间俗信的一种借题发挥,阴为利用,统治者总是利用俗信中可以利用的成分,而打压、掐灭其不能利用的成分。

第五,指出"民有情不得申、有冤不得理"是小民"神鬼"信仰产生的心理原因,如下钱氏所引顾炎武言:

顾炎武《日知录》卷二:"国乱无政,小民有情而不得申,有冤而不得理,于是不得不愬之于神,而诅盟之事起矣。……于是赏罚之柄,乃移之冥漠之中,而蚩蚩之氓,其畏王鈇,不如其畏鬼责矣。乃世之君子,犹有所取焉,以辅王政之穷。今日所传地狱之说、感应之书,皆苗民诅盟之余习也。……王政行乎上,而人自不复有求于神,故曰:'有道之世,其鬼不神。'"(《管锥编》,第 37 页)

不仅是神,而且"地狱之说、感应之书",以主苗民之诅盟,都是这一心理的反映,所谓"赏罚之柄,乃移之冥漠之中",殊为确论。

第六,神道信仰为精神之鸦片,如下引:

西人如李伐洛(Ri—varol)能兼明二意,既言宗教为法律之补充,复言民不聊生,乞灵宗教,以他生稍慰此生。后一意即费尔巴哈所谓下地有穷民则上天有财神,上帝出于人世之缺陷怨望;亦正马克思所谓宗教乃人民对实际困苦之抗议,不啻为人民之鸦片。浪漫主义诗人早言,俗子仰宗教以解忧止痛,不遍如收鸦片之效;或言,世人莫不吸食精神鸦片,以谬误信仰自醉。(《管锥编》,第 38 页)

宗教是麻醉人民的鸦片,这又是当下流行之说法,不必多论。

以上是钱锺书"神道设教"论的主要内涵。其他论"神道设教"的章节,所述意思相差不远,故不再一一论述。最为紧要处,是钱锺书对正信与俗信关系的发掘,对认识民间信仰,如鬼神信仰,很有启发。

（二）《管锥编·左传正义》"僖公五年"论神鬼信仰

《管锥编·左传正义》第 14 则"僖公五年"是钱锺书论神鬼信仰又一集中之处，故而单独拈出论之。

钱锺书以《左传》所载"宫之奇谏假道"中僖公所说的话"吾享祀丰洁，神必据我"为切入点，论及神鬼信仰的诸多层面。

第一，即神鬼信仰中的祭祀问题。钱锺书列举庄公三十二年内史遍与史嚚言、僖公十年狐突遇太子申生之鬼之事、僖公三十一年事、昭公二十年事：

> 庄公三十二年，神降于莘，内史遍曰："国之将兴，明神降之，监其德也；将亡，神又降之，观其恶也。故有得神以兴，亦有以亡，……其以物享焉"；虢公享焉，神赐之土田，史嚚曰："虢其亡乎！吾闻之：国将兴，听于民；将亡，听于神。神聪明正直而壹者也，依人而行，虢多凉德。"

> 僖公十年，狐突遇太子申生之鬼，"大子使登仆，而告之曰：'夷吾无礼，余得请于帝矣。将以晋畀秦，秦将祀余。'对曰：'臣闻之，神不歆非类，民不祀非族。君祀无乃殄乎！'"

> 僖公三十一年，"卫成公梦康叔曰：'相夺予享。'公命祀相，宁武子不可，曰：'鬼神非其族类，不歆其祀'"。

> 昭公二十年，齐侯疥，梁邱据与裔款言于公曰："吾事鬼神丰。……今君疾病，……是祝史之罪也"；公告晏子，晏子曰："若有德之君，……动无违事，……是以鬼神用飨。……其适遇淫君，外内颇邪，……则虚以求媚，是以鬼神不飨其国以祸之"。（以上均出自《管锥编》，第 303 页）

钱锺书主张"数节当会合以观"。此数节，阐述的主题思想很明显，即祭祀鬼神时，其"享"的标准若何。《左传》"僖公五年"宫之奇主张"鬼神非人实亲，惟德是依"，"德"是标准，"非德，民不和，神不享矣"。上引第一则文献指出神在统治者出现德治与恶治时，都会下降以观其行，这里没有直接提到神享的原则，但从文意可知其标准应为"德"："国将兴，听于民；将亡，听于神。神聪明正直而壹者也，依人而行，虢多凉德。"此处还有一点需要关注，即"神聪明正直而壹者也"，对神给出了一个不同于一般的定义，神很有人性。第二则、第三则材料则直接提出"鬼神非其族类，不歆其祀"，鬼神只接受其同族人的祭祀,这是一个惯常说法,亦是一个习俗惯制。第四则讲"虚以求媚"则鬼神不享,有德的标准在内,但更多指诚心祭祀,这也算得上神享与否的重要标准之一。

第二,钱锺书对神鬼享祀之标准,提出了自己的看法:

> 鬼神行径,谲而不正,如策士之运筹矣!《旧、新约全书》记上帝欲降罚于人,每以诳言诡术欺诱之,甚且自夸上天下地唯己独尊,能为善亦能作恶。左氏中鬼神之不惜使诈,正其伦类。既征古宗教家言之尚稚浅椎鲁,而信奉鬼神者衷曲之抵牾矛盾亦无心流露焉。(《管锥编》,第304—305页)

鬼神如策士,使阴招使诈术,迷惑人眼,自有一套。所以,鬼神祭祀实无标准可言。享德、享其族之说,正是"古宗教家言之尚稚浅椎鲁,而信奉鬼神者衷曲之抵牾矛盾亦无心流露焉",都非标准。而这一非标准,正是鬼神信仰的一个基本特征,即前文所说的"貌敬腹诽"。

第三,钱锺书对上文稍稍提及的"神鬼"无别,在此处做了一个彻底的追溯,指出"'鬼'、'神'、'鬼神'浑用而无区别,古例甚伙":

> 《论语·先进》:"季路问事鬼神,子曰:'未能事人,焉能事鬼?'"《管子·心术》:"故曰思之,思之不得,鬼神教之",而《吕氏春秋·博志》:"精而熟之,鬼将告之。"《史记·秦本纪》由余对缪公曰:"使鬼为之,则劳神矣,使人为之,亦苦民矣","鬼"与"神"、"人"与"民"、"劳"与"苦",均互文等训。(《管锥编》,第305页)

天、鬼、神分而合、合而分的称呼背后,有什么特殊原因? 钱锺书进行了探究。

> 天欤、神欤、鬼欤、怪欤,皆非人非物、亦显亦幽之异属,初民视此等为同质一体,悚惧戒避之未遑。积时递变,由浑之画,于是渐分位之尊卑焉,判性之善恶焉,神别于鬼,天神别于地祇,人之鬼别于物之妖,恶鬼邪鬼尤沟而外之于善神正神;人情之始只望而惴惴生畏者,继亦仰而翼翼生敬焉。故曰:"魔鬼出世,实在上帝之先"。后世仰"天"弥高,贱"鬼"贵"神",初民原齐物等观;古籍以"鬼"、"神"、"鬼神"、"天"浑用而无区别,犹遗风未沫、委蜕尚留者乎? 不啻示后人以朴矣。(《管锥编》,第306页)

缘由是:其一,于天、神、鬼、怪,"初民视此等为同质一体,悚惧戒避之未遑",初民视之为同物,并且内心戒惧。其二,时变世移,渐生级别,乃是出于人情"敬"的原因:"积时递变,由浑之画,于是渐分位之尊卑焉,判性之善恶焉,神别于鬼,天神别于地祇,人之鬼别于物之妖,恶鬼邪鬼尤沟而外之于善神正神;人情之始只望而惴惴生畏者,继亦仰而翼翼生敬焉。"这是钱锺书对鬼神分途的一种解释,其他信仰研究者少有从这个角度出发的。

所以,钱锺书认为,鬼神不分,乃是初民信仰之遗留物:

> 盖谓"神"出身于"鬼","鬼"发迹为"神";事颇如成则为"王"者,初原为"寇",理正同魔鬼先进而上帝后起。着语无多,谈言微中,于心源物始,思过半矣。(《管锥编》,第 306 页)

此处,钱锺书对鬼、神身份之别,与"成则为王败则为寇"这一俗语作对比,亦是旧解出新意。

第四,"鬼与神于天皆可阶而升",因为有"帝"可请,这是钱锺书于鬼神信仰的又一重意蕴阐发。

> 申生曰:"余得请于帝矣!"成公十年,晋侯梦大厉曰"余得请于帝矣!"夫"大厉"、后世所谓鬼趣也、魔道也,而申生歆秦之祀,乃神明也。均"得请于帝",则鬼与神于天皆可阶而升,《墨子·天志》即以"天"、"上帝"、"帝"通称也。均"得诸于帝",则鬼若神之上,更巍巍乎有一主宰,譬似宋公、鲁侯、郑伯、滕子、许男等之上,犹有定一尊之周王在。(《管锥编》,第 307 页)

钱锺书继而指出,神鬼世界,亦是等级森严,自帝至诸神,各有等秩。钱氏在《管锥编》其他章节即言"天上乐不如人间",原因之一为天上神多,需要服侍的对象太多,因而累极。将这些地方合而观之,都说明鬼神的信仰世界是有等级秩序的,这正是俗信的又一重特征。

第五,钱锺书又回到了人对鬼神信仰的"貌敬腹诽"这一主题上:

> 人之信事鬼神也,常怀二心焉。虽极口颂说其"聪明正直",而未尝不隐疑其未必然,如常觉其迹近趋炎附势是也。(《管锥编》,第 308 页)

但此处重点是强调鬼神欺弱谄强的一面,这也是民间信仰常常涉及的话题。

> 盖信事鬼神,而又觉鬼神之不可信、不足恃,微悟鬼神之见强则迁、唯力是附,而又不敢不扬言其聪明正直而壹、冯依在德,此敬奉鬼神者

衷肠之冰炭也。玩索左氏所记,可心知斯意矣。臣之事君,既曰"天王圣明",复曰"君难托",若是班乎。(《管锥编》,第 309 页)

(三)其他神鬼信仰有代表性的论述

其一,《管锥编·全上古三代秦汉三国六朝文》第 28 则"全汉文卷五二":

> 扬雄《逐贫赋》。按子云诸赋,吾必以斯为巨擘焉。创题造境,意不犹人,《解嘲》虽佳,谋篇尚步东方朔后尘,无此诙诡。后世祖构稠迭,强颜自慰,借端骂世,韩愈《送穷》、柳宗元《乞巧》、孙樵《逐痁鬼》出乎其类。……宗懔《荆楚岁时记》:"正月晦日"、"送穷鬼",韩愈亦呼"穷鬼";后世则称"穷神",如《夷坚志·补》卷一五《穷神》,且不复为五鬼,而为一妪。(《管锥编》,第 1525 页)

此处既言送穷风俗,更言民间俗信对鬼的又一定义:穷鬼。为什么俗信将穷的标签贴在鬼身上?而"穷鬼"又会成为一个如此流行的俗语?而且,钱锺书下面一段,将穷鬼与女人联系起来的引述更有意思:

> 元好问《遗山诗集》卷一二《送穷》:"不如留取穷新妇,贵女何曾唤得来!";彭兆荪《小谟觞馆诗集》卷一《楼烦风土词》第二首:"剪纨劈纸仿婵娟,略比奴星送路边;富媳娶归穷媳去,大家如愿过新年",自注:"正月五日剪纸为妇人,弃路衢,曰:'送穷',行者拾归供奉,曰:'娶富媳妇归'",则此所送之穷即彼所迎之富,一物也,遭弃曰"穷",被拾曰"富",见仁见智,呼马呼牛,可以参正名齐物焉。(《管锥编》,第1525 页)

"穷"名嫁于鬼身,又与女人相连,这里不仅表达出人对鬼厌弃的一面,也表达出俗世对女性的轻贱。虽然钱锺书在这里没有作出任何判断,但通过所引诸多文献,钱锺书的观点已经非常明白地表达出来了。

钱锺书还有一段论述,与此同趣,一并引录如下:

> 妇女以好嫉而得成神祇,不自郗后始,春秋介之推妹当是最古。《全唐文》卷四〇八有李諲大历十三年刊碑《妒神颂》,言神为介之推妹,"性惟孤直,虚见授于妒名",《朝野佥载》卷六只言其生时"与兄竞";朱彝尊《曝书亭集》卷四九《〈妒神颂〉跋》考唐高宗时已有"妒女祠",实本《旧唐书·狄仁杰传》,而此传又本《封氏闻见记》卷九。然女何以得"妒名"而能庙食一方,则行事无可征矣。(《管锥编》,第 2074

页）

此与钱锺书在《管锥编》中论及的女人要成神仙必先淫荡,与男人要成神仙先断淫根适反,都是对女性根深蒂固的某些看法在民间信仰中的体现。

其二,《管锥编·全上古三代秦汉三国六朝文》第57则"全后汉文卷五八":

> 窃谓此类言说实出于好古而复不信者之惨淡经营;乃是后人之"文",初非古人之"质"。盖信而好古,其事简,其心直,书则尽信,传则不察。原始多荒幻之想象,草昧生迷妄之敬忌;疑惧而须解,困穷而有告,或因寄所欲,又聊用自娱,结念构形:天神地只,怪人妖物,诡状殊相,无奇不有。伯益《经》传《山海》,淮南《训》着《天坠》,梗概犹存,隅举可反。人皇九头乃至于天皇氏十三头,夔一足乃至于烛龙神无足,其小者尔。时世迁移,知虑增进,尚论古先,折衷事理,遂如《论语》所谓怪神不语,《史记》所谓缙绅难言。不肯信而又不忍弃,既奉典为不刊,却觉言之不经,苟非圆成其诞,必将直斥其诬。于是苦心疏释,曲意弥缝,牛鬼蛇神,强加以理,化奇异而为平常,"一而足"、"头为数",即其显例。饰前载之荒唐,凿初民之混沌,使谲者正、野者驯,阳尊旧闻,潜易本意,有如偷梁换柱,借体寓魂焉。(《管锥编》,第1608页)

这在论神话章节中,已有详细论述。上述理由同样适用于鬼的论述,都是对先民原始想象的一种讨论:"虽然观近可以度远,即妄可以揣真;苟欲识原始想象之构荒唐形象,凿空坐实,则鬼执斗、禹为兽之类,犹若得其仿佛,于觅初民之童心,不无小裨焉。"

> 王延寿《梦赋》。……《古文苑》中此《赋》有云:"于是鸡天曙而奋羽,忽嘈然而自鸣,鬼闻之以逝失,心慑怖而皆惊",《类聚》节去。后世小说中鬼畏鸡鸣之说,始著于此。袁枚《新齐谐》卷八《鬼闻鸡鸣则缩》于旧解能出新意:"忽鸡叫一声,两鬼缩短一尺,灯光为之一亮。鸡三四声、鬼三四缩,愈缩愈短,渐渐纱帽两翅擦地而没。"《论衡·订鬼》谓"鬼,阳气也","太阳之气,盛而无阴",盖持无鬼论也。信有鬼者,则谓鬼阴气畏阳,幽处而夜出,光天化日,无所容身,故雄父叫旦,则怯遁不遑。苟鬼能白昼现形,必此趣中之尤恶而为厉者,是以宋、明以来称奸人黠盗为"白日鬼",清无名氏至搜罗鬼典而为之赋,所谓:"罗刹鬼母怀鬼胎而寤生,为鬼方令,青天白日之下,居暧昧之心,行阴险之事"

（缪艮《文章游戏》二集卷二《白日鬼赋》）。异域风俗亦言鬼物慑怖鸡唱，传诵名篇中如哈姆雷特父鬼闻鸡消缩，雷娜拉婿鬼闻鸡疾驰，皆耳熟口滑之例也。（《管锥编》，第1610页）

上述中"鬼畏鸡鸣"的说法，在中国很多地区都有此俗信。鬼为何畏鸡鸣？这又引申到了中国的阴阳之说对民间俗信的影响之深。"信有鬼者，则谓鬼阴气畏阳，幽处而夜出，光天化日，无所容身，故雄父叫旦，则怯遁不遑。"钱锺书先生是这样来解释这一俗信现象的，鬼为阴气，自然惧阳，阳克阴。这里还有一说必须注意，就是打鸣之雄鸡，被称为"雄父"。雄父代表的是阳刚之气，鬼畏鸡鸣，也是因为雄鸡这一阳刚之物对鬼阴有克制之用。同时，雄鸡之鸣，还是中国传统的计时之具，鸡鸣意味着中国时间观念里白天的开始，夜晚的结束，这一阴阳分割之物，正好可以方便地引入俗信中。当然，钱先生也指出："异域风俗亦言鬼物慑怖鸡唱，传诵名篇中如哈姆雷特父鬼闻鸡消缩，雷娜拉婿鬼闻鸡疾驰，皆耳熟口滑之例也。"这还是基于共同的阴阳观念。

钱先生此处还指出了鬼之特型"白日鬼"，是鬼之"尤恶而为厉者"，民间有此俗信，但不常见，所谓"白日撞见鬼"殆指不易碰见的事情给碰上了，民间使用"白日鬼"的说法，更多用其引申义，如浙江带称贼为"白日鬼"，正如钱先生所言，"奸人黠盗"多用此称谓。

（四）鬼魂信仰：以钱氏论《神灭论》和《楚辞·招魂》为核心

以上两节论及神鬼较多，本节钱锺书论范缜《神灭论》，涉及较多的是"灵魂"，故以此为契机，论及钱锺书对鬼魂信仰的相关看法。

1.《管锥编·全上古三代秦汉三国六朝文》第211则"全梁文卷四五"

钱锺书对范缜《神灭论》极为推许：

范缜《神灭论》。按精思明辨，解难如斧破竹，析义如锯攻木，王充、嵇康以后，始见斯人。范氏词无枝叶，王逊其简净，嵇逊其晓畅，故当出一头地耳。六朝文阐说义理，稍钩深造微，便未免释氏经论机调，范氏独摆落悠悠，避之若浼。（《管锥编》，第2212页）

对范缜观念的阐发，钱锺书是从如下几个大的方面展开的。

第一，鬼魂有无的问题。

论手、足、眼、耳等"皆神之分"而"是非之虑，心器所主"，略同亚里士多德论"灵魂"之"分"，有"饮食魂"、"知觉魂"等等，而以"思虑"为之主。"妖怪茫茫，或存或亡。……有人焉，有鬼焉，幽明之别也。人灭而为鬼，鬼灭而为人，则未之知也"；观此可知缜非"不信鬼"，特不信人死为"鬼"耳。《墨子·明鬼》："有天鬼，亦有山水鬼神者，亦有人死而为鬼者"；缜所谓"妖怪或存"、"有鬼"，即相传之天神、地祇、物妖，而人死之浮魂沉魄不与焉。王充辟"鬼"而言"妖"言"精"（参观论《全晋文》郭元祖《〈列仙传〉赞》、《全宋文》释宝林《檄太山文》），古希腊亦尝流行有神灵而无鬼魂之俗信，均堪连类。（《管锥编》，第2212—2213页）

以上引文中，钱锺书先生表述了有关灵魂信仰的几个层面的看法。其一，借范缜与亚里士多德之言，对灵魂有种类的说法进行申述。其二，范缜不信鬼，更不信人死以后会变成鬼，鬼只有天神、地祇、物妖，没有人鬼。其三，王充不信鬼，但信"妖"信"精"，与范缜正同。其四，钱锺书引述了古希腊之民间信仰：有神灵而无鬼魂。这几层意思都不是钱锺书的个人观点，他只是在做一个连类归纳。但一定得看到，钱锺书的观点，正是体现在他所连类的文献之中。这几则引用，最少让我们看到了这几种鬼魂观，而这些观点，在俗信中是完全存在的。

第二，灵魂与轮回观念。

缜自言"哀弊拯溺"，此论盖以破释氏之说轮回。夫主张神灭无鬼，则必不信转世投生，顾不信转世投生，却未必主张神灭无鬼；匹似东汉迎佛以前，吾国早信"人灭而为鬼"，却不知"鬼灭而为人"之轮回，基督教不道轮回，而未尝不坚持"灵魂不灭"、有地狱天堂之报。谈者又每葫芦提而欠分雪也。（《管锥编》，第2213页）

钱锺书先生此处以"无鬼"论进行了一个巧妙的关联，即信无鬼，则必不信转世投胎说，但不信转世投胎，也不一定就是主张无鬼之说。有无鬼之说与转世投胎之说，都是民间俗信极为重要的信仰观念，钱锺书此处进行的辩说，只不过是一种表现形式而已。

再者，有无鬼说与转世之说，到最后都牵涉到灵魂的有无问题。所谓鬼、所谓转生，都是灵魂在人的生与死两种不同状态下的生灭问题。

第三，钱锺书在"增订三"、"增订四"中又涉及俗信的另一个重要问题，即灵魂与衣物等"器"的关系问题：

《三国演义》第七七回毛宗岗总评曰："云长英灵不泯固矣，而赤兔马亦在云中,况青巾绿袍并青龙偃月刀依然如故,得无衣物器械亦有魂灵否?"即王充、二程之疑也。然就本书论,可献疑送难者,尚不止此。青龙刀流落人间,孙权以赐潘璋;第八三回璋"挥关公使的青龙刀来战黄忠",关兴杀璋,"得了父亲的青龙偃月刀。"则"器械"不特"有魂灵",且能如倩女之离魂矣。拜伦亦尝以此为疑,谓俗传人之生魂或阴灵每离其躯干而出现,"果尔,则其身上之外衣裲裆亦复如是耶?"犹言"衣服无精神",问"青巾绿袍有魂灵"耳。(《管锥编》,第2214—2215页)

钱锺书提出了一个很有趣的问题:人死之后,有见其鬼魂者发现鬼魂穿生前衣服,难道衣服亦有灵魂,与鬼魂同化? 以上引毛宗岗讥评《三国演义》,语曰"云长英灵不泯固矣,而赤兔马亦在云中,况青巾绿袍并青龙偃月刀依然如故,得无衣物器械亦有魂灵否?"其反诘原理与"衣有灵魂"一样。

以上引文中,钱锺书借拜伦所疑,提出了"俗传人之生魂或阴灵每离其躯干而出现",这也是民间俗信的一个常见灵魂主题:灵魂总是可以逃离躯体,四处游荡。灵魂挣脱躯体,是民间俗信对灵魂的一种想象,是灵魂不灭观念的一种变体形式。

第四,"浮屠害政,桑门蠹俗",从辟佛、不信因果而引申至不信灵魂,即所谓"神形俱化"。

第五,从难范缜《神灭论》的文字,如萧琛、曹思诸文出发,引出"梦与魂"的主题:

《庄子·齐物论》:"昔者庄周梦为蝴蝶,栩栩然蝴蝶也,俄然觉,则蘧蘧然周也",又《大宗师》:"且女梦为鸟而厉乎天,梦为鱼而没于渊,不识今之言者,其觉者乎? 其梦者乎?"只言梦与觉,未道神与形,而萧琛、曹思文径以入梦为出神,视若当然。盖认梦为魂,初民心同此理,殊方一致,历世相传,参观《楚辞》卷论《招魂》。民族学者尝考生人离魂,形态幻诡,有化爬虫者,如蛆、蛇之属,有化物之能飞跃者,如鸟、如蝴蝶、如鼠。

【增订四】西方亦传灵魂离体或"出窍"之说。于人酣睡时,魂自其口出,化作蜜蜂、蜥蜴等小物形模,所遭各因物之体性而异,即构成睡者梦事。

古埃及人即以蝴蝶象示灵魂;古希腊人亦然。西方昔画灯炷火灭,上有蝴蝶振翅,寓灵魂摆脱躯骸之意;故但丁诗中咏灵魂升天,喻为青虫化蝴蝶而飞;神秘宗师又以扃闭内外之心斋比于灵魂之作茧自裹,豁然澈悟则犹蛹破茧、翩翩作白蝴蝶。海客瀛谈,堪为《南华》梦蝶之副墨矣。(《管锥编》,第2218—2219页)

梦为魂之活动,这涉及民间俗信的两大主题:梦与灵魂。占梦与梦兆,属于民间预知信仰的重要表现形式,将在后文论及。梦与灵魂捏合在一起,这也是民间信仰形态之间交叉融合不可截然分开之显例。梦很容易被认为是灵魂的活动,这是从初民时期即开始形成的一种认识。"盖认梦为魂,初民心同此理,殊方一致,历世相传,参观《楚辞》卷论《招魂》。民族学者尝考生人离魂,形态幻诡,有化爬虫者,如蛆、蛇之属,有化物之能飞跃者,如鸟、如蝴蝶、如鼠。"此处提及的魂离身而化生的种种形态,都是民间俗信中常见说法,特别是化身为蛇,钱锺书在后文就做了一个详细的追溯。

吾国旧籍常载梦魂化蛇事,如《史记·高祖本纪》已言:"醉卧,武负、王媪见其上常有龙";兹举不甚熟知者数则。……元阙名《桃园结义》第三折刘备醉卧,关羽语张飞曰:"呀! 呀! 呀! 兄弟,你见么? 他侧卧着,面目口中钻出赤练蛇儿望他鼻中去了。呀! 呀! 呀! 眼内钻出来,入他耳中去了。……这的是蛇钻七窍,此人之福当来必贵也"(《云台门》第二折汉光武事同)。(《管锥编》,第2219—2220页)

梦魂化蛇,自高祖传说之事开始。高祖传说,长期流传于民间,民间戏曲、传说,都以之为材料,这本身就是重要的民俗事象。梦魂化蛇,因蛇与龙总被视为同宗,这正说明了民间信仰中对以龙为代表的富贵化生活的渴求。

2.《管锥编·楚辞洪兴祖补注》第17则"招魂"

《楚辞》"招魂"本身就是一个"魂"味厚重的文本,所招之魂为谁之魂一直是学界争论不休的论题,但对本书来说并不重要,重要的是这一文本对灵魂的理解。于"招魂"这一古老仪俗,钱锺书在《管锥编》中有如下重要论述,也是钱锺书对"灵魂"俗信的理解。

"魂兮归来,反故居些! ……像设君室,静闲安些!";于是铺陈高堂邃宇、层台累榭、冬厦夏室,岂屈子"故居"华奂如是耶? 极言耳目之娱、口腹之奉,岂屈子平生爱好在此耶? 至曰:"二八侍宿,射递代些!"几如"妓围"、"肉阵",皇甫湜《出世篇》所写"天妹当御,百千为番",屈子而然,"善淫"之"诼",不为无因矣! 余少日尚及见招魂旧俗,每以其

人嗜习之物为引致之具,援后度前,不中不远。(《管锥编》,第965页)

灵魂正如生人,可以利诱,也可以威逼。《楚辞》"招魂"一文中,就既有华丽宫殿、美食美服之引诱,又有东南西北方险恶条件之威逼。钱锺书又举出自己少年时亲见的招魂旧俗,即以利诱为"引致之具"。招魂时使用"引致之具",正是民间俗信的古老传统,这一传统行为曲折表达了民间对灵魂的另一种看法。

在《管锥编·楚辞洪兴祖补注》"招魂"章中,钱锺书对灵魂的第二种看法是:

治宗教神话之学者,谓初民区别固结于体之魂与游离于体之魂。固结之魂即身魂,心肾是也;游离之魂有二:气魂、吐息是也,影魂、则梦幻是矣。掌梦者可以招魂,当缘梦亦魂之属。(《管锥编》,第967页)

这正如前文亚里士多德的"饮食魂"等的分类,这里又有"结体魂"与"离体魂"的区分,结体魂是心肾,离体魂是气魂、吐息,这种区分也多见于民间俗信观念之中。

第三,招魂与巫的关系。

其意若曰:倘今招生魂而径用巫,他日招死后之魂恐将用巫而无效。方术神通勿可滥施轻用,不然临急失验;雅记野语皆尝道之,匪独招魂为然。如《左传》僖公四年晋献公卜骊姬为夫人节,《正义》引郑玄《礼》注、《诗》笺谓"卜筮数而渎龟,不复告之以实"。

【增订三】《易·蒙》早曰:"初筮告吉。再三,渎;渎则不告。"即李义山《杂纂》所嘲"媷神掷校"("校"同"珓",见程大昌《演繁露》卷三《卜教》);《太平广记》卷七八《茅安道》、卷八五《李生》皆言神术以妄用而渐不神;袁枚《新齐谐》卷一七《娄真人错捉妖》以一盲蔽之曰:"我法只可行一次,第二次便不灵。""不能复用"之"恐",殆以此欤。(《管锥编》,第968页)

巫之"招魂"术,只可用一次,不能二次使用,虽然戏谑,但同样代表了民间俗信的某个内涵侧面。

3.其他论"灵魂"的观点

子产论伯有为鬼曰:"匹夫匹妇强死,其魂魄犹能冯依于人,以为淫厉。"按《淮南子·俶真训》云:"是故伤死者,其鬼娆,时既者,其神漠,是皆不得形神俱没也";高诱注:"娆,烦娆,善行病祟人。"可为子产

语作笺。盖谓寿终者之鬼不厉,后世"枉死鬼"、"冤魂"之说始见于此。(《管锥编》,第381页)

> 《汉书·艺文志·神仙》:"聊以荡意平心,同死生之域,而无怵惕于胸中",近《淮南》之说;虽曰"神仙",而亦"去神仙千亿里"矣!"伤死者鬼娆",可参观《左传》昭公七年子产论"强死者、其魂魄犹能冯依于人以为淫厉"。(《管锥编》,第664页)

民间习说,非正常死亡的人,特别是年轻人,其鬼魂为"淫厉"。淫厉,即以字面义解,都有怖惧之感,《后汉书·襄楷传》:"淫厉疾疫,自此而起。"元稹《告畲竹山神文》:"播布不殖,淫厉不息。"都是不祥之物。大概所谓的"枉死鬼"、"冤魂",一则是非正常死亡,冤魂不散,鬼气不平;二则是年轻之鬼,体格健壮,行"淫厉"体力充足。

下面之引述,是鬼与尸关系的一个妙趣横生的表达:

> 释典于"身患"愈危言悚人。……《法苑珠林》卷九引《分别功德论》、卷七一引《譬喻经》皆记有人既死,鬼魂还自鞭其遗体,曰:"此尸困我","此是我故身,为我作恶";《五灯会元》卷二○宗元谓道谦行路即曰:"驼个死尸路上行"。(《管锥编》,第666页)

鬼、尸关系,也是民间俗信中的常见话题。人死之后,鬼与尸即分途,此时,鬼与尸便成为一种对立关系,多半是鬼厌弃尸体,认为其为累赘。这种观念也曲折表达出民俗对肉身的看法,俗信认为肉身也是桎梏,锁住了精魂,因而总欲摆脱。

> 《礼记·祭义》宰我问鬼神之名节,郑玄注:"耳目之聪明为魄",孔颖达《正义》:"精灵为魂,形体为魄。"

> 【增订三】《左传》昭公七年"郑人相惊以伯有"节孔颖达《正义》:"形之灵者,名之曰'魄',……气之神者,名之曰'魂'。……耳目心识,手足运动,啼呼为声,此则魄之灵也。……精神性识,渐有所知,此则附气之神也。"较《祭义·正义》之说更详。(《管锥编》,第2202页)

民间俗信中,魂、魄二字或分开,或连用,表示人肉体中一种类似"气"的东西,附在人体上主宰人,又可离开肉体而独立存在。《说文》:"魂,阳气也。""魄,阴神也。"《易·系辞》:"精气为物,游魂为变。"《左传·昭公七年》:"人生始化为魄,既生魄,阳曰魂。"《论衡·纪妖》:"魂者,精气也。"《礼记·祭义》:"魄也者,鬼之盛也。"魂与魄,虽然在开始时有所分,正如

《说文》所言,有阳气、阴气之别。但民间俗信中,魂魄都指可以离开肉体的实体,最常见之说法即为"魂不守舍"、"魂飞魄散",即其义。而且,围绕魂魄之说,能衍生更多的民俗产品,如下例:

　　史震林《西青散记》卷一萧红降乩曰:"字有魂魄,焚时烟上腾为魂,灰下坠为魄。"谈艺引申傍通,一仍旧贯,特不知肇始何时,明前似未之睹,近人考述古代文评习用语,亦无注意及此者。(《管锥编》,第2203—2204页)

字有魂魄,即民间习见说法,所以,民间亦另有习说,敬惜字纸,不能随便丢弃,否则便是对有魂魄之书的极大不敬,必遭报应,最明显的报应便是成为愚钝痴顽之辈,不能成为读书之人。

至于魂魄引申为谈艺衡文的标准,或化为《离魂记》、《倩女幽魂》这样的产品,更是人所熟知,不待多言。

二、《太平广记》注中的神鬼妖信仰

《太平广记》不仅于民间故事、民间传说等民俗事象多有载录,于民间信仰,特别是鬼神信仰亦多有载录。值得指出的是,民间信仰凭借民间故事等民间口头文学样式得以流传,而民间信仰为这些民间口头文学样式提供用之不竭的创作素材,民俗事象之间互渗的现象,在这两者之间有最突出的体现。

有论者指出:"从《太平广记》的分类来看,书中体现佛道二家宗教信仰的神怪故事占的比重最大,神仙五十五卷,女仙十五卷,道术五卷,方士五卷,异人六卷,异僧十二卷,释证三卷,报应三十三卷,幻术四卷,妖妄三卷,神二十五卷,鬼四十卷,夜叉二卷,神魂一卷,妖怪九卷,精怪六卷,灵异一卷,再生十二卷,悟前生二卷,龙八卷,再加草木鸟兽故事中涉及的道士僧人故事等,占了五百卷《太平广记》的大半内容。"①这对《太平广记》的编纂类目特征有较好的总结。《太平广记》确以佛道二家宗教信仰为主要描述对象,因为一直以来有所谓的国家信仰与民间信仰之分,所以,这里又有必要作一辩解:以民俗学所主张的民俗为"民族共同体所有"为参照视角,佛道二教就是最大的民间信仰(此处且不论道教本就是民间信仰);如果承认佛

---

① 盛莉:《论宋初〈太平广记〉的类目特点》,《山东教育学院学报》2009年第5期。

道的官方宗教品质,那么,佛道二教长期对民间信仰的塑造、与民间其他信仰形态的融合等,都使它与民间信仰有着千丝万缕的联系,因而,《太平广记》虽然从表层上来看是佛道二家信仰的题材,但千万不可忽略其与民间俗信的关系。

鬼神信仰即是如此。《太平广记》所载录的各种神、仙、鬼,很难分清哪些是国家宗教信仰独有的,哪些是民间信仰独有的,这些神鬼,自由出入于两个不同的空间(假定我们要硬生生地划出国家信仰与民间信仰两个不同空间),享受着双重身份所带来的一切优越感或耻辱感。

《太平广记》里的神、鬼、妖、怪,究其本质,都是民间性的,正如钱锺书"神道设教"节所言,所谓的正统信仰,只不过是利用了民间俗信中的某些内容。

《管锥编》以 213 则的庞大内容对《太平广记》500 卷内容中的某些点进行注释,不仅触及《太平广记》本有的俗信内容,而且钱锺书还对这些内容进行了引申发挥、补充完善,所以,《管锥编·太平广记》这一部分的内容,俗信成分就更厚重了。

正因为钱锺书对《太平广记》采取以民俗注民俗的方式,《管锥编·太平广记》213 则注中,除了指出其错出、重复等内容外,完全不涉及民间信仰成分的内容很少,因而,对其进行考据式梳理不可能也没有必要,较为合理的处理方式是对其中集中论神、鬼、魂、怪等民间信仰的内容各举一则作为示例,以彰显钱锺书在《太平广记》注中对俗信的重视。

(一)神之例

《管锥编·太平广记》中的"天上乐不如人间"、"鸡犬升天"、"人间天上地狱时间迟速异分"等几则内容,虽然与民间俗信中的神仙信仰关系密切,但在第二章"民间口头文学"中已经引述,故此处不作为引例。

下述例为《管锥编·太平广记》第 8 则(《太平广记》卷一二)。在这一节中,钱锺书论及了民间俗信的一个重要话题:"肉身凡胎。"在国家宗教中,"肉"与生灵、现世相关,杀生、肉身等对应的是此岸世界,而神、仙等不具"肉"质的则对应彼岸世界。从此岸到彼岸,实际上完成一个"有肉"至"无肉"的蜕变过程。最典型的例子莫过于民间俗信中的观音信仰。观音菩萨经多次劫难,历多次转世,有时委身为妓,最后才让女人的"肉身"标志——双乳全部消除,这虽然是一个局部的脱"肉"行为,但完全可以表征观音菩萨从"肉身"至"神身"的蜕变。

民间俗信都以"肉身"向"神身"转换为追求目标,白莲教等俗信中,总有神灵附体以获得暂时的"肉身"解脱的行为,即是出于此种追求。

钱锺书在本则中,分两个方面论及"肉"这一存在于信众中的普遍问题。

第一个层面为:

> 《壶公》(出《神仙传》):"长房下座顿首曰:'肉人无知'。"按卷一五《阮基》(出《神仙感遇传》):"凡夫肉人,不识大道。""肉人"之称,频见《真诰》,如卷一:"且以灵笔真手,初不敢下交于肉人",卷八:"学而不思,浚井不渫,盖肉人之小疵耳",……《大唐三藏取经诗话·入大梵天王宫》第三玄奘上水晶座不得,罗汉曰:"凡俗肉身,上之不得",足以参证。(《管锥编》,第 997 页)

以上引文中,钱锺书指出了"肉人"是道教普通说法。南朝齐梁间道士陶弘景编撰的《真诰》,为上清派重要典籍,频以"肉人"称"未经脱胎换骨之凡体",足见"肉人"一说,接受程度很高。长期以来,"肉人"一直是凡体相对于神仙世界一种约定俗成的说法,这里寓含的信仰观念非常明显。更为重要的是,这一说法会被民间引申至其他俗信领域,将与信仰世界相对峙的世界都称为"肉人世界"。

第二个层面,钱锺书在增订中又提出了"肉人"的另一个重要代称,即"肉眼":

> "肉人"之名出于道书,而"肉眼"之称传自释典,如《大智度论》卷三〇《释初品中善根供养》:"智慧者、其明第一,名为'慧眼'。若无慧眼,虽有肉眼,犹故是盲;虽云有眼,与畜生无异。"(《管锥编》,第 998 页)

"肉眼"关联的是佛教,佛教之"肉眼"说,与"肉身"说一样普遍,甚至流传更广,都指凡夫俗子,而且都会引入至民间信仰领域。

《太平广记》中,钱锺书论神仙信仰的例子比比皆是,不可全引,如下一段引文:

> 《蒋子文》(出《搜神记》等)见形于王导,自言将救其病儿,因索食,导喜设食,食毕忽惨然云:"此儿命尽,非可救者!"遂不见。……均可以觇迷信者之心理矛盾焉,别见《左传》卷论僖公五年。神于人势

利,人于神亦势利;仇远《金渊集》卷六《东郊少步》之二:"野风吹树庙门开,神像凝尘壁拥苔;笑尔不能为祸福,村人谁送纸钱来!"神道之与人事如影之肖形、响之答声也。(《管锥编》,第1228—1229页)

此一长段文字中,对人之势利、神之势利,神道与人事共通之处,有精到的议论。在《管锥编》中,斯例甚多,引不胜引,钱氏对神仙信仰的看法和观点,也只待有心之读者在阅读过程中细加品味了。

(二)鬼之例

《管锥编·太平广记》第31则(《太平广记》卷七五):

《冯渐》(出《宣室志》):"有道士李君以道术闻,……知渐有奇术,……寓书于崔曰:'当今制鬼,无过渐耳!'……别后长安中人率以'渐'字题其门者,盖用此也。"按《聊斋志异》会校会注会评本卷五《章阿端》:"鬼之畏聻,犹人之畏鬼也";何注引《宣室志》:"裴渐隐居伊上,有道士曰:'当今除鬼,无过渐耳!'朝士皆书'聻'于门以厌鬼。"何注稗贩舛谬,不胜枚举,本条即窃取《正字通》末集卷中杜撰之说。《酉阳杂俎》续集卷四:"俗好于门上画虎头,书'聻'字,谓阴刀鬼名,可息疟疠也。余读《汉旧仪》说傩逐疫鬼,又立桃人、苇索、沧耳、虎等。'聻'为合'沧耳'也。"《正字通》当本此以窜易《宣室志》耳。(《管锥编》,第1041页)

上述引文中,鬼畏聻、聻可制鬼之说,民间俗信都有此说,当下的湖南民俗中,即有门头画"聻"字以制鬼避邪之俗。聻可制鬼,正说明了民间俗信对鬼的看法,人似乎很少言及制神,但制鬼之法良多,人与鬼,总有势不两立的意味。

下述引文中,聻从制鬼的身份变成"鬼",聻、鬼合体,又是鬼信仰的一个发展:

鬼亦能死,唐前早有俗传,别见论《广记》卷三二〇《刘道锡》;鬼死称"聻",则不晓昉自何时。唐人书门而外,口语用此字,皆作诘问助词,禅人语录中常睹之。如《五灯会元》卷三智坚章次:"师吃饭次,南泉收生饭,乃曰:'生聻?'师曰:'无生'";卷五唯俨章次:"师曰:'那个聻?'岩曰:'在'";卷六常察章次后附:"昔有官人作《无鬼论》,中夜挥毫次,忽见一鬼出云:'汝道无,我聻?'""生饭"即"剩饭","生聻?"如曰"剩的呢?";鬼语如曰:"汝道无鬼,我呢?"陆游《渭南文集》卷四〇

《松源禅师塔铭》亦记问答："木庵云：'琅玡道好一堆烂柴聋？'师云：'矢上加尖。'如是应酬数反。"(《管锥编》，第 1041—1042 页)

鬼亦能死，前文已有述及，鬼死为"聻"，则更推进一步，鬼变成聻，是鬼信仰的一个变化，这也是民间俗信发展变化的一个标志。

情同民间的神仙信仰，鬼魂信仰也是钱锺书在《管锥编》中论述和征引最多的。下面再引一例，姑当引玉之具，目的是让读者体会到，钱锺书于民间俗信多有关注，并且对之有精彩之论：

> 《陆余庆》(出《御史台记》)寒甚，群鬼环火而坐，陆以为人，"讶火焰炽而不暖"。按卷三三一《薛矜》(出《广异记》)亦言矜入殡宫，"觉火冷，心窃疑怪"。……陶谷《清异录》卷三《器具》门之"黑太阳"，指燃炭可抵负暄，犹谓"煤乃英国最佳之太阳"，文同意别，且言暖非言光也。童话中嘲讽科学家，谓其能造"黑光"，视之若无有，则亦谓实无光耳。(《管锥编》，第 1252—1253 页)

鬼火之说，民间习见，钱锺书对这一说法进行了一个非常彻底的溯源，让这一说法清晰地呈现在读者面前。

（三）妖之例

《管锥编·太平广记》第 191 则（《太平广记》卷四四七）：

> 《陈羡》(出《搜神记》)"道士云：'此山魅。'狐者、先古之淫妇也，名曰阿紫。"按《搜神记》卷一八作："《名山记》曰：'狐者'"云云；《广记》卷四五四《刘元鼎》(出《酉阳杂俎》)："旧说：野狐名紫狐，夜击尾火出；将为怪，必戴髑髅拜北斗，髑髅不坠，则化为人。"……皆本"旧说"来。(《管锥编》，第 1332 页)

钱锺书提及了"阿紫"这一"狐"妖说。狐妖故事，在民间流传甚广，狐魅既有为人喜的一面，也有为人憎的一面，这一形象充满了张力。民间对狐妖的想象极为丰富，《聊斋志异》中各种狐故事，正生动地说明了这一点。民间俗信中的动物信仰中，除了不可见的龙之外，狐应该是言及最多的。

下面的引文中，钱锺书从唐诗中得一关于狐的俗说，可视为狐信仰的一种丰富：

> 唐时有一俗说，后世无传，余读唐诗得之。如张祜《中秋夜杭州玩月》："鬼愁缘避照"，李频《中秋对月》："万怪想潜形"，方干《中秋月》："当空鬼魅愁"，孙纬《中秋夜思郑延美》："中秋中夜月，世说慑妖精"，

释可朋《中秋月》："迥野应无鬼魅形"，似月至中秋，功同古镜。然则妖狐拜月，当不在中秋之夕矣。（《管锥编》，第 1333 页）

妖狐拜月，不仅是狐故事的一个补充，也是狐信仰的一种表现形态。狐妖与月，都是阴性事物的象征，妖不能与太阳相遇，民间俗信便为狐仙、狐妖预留了一个与月亮相遇的机会，因此，狐信仰便与月亮联系在一起了。

此则中还有一段引《张简》事，狐成为"狐博士"，教授诸生与小狐，一个智慧且又风趣的狐形象出现在狐群像中，也是民间俗信中对狐想象的一种重要表达：

《张简》（出《朝野佥载》）曾为乡学讲《文选》，"有野狐假简形，讲一纸书而去"。按古来以狐为兽中黠而淫之尤，传虚成实，已如铁案。然兽之好讲学而爱读书者，似亦推狐，小说中屡道不一道。……《阅微草堂笔记》卷七"狐窟"中老狐鞭挞小狐，"责数"曰："尔不读书识字，不能明理"云云。纪氏此书于《广记》或明征，或隐承，此亦其例。（《管锥编》，第 1333—1334 页）

（四）冥界类

冥界即地府、地狱，天上、人间、地狱，民间信仰都会涉及。民间俗信对地狱的想象长期而多样，阎罗王、判官、小鬼、钟馗都是民间信仰中的重要因子。下面一例引述，钱锺书论及地府景象，权当钱氏对冥界论述之代表。

《管锥编·太平广记》第 131 则（《太平广记》卷三〇三）：

《郑仁钧》（出《戎幕闲谈》）有表弟因疾丧明，"自发际，当鼻准中分，至于颔下，其左冷如冰而色白，其右热如火而色赤"，不知何疾，实乃"天曹判官"居人世者。按陈师道《后山集》卷一九《谈丛》记张锷"得奇疾，中身而分；左常苦寒，虽暑月，巾袜袍裤纱绵各半"，则言其病之"奇"而不以其人为神。旧日城隍、东岳庙中塑鬼吏像，有号"阴阳面判官"者，面左右半黑白异色；征之载籍，殆以此"表弟"为朔矣。……卷三六一《范季辅》（出《记闻》）有物如狗而九头，"皆如人面，面状不一，有喜者、怒者、妍者、丑者"云云，远不足比《大乘金刚髻珠菩萨修行分经》所言"或于一身生无量头面，或马面、象面、猪面、鼠狼面、□鱼面"乃至"百足虫面"等等。（《管锥编》，第 1230—1231 页）

此处言及几重俗信意蕴。其一，"天曹判官"下凡至人世说，民间若有人之脸"左冷如冰而色白，其右热如火而色赤"，俗信便极容易联想到这是判官降世下凡，人所尽知，"神仙思凡"说一直是民间俗信的重要内容。其二，即"阴阳面判官"，判官是冥界重要的神，大多长得凶神恶煞，但心地善良、正直，主司奖善惩恶、人间生死之职。民间俗信中，判官种类很多，"但判官到底有多少很难说得清楚，最重要的判官大约有四类：掌刑判官、掌善簿判官、掌恶簿判官、掌生死簿判官，其中掌生死簿判官为首席判官。"①民间最为出名的判官是崔珏，《西游记》第十回提及魏征向唐太宗介绍崔珏来历："崔珏乃是太上先皇帝驾前之臣，先受兹州令，后升礼部侍郎。再日与臣八拜为交，相知甚厚。他如今已死，现在阴司做掌生死文簿的丰都判官，梦中常与臣相会。此去若将此书付与他，他念微臣薄分，必然放陛下回来。管教魂魄还阳世，定取龙颜转帝都。"崔判官是掌生死的首席判官，左手执生死簿、右手拿勾魂笔是其固有形象，因掌生死，所以魏征修书与其说情通融，为唐太宗讨回阳寿。钱锺书先生提到的阴阳面判官，是判官的一种，这种阴阳面判官，是民间俗信中判官的主要形象，像崔判官这样眉目清秀者则少见。

（五）《太平广记》注中其他民间信仰论撷述

在《管锥编·太平广记》注中，钱锺书先生言及的其他俗信成分，主要有如下种类。

其一，神仙思凡，仙界神灵往往羡慕人间繁华，偷偷降至人间，人神杂居，得男女之大欲，生儿育女，大块朵颐，正是普通百姓向往的天伦之乐景象，如下引：

> "神仙思凡"：刘禹锡《巫山神女庙》："何事神仙九天上，人间来就楚襄王！"谓必降人间方得遂男女大欲也。苏辙《栾城集》卷一三《正旦夜梦李士宁过我》："先生惠然肯见客，旋买鸡豚旋烹炙；人间饮食未须嫌，归去蓬壶却无吃！"；并谓居仙山不能纵饮食大欲矣。（《管锥编》，第987页）

其二，神仙的特异功能，也是俗信中一个重要话题：

> 《成仙公》（出《神仙传》）解鸟兽语，"尝与众共坐，闻群雀鸣而笑之。众问其故，答曰：'市东车翻，覆米，群雀相呼往食。'"（《管锥编》，第999页）

---

① 马书田：《中国冥界诸神》，团结出版社1997年版，第164页。

有神术者,其特异功能,往往为人艳羡,所以,民间俗信一再渲染这一功能,完全是虚愿得不到补偿的一种表达。

其三,钱先生认为,神仙、妖妄,实际上是一回事,但誉毁差别极大,这是因为造神、造妖的人的情感判断不一的缘故:

> "神仙"、"妖妄",实为一事,乃誉毁天渊,足为《尹文子·大道》篇所谓"名"同而"分"异之例;事物之性质无殊,而论事观物者之情感各别。(《管锥编》,第1010页)

> 盖缁流加诬为幻,稍抒愤毒,以证实《旧唐书》奕本传萧瑀所谓"地狱所设正为是人"耳。(《管锥编》,第1111页)

其四,鬼与俗忌:

> 顾德谚谓:"壁上莫画魔鬼",盖图鬼足以召鬼;略如《新序·杂事》言叶公子高屋室画龙而天龙下窥,或如《龙城录》引谚言"谈鬼则怪至",则魔鬼又似顾影自怜而非自观犹厌者。俗忌之纷纭如此。(《管锥编》,第1123—1124页)

民间即常有此俗忌,不能在墙上随便画鬼画符,否则鬼至。并且,"谈鬼则怪至"也是常信,来的都不是详物,因而忌谈鬼,谈鬼则鬼至。

其五,鬼无"影"而妖怪有"影"之说:

> 吾国古说谓鬼无影,故如《牡丹亭·圆驾》欲验杜丽娘"是人是鬼",即以"有踪有影"断之。然妖怪则有影,观《警世通言》便知。(《管锥编》,第1155页)

鬼有无影之说,在前文已有论及,此处拈出,目的是为了说明《管锥编·太平广记》中也提到这一俗信内容。

三、妖信仰

妖与怪,也是民间俗信中的重要成分。特别是在中国,各种妖与怪的故事极多,这正是民间俗信中妖与怪的因素长期积淀的结果。

钱先生在《管锥编》中,特别是在《太平广记》注这一部分,较多涉及妖这一俗信成分。因为在本书其他部分也或多或少论及了《管锥编》中的"妖",所以,这一部分就此进行一个较为系统的呈示,作为其他部分已论内容的补充。

（一）神仙、妖妄，实为一事

钱先生在《管锥编·太平广记》第 18 则（《太平广记》卷三八）首先指出：

> "神仙"、"妖妄"，实为一事，乃誉毁天渊，足为《尹文子·大道》篇所谓"名"同而"分"异之例；事物之性质无殊，而论事观物者之情感各别。（《管锥编》，第 1010 页）

在钟敬文先生的《民俗学概论》"民间信仰"一章中，并没有直接提到"妖"为民间信仰中的成分。但钱先生的上述论述，便直接提出了"'神仙'、'妖妄'，实为一事"这一论题。钱先生所言，实质上指出了神鬼信仰与民间对"妖妄"等信仰，有着相同的信仰机制。两者之所以受不同待遇，"事物之性质无殊，而论事观物者之情感各别"，两者本无区别，都属民间俗信内容。但是，因为民间俗信中，人之好恶感情不一，人喜成仙得道，长生不老，但厌弃鬼、妖，因而，神的世界与鬼妖的世界便截然对立了。但钱锺书指出，其"质"是同一的，只是"名"不同而已。

（二）妖与鬼是有区别的概念

钱先生对妖与鬼、神的概念，进行了区分，这是一个长期被混淆的概念。《管锥编·史记会注考证》第 10 则"封禅书"对此有一个明确的区分：

> "李少君能使物却老。……言上曰：'祠灶则致物'。"按上文又有"依物怪，欲以致诸侯"，下文又有"欲以下神，神未至而百鬼集矣"，"黄帝以上，封禅皆致怪物，与神通"，"震于怪物，欲至不敢。"合之《留侯世家》："太史公曰：'学者多言无鬼神，然言有物'，"则析言之，不仅鬼别于神，亦且"物"别于鬼神。旧注"物"为"鬼神"，尚非确谛。"物"盖指妖魅精怪，虽能通"神"，而与鬼神异类；《论衡·订鬼》所谓"老物之精"，《楞严经》卷九所谓"年老成魔"。（《管锥编》，第 470—471 页）

此处，钱锺书的观点是非常明确的，"不仅鬼别于神，亦且'物'别于鬼神。"鬼、神、物三者，明确区分，未有含糊。对于何为"物"，钱先生直接说出："'物'盖指妖魅精怪，虽能通'神'，而与鬼神异类。"这给长期混而不清的鬼、神、怪一个清晰的区分。

接下来，钱先生有一个较为详细的考证，又说明了另外一重意思：

> 《西游记》中捉唐僧者莫非"物"，《后西游记》则亦有"鬼"。《汉书·效祀志》上："黄龙见成纪，……下诏曰：'有异物之神见于成纪'"；

文义甚晰,"物"、龙也,"物之神"、龙精或龙怪也。《史记·齐悼惠王世家》:"舍人怪之,以为有物而伺之",亦谓物妖。《陈涉世家》记吴广"卜有鬼",陈胜、吴广"喜念鬼";顾狐"呜呼"作人言,当属于"物",殆用意如《左传》昭公八年"石言"于晋之鬼实"凭焉"耶?《庄子·过生》篇桓公"见鬼",问皇子曰:"有鬼乎?"皇子曰:"有!"而所举罔象、委蛇之属,皆怪也,又曰:"其为物也恶。"是则浑言之,"鬼"非特与"神"通用,亦与"物"通用耳。(《管锥编》,第471页)

龙精或龙怪、物妖等,都明言为妖,但妖鬼不分,并不是一时一地的现象,"'鬼'非特与'神'通用,亦与'物'通用耳",这也是长期障目的因素,长期混而不清也是情有可原。

在此则中,钱先生有一则增订,反复说明怪为物怪,与鬼为不同的概念,是对原来溯源式考证的补充:

"物怪"与鬼异类,《周礼·春官》"凡以神仕者"一节部居井然不紊:"以冬日至,致天神、人鬼;以夏日至,致地只、物魅";孙诒让《周礼正义》卷五三《疏》引《说文·鬼部》:"魅、老精物也",又引《广雅·释天》:"物神谓之魅",而申说曰:"即物之老而能为精怪者。"观《汉书·艺文志》所录《杂占十八家》中书名亦可知。其第六家为《人鬼精物六畜变怪二十一卷》,"精物"、"变怪"即后世所谓妖精、妖怪,不同于死而为厉作祟之"人鬼"者,第八家为《执不祥劾鬼物八卷》,"鬼物"乃"人鬼精物"之略言耳。《说文》有"□"字,解曰:"鬼之神者也。"则非天神地只之"神",乃人死成神,如"阎罗王是鬼做"耳(参观306页),即范缜之所"不祀"也(参观2213页)。(《管锥编》,第471—472页)

在其他地方,钱锺书先生也屡申斯意,如《管锥编·太平广记》第11则(《太平广记》卷一八):

岂得子不语怪而因鬼废言哉!(《管锥编》,第1003页)

子不语怪、力、乱、神,这本来已经清楚地定位了妖怪的位置,只是长期以来,这句话挂在嘴边,却没有人再仔细去琢磨此中真义。钱先生反复对孔子之语中的此种意义进行挖掘,辨其意义之不同,此处即是,其他之处如《管锥编·全上古三代秦汉三国六朝文》第43则"全后汉文卷二八":

玩索斯篇,可想象汉人小说之仿佛焉。《金楼子·兴王》所记夷、齐于首阳依麋鹿等事,赋未之及,当尚无此类传闻,故说鬼而未志怪耳。

（《管锥编》，第1573页）

也是申此遗意，故总是分而谈之，提醒后学。

其他又如《管锥编·全上古三代秦汉三国六朝文》第182则"全宋文卷六四"：

> 再究之，则所谓"鬼"者，非人之亡魂，乃物之精怪，故曰："魍魉之精"、"此皆狼蛇之群鬼，枭螣之虚声"。盖指妖魔，与鬼异类，遂不属阎罗治下耳。（《管锥编》，第2085页）

妖魔与鬼异类，正是区分。

（三）《管锥编》妖信仰摭论

钱先生喜欢谈鬼，也喜欢说妖，在《管锥编》中，这种喜好也从多处文字中表现出来。

如《管锥编·列子张湛注》第4则"周穆王"：

> 尝试论之，搜神志怪，每言物之成精变人形者，眠时醉候，辄露本相。（《管锥编》，第756页）

这是一个民间长期流行的说法，妖怪能变成人形，混迹人间。"眠时醉候，辄露本相。"则又是民间俗信对妖的一种描述。

《管锥编·太平广记》第55则（《太平广记》卷一四〇）：

> 程穆衡《水浒传注略·石碣妖魔》早引《集异记》汪凤事，谓《水浒》"用此事为发端"。常人畏鬼怪，却不畏鬼怪所畏之禁呪，此意始发于庄子；《艺文类聚》卷八六《桃》部引《庄子》佚文："插桃枝于户，连灰其下，童子入不畏而鬼畏之，是鬼智不如童子也！"（《管锥编》，第1076—1077页）

妖畏禁呪，是民间俗信的又一重要话题。在现时流行的除魔降妖仪式中，画符呪以为降妖工具，还是常用手法。

《管锥编·太平广记》第86则（《太平广记》卷二一〇）：

> 《黄花寺壁》（出《林登博物志》）元兆诘画妖曰："尔本虚空，而画之所作耳，奈何有此妖形？"对曰："形本是画，画以象真，真之所示，即乃有神；况所画之上，精灵有凭可通。"按卷二一一《韩干》（出《酉阳杂俎》）记画马"通灵"、卷二八六《画工》（出《闻奇录》）记真真像"遂活"，可合观。
>
> 【增订五】西方迷信亦谓人物之照相与图像于其人其物不利。

(《管锥编》,第1128页)

画妖与画鬼,同是世间最难画之物。倒是民间俗信认为,画之传神者,可幻形为妖,画中之物,不可点睛,恐其离纸变妖。至于迷信认为"人物之照相与图像于其人其物不利",则又是俗信中担心照相与画像夺其魂魄,钱先生在其他地方就有论及,如在本节接下来就这么说:

> 人类学家记初民畏摄影,非洲班图族(The Bantu)谓照一相乃剥去灵魂之外罩;颇可连类。(《管锥编》,第1130页)

《管锥编·太平广记》第96则(《太平广记》卷二三〇):

> 晋唐俗说,凡镜皆可照妖,李句亦泛言耳。……见于六朝词章者,如徐陵《山斋》:"悬镜厌山神",庾信《小园赋》:"厌山精而照镜",可觇风俗。(《管锥编》,第1152页)

《管锥编·太平广记》第96则(《太平广记》卷二三〇):

> 西方相传俗信,谓操隐身术者,遇镜与水,形状呈映,不能遁匿,与《西洋记》说吻合。《女仙外史》第二三回鲍师以仙术救妇女出教坊,"一路上的狗跟着乱吠,可笑仙家隐形之术瞒不得狗眼";仙家照妖之镜只等狗眼之用,复"可笑"也。西方又有俗信,谓鬼魅临镜,不落影像,盖彼土亦以为鬼无影。(《管锥编》,第1154页)

以上两例同出《管锥编·太平广记》第96则,与民间俗信中另一重要内容相联属,即妖可用镜照之。这一俗信形式,现在仍在流传,如民间门头挂一圆镜,因镜可照妖,现其原形,故不敢入户。

《管锥编·太平广记》第190则(《太平广记》卷四四二):

> 《黄审》(出《搜神记》)疑妇人非人,"预以长镰伺其还,未敢斫妇,但斫所随婢,妇化为狸走去,视婢,但狸尾耳。"按《宗镜录》卷一五论"五种通",其五为"妖通",如"狐狸老变,木石精化"。尾能别变形象,固是差事,然在妖通,未为至奇。白居易《新乐府·古冢狐》:"头变云鬟面变妆,大尾曳作长红裳";尾虽变而仍着于身。《西游记》第六回孙大圣变作一座土地庙儿,"只有尾巴不好收拾,竖在后面,变做一根旗杆",是尾亦着身;第三四、七五回且言苟变人物,"只是头脸变了,身子变不过来",依然"撅起猴尾巴子"。若乃尾能去体,离而不即,相随而复独立,有若曹同《六代论》所谓"非体之尾"者,惟狸二娘具此妖通,小说中莫之与京也。(《管锥编》,第1331页)

此处,钱锺书实则提及的是妖信中妖幻形时,总留尾巴难于幻去,故易为人识破。妖总会留下身份标识,这是民间信仰为自己留下的一个借口,不然,妖幻形无穷,何以识破? 所以,民间俗信为妖留下了这样一根软肋,如《封神演义》中,比干识破妲己为狐妖,就是因为其酒醉后露出尾巴。民间俗谚亦说:"再狡猾的狐狸也会露出尾巴。"看来,俗信流传,自有来由。

第三节 "通观中西旧传巫蛊之术, 粗分两类":巫·巫术

> 通观中西旧传巫蛊之术,粗分两类。一者施法于类似之物,如其人之画图、偶像;一者施法于附丽之物,如其人之发爪、衣冠、姓名、生肖,……(《管锥编》,第483页)

民俗学对巫与巫术的界定,与一般意义上的巫、巫术混同有不一致之处。民俗学认为,巫是信仰媒介的一种,包括巫觋、祭司、术士三个主体成分。巫觋分为巫与觋,依据《说文解字》之说:"觋,能斋肃事神明也。在男曰觋,在女曰巫。"巫有男女之分。"祭司由巫觋发展而来,是一种高级的巫,即大巫,皆由男性担任。"术士即专门巫师,包括山、医、命、卜,山指阴阳先生、风水先生等,医指巫医,命指命相师,即算命先生,卜指卜师。① 而巫术是民间信仰的表现形式之一,"巫术是企图借助超自然的神秘力量,对人或事物施加影响以达到某种目的的手段。它是最古老,最普遍的信仰。"② 虽然巫与巫术完全不可分割,但两毕竟有差别,于巫与巫术,特别是进行民俗学方面的研究,这一点应该明了。

对巫和巫术的研究,国内外学界都有丰硕成果,如弗雷泽、列维—施特劳斯、马林诺夫斯基等的研究,广为人知,且不论学界对之的批判或肯定状态如何,最少给我们提供了一种审视巫与巫术的视角,如马林诺夫斯基的"巫术与科学"、"巫术与宗教"视角,便不乏启发意义。

对巫与巫术研究的学术史梳理,同样不是本书所要完成的课题。对钱

---

① 参见钟敬文主编:《民俗学概论》,上海文艺出版社2009年版,第195—197页。

② 钟敬文主编:《民俗学概论》,上海文艺出版社2009年版,第201页。

锺书在《管锥编》中于巫与巫术的相关论述,才是探讨的重点所在。从这一主旨出发,本节论述从如下几个层面来展开。

一、《周易》、《左传》与《楚辞》:南北两大"巫系"

张紫晨在《中国巫术》书指出:"商代即有以巫作人的姓氏者,如巫咸、巫贤等。巫咸被说成是帝尧之医或殷之贤臣,《世说》中谓巫咸乃殷中宗之相,始作巫者。"并且征引《山海经·大荒西经》:"大荒之中,有山,名丰沮玉门,日月所入。有灵山,巫咸、巫即、巫盼、巫彭、巫姑、巫真、巫礼、巫抵、巫谢、巫罗十巫,以此升降,百药爰在。"①说明中国在很早的时候便有巫了。而且,张著还指出,《山海经》"载有巫术作法,如祭山神中的埋玉、杀鸡、献牲、供糈,还有酒和巫舞等"。② 证明巫与巫术,在中国产生的年代极为久远。

《管锥编》所择取的《左传》与《楚辞》这两个文本,可作这样一种观照:《楚辞》所代表的是南方巫系与巫文化,《周易》、《左传》则对应北方巫系与巫文化。这两大巫系各有其特点,对这种特点的宏观把握,非常有助于钱锺书《管锥编》中关于巫与巫术的论述的理解。

不管学界对《周易》作何种引申和发挥,《周易》总归是占筮之书,又据《周易》起源说,如"文王拘而演周易"等,《周易》肯定是中国北方原初先民的精神产品,代表的是北方文化的价值取向。《周易》的占筮特征在第一章中已有论述,此处略去。

《左传》"巫"成分的发掘,一直是左传学的研究传统,有研究者指出,对《左传》巫、卜的研究可上溯至公元前 279 年出土的汲冢竹书,之中有《师春》一卷,李学勤说:"此书不仅集录《左传》卜筮,而且加以疏解,不止有其'文',也释其'义',绝不能认为是左传的简单抄撮。"③虽然历代左传研究者对之中的卜筮关注程度不一,角度各异,但对其"巫"成分的解读并未消歇。对《左传》卜筮的审察,有这样一些层面值得关注:第一,《左传》的卜筮技术,均来自《周易》传统,《左传》作为鲁国国史,是商周支系,其文明承续周文化,亦即中原文化,所以,《左传》中的卜师等群体,实际上可视为北方

① 张紫晨:《中国巫术》,上海三联书店 1990 年版,第 5 页。
② 张紫晨:《中国巫术》,上海三联书店 1990 年版,第 6 页。
③ 黄丽丽:《左传新论》,黄山书社 2008 年版,第 104 页。

的"巫者",这是一个有着特定文化内涵和政治权力的群体,姑且命名为"北方巫系"。第二,据统计,《左传》全书共记载了占卜之事近五十次,有宴会、婚姻、生子、地位、出仕、战事、祭祀、求雨、迁都、疾病、梦占、卜姓、建筑、住居、占星、嗣位、日食等。《左传》中的卜筮活动,都直接或间接与政治关联,即使像婚丧这样的活动,诉诸卜筮时也是政治意味浓厚的,如《左传》所载僖公四年事:

> 初,晋献公欲以骊姬为夫人,卜之,不吉;筮之,吉。公曰:"从筮。"卜人曰:"筮短龟长,不如从长。且其繇曰:'专之渝,攘公之羭。一薰一莸,十年尚犹有臭。'必不可!"弗听。立之。

《左传》载事,总是重国家立场而忽人伦日用,以上载僖公四年事,述及的就是皇家婚嫁,国家意识浓厚,《左传》对普通百姓的婚嫁是不作记录的。《左传》国家大事才卜,所以,作为巫的重要成员之一的卜士群体,与国家、政治密切关联。

第三,与第二特征密切联系的是北方巫系的"巫史"特征。北方巫系群体,多具"史"的性质,记言记事,都是"史言"、"史事"。由此可以见出,北方巫文化天生就与政治联系在一起。

第四,巫正因为与国家政治紧密关联,这就导致了巫自身生存状态的暧昧。一方面,巫筮卜师有着与王权结合的特权;另一方面,巫筮卜师又必须面对国家政治所带来的高风险。《管锥编·左传正义》第29则"成公十年":

> 晋景公卒,杜注曰:"巫以明术见杀,小臣以言梦自祸。"按此非阐明经、传之旨,乃杜氏有感而发,即《庄子》之《人间世》、《山木》两篇所谓"不材"则得终天年之意。二竖子闻医缓将至而逃于景公肓之上,膏之下,《隋书·艺术传》许智藏为秦王俊治疾,俊梦亡妃崔氏曰:"许智藏将至,为之奈何? 当入灵府中以避之";许至诊脉曰:"疾已入心,不可救也",即仿此。(《管锥编》,第339页)

钱锺书视杜注"巫以明术见杀,小臣以言梦自祸"之论为杜预所感慨,实有见地。杜预之叹,正是对北方巫系中的巫者生存状态的一个极好描述,所谓"明术",仅止于精通巫筮之术? 巫者处于神权与王权的中间位置,勾通神权与王权,巫者既通神术,又通人术,这就是其高风险之源。钱锺书的"不材"之引申,正是说明巫者不仅仅是因为精于卜筮之术而害命,更是通于人君的治人之术而伤命。

来源于《周易》传统的卜筮之人，如果与南方楚文化传统中的灵巫相较，则南方灵巫具有截然不同的面貌。对应而论，南方巫文化的灵巫可称作"南方巫系"。

"楚俗尚巫"，这几乎是约定俗成的说法了，这也说明南方巫系是比北方巫系更为显明的巫者系统。学界对楚巫文化有着许多精彩阐释，如下引文：

> 巫楚文化作为文化概念是指远古至先秦时代楚民族区域的巫文化及其遗留。如果说古代楚文化的特色是"巫"，所谓楚人"信巫鬼，重淫祀"(《汉书·地理志下》)，""楚俗尚巫"。置于华夏文化整体中，表现"尚巫"这一楚文化特色的相关民俗和仪礼中则有诸如"巫鬼"、"巫觋"、"巫官"、"巫医"、"巫音"等称谓所代表的诸种文化现象。按照王国维的说法，"楚俗尚巫"盛于战国。当时"周礼既废，巫风大兴，楚越之间，其见尤盛"(《宋元戏曲考》)。可见，尚巫之俗是与"周礼"不同或有矛盾的。这也反映出以先秦楚地为发源地的巫文化并不能直接见容于日后以儒学为中心的中原文化圈，甚至与之具有异质性。因为从本质上看，它乃是一种原始拜物教文化或自然情感文化，受到崇尚"经世致用"的儒学政教文化所挤压和排斥毫不足怪。①

以楚地为代表的南方文化与中原文化的相异与冲突，学界多有关注，但从南楚巫系角度与北方巫系角度切入两种文化对比研究的，似还不多见。上述周仁政从楚俗切入南北文化之对比，但没有就南巫、北巫的差异展开论述。

论及"楚俗尚巫"，就必然论及屈原与《楚辞》。对屈原、《楚辞》与巫文化之关系的研究，成果甚多，特别是 20 世纪的楚辞学研究，从这方面切入的更多见。如梁启超、闻一多、游国恩、苏雪林、林庚、刘永济、姜亮夫、汤炳正、肖兵、过常宝等，都对屈原与《楚辞》中的巫文化进行梳理，新见不少。比如闻一多，他认为《九歌》首尾两篇为国家郊祀祭典之歌，中间九首是娱神歌，他将《九歌》改编成巫歌剧，反响也较大。特别是近年来的林河、张中一等人，将屈原本身就视为一介大巫，结论大胆尖新，但不乏可资启发之处。

---

① 周仁政：《巫觋人文——沈从文与巫楚文化》，岳麓书社 2005 年版，第 9—10 页。

"楚俗尚巫"中的南方巫者,如果与北方巫系的巫进行比较,便有自己的独特面貌,表现如下。

第一,楚巫源于南方的文化遗留,而不是来自于北方的《周易》传统,正如上文所引,"巫楚文化作为文化概念是指远古至先秦时代楚民族区域的巫文化及其遗留。"两者所源不一,就会呈现完全不同的面貌。

第二,南方巫系更多地呈现出娱乐的趣味,国家意识相对淡薄。所以,在南方巫系中,各种巫术仪式更为华丽、复杂,特别是巫歌和巫舞发达。更为复杂的仪式,更为发达的巫歌和巫舞,这不仅仅是显示巫者的神秘与故设烟幕的伎俩,也是南方重娱乐、歌舞发达的一种表现。

第三,北方巫者有"史"之功,南方巫者则有"灵"之质。灵,一般情况下指灵媒,也指性灵。南方巫者与南方文化相呼应,重视个性的张扬与表达,在南方巫文化中,这一传统同样得以体现。

第四,南方巫者因为与国家政治关联相对少,所以,灵巫少有被杀戮者。

一种流行的观点是:《诗经》为代表的中原文化更重国家意识,而以《楚辞》为代表的南方文化则更重个人意识。可以做一个类同的探究是:《周易》所代表的卜筮文化、《左传》所代表的巫祝文化,其卜、祝内容更偏重于国家事务,而忽略个体;相反,《楚辞》以"灵子"为载体的灵巫文化,更偏重于个性表达和想象力的张扬。

这里对南北两大巫系进行了简略比较,目的是将这种比较引入《管锥编》一书所选注文本的宏观考察中。钱锺书所选的三种经典,表征南北两大巫系,这一宏观意蕴本身就足以说明应该从俗信角度审视《管锥编》。更何况,钱锺书在注这三部经典时,也较多掺入了巫论。下面的论述即以钱锺书对巫的这些具体看法为细节,从微观角度审视《管锥编》的巫文化观念。

二、《管锥编》巫论

通览《管锥编》,钱锺书从微观方面论及巫,大致可分为如下几个方面,试一一述之。

(一)对"巫"的释义性解读

在《管锥编·毛诗正义》第 57 则"楚茨"释"先祖是皇,神保是飨"之"神保"一词时,钱锺书指出毛《传》所谓"保、安也"、郑《笺》所谓"鬼神又安而享其祭祀"皆误注,然后指出:

　　"神保"者,降神之巫也。《楚辞·九歌·东君》:"思灵保兮贤姱",洪兴祖注:"说者曰:'灵保、神巫也'";俞玉《书斋夜话》卷一申其说曰:"今之巫者,言神附其体,盖犹古之'尸';故南方俚俗称巫为'太保',又呼为'师人','师'字亦即是'尸'字。神保"正是灵保"。本篇下文又曰:"神保是格,报以介福","神嗜饮食,卜尔百福";"神具醉止,皇尸载起,鼓钟送尸,神保聿归","神嗜饮食,使君寿考"。"神保"、"神"、"尸"一指而三名,一身而二任。(《管锥编》,第258页)

虽然是指出毛《传》郑《笺》之误注,但最终对"神保"这一说法进行了"正名":"神保"、"神"、"尸"都是古代对巫的称呼。关于巫之名称,多种多样,钱氏所涉的是其中常见的几种。

　　"神保是格","鼓钟送归",可参稽《尚书·舜典》:"夔典乐,神人以和,祖考来格。"乐与舞相连,读《文选》傅毅《舞赋》便知,不须远征。《说文》:"巫:祝也。女能事无形,以舞降神者也",而《墨子·非乐》上论"为乐非也",乃引:"汤之《官刑》有曰:'其恒舞于宫,是谓巫风。'"盖乐必有舞为之容,舞必有乐为之节,二事相辅,所以降神。《诗》中"神"与"神保"是一是二,犹《九歌》中"灵"与"灵保"亦彼亦此。后世有"跳神"之称,西方民俗学著述均言各地巫祝皆以舞蹈致神之格思,其作法时,俨然是神,且舞且成神。(《管锥编》,第258—259页)

指出巫的乐、舞表演之意义:降神。另外,此处还指出了巫的一个重要特征:代入性。巫总是代入角色,即"俨然是神",平时所说的巫是灵媒,此媒还不足以全部概括巫的角色地位,其实,说巫是代入性角色更为合理,因为巫是将自己置于神的位置而为人代言。

下述引文,钱锺书援引正史、俗谚、稗说之例,以为读"巫"之资:

　　聊举正史、俗谚、稗说各一则,为之左证。《汉书·武五子传》广陵王胥"迎女巫李女须,使下神祝诅。女须泣曰:'孝武帝下我'。左右皆伏。言:'吾必令胥为天子'!";前"我"、巫也,后"吾"、武帝也,而同为女须一人之身。元曲《对玉梳》第一出:"俺娘自做师婆自跳神",明高拱《病榻遗言》记张居正阴倾害而阳保全,"俗言:'又做师婆又做鬼'";师婆、鬼神,"自做"、"又做",一身二任。《聊斋志异》卷六《跳神》乃蒲松龄心摹手追《帝京景物略》笔致之篇,写闺中神卜,始曰:"妇刺刺琐絮,似歌又似祝",继曰:"神已知,便指某:'姗笑我,大不敬!'"

夫所谓"神",即"妩"也,而"妩",正所谓"神"也、"我"者。元稹《华之巫》诗所谓:"神不自言寄余口"。反而求之《楚茨》、《九歌》,于"神","灵"与"神"、"神保"二一一二之故,不中不远矣。(《管锥编》,第 259 页)

看似是承"神保"、"神"、"尸"一指而三名、一身而二任的补充,实则意蕴完全不同。其一,钱锺书所说的"又做师婆又做鬼"这一俗谚,在民间流传极广,是俗信中对巫这一角色最有代表性的看法之一:巫的两面性特征毕现无疑。其二,钱锺书融合正史、俗谚、稗说三种资源来说明同一个问题,正是他经常使用的雅俗互融手法最直接的表现。钱锺书在绝大多数时候是不会特意突出雅俗互融这一论证特征的,所以,在很多时候,钱锺书"俗"的一面总是被人为地抹去。这还是应了钱锺书的那句话,诸多读者都"没有真正看懂我的书"。此处是《管锥编》最为直接表明雅、俗手法兼使的一句话,其意义绝不仅仅就是钱氏对自己前述的补充,而是他对自己学术论证思维方式的一个无意,或者说是有意的表露。

对巫的起源,钱锺书作了一个很有意思的类比:

"丁夫人、雒阳虞初等以方祠诅匈奴、大宛焉"。按苏轼《仇池笔记》卷上论此曰:"汉武帝恶巫蛊如仇雠,盖夫妇、君臣、父子之间,嗷嗷然不聊生矣!然……己且为巫蛊,何以责其下?此最可笑。"甚有识力。马迁载其事于《封禅书》,亦见祝此之寿考者即可诅彼之死亡,如反复手之为云雨。堂皇施之郊祀,则为封禅;密勿行于宫闱,则成巫蛊,要皆出于崇信方术之士。巫蛊之兴起与封禅之提倡,同归而殊途者欤。(《管锥编》,第 473 页)

钱锺书将封禅这一具有高度国家意义的行为,拉低至与"巫蛊"同列,"蛊之兴起与封禅之提倡,同归而殊途者欤"之叹,将高贵与卑下进行无间融合,嘲谑中亦自有真意,因为这两者在本质上都是巫——方术之士的行为。

"巫以明术见杀",因而巫也会因为杀而"隐术",这是钱锺书对巫的这一特点的另外一种认识,他有如下论述:

盖医、卜、星、相之徒于大富贵人休咎死生,恐触讳撄怒,为自全计而不肯直言。《左传》成公十年、昭公元年秦先后使医缓、医和诊视晋侯,皆面告曰:"疾不可为也!"岂二医之质率,抑古道之敦朴欤?又岂

本国之君威不足以慑邻国之宾萌,而奉使以来之行人更可无避忌欤? (《管锥编》,第 460 页)

其实,因忌讳而不敢直言,不仅是医、卜、星、相这些人的常见举动,也是一般人的惯常之态。

(二)巫与其他信仰领域的互渗

钱锺书关于巫与其他信仰领域的关系,在《管锥编》中都有尖新之论,除了前面在鬼神信仰诸节提到的外,还有下面一些值得引述。

其一,道家源于巫之说:

> 白居易《海漫漫》所谓:"何况玄元圣祖五千言,不言药,不言仙,不言白日升青天。"

> 【增订四】明罗钦顺《整知记》:"今之道家盖源于古之巫祝,与老子殊不相干。老子诚亦异端,然⋯⋯道德五千言具在,于凡祈禳、禁祷、经呪、符箓等事,初未有一言及之。而道家立教,乃推尊老子,置之三清之列,以为其知之所从出,不亦妄乎!"即白居易《海漫漫》之意。(《管锥编》,第 663 页)

道家与巫的渊源关系,确实是一个值得探讨的课题,道家与道教、老子与道教之关系,学界一直于此争辩不休。钱锺书从白居易诗切入,以巫之特有的表现形式,如祈禳、禁祷、经呪、符箓与老子《道德经》毫无牵涉,以否定老子与道家之关系。当然,这并不能算作是钱锺书本人的观点,因为钱锺书只是将白居易《海漫漫》与罗钦顺《整知记》进行一个比较,证明两者相仿。但钱锺书的引用至少能提醒我们,对道教与巫的关系可以进行这种角度的审视。

其二,言巫,不可能不与神鬼信仰联系起来。钱锺书在很多时候是将两者同时并举的,下述引文即是。

> 按《困学纪闻》卷一引《正蒙·大易》篇:"《易》为君子谋,不为小人谋",以朱子语释之:"圣人作《易》,示人以吉凶,言'利贞',不言'利不贞',言'贞吉',不言'不贞吉',言'利御寇',不言'利为寇'也。"翁元圻注即引《左传》此节阐发,而误为僖公二十年。实则其意已见于《论语·子路》:"'不恒其德,或承之羞';子曰:'不占而已矣!'"郑玄注:"《易》所以占吉凶,无恒之人,《易》所不占",正与子服惠伯语印可。王符《潜夫论·梦列》篇论"人位之梦"云:"同事,贵人梦之即为

祥,贱人梦之即为妖,君子梦之即为荣,小人梦之即为辱";亦归一揆,占梦固卜筮之类。鬼神之善善恶恶复即鬼神之炎凉势利也。(《管锥编》,第383页)

此处有两点值得注意:一是钱锺书指出了占梦是卜筮中一种。按民俗学的观点,占梦是信仰的表现方式"预知"中的一种,在民间信仰中极为常见,卜筮是民间信仰媒介中的一种,这一媒介的一个重要活动,特别是在早期,即是占梦,所以,说其为其中的一种,固能成立。其二,将巫卜只占吉不占凶,与鬼神之炎凉势利进行比较,又与鬼神信仰具有相同的心理机制这一特点联系起来了。

有论《庄子》中赝篇《盗跖》者,于其文既信伪为真,于其事复认假作真,非痴人之闻梦,即黠巫之视鬼而已。(《管锥编》,第2032页)

黠巫之说,又为巫增加了新特征。这一说法,使巫更多地脱离了原来的"巫史"特征,让巫进化为现代人所能理解的巫:狡黠、让人畏惧、恶的化身等。

(三)巫与医学、文学等领域的关系

巫与医的关系,钱锺书先生在《管锥编》中有很多论述。巫医之辨,有巫与科学之关系这一层面的含义,也有巫与巫术这一层面的含义。

巫与科学的关系,马林诺夫斯基在《巫术科学宗教与神话》中就论及:"巫术与科学站在一起的地方,乃在有一个清楚的目的,深切地与人类本能、需求、事务等相联络。巫术是用来达到实用目的的。它与旁的艺能一样,也受理论底支配,也有一套原则来指使它怎样进行,以便达到目的。……科学与巫术都发展一套特殊的技术。"①这是从巫术的具体目的与程式方面立论的,特别是两者都"与人类本能、需求、事务等相联络"这一说法,实能涵盖巫术与科学之关联。当然,马林诺夫斯基也指出科学与巫术各有所据:"科学,就是野蛮人底原始知识所代表的科学也是根据日常生活经验中正常普遍的经验——人与自然界为营养安全而奋斗所得的经验——而以观察为基础且为理智所固定的。巫术所根据的乃是情绪状态底特殊经验;在这等经验之中,人所观察的不是自然,而是自己,启示真理的不是理

① [英]马林诺夫斯基:《巫术科学宗教与神话》,中国民间文艺出版社1986年版,第74页。

知,乃是感情在人类机体上所起的作用。"①列维—斯特劳斯在《结构人类学》中也指出巫术与心理治疗的关系:"巫歌是一种纯心理的治疗法,因为萨满完全不触及病妇的身体,也不使用任何药物。然而这种疗法直截了当地涉及病人的病理情况和患病部位。我们认为,巫歌是作用于患病器官的一种心理学手法,正是靠了这种手法使疾病得以治愈。"②"心理分析专家作为一个活生生的主角,通过双重移情机制出现在病人的冲突之中,而病人则在与心理分析专家的接触中恢复并阐明未能表达或未能系统阐述的原始情景。这一切特点在萨满教治病方法中都可以找到。……实际上,萨满教治病法与心理分析疗法完全相似,只不过在各种关系上都是颠倒的。两种疗法的目的都是诱发某种经验,两者都是依靠给患者创造一种他应该体验或重新体验的神话而奏效的。"③心理治疗,依现在的观点,也是科学,而巫术正是一种重要的心理暗示行为,故而巫术与科学有天然贴合的关系。

当然,巫术与科学之关系,也包括早期科学与巫术不分,如炼金术,也包括巫术对科学技术的启发,等等,巫与医之关系,便是巫与科学关系的一个重要方面。

钱锺书首先指出巫与医在早期实为一家,巫医不分。所以,在《管锥编·史记会注考证》"扁鹊仓公列传"这一节,就司马迁的"病有六不治"之六"信巫不信医"此语进行阐释,钱锺书先生指出:

> 夫初民之巫,即医耳。《公羊传》隐公四年"于钟巫之祭焉",何休《解诂》:"巫者,事鬼神祷解,以治病请福者也";《吕氏春秋·勿躬》历举"圣人"治天下之二十官,"巫彭作医"与焉。盖医始出巫,巫本行医。故《论语·子路》引"南人有言",以"巫医"连类合称。(《管锥编》,第553 页)

钱锺书先生进而指出,医学兴盛后,也并未能悉数取代巫的位置,而是巫、医并行:

① [英]马林诺夫斯基:《巫术科学宗教与神话》,中国民间文艺出版社 1986 年版,第74 页。
② [法]克劳德·列维—斯特劳斯著,陆晓禾等译:《结构人类学——巫术·宗教·艺术·神话》,文化艺术出版社 1989 年版,第27 页。
③ [法]克劳德·列维—斯特劳斯著,陆晓禾等译:《结构人类学——巫术·宗教·艺术·神话》,文化艺术出版社 1989 年版,第35 页。

医药既兴,未能尽取巫祝而代之。当孔子之身,有康子之"馈药",亦有子路之"请祷";《列子·力命》季梁得病,杨朱歌曰:"医乎?巫乎?其知之乎?";《参同契》中篇:"扁鹊操针,巫咸叩鼓,安能令苏?";《太玄经·常》之上九:"疾其疾,巫医不失",又《失》之次七:"疾则药,巫则酌";《后汉书·方术传》上许杨"变姓名为巫医";枚乘《七发》论楚太子病曰:"虽令扁鹊治内,巫咸治外,尚何及哉!";颜延之《陶征士诔》述陶潜病疟曰:"药剂勿尝,祷祀非恤";《旧唐书·职官志》四记"尚药局"于"主药"十二人、"司医"四人等外,有"咒禁师"四人,"太医署"有"咒禁博士"二人、"咒禁师"二人、"咒禁工"八人、"咒禁生"一人,以"除邪魅之为厉者";韩愈《谴疟鬼》并举"医师"、"灸师"、"诅师"、"符师"各有施为。可考见旧俗于巫与医之兼收并用也。(《管锥编》,第553页)

巫与医,虽然在当下已不能使人有本为同宗的联想,在当下,巫已经失去了话语权,医大行其道,这是人类认识水平提高的结果,也是科学话语的胜利,但巫并非完全没有存在的空间,巫与医的并峙,也将是长期的现象。

钱先生就指出,巫时时有"僭取医药而代之"的行为:

巫祝甚且僭取医药而代之,不许后来者居上。陆贾《新语·资质》即记扁鹊至卫,卫人有病将死,扁鹊往欲治之,病者父曰:"非子所能治也!"使灵巫求福,对扁鹊而咒,病者卒死;《史记》本传未载此事。他如王符《潜夫论·浮侈》:"疾病之家,……或弃医药,更往事神,故至于死亡。不自知为巫所欺误,乃反恨事巫之晚";《抱朴子》内篇《道意》:"不务药石之救,唯专祭祝之谬,偶有自差,便谓受神之赐,如其死亡,便谓鬼不见舍";陆龟蒙《奉酬袭美先辈吴中苦雨一百韵》:"江南多事鬼,巫觋连瓯粤,可口是妖讹,恣情专赏罚;良医只备位,药肆或虚设";《皇朝文鉴》卷一二八龚鼎臣《述医》:"巴楚之地,俗信巫鬼。……或致疹疫之苦,率以谓……非医药所能攻,故请祷鬼神无少暇。……如是以死者,未尝不十八九。……其患非他,鼷觋师之胜医师耳";曾敏行《独醒杂志》卷二、卷三记江西、广南好巫尚鬼,"疾病未尝亲药饵",施药无人求者;萧立之《冰崖诗集》卷上《赠龙张泉医为灼艾》:"药石不入市贾箱,利专巫祝司祷禳",又《赠医士》:"桂山药石不入市,土风割牲诣非鬼,巫师怀肉妖妻孥,医师衡门冷如水"。(《管锥编》,第553—554页)

更进一步,钱锺书引证了楚俗中对巫与医不同态度的材料,殊有趣味:

> 揭傒斯《揭文安公全集》卷五《赠医氏汤伯高序》:"楚俗信巫不信医。……凡疾不计久近浅深,药一入口,不效,即屏去。至于巫,反复十数不效,不悔,且引咎痛自责。殚其财,竭其力,卒不效,且死;乃交责之曰:'是医之误而用巫之晚也!'终不一语咎巫。故功恒归于巫,败恒归于医。效不效,巫恒受上赏,而医辄后焉。故医之稍欲急于利、信于人,又必假邪魅之候以为容。"盖医以不见信,乃至自托巫之容、以售医之术。所睹古书写医绌于巫之状,无剀切如是者。(《管锥编》,第554页)

楚俗便是"信巫不信医",如果医术不能奏效,不仅深责医术,还会归咎于自己使用巫术太迟。

最后,钱锺书先生又将家乡巫术引入论述之中:

> 襄日有"祝由科",专以禁咒疗疾,医而纯乎巫,余儿时尚及睹其钉雄鸡作法也。马迁乃以"巫"与"医"分背如水火冰炭,断言"信巫"为"不治"之由,识卓空前。《宋书·周朗传》上书"谠言",深慨"民因是益征于鬼,遂弃于医",欲请提倡"习太医之教",以矫"媚神之愚";《南史·循吏传》郭祖深舆榇上封事,谓"疗病当去巫鬼,尉华扁";庶几嗣音焉。《汉书·艺文志》、《隋书·经籍志》三言医之"拙者"、"鄙者"反本伤生,皆引谚曰:"有病不治,常(恒)得中医";"不治"谓不求医人治病。刘克庄《后村大全集》卷二《问友人病》:"术庸难靠医求效,俗陋多依鬼乞怜";盖庸医误事,不亚妖巫,流俗乞灵鬼神,正复以医药每杀人如虎狼耳。人不信医,亦因医多不足信也。(《管锥编》,第555页)

而结论又是出人意料之外,庸医误事,致使人不复信医,这对现实是一个极好嘲讽。钱先生写《管锥编》,多有针砭现实之笔墨,是钱先生济世情怀的最好表征。

钱锺书先生在《管锥编》的其他地方论及巫与医时,也表达了同样的情怀,如下所引:

> 然业医则必见有病,犹业巫必见有鬼焉;(《管锥编》,第2250页)
>
> 《全后魏文》卷五一荀济上梁武帝《论佛教表》则斥佛为"妖胡"、僧为"释秃",一概摈弃矣。"臣见疾者,诣道士则劝奏章,僧尼则令斋讲,俗师则鬼祸须解,医诊则汤熨散丸,皆先自为也。……""疾者"云

云数语即《后西游记》第三五回："这叫做：'问着医生便有药，问着师娘便有鬼。'"（《管锥编》，第2262页）

事医者总能看出病来，事巫者总能看出鬼来，正如有论者讥基督教没有上帝也要捏造出一个出来，其理正同，为私欲而捏造病情、鬼怪，现实中此类无耻之人也不在少数。

除巫与医这两个领域的联系之外，钱锺书先生对巫与文学、音乐等领域的关系也有少量论述，整理如下：

占卜之词不害为诗，正如诗篇可当卜词用。《坚瓠秘集》卷五《签诀》记"射洪陆使君庙以杜少陵诗为签，亦验"，即是一例。西方古时亦取荷马、桓吉尔史诗资占阄，《巨人世家》一章尝详道之。（《管锥编》，第816页）

此引文出《管锥编·焦氏易林》第1则"焦延寿易林"。关于《焦氏易林》一书，钱锺书先生引杨慎"古雅玄妙"之叹，又引王世贞《艺苑巵言》"虽以数术为书，要之皆四言之懿，《三百》遗法耳"之评，说明都视之为诗，"术数短书和与于风雅之林"，《焦氏易林》中有很多都是四言佳句，正是诗化的卜词。

下面的引述，又将巫与音乐等艺术形式联系了起来：

盖唐女巫皆能弹琵琶，亦如后世江南道士皆能吹笙笛，余少时常见之。（《管锥编》，第1215页）

三、《管锥编》论巫术

巫与巫术是两个密切联系但又区别明显的概念。很多巫术记录文献中都会提到一种景象，就是一个不是巫的人，有可能偶尔也会使用巫术，如将诅咒者的姓名、生辰八字刻在木偶上，然后用针扎木偶，咒其死亡。这样的人不是巫者，但有巫术施行的行为，所以，巫与巫术并不是必然联系在一起的。同时，正如上文所述及的，巫发生分化之后，内史、大巫等成为国家祭祀人员，享有很高的政治地位，这批巫所施行的行为，与通常意义上所说的巫术也相去甚远了。当然，诚如张紫晨在《中国巫术》里所说的："在中古以前，人们并不把巫术、巫技和巫法分开，一切属于做法的行为均视作巫术。后来，一些人类学家才把巫术看做一个信仰和行为的丛体，而把巫法看做是自觉地执行一项在技术上可能的行动。并使行为对象受害（实际上是用以说明黑巫术),把巫技看做是对巫觋生来所具有气质、属性或能力。"①如果以"信仰和行为的丛体"来定义巫术,则国家内史等巫职人员所进行的祭祀行为也是巫术,但以现有的研究来看,巫术更多地剥离了这一层面的意蕴,研究者更热衷于展示巫法与巫技。

英国人类学家弗雷泽在《金枝》中指出,远在宗教产生之前就已经有了巫术意识,并产生了巫术。在远古的时候,当人们认为一种现象与另一种现象具有必然的因果联系,却又找不到经验事实的证明时,就用幻想的联系代替现实的联系,把这两种现象组合到自己的认识结果之中。这种以灵性为前提,用幻想思维形式构建因果联系链条,从而组成的知识结构或意识形式,就是巫术意识。而运用巫术意识以达到某种价值目标的行为模式,就是巫术。张紫晨认为:"巫术是人类企图对环境或外界作可能控制的一种行为,它是建立在某种信仰或信奉基础上,出于控制事物的企图而采取的行为。也就是说,它是人类为了有效地控制环境(外界自然)与想象的鬼灵世界所使用的手段。"②

巫术的研究,在 20 世纪并不见有阜盛的成果,较为有影响的专著如马林诺夫斯基《巫术科学宗教与神话》(上海文艺出版社 1936 年版)、李安宅《巫术与语言》(上海文艺出版社 1936 年版)、弗雷泽《金枝:巫术与宗教之研究》(中国民间文艺出版社 1987 年版)、列维—斯特劳斯《结构人类学:巫术·宗教·艺术·神话》(文化艺术出版社 1989 年版)、张紫晨《中国巫术》(上海三联书店 1990 年版)、宋兆麟《生育神与性巫术研究》(文物出版社 1990 年版)、塞尔维耶《巫术》(商务印书馆 1998 年版)、文镛盛《中国古代社会的巫觋》(华文出版社 1999 年版)、高国藩《中国巫术史》(上海三联书店 1999 年版)等二十来部,而从 2000 年开始,出现了程良达《巫觋荣枯:长江流域的巫风与巫术》(武汉出版社 2006 年版)、埃文斯—普里查德《阿赞德人的巫术、神谕和魔法》(商务印书馆 2006 年版)、莫斯《巫术的一般理论·献祭的性质与功能》(广西师范大学出版社 2007 年版)、陶磊《从巫术到数术:上古信仰的历史嬗变》(山东人民出版 2008 年版)、方燕《巫文化视域下的宋代女性:立足于女性生育、疾病的考察》(中华书局 2008 年版)、李

---

① 张紫晨:《中国巫术》,上海三联书店 1990 年版,第 38 页。
② 张紫晨:《中国巫术》,上海三联书店 1990 年版,第 37 页。

添瑞《〈初编〉总目·巫及其与先秦文化之关系》(花木兰文化出版社 2009 年版)、陆启宏《近代早期西欧的巫术与巫术迫害》(复旦大学出版社 2009 年版)、吾淳《中国社会的宗教传统:巫术与伦理的对立和共存》(上海三联书店 2009 年版)、周策纵《古巫医与"六诗"考:中国浪漫文学探源》、(上海古籍出版社 2009 年版)、胡新生《中国古代巫术》(人民出版社 2010 年版)、吕亚虎《战国秦汉简帛文献所见巫术研究》(科学出版社 2010 年版)等,计有 50 余部之多,加上列维—斯特劳斯文集的出版,以及其他涉及巫术的国外理论专著的译介,21 世纪十年的研究成果几乎是 20 世纪的几倍,这说明巫术研究越来越受学界重视。

对巫术的研究,就国内学界的研究现状而言,大致涉及这样几个方面:第一,对中国巫术史的追溯,这正如张紫晨《中国巫术》、高国藩《中国巫术史》等专著将巫术溯源至史前文明,以出土金石文献为佐证,并对先秦时期的巫术进行了详细的描述,如《山海经》中记载有巫术的做法:祭山神中的埋玉、杀鸡、献牲、供糈,还有酒和巫舞等。① 第二,对国外巫术研究理论的译介,这主要集中于马林诺夫斯基的《巫术科学宗教与神话》、弗雷泽的《金枝:巫术与宗教之研究》、列维—斯特劳斯的《结构人类学:巫术·宗教·艺术·神话》这些著作的研究和介绍。特别是列维—斯特劳斯文集由中国人民大学出版社出版、弗洛伊德的《图腾与禁忌》等译著的出现,国内学界对国外巫术研究成果的推介力度是很大的。第三,对巫术进行分类的努力。如张紫晨等将巫术分为驱鬼中的巫术、招魂中的巫术、求子中的巫术、医疗中的巫术、生产中的巫术、建房中的巫术、制敌与放蛊巫术、东巴教中之巫术、萨满教中之巫术;高国藩的《中国巫术史》,参考列维—斯特劳斯的分类标准,将巫术分为交感巫术、模仿巫术、反抗巫术、蛊道巫术。正如所有的分类,都不可能是精确的划分一样,这些划分都会存在这样那样的问题,但都显示出理清千姿百态的巫术的学术努力。第四,对具体巫术的专门研究,如宋兆麟《生育神与性巫术研究》、周策纵《古巫医与"六诗"考:中国浪漫文学探源》等。第五,对巫术进行文化阐释,如方燕《巫文化视域下的宋代女性:立足于女性生育、疾病的考察》、李添瑞《〈初编〉总目·巫及其与先秦文化之关系》等。

---

① 参见张紫晨:《中国巫术》,上海三联书店 1990 年版,第 6 页。

在《管锥编》中，钱锺书集中论巫术的地方主要有两处，下面分论之。

(一)《史记会注考证》之"媚道"

钱锺书先生以《史记·外戚世家》中"陈皇后挟妇人媚道，其事颇觉，于是废陈皇后"句中的"媚道"为生发点，对这一巫术行为进行解读。

"媚道"之术，见载甚早。据李零《中国方术考》，1973 年湖南长沙马王堆三号汉墓出土的大批帛书及少量竹书中，有七种与"房中"或"房中书"相关，分别为：《养生方》、《杂疗方》、《胎产书》、《十问》、《合阴阳》、《杂禁方》、《天下至道谈》。① 李著指出其中的《杂禁方》，主要是讲巫诅禁咒。其中半数文字涉及房中。如夫妻反目，则在门楣上方涂泥五尺见方；欲取媚于贵人，则在门户左右涂泥五尺见方；取两雌隹尾制药服饮，可以取媚于人；夫妻相弃，取雌隹与少女左手指甲各四枚制药敷于身上或衣上，或取左眉制药服饮，可以使对方回心转意。这类巫术，古代叫"媚道"。方中"门楣"、"左眉"似取与"媚"谐音，"门"、"户"可能也有象征阴户之含义。其内容与《医心方》卷二六《相爱方》最接近。②

从李著中，不仅看到了"媚道"的具体操作程式，而且对"媚道"巫术之"媚"进行了解释，言之成理，给人启发。

而且，李著还指出：《左传》宣公三年郑文公妾梦天使授其兰，天使言"以兰有国香，人服媚之如是"，以及《山海经·中山经》载有草"服之媚于人"，都是"媚道"巫术的记录。这也是有启发意义的结论。

《管锥编》引泷川考证：

《考证》驳沈钦韩据《周礼》注疏释"媚道"为房中术曰："《汉·外戚传》使有司赐皇后策曰：'皇后失序，惑于巫'，即'媚道'也，《周官》贾疏非也"。(《管锥编》，第 483 页)

"媚道"为房中术，在上文中已略提及，房中术其实是以男女两性性生活为载体，将宗教、巫术等因素掺入其中，形成一个关于"性"的巫术综合体。房中术至少在两汉时期已经盛行，官方虽然时有禁止，但多数人认为房中术有延年益寿之功效，故多有参与者，如汉武帝、曹操等人即是。"媚道"属于房中术的一个组成部分，是一种巫术特征极为明显的俗信行为。

---

① 李零：《中国方术考》(修订本)，东方出版社 2001 年版，第 395 页。
② 李零：《中国方术考》(修订本)，东方出版社 2001 年版，第 404 页。

钱锺书先生对"媚道"进行了多角度的探讨。

首先,对典籍中的相关记载进行了引述,如下文:

> 按《后汉书·崔琦传》载《外戚箴》:"陈后作巫",即指此。本篇上文长公主谮栗姬,早曰:"常使侍者祝唾其背,挟邪媚道",沈氏误解,皎然可识;《汉书·外戚传》下:"许皇后宠益衰,而后宫多新宠,后姊平安刚侯夫人等为媚道,祝诅后宫有身者",其词益明。班固《汉孝武故事》虽出伪托,亦资疏证:"然皇后宠益衰,娇妒滋甚,女巫楚服,自言有术,能令上意回,昼夜祭祀,合药服之。"所谓"媚道",当略类《旧唐书·玄宗诸子传》记棣王琰之"二孺人"争宠,"孺人乃密求巫者书符,珞于琰履中以求媚";亦即小说如《聊斋志异》卷六《孙生》老尼所授术、《红楼梦》第二五回赵姨娘赂马道婆所为、《绿野仙踪》第六七回何氏赂赵瞎子所为。(《管锥编》,第483页)

一方面指出沈钦韩之误,另一方面对《汉书·外戚传》、《汉孝武故事》、《聊斋志异》、《红楼梦》等中的"媚道"巫术进行挖掘与引用,并对巫术的具体表现形式进行了介绍。

其次,由"媚道"巫术出发,走向了对一般巫术的施行原理之探讨:

> 通观中西旧传巫蛊之术,粗分两类。一者施法于类似之物,如其人之画图、偶像;一者施法于附丽之物,如其人之发爪、衣冠、姓名、生肖,《平妖传》第九回䣛净眼所谓"若没有生辰,须得本人贴身衣服一件及头发或爪甲"。合用则效更神。施法亦分二途:曰"射刺",曰"厌魅"。"媚道"当属"厌魅",可以使人失宠遭殃,亦可以使己承恩致福。(《管锥编》,第483—484页)

钱锺书先生的这一段论述,已经是相当有见地的巫术原理探讨了,与弗雷泽《金枝》对巫术的探讨有诸多相通之处。"施法于类似之物"即为弗雷泽所说的"顺势巫术",即设一假想对象,与欲加巫术于其上者"同类",通过加巫术于假想对象之上以达到影响真正目标的巫术形式。而"施法于附丽之物",则为弗雷泽所说的"接触巫术",即只要获得某人的某个部位,如头发等,或属于其所有的物事,如衣服、发饰等,便可对其施加巫术。钱氏所言,与弗氏所指,正相契合。

再次,对施法二途之"射刺"与"厌魅"进行举例说明:

> 西方文学典籍如桓吉尔《牧歌》第八篇后半牧羊女所作法、亚勒谛

诺《老妓谈往》第一篇中老尼所作法、布鲁诺喜剧中术士为富人所作法、汉密尔敦小说中一妇长专英王爱幸所藉妖术、梅里美小说中贵夫人所作法以至罗赛谛名歌中童子姊所作法，都归"厌魅"，正"媚道"尔。"射刺"则如《全上古三代文》卷六引太公《六韬》、卷七引太公《金匮》皆记武王伐殷，丁侯不朝，太公乃画丁侯于策，三箭射之，丁侯病困；即《封神演义》第四八、四九回扎草人为赵公明而射以桑枝弓、桃枝箭事所昉也。《史记·封禅书》："苌弘乃明鬼神事，设射狸首；狸首者，诸侯之不来者，依物怪欲以致诸侯"，疑即类此，向来注者未得其解。（《管锥编》，第484页）

在接下来的增订诸段中，钱锺书反复引例，以致"射刺"与"厌魅"之意，不再赘引。值得指出的是，"射刺、厌魅，兼运并施"也是这一巫术惯常使用的手法，钱先生亦举例申述之。

（二）《楚辞洪兴祖补注》之"招魂"

《管锥编·楚辞洪兴祖补注》第17则"招魂"，也是钱锺书先生论巫术的重要之处。

招魂巫术，本身即为重要的巫术形式，这一古老的巫术形式，表现形态多种多样，国人熟知。

钱先生在这一则中，主要论述《招魂》所招之魂为何人之魂。在这一论述过程中，言及：

> 《招魂》、《大招》不问谁作，所招非屈子之魂。……"魂兮归来，反故居些！……像设君室，静闲安些！"；于是铺陈高堂邃宇、层台累榭、冬厦夏室，岂屈子"故居"华奂如是耶？极言耳目之娱、口腹之奉，岂屈子平生爱好在此耶？至曰："二八侍宿，射递代些！"几如"妓围"、"肉阵"，皇甫湜《出世篇》所写"天姝当御，百千为番"，屈子而然，"善淫"之"诼"，不为无因矣！余少日尚及见招魂旧俗，每以其人嗜习之物为引致之具，援后度前，不中不远。征之先载，如《南齐书·张融传》融"遗令人捉麈尾登屋复魂，曰：'吾生平所善'"；李贺《绿章封事》："扬雄秋室无俗声，愿携汉戟招书鬼"，以雄曾为执戟郎也；洪亮吉《卷施阁文》乙集卷二《七招》摹状离魂闻所爱之事则徘徊欲即，闻所憎之事则飘脱而没，湛思绮藻，与古为新，尤资参验。（《管锥编》，第964—965页）

为说明《招魂》所招非为屈原之魂,钱先生指出,屈原所好,绝非"耳目之娱、口腹之奉",而招魂之术,惯"嗜习之物为引致之具",因为灵魂"闻所爱之事则徘徊欲即",故而所招之魂非为屈原之魂。这一引证推理,以民俗资源作为说理之具,独具风貌,很有说服力。

钱先生接着又指出另一种招魂习俗,即招"不死于家者"之魂,即招生魂:

> 旧日不死于家者,其魂必出外招之,如高启《青邱诗集》卷一《征妇怨》:"纸幡剪得招魂去,只向当时送行处。"倘人患病,家人疑为受惊失魂者,则详询或臆测受惊之处,黄昏往而呼患者名曰:"毋惊毋骇,偕我返舍!"复代之答曰:"唯!吾归也!"倘其处甚远,不便遽往,则绕屋呼曰:"好自某地归矣!"拾土裹红纸中,归而纳病者枕下。余儿时在锡、苏、澄习见此俗,且尝身受招呼,二十许寓沪西尚闻邻人夜半为此。招生魂于其迷失之地,中西旧习略同;……(《管锥编》,第966页)

这又是招魂之术的另一种常见形态,民间屡见。特别是有小儿外出,饮泉水或于陌生之地玩耍,有魂被当地鬼怪摄去之说,如若生病,长治不愈,则民间便施招魂之术,致其魂归,作为治病之方。钱先生此处又以儿时记忆为资源,将家乡旧俗作为说理之资,正是他常用的说理策略。

钱锺书先生还指出招魂另外一说:

> 盖死魂之招,如《礼·檀弓》、《丧大记》、《礼运》等所谓"复"者,由亡人亲属于气乍绝之时升屋而号,"先复"而"后行死事"。以魂之去未远,遂不须乞灵于巫术。苟死已经时,则魂之招致非巫术不能,即《招魂》之"工祝";如《汉书·外戚传》上载李夫人卒后,"方士"齐人少前为"致其神"。是以招死魂者,巫所主也。"恐后之谢,不能复用巫阳焉","谢"、徂谢之谓,即死耳。其意若曰:倘今招生魂而径用巫,他日招死后之魂恐将用巫而无效。方术神通勿可滥施轻用,不然临急失验;雅记野语皆尝道之,匪独招魂为然。如《左传》僖公四年晋献公卜骊姬为夫人节,《正义》引郑玄《礼》注、《诗》笺谓"卜筮数而渎龟,不复告之以实"……(《管锥编》,第967—968页)

钱先生此处说到三层意思,第一层是刚死之人,招魂不需用巫,只"由亡人亲属于气乍绝之时升屋而号",则魂自复。第二层意思,死亡已久,则必须由巫术招魂才可,这就是所谓的招"死魂"。第三,即招生魂而用巫术,则招死魂用巫术便会不灵,似乎招魂之巫术,是一次性产品,用完即废。

(三)《管锥编》其他论巫术的片断

钱先生在《管锥编》其他地方,也时有引巫术资源以佐证观点的精彩笔墨,下面的引述便是撮其要者而论之。

《管锥编·左传正义》第 53 则"昭公十七年"释梓慎"水、火这牡也"句,引巫术为理据:

> 唐宋以来方术及小说家言亦以火为男而水为女。如《五灯会元》卷一〇南唐僧清勉曰:"丙丁童子来求火",玄则参释曰:"丙丁属火而更求火,如将自己求自己";……(《管锥编》,第 385 页)

火为男,水为女,这是中国传统中对男女关系的一个常态表述,但西方则异于此,以水为男,而火为女,原因是"出于二事之牵合,以覆为润、仰上为炎耳",取喻不同,正说明两国对男女的认识不同。钱先生引唐宋以来的方术对男女的看法,以证明火男水女之喻。

《管锥编·太平广记》第 168 则(《太平广记》卷四三八)也谈及巫之跨帚之术:

> 卷四六〇《户部令史妻》(出《广异记》)家有骏马,恒倍刍秣,而瘦劣益甚,盖妻为苍鹤所魅,夜骑之行千余里,事与《韩生》此节略似。令史妻乘马,"婢骑扫帚随后,冉冉乘空",西俗亦言妖巫常跨帚自烟囱出屋而腾空,帚柄先以神油涂之。抑扫帚可骑,犹儿童竹马,其行非其力也。帚而"乘空",物实凭焉,更可知也。令史之马如《庄子·人间世》所谓"绝迹无行地",电腰风脚,一宵能往返千余里,亦必不假自运,何至瘴痛而"瘦劣"哉?苟马为之"瘦劣",则帚将败脱而不可收拾,非止敝秃已也。岂帚乃神行而骥恃筋力乎?此又异想奇情而未稍加以理,遂函盖不相称者。(《管锥编》,第 1321—1322 页)

上文中钱锺书先生提到的各种巫术,寻常习见,故不赘论。

同时,钱锺书对巫术与偏方之关系,也稍有论及,如下引:

> 嵇含《寒食散赋》:"既正方之备陈,亦旁求于众术。"按卷七六挚虞《疾愈赋》:"会异端于妙门。""旁求"与"异端",今世所谓"偏方"也;"偏方"之称亦即对"正方"而言。观挚《赋》上文云:"讲和缓之余论,寻越人之遗方,考异同以求中,稽众术而简良",故知"异端"指医术之侧出横生者,非谓巫术也。(《管锥编》,第 1817 页)

"偏方"是与"正方"相对而言的,指医术中的"异端",虽然医术与巫术同源,"信巫不信医"也是常有事情,但巫术与偏方的区别还是非常明显,虽然巫术有时候假扮医术,开方下药,容易被误认为是偏方。

第四节 "以虚愿托偿于幻术":征兆与预知

> 稽神志怪,大抵过屠大嚼,画饼充饥,以虚愿托偿于幻术耳。(《管锥编》,第 1045 页)

预知是民俗信仰的表现方式之一种。"预知信仰是根据自然现象或人的行为表现,推测人物或事物将要发生的变化,以便探知神的态度,预卜吉凶、命运好坏。"预知有三种基本方式,第一种是对预兆的信仰,有天体兆、动物兆、人体兆等表现形式,释梦圆梦也是表现形式之一;第二种是预言;第三种是占卜,基本的占卜方式是占和筮,其他的还有扶乩、云占、求签、拆字、飞鸟占等。①

预知其实属于中国古老传统中的数术之学,最少与数术是紧密关联的。李零在《中国方术考》中的术数篇就将先秦术数中的占概括为星气之占、择日和历忌、龟占、筮占、占梦等几种②,与预知信仰中的诸多内容重合。事实上,中国始自《易》的占卜,至后续的方术等,都与中国特有的预知信仰密切相关。对预知信仰的研究,离不开中国古老的术数传统。

在《管锥编》中,钱锺书对预知信仰一样给予了较多关注,下述即按预知的三种基本表现方式,分类论述钱锺书对这三种预知方式的基本看法。

一、预兆信仰

"预兆,又称征兆、征象、前兆,它是根据自然出现的异常现象,从中预知事物所要发生的结果。"③释梦圆梦可归入梦兆信仰,但因为梦与预兆往往密切相关,因而并入一起讨论。

---

① 参见钟敬文主编:《民俗学概论》,上海文艺出版社 2009 年版,第 199—200 页。
② 参见李零:《中国方术考》,东方出版社 2001 年版,第一章"占卜体系与有关发现"。
③ 钟敬文主编:《民俗学概论》,上海文艺出版社 2009 年版,第 199 页。

（一）动物兆

《管锥编·毛诗正义》第53则"正月"：

"瞻乌爰止，于谁之屋？"《传》："富人之屋，乌所集也。"按张穆《㐩斋文集》卷一《〈正月〉瞻乌义》略云："二语深切著明，乌者，周家受命之祥；《春秋繁露·同类相动》篇引《尚书传》言：'周将兴之时，有大赤乌衔谷之种而集王屋之上者，武王喜，诸大夫皆喜。'凡此皆古文《泰誓》之言，周之臣民，相传以熟，幽王时天变迭见，讹言朋兴，诗人忧大命将坠，故为是语。"其说颇新。观下章曰："召彼故老，讯之占梦；具曰予圣，谁知乌之雌雄？"足见乌所以示吉凶兆象，非徒然也。《史记·周本纪》、《太平御览》卷九二〇等引《书纬·中候》、《瑞应图》皆记赤乌止武王屋上事。《后汉书·郭太传》："太傅陈蕃、大将军窦武为阉人所害，林宗哭之于野，恸。既而叹曰：……'瞻乌爰止，不知于谁之屋'耳！"；章怀注："言不知王业当何所归"。得张氏之解，乌即周室王业之征，其意益明切矣。（《管锥编》，第235页）

《颐》："鸦鸣庭中，以戒灾凶，重门击柝，备不速客。"按《大过》之《涣》"鸦"作"乌"，"不速"作"忧暴"，《旅》之《困》作"鸦噪庭中"。俗忌乌鸣，以为报凶，如《水浒》第七回众泼皮闻"老鸦哇哇地叫"而"叩齿"，观此数林，知汉世已然。《艺文类聚》卷九二引晋成公绥《乌赋》称"乌之为瑞久矣"，嘉其为"祥禽"、"善禽"、"令鸟"；是古亦有以鸦为报喜之说。薛季宣《浪语集》卷一《信乌赋》："南人喜鹊而恶乌，北人喜乌而恶鹊"；洪迈《容斋续笔》卷三："北人以乌声为喜，鹊声为非，南人反是"，并引《北齐书》及白居易诗为例；盖俗尚莫衷一是也。（《管锥编》，第840页）

以上两段引文，钱锺书先生言及了乌这一动物兆的两个方面。一方面为乌为祥瑞：乌集富人之屋，乌为"周家受命之祥"；另一方面为乌为凶鸟，其鸣兆凶与灾。

乌为祥鸟，在中国的预兆之说中，并不是一以贯之的，乌兼祥鸟与恶鸟之名，一鸟而兼两任，亦不多见。《山海经·大荒东经》："谷上有林木，一日方至，一日方出，皆载于乌。"《吕氏春秋》："尧时十日并出，尧命羿仰射十日，中其九乌，皆死，堕其羽翼。"仰韶文化陕西泉护村和河南庙底沟出土的彩陶残片，有金乌负日图。乌为"太阳神鸟"，赤乌、金乌等，俱为其名。

乌因为有反哺父母之习，又被誉为孝鸟。《说文解字》云："乌，孝鸟也。"

但作为先秦中国南北两派文化代表的《诗经》与《楚辞》，似乎对乌恶的一面描绘较多。上引钱锺书先生的引文是对乌的正面描画。但《诗经·邶风·北风》中"莫赤匪狐，莫黑匪乌"，钱先生以一俗语形容之："天下乌鸦一般黑。"《楚辞·涉江》云："鸾鸟凤凰，日以远兮。燕雀乌雀，巢堂坛兮。露申辛夷，死林薄兮。"

焦延寿《焦氏易林》云："城上有乌，其名败家，招呼鸩毒，为国灾患。……乌鹊嘻嘻，天火将起。燔我室屋，灾及后妃。……乌飞孤鸣，国乱不宁。上弱下强，为阴所刑。"东汉《桓帝初城上乌童谣》云："城上乌，尾毕逋。公为吏，子为徒。一徒死，百乘车。车班班，入河间。河间姹，女工数钱，以钱为室金为堂。石上慊慊舂黄粱。下有悬鼓，我欲击之丞卿怒。"钱先生在《管锥编》中也引用了此童谣，都视乌为不祥之鸟。但尹湾 6 号西汉晚期墓所出竹简中，有一篇基本完整的《神乌赋》，看篇名便可知对乌还是"神"的认识，裘锡圭撰《〈神乌赋〉初探》对之进行专门研究，可资参照。①

南宋洪迈的《容斋漫笔》卷三云："北人以乌声为喜，鹊声为非。南人闻鹊噪则喜，闻乌声则唾而逐之，至于弦弩挟弹，击使速去。"则代表了南北两方对乌鸦完全相反的两种看法：一为吉祥之物，一为恶俗之物。这一对立认识，似乎延续至今。解放前北京大学民俗学会编纂的《民俗丛书·吴歌甲集》收录的一首歌谣云："老鸦哑哑叫，爹爹赚元宝，姆妈添弟弟，哥哥娶嫂嫂，姊姊坐花轿。"乌鸦出现并鸣叫，竟然是一连串喜事的开端，可见吴地人民认为它是吉祥之物。而《民俗丛书·贵州苗夷歌谣》有一首歌却说："今年乌鸦叫得恶，新坟埋在旧坟脚，爷娘会养不会配，拿把白米配荞麦。"此处，乌鸦之出现，又全是恶兆。

乌之为兆，其义丰富，已有相关的研究成果对之进行归纳。我国对乌的态度分为两种，日本对乌的态度倒是一贯尊敬。日本称为扶桑之国，生活于扶桑中的神乌，一直受到日本民众的顶礼膜拜，这又是另外一个有意思的话题了。

《管锥编》中，钱先生提到了乌这一动物兆的两个主要层面，但并没有

---

① 裘锡圭：《〈神乌赋〉初探》，《文物》1997 年第 1 期。

作钱氏式的彻底追溯。并且,对"俗尚莫衷一是"的原因也没有阐释,只是点出。在很多时候,钱先生只是提出某些问题,或问题的某些侧面,并不会穷追猛溯,但提出的这些问题足以引发我们致思的兴趣,因此,钱先生给读者留下了琢磨的空间,我们的任务就是顺着钱先生的方向继续走下去。

在多种民间想象中,鸟悲与人冤是联系在一起的,人受冤太深,其死后便或有鸟出现,此鸟多为虚构,并非实有此鸟。民间虚构的原则,就是无力伸张正义时,引入预兆这样的因素以宣泄感情。再者,"鸟之将死,其鸣也哀;人之将死,其言也善。"人与鸟,似乎总会联系在一起,而且又总是以带有预兆意味的形式出现。《诗经·商颂·玄鸟》曰:"天命玄鸟,降而生商。""玄鸟生商"预示商乃承天之命,又是正统权力之预兆。

《管锥编·全上古三代秦汉三国六朝文》第 75 则"全三国文卷一四"论《蝙蝠赋》时,钱先生指出:

> 欧西亦恶蝠为"奸气"之怪物,故画天神翼如鸟而魔鬼翅如蝠,但丁写地狱中魔帅,早云两胁生大翼类鸟,然翼无羽毛若蝙蝠翅然……吾国旧俗复以蝙蝠为吉祥之象,不知起自何时。蒋士铨《忠雅堂诗集》卷二二《费生天彭画〈耄耋图〉赠百泉》:"世人爱吉祥,画师工颂祷;谐声而取譬,隐语夏夏造。蝠、鹿与蜂、猴,戟、磬及花鸟,……到眼见猫、蝶,享意期寿考";谓谐声隐寓"福禄"、"封侯"、"吉庆"……孟超然《亦园亭全集·瓜棚避暑录》卷下:"虫之属最可厌莫如蝙蝠,而今之织绣图画皆用之,以与'福'同音也;木之属最有利莫如桑,而今人家忌栽之,以与'丧'同音也。"余儿时居乡,尚见人家每于新春在门上粘红纸剪蝠形者五,取"五福临门"之意;后寓沪见收藏家有清人《百福图》画诸蝠或翔或集,正如《双喜图》画喜鹊、《万利图》画荔枝,皆所谓"谐声""同音"为"颂祷"耳。《全三国文》卷一八陈王植《贪恶鸟论》:"放鸟雀者加其禄也,得蝇者莫不驯而放之,为其利人也";观刘昼《刘子·鄙名》篇云:"今野人昼见蝇子者,以为有喜乐之瑞,夜梦见雀者,以为爵位之象",则植所谓"利人"即其下文云:"鸟兽昆虫犹以名声见异",不过以其名号与"喜"、"爵"字同声音耳。望文傅会,因物名而捏造物宜,流俗惯事。如《能改斋漫录》卷一记王原叔言:"医药治病,或以意类取,如'百合'合治百病,似取其名";古罗马人以"美"与"兔"两字声形均肖,遂谓食兔肉使人貌美;以名之相如为药之对症,亦"名声见异"之一端

也。(《管锥编》,第 1679—1680 页)

此处,钱先生指出西俗以蝙蝠为"奸气"之怪物,应为恶兆;而中国却以蝙蝠为吉祥之象,因"蝠"之名寓"福"之音,"望文傅会,因物名而捏造物宜,流俗惯事。"俗信虽然以此为惯事,但也见出民间对福的向往之情,这于大多数时代疾困交加的众生去感受一丝幻想式的幸福,也并无可苛责之处。

(二)人体兆

《白起、王翦列传》:"客曰:不然! 夫为将者三世必败,必败者何也? 必其所杀伐多矣,其后受其不祥。"此不及身之后报,所谓"果报"也。《李将军列传》:"王朔曰:'祸莫大于杀已降,此乃将军所以不得侯者也。'"又及身之现报,所谓"花报"也。(《管锥编》,第 491 页)

所谓的果报,理解为因果报应似更为确切,即人现时的某些做法,将会带来某种灾难性后果,要么在今生得报,要么在来世受罚,这种预兆,可视之为人体兆。

(三)梦兆

钱锺书先生论梦兆最为集中的是《管锥编·列子张湛注》之 4"周穆王",此节在前文已有略论,于此处详述之。

第一,钱锺书先生释梦从"想"与"梦"之角度出发,言及梦与想的两个层面,一即因想而有梦,"日有所思,夜有所梦",二即因梦而猜想,梦想,先有梦,然后体现出所想所思,如"梦围棋者,欲斗也"。虽属老生常谈,但钱先生旧解仍能出新见,如:

盖心中之情欲、忆念,概得曰"想",则体中之感觉受触,可名曰"因"。当世西方治心理者所谓"愿望满足"及"白昼遗留之心印",想之属也;所谓"睡眠时之五官刺激",因之属也。(《管锥编》,第 751 页)

黄庭坚《六月十七日昼寝》:"红尘席帽乌鞓里,想见沧洲白鸟双;马啮枯萁暄午枕,梦成风雨浪翻江";沧洲结想,马啮造因,想因合而幻为风雨清凉之境,稍解烦热而偿愿欲。二十八字中曲尽梦理。(《管锥编》,第 751—752 页)

第二,梦与兆的关系。梦与兆的关系,为人熟知,民间习见的解梦、释梦之说,便是因梦寻兆,以梦预知事物的发展,如下例:

"因兼乎外","吉凶所由见",则指梦为预示,可同龟策之卜,梦见于几先,事落于兆后,即《潜夫论·梦列》之"直"与"象"、《论衡·纪妖》之"直梦"、《大智度论》之"天与梦使知未来";固承《周官》,而于乐广所树二义之外,另生枝节。(《管锥编》,第753页)

此处,钱先生指出梦为预兆,与"龟策之卜"同功,这一关联不难理解,也更见出梦的预兆功能。

第三,钱先生指出,梦非都有所思才有所梦,身有所触亦成梦,如下述:

《列子》本篇言:"阴气壮则梦涉大水,阳气壮则梦涉大火,藉带而寝则梦蛇,飞鸟衔发则梦飞",或《潜夫论》言"感气之梦",正如项斯《赠道者》:"自说身轻健,今年数梦飞";《化书·道化》:"狂风飘发,魂魄梦飞";袁文《瓮牖闲评》卷八自记"忽梦身上截为水所浸,下截则埋在土中",觉后思之,"是夜天气甚寒,上截偶失盖覆而身冷,下截有衾。"此类全缘体觉,未涉心意,是"因"非"想",皎然可识,《周官》"六梦",无可附丽。(《管锥编》,第754页)

最有说服力的就是袁文自记的例子,上截无物覆盖因而梦中觉得为水所浸,下截有被子覆盖而梦中埋入土中。正是因为身有所触,而非心有所感而成梦。

第四,钱锺书先生指出,"吾国古人说'想'者,有三家颇具胜义",三种不同的"想",便对应着梦的不同产生机制。

其一:

人之"远"想,忽幻梦事,只自省迩来无其想,遂怪其梦之非想不根,浑忘"远甚"曾有"初"想,盖醒时记性所不能及者,梦中追忆了然。(《管锥编》,第754页)

"远想"之说,实为发生很久的思维活动,忽在梦中出现。

其二:

醒制而卧逸之说与近世析梦显学所言"监察检查制"眠时稍懈,若合符契。柏拉图早窥斯理,正取譬于马之缰络;圣·奥古斯丁尝反躬省察,醒时所能遏止之邪念于睡梦中沓来纷现,乃究问理智此际安往;即"醒制卧逸"也。(《管锥编》,第755页)

醒时被遏抑之"想",于梦中纷至沓来,"醒制卧逸",真乃极至之形容。

其三:

"尧桀是非犹入梦,因知余习未全忘"……复即弗洛伊德所谓"释梦乃察知潜意识之平平王道"也。(《管锥编》,第757页)

此处强调积习对梦生成的作用,梦者,习也。钱先生将弗洛伊德的潜意识亦理解成长期之积习,此说仔细推敲,于理亦通。但是,似乎荣格的"原型"说,更能解释积习成梦。

而因想成梦,便可从梦推想,梦的预知功能便显现出来了。

第五,即所谓占梦的惯常手法:梦凶则反、反象以征。钱锺书于此节中举例甚多,因其生活中习见而易于理解,故不赘引其例。引钱先生其他地方言及的同样一例以兹说明:

> 圆梦卜谶以为惯技,如《世说·文学》门解梦棺为贵象,梦粪为富象(别详《列子》卷论《周穆王》篇);明人拆字书《新订指明心法》有"反体"法,"如以'庆'字来问者,未可言庆,有'忧'字脚";《儒林外史》第二〇回甘露庵老僧慰牛布衣曰:"说凶得吉"。(《管锥编》,第52页)

二、预言

预言是预知信仰的一种表现形式,民俗学者认为:"预言是巫觋和相面师常用的一种方式。他们根据当事人的体态特征,预知其人或其事的发展趋势或成败。某些预测具有古代文化的依据。"[1]此一定义对预言某些方面的内容有揭示,但并不完整。预言的表现形态是多种多样的,并不仅仅为巫觋和相面师所使用,在很多时候,其他人同样可以担任预言者的角色,以预言可能发生的事。

钱锺书先生在《管锥编》中,提到预言这一预知信仰的地方虽然不多,但却能丰富民俗学者的预言概念。

如《管锥编·史记会注考证》第4则:

> 《论衡·佚文》篇:"始皇前叹韩非之书,后惑李斯之议,燔五经之文,设挟书之律。……珍贤圣之文,厥辜深重,嗣不及孙,李斯创议,身伏五刑。"迷信果报,绝类余儿时见吴中"劝善惜字会"招贴谓不敬惜书籍字纸,必遭雷击、绝嗣、目盲、体癞等灾,引据凿凿,不记亦道及秦始皇、李斯否。(《管锥编》,第433页)

其实,民间多有预言,即不爱惜字纸或书籍者,必招致惩罚,惩罚程度,轻者不会成为读书之人,重者即如钱先生儿时见吴中"劝善惜字会"招贴所

---

① 钟敬文主编:《民俗学概论》,上海文艺出版社1998年版,第199页。

言,"必遭雷击、绝嗣、目盲、体癞等灾"。这一预言形式,实质上是告诫世人,对书籍与文字,要极其尊重,这与中国人向来尊重知识、尊重书籍的传统是相关的。从这方面讲,"某些预测具有古代文化的依据"的说法是很正确的。

在本则注文中,钱先生又加入了一则增订,继续论述字纸"秽用"后有什么后果:

> 《颜氏家训·治家》:"其故纸有《五经》辞义及贤达姓名,不敢秽用也";言外足征字纸无所惜,乃至"秽用",亦事之常。敦煌变文《庐山远公话》:"于大内见诸宫常将字纸秽用茅厕,悉嗔诸人,以为偈曰"云云,殆为言惜字果报之始。宋人遂乐道此。如《夷坚志·支乙》卷四《刘氏女》记其制履时,"用小儿学书纸为衬托,雷神以为媟慢",击之"以伸警戒";《吹剑录》外集记:"王文正公之父见破旧文籍,必加整缉,片言一字,不敢委弃。一夕梦孔子曰:'汝敬吾书,吾遣曾参为汝子。'因名曰'曾'。"明清稗说,附会愈多,如《不下带编》卷三记陈封翁、《右台仙馆笔记》卷五记布袋和尚是也。(《管锥编》,第433页)

同在《管锥编·史记会注考证》第4则中,钱先生提到了另一种预言:

> 《宋书·索虏传》:"拓拔开暴虐好杀,民不堪命,先是有神巫诫开当有暴祸,惟诛清河、杀万民乃可以免。开乃灭清河一郡,常手自杀人,欲令其杀满万。……夜恒变易寝处,人莫得知,惟爱妾万人知处。万人与开子清河王私通,虑事觉,……令万人为内应,伺开独处,杀之。开临死曰:'清河万人之言,乃汝等也!'"此亦"亡夏者桀"、"亡秦者胡"之类。(《管锥编》,第442页)

此例正符合"预言是巫觋和相面师常用的一种方式"的特征,所谓"神巫诫开当有暴祸",即是一种预言。钱先生将其与"亡夏者桀"、"亡秦者胡"之类的寓言进行类比,又引出了"亡夏者桀"这类人所皆知的预言。事实上,如"亡夏者桀"之类的预言,在不同时代均有出现,特别是在朝代更替之际,这类预言更易出现,以为新主登位制造声势,也为旧主逊位敲响丧钟。

钱先生在接下来的一段文字中,不仅又补充了相关预言例子,如"牛继马后"之例,并且道出了一个重要道理:

> 司马懿见《玄石图》云:"牛继马后",于是深忌牛氏,酖杀牛金(《晋书·元帝纪》);李世民闻太史占曰"女五昌"又民谣"女武王",以

李君羡乃武安人、封武连郡公、为左武卫将军在玄武门，又小名"五娘子"，因故诛之(《旧唐书·李君羡传》)；郭威"闻人间谶：'赵氏当为天子'"，因使人诬告防御使赵童子，收而杀之(陶岳《五代史补》卷五)。莫非明在迹求远、变出防外。视为鬼神事先之诏告，聊以作弄凡夫，自属无稽；而视为草野事后之附会，聊以嘲诽君上，又殊有味，正古希腊悲剧所示世事人生之"讽刺"尔。苟作如是观，则固无须斤斤究辨其为信史抑谰语矣。司马光《传家集》卷六三《答范梦得》谓"实录正史未必皆可据，野史小说未必皆无凭"，故其撰《通鉴》，采及"野史小说"。夫稗史小说、野语街谈，即未可凭以考信人事，亦每足据以觇人情而征人心，又光未申之义也。(《管锥编》，第442—443页)

预言，特别是流行于坊间的预言性"野语"，其作用绝不可小视。"夫稗史小说、野语街谈，即未可凭以考信人事，亦每足据以觇人情而征人心，又光未申之义也。"坊间预言，与其他民俗事象的性质一样，不是可有可无的存在，而是有着重要价值的资源。

第五章 《管锥编》与人生仪礼

　　使撰诗、制礼、定律者为周姥而非周公,当不如是。(《管锥编》,第 43 页)

　　礼仪对炎黄子孙而言,是一种立国之本式的存在。"夫礼者,经天纬地,本之则大一之初;原始要终,体之乃人情之欲。"①"夫礼者,经天地,理人伦,本其所起,在天地未分之前。"②先民将礼与经天纬地联系起来,置于"大一"这一本原的哲学高度,也系之于"人情之欲"的现世现时性,"礼者,理也",③"理"的是国家治乱与人伦规范,国之无礼国之不存,《说文》:"仪,度也。""理"也是理出这些法度规则,使人不逾矩。

　　中国有"三礼"这些礼仪记录的重要典籍,"三礼"是"十三经"这一长期雄踞国家精神文明建设核心位置的重要组成部分,长期规约着国家体制建设与民间礼俗活动。"洎乎姬旦,负扆临朝,述《曲礼》以节威仪,制《周礼》而经邦国。礼者,体也,履也,郁郁乎文哉! 三百三千,於斯为盛。"④周公制礼,邈不可征,但《仪礼》(旧名《曲礼》)、《周礼》、《礼记》的"三礼"系统,对中国的影响长期且持久。

　　"自从东汉学者郑玄分别给仪礼、周礼、礼记作了注解之后,才有了'三礼'这一名称。仪礼记的是冠、婚、丧、祭、饮、射、燕、聘、觐的具体仪式;周礼是通过记述三百多种职官的职务,从而展开对社会政治制度的设想;而礼

---

① ［清］阮元校刻:《十三经注疏・礼记正义》(清嘉庆刊本),中华书局 2009 年版,第 2651 页。

② ［清］阮元校刻:《十三经注疏・礼记正义》(清嘉庆刊本),中华书局 2009 年版,第 2653 页。

③ ［清］阮元校刻:《十三经注疏・礼记正义》(清嘉庆刊本),中华书局 2009 年版,第 2653 页。

④ ［清］阮元校刻:《十三经注疏・礼记正义》(清嘉庆刊本),中华书局 2009 年版,第 2651 页。

记的内容则侧重于阐明礼的作用和意义。"①"三礼"之内容,所包如此,可以见出这是一个自上至下的规范系统。"是《周礼》、《仪礼》有体、履之别也。所以《周礼》为体者,《周礼》是立治之本,统之心体,以齐正于物,故为礼。"②起初,《周礼》是根本大礼,是关于国家建构的规范体系,《仪礼》三千,则是无所不包的礼仪,《礼记》是后人的学礼"记录",但后来居上,《礼记》超越了其他"二礼"而成为对中国社会影响最大的典籍。何以《礼记》后来居上而其他"二礼"势微? 究其原因,大概是后人学礼,不停地对已有礼仪规范进行淘洗,留下最能经世致用的条文,而将芜杂的、现实不再需要的成分除掉。

民间礼仪的生成,既有来自国家礼仪规范的影响,所谓立礼的原则是"礼从宜,使从俗"③,国家制礼本来要顺乎"俗",又有民间自己的现实需要而形成的特殊仪节。民俗学学科建立以来,民间礼仪的研究也成为其重要组成部分,学界以"人生仪礼"来析取自己所需要的研究层面。钟敬文先生等从民俗学角度出发对人生仪礼的界定是:"人生仪礼是指人一生中几个重要环节上所经过的具有一定仪式的行为过程,主要包括诞生礼、成年礼、婚礼和葬礼。此外,标明进入重要年龄阶段的祝寿仪式和一年一次的生日庆贺举动,亦可视为人生仪礼的内容。"④

人生旅程,起于生,终于死,中间历成长、婚姻两个重要环节,这是常态人生必经的四个步骤,常态人生无法跳出这一基本框格。正因为这四个步骤在人生过程中不断轮回循环,因而极易形成多种惯仪和俗制,并且在相对长的时期内稳定流传。所以,民俗学提出人生仪礼这一称谓,概括人生这四大环节,这四大环节是:诞生仪礼、成年仪礼、婚姻仪礼、丧葬仪礼。

"作为具有悠久古代文明的国家,中国的人生仪礼积存着厚重的历史蕴涵,也随着时代的发展而发生了变迁。在秦汉以前就已经形成和存在的各项人生仪礼,在《周易》、《诗经》、《左传》、《仪礼》、《礼记》等古籍中均有

---

① 王文锦译解:《礼记译解》,中华书局2001年版,"前言"。

② 〔清〕阮元校刻:《十三经注疏·礼记正义》(清嘉庆刊本),中华书局2009年版,第2655页。

③ 〔清〕阮元校刻:《十三经注疏·礼记正义》(清嘉庆刊本),中华书局2009年版,第2662页。

④ 钟敬文主编:《民俗学概论》,上海文艺出版社2009年版,第156页。

记载,并对后世有很大影响。中国的人生仪礼同宗教的祭祀仪式相比而言,更具有世俗的性质,体现出在宗法社会中对于以个人为中心的礼俗规范。人生仪礼一方面联结寻常百姓的人生追求和需要,另一方面联结着受儒家文化支配的传统价值观念,千百年来始终发挥着规范人生和统一教化的作用。"①基本可以认定,从民俗角度考察,钟敬文的界定基本括定了人生仪礼的内涵。当然,任何界定都不会是滴水不漏一网打尽的,有些民俗礼仪并没有包括进去,如拜师、尊师礼仪,这在中国传统典籍如《礼记》等三礼中就都有提到,并且各行各业都有拜师仪俗,但钟氏并没有给予相应的介绍。诸如此类,算是遗憾,但小眚不掩大德,钟敬文的划定能帮助我们对复杂的民俗礼仪形态有一个非常清晰的梳理,更便于我们对民俗礼仪进行全面把握。所以,本章对《管锥编》所涉人生仪礼的归类同样采取钟敬文先生的分类标准。

在《管锥编》中,钱先生同样大量提及了诞生仪礼、婚姻仪礼、丧葬仪礼这些民俗事象,下文将分节论述。需要指出的是,通览《管锥编》,唯对成年仪礼钱先生除了简单提及男冠女笄这一成年仪式外,几乎没有论及其他成年仪礼形式,因而,本章的论述只能就诞生仪礼、婚姻仪礼、丧葬仪礼这三大环节而展开。

第一节 "足见'礼'者非揖让节文,乃因事制宜之谓":《管锥编》与"三礼"

足见"礼"者非揖让节文,乃因事制宜之谓;故射仪则君子必争,戎礼则君子亦杀。(《管锥编》,第337—338页)

一、"礼仪之邦"的历史话语背景对民间仪礼的疏离
"礼仪之邦"一直是带有浓厚肯定色彩的特定称谓,表征泱泱中国对自己礼仪制度的高标期许姿态,以及对以礼治国的国家运作机制的妄自尊大。
中国成熟的礼仪规范最少在春秋战国之前就开始形成了,所以,才会有

① 钟敬文主编:《民俗学概论》,上海文艺出版社2009年版,第157—158页。

《周礼》、《仪礼》、《礼记》所谓的"三礼"这一集大成式的总结。如此完备地总结礼仪，并且长期渗透在治国安民的统治行为中，一直或隐或显地影响着民族文化，这恐怕不是每个国家都有的文化现象。

其实，说中国是"礼仪之邦"，不如"仪礼之邦"来得确切。由"仪"人"礼"，即首先出现祭仪、仪式而最终生成礼俗，这似乎是礼仪生成的一般机制。无论是考古发现所引领的文化遗存之旅，还是思想史对远古思想原初形式的追溯，只要涉及对远祖的文化存在状态的考察，都能将我们领入一个神秘的、信仰的、让人生成无限联想的仪式世界。如葛兆光的《中国思想史——七世纪前中国的知识、思想与信仰世界》的"第一编"的主要内容就是这样一个有意思的引领，其第二节"卜辞中所见的殷人观念系统"便描绘着由"祭祀与占卜仪式中所表现的知识系统的整合"图景；第三节"周代残存文献与铜器铭文中所见的思想演进"论述"祝、卜、史、宗以及仪式中的知识系统与思想观念"，第五节"后世思想史的背景：仪式、象征与数字化的世界程序"又论及"仪式作为秩序的象征性表现及其合理性来源"。① 葛著将仪式化生活作为思想史的源头性存在，将仪式视为"思"与"想"的重要表达形式，如果将古文明遗址中的各种仪式的载体，如各种刻符、岩画、壁画、陶器等器皿上的纹饰图案、帛画等等与之合观，那些仪式意味浓厚的画面毫无疑问会让我们相信：仪式的方式，最少是远祖们生活方式的主要形式之一！对仪与礼进行区分，在很早的时候便发生了，如《管锥编·左传正义》第 28 则"成公二年"：

> 昭公五年，女叔齐对晋侯曰："鲁侯焉知礼！是仪也，不可谓礼"；二十五年，赵简子问揖让周旋之礼，子大叔对曰："此仪也，非礼也。"合观愈明。德谚有曰："战争之本旨较战争之方式为先。"杀敌者战之本旨；三舍之退、一麋之献，以及下车免胄、执榼犒师，皆方式而已，戎仪也，非戎礼也。（《管锥编》，第 338 页）

虽然此处言及礼与仪之区别时，并非说者刻意为之。但说者无意正听者有心之处，钱锺书所引德谚"战争之本旨较战争之方式为先"即说明了，战争的真正目的是"礼"，是杀敌，而战争之方式是"仪"，即各种表面形式。礼是实际目的，仪是具体表现形式，此即礼仪之区别。

远古文化遗存的仪式碎片，对研究者有无穷的魅惑，可以对之进行多种

① 参见葛兆光：《中国思想史》（第一卷），复旦大学出版社 2004 年版，"第一篇"。

多样的重构和再阐发,所以,诸多有影响的研究成果都会从仪式切入,如弗雷泽的《金枝》就是从血腥味十足的祭司地位更替仪式入手的。

仪式出于种种原因,最后被固化而成为礼仪,葛兆光在《中国思想史——七世纪前中国的知识、思想与信仰世界》中便有这样的结论:"……最早的祭祀相信正如《礼记·礼运》所说的那样,'燔黍捭豚,汙尊而抔饮,蒉桴而土鼓,犹若可以致其敬于鬼神'。直到'后圣'出来,才渐渐把这种凭直觉、想象与经验的通神方法变成了种种规矩繁复而严格的礼仪制度,……"①不仅是祭祀,其他礼仪的生成,都与前期已经存在的仪式有着派生关系。这些仪式经历长时间的演化,慢慢固化,便生成礼,礼再经过复杂的运作最后有可能成为"礼俗"。

所以,在春秋战国之前的很长一段时间内,必定有一个仪式期存在,这个仪式期结束后便形成了完备的中国仪礼制度。这是我们认识"礼仪之邦"第一个要理清的问题。

对"礼仪之邦"的另一重认识,即是这一特称的制度性礼仪话语内涵。"礼仪之邦"是国家性的语言符码,更多是指国家的礼仪建设与礼治,是统治阶级内部的一套严密的行为规范,是在高端领域里运行的游戏规则。论及"礼仪之邦",与"仁"、"德"等话语联系紧密,这里存在的问题是,作为"礼仪之邦"的重要构成的民间礼仪,亦即本书所要讨论的人生仪礼这一内容,漫不经心地给涂抹掉了。由仪入礼,因礼成俗,本是很自然的事情。国家礼仪与民间礼仪之间,存在着复杂的互动关系,国家礼仪通过国家强制推行或上行下效的影响等多种方式对民间礼仪的生成不停地发生着作用,而民间礼仪亦因为统治者的利用而不停地丰富原有的国家礼仪形式,诸如此例,都是可能存在的互动方式。

但在诸多时候,民间的礼仪往往会被遮蔽掉,民间礼俗的丰富内涵也不能被彰显,我们言及"三礼"时,更多的是感觉到国家礼仪的这一层面,而民间礼仪较少被我们意识到。

二、《管锥编》"礼论"意蕴发微

据本人粗略统计,《管锥编》对《礼记》等"三礼"征引,最少在 300 次以

---

① 葛兆光:《中国思想史》,复旦大学出版社 2004 年版,第 50 页。

上,而言礼,则最少在 400 次以上。这绝对是一个可以说明问题的数字。

在"三礼"这一框架下,钱锺书对"礼"这一命题多有阐发,如"礼"的生成原因、社会作用等。下文即是对这些方面的一个粗疏探讨。

(一)礼之用

《管锥编》论礼的产生、作用,殊为精当。

《管锥编·毛诗正义》第 47 则"七月":

> 然《礼记·坊记》反复曰:"礼以坊德,刑以坊淫,……夫礼坊民所淫,……以此坊民,……犹淫佚而乱于族。"(《管锥编》,第 223 页)

此处所引《礼记·坊记》,正阐明礼的"坊"的作用,"坊"即"防也"。礼的一个最基本的用途,便是防止犯规行为的发生,这重作用不难理解,但又非常重要。钱先生在《管锥编·全上古三代秦汉三国六朝文》第 53 则"全后汉文卷四六"中重提《礼记·坊记》此言:

> 《礼记·坊记》不亦云乎:"故君子礼以坊德,刑以坊淫,命以坊欲",初无偏颇。(《管锥编》,第 1597 页)

说明礼的这一重作用是非常重要的。

《管锥编·左传正义》第 19 则"僖公二十八年":

> 礼之应接进退、战之追逐回合,皆曰"周旋",犹游艺、角力皆曰"戏",未可谓谢玄以动武相残"比"于动容中礼也。征之俗书,其用字不似雅言之讲求来历者,益足见先后思路之同出、文野语脉之一贯。
> (《管锥编》,第 322 页)

此处,钱锺书先生将"礼"又与第三章"民俗语言"中说到的一个重要概念"游戏"联系起来了。礼与游戏其实有着相同本质,有可能,游戏是"礼"的源起。游戏讲求规则,礼正乃规范之总合,而游戏精神是人类最早的活动之一,礼则是后起的活动,礼可能本身就是游戏的一种,或礼从游戏规则中吸收制礼规范,等等,虽无可考,但这种可能性并非不存在。

钱先生此处便提供了一丝线索:"征之俗书,其用字不似雅言之讲求来历者,益足见先后思路之同出、文野语脉之一贯。"从所谓"俗"书中,可以窥见"戏"与"礼""思路之同出",钱先生最少肯定了这两者的产生具有相同的思维机制。所以,"戏"与"礼"进行关联类比,实是对"礼"之本质的一个极好注释。

《管锥编·左传正义》第 28 则"成公二年":

> 足见"礼"者非揖让节文,乃因事制宜之谓;……(《管锥编》,第337页)

钱锺书先生此处对"礼"的内涵的两个侧面进行了揭示:其一,礼"非揖让节文",在很多时候,礼不是温情脉脉的谦让、客套,而可能是意味着杀戮的血腥、战争的硝烟;其二,礼"乃因事制宜",礼也是"因物赋形"、"因事而动",是满足特定的需求,也可以在特定的条件下灵活变动,也就是钱先生在《管锥编》其他地方说的"原则可以灵活运用"。这其实是对"礼"的变动性的一种描述。

《管锥编·左传正义》第56则"昭公二十年":

> 犹《乐记》云:"礼者,殊事合敬者也,乐者,异文合爱者也"……(《管锥编》,第392页)

礼、乐并举,是儒家礼论的一个重要特征。正如钱穆在《论语新解》中说"八佾"篇:"本篇皆论礼乐之事。礼乐为孔门论学论政之共通要点,故《论语》编者以此篇次学而为政之后。"[①]礼与乐,也是中国礼仪中的重要范畴,论礼之用,往往与乐糅合在一起。

《管锥编·史记会注考证》第4则"秦始皇本纪":

> 礼失而求诸野,惟史亦然……(《管锥编》,第443页)

此语钱先生引自王士禛《香祖笔记》卷十考论《警世通言·拗相公》相关语段。《汉书·艺文志·诸子略序》:"《易》曰:'天下同归而殊涂,一致而百虑。'今异家者,各推所长,穷知究虑;以明其指,虽有蔽短,合其要归,亦六经之支与流裔。使其人遭明王圣主,得其所折中,皆股肱之材已。仲尼有言:'礼失而求诸野。'方今去圣久远,道术缺废,无所更索,彼九家者,不犹愈于野乎?若能修六艺之术,而观此九家之言,舍短取长,则可以观万方之略矣。"按常规理解,即礼与史,在条件不具备的情况下,只有到民间去找了。不过,在"野"字含义丰富的当下,礼失求诸野,似又可理解成,礼失而诉诸武力、粗野,这在现代社会,也能举出不少例子。

《管锥编·太平广记》第102则(《太平广记》卷二四三):

> 故曰"送礼",曰"孝敬",亦见利亦有礼,犹盗亦有道。否则叱尔嗟来,乞人不屑,珠璧而暗投焉,反致案剑相眄耳。(《管锥编》,第1164

---

① 钱穆:《论语新解》,三联书店2002年版,第52页。

页）

此处的核心问题是"礼"与"利"的问题。礼"非揖让节文",礼与利更
是相伴相始,这是一个不难理解的问题。

《管锥编·全上古三代秦汉三国六朝文》第 15 则"全汉文卷一六":

　　叶氏《序目》卷一〇深慨"以礼乐诗书为藩饰诈力之具",至云:"譬
之诈力如鱼肉,既成羹胾,小小错综以礼义,犹盐梅酰酱调和之。吁!
可畏哉!"似不知"逆取顺守"之旨正尔如此。……"礼乐诗书"之于
"诈力",如"盐梅酰酱"之于"鱼肉",亦犹卢梭谓政令兵刑乃铁链,而
文艺学术则如花圈,足以盖饰银铛……(《管锥编》,第 1435 页)

《管锥编·全上古三代秦汉三国六朝文》第 43 则"全后汉文卷二八":

　　交际以礼为重,而交友以情为主。……客座宾筵之酬酢,府主幕僚
之晋接,自公退食,往来报施,若《孟子·万章》论"交际"之取受馈却,
《潜夫论》所道"奉赞"、"嘉会"、"饯御",皆礼之所尚;而礼者,忠信之
薄,缘饰以节文者也。(《管锥编》,第 1575 页)

以上两则,正如钱先生所引《序目》之语,涉及礼的另外两个作用:其
一,藩饰;其二,诈力。如果礼之用,只是"饰",掩饰人的粗野、虚伪等弱点,
尚可理解,礼用于"诈","如'盐梅酰酱'之于'鱼肉',亦犹鲁索谓政令兵刑
乃铁链,而文艺学术则如花圈,足以盖饰银铛",则卢梭语足以引人警醒,力
矫礼之"诈"。

以下三则,钱先生论及了礼之两个相反的作用:

　　孔子论"血气"所当"戒",荀子论"情性"不可"顺",即言约身胜
欲,以礼义齐嗜好。(《管锥编》,第 1463 页)

　　塔索诗中向往于圣世福地,直是欲界仙都,人人任真适愿,了无检
束,唯遵大自然所颁金科玉律一条:"情性所乐,礼法必许。"(《管锥
编》,第 1463 页)

　　盖后天别于先天,外习别于内生,礼法别于情欲……(《管锥编》,
第 1957 页)

前两例同出《管锥编·全上古三代秦汉三国六朝文》第 19 则"全汉文
卷二二"。正方观点是"礼义齐嗜好",反方观点是"情性所乐,礼法必许"。
礼之节制作用,为礼用之大端。"情性所乐,礼法必许"的"礼用"观点,正如
魏晋名士"越礼教而任自然"一样,都是纠枉过正之举,是对"礼之用"的一

种极端的理解。而"礼法别于情欲"才是大众的礼法标准。

《管锥编》还有引述,正与《礼记》等"礼"论同调。如:

> 正《荀子·礼论》津津以道之"养":"故礼者,养也:……"盖祸福倚伏,成亏辗转;"养"尊处优而以为合"礼"之宜,则将居之不疑,渐滋侈泰,悦生乃至于无生可悦,纵欲乃至于欲纵不能。(《管锥编》,第1452页)

> "名教"亦即"礼法",观袁宏《赞》以"情"与"礼"分承"自然"与"名教";嵇康《与山巨源绝交书》言阮籍"至性过人,……至为礼法之士所绳",《世说·任诞》记籍语:"礼岂为我辈设!",又注引戴逵《竹林七贤论》:"迨元康中,遂至放荡越礼,乐广讥之曰:'名教中自有乐地,何至于此!'";《全晋文》卷三七庾冰《为成帝出令沙门致敬诏》:"然则名礼之设,其无情乎?……易礼典,弃名教,是吾所甚疑也。名教有由来,百代所不废。……弃礼于一朝,废教于当世";即可例证。(《管锥编》,第1957—1958页)

> 王绩《赠程处士》:"礼乐囚姬旦,诗书缚孔丘";……(《管锥编》,第1959页)

> 张华《博物志》卷五列举"魏王所集方士名",一言以蔽曰:"《周礼》所谓'怪民',《王制》称挟'左道'者也。"张氏引《周礼》之"怪"诃斥方士;……(《管锥编》,第1969页)

> 静言思之,世间法之律令礼文每犹出世间法之教规而已。(《管锥编》,第2246页)

礼与养、礼与法、礼与则、礼与度、礼与制等,在《礼记》等典籍中都有大量论述,钱氏所持之论,或借他者之口为已之代言,与这些论述相契合。

(二)周姥制礼

钱锺书论礼之起源、作用这些问题时,屡不乏精辟之论,启发良多。

对传统的周公制礼说,钱锺书回应了一个有意思的反命题:倘制礼为周姥而非周公,则若何! 在《管锥编》中如是提到者凡七见,实质性论述则为五处,引述如下:

> 皆乘平等之道,假典常以逞男子之私便,古谑语所谓:"使撰诗、制礼、定律者为周姥而非周公,当不如是"……(《管锥编》,第43页)

> "女祸"之说亦所谓"使周姥制礼,决无此论";盖男尊女卑之世,口

诛笔伐之权为丈夫所专也。(《管锥编》,第353页)

制礼者为周公而非周姥,宜有此等女诫闺训。(《管锥编》,第1310页)

使苍姞造字,如周姥制礼,当不若是矣!(《管锥编》,第1639页)

而徐树丕《识小录》卷一《戏柬客》:"试作平等心论之,不妒妇人,正与亡八对境。……岂思、欲、恶、爱、憎,男女未尝不同,何至宽严相反若是? 恐周姥设律,定不尔尔也! ……《绿窗新话》卷上《曹县令朱氏夺权》、《醉翁谈录》丁集卷二《妇人嫉妒》、《广笑府》卷六《周公诗礼》诸则皆嫁名附会。(《管锥编》,第2071—2072页)

从引文中即可明显看出,钱锺书是从男女平等这一角度出发进行设问的,对传统规范制约下的男女不平等进行一种温柔的钱氏式嘲讽。而事实上,男娶女嫁实为男女关系之大端,嫁娶之俗是人生仪礼中婚姻仪礼的重要方面,从这个方面来讲,钱锺书实质上是论及了婚俗中的一个重大问题:男权制度下的婚姻游戏中,女性的被动与话语权的丧失。

(三)中西"礼辨"

钱锺书论礼俗,目光当然不会局隅于中国,于异域礼俗,亦有涉及,如下例:

一小说谓万不可以臀尻污皇帝尊目,故辞朝必却行;语虽嘲戏,正道出仪节底蕴。哲学家休谟肥蠢,不善行此礼,几致蹉跌焉。(《管锥编》,第458页)

国家礼节,正是维护帝王尊严之需,这即是"仪节底蕴",但国家仪节亦不无让人跌目之处,休谟就大受其苦。

钱锺书善意地嘲弄了休谟,是单言西方仪节,下面的引述亦是嘲谑之语,但涉及中西两种角度:

曾纪泽《使西日记》光绪五年二月二十三日云:"松生言,西人政教多与《周礼》相合,意者老子为周柱下史,其后西到流沙,而有周之典章法度随简册而俱西,但苦无确证耳。其说甚新而可喜。……盖引进"西学"而恐邦人之多怪不纳也,援外以入于中,一若礼失求野、豚放归笠者。卫护国故而恐邦人之见异或迁也,亦援外以入于中,一若反求诸己而不必乞邻者。彼迎此拒,心异而貌同耳。(《管锥编》,第1538页)

虽然此语亦嘲谑,除了反映出文化交流中,国人为了求得不对等的角色带来的不平衡感的某种补偿,但作另一种理解,中西礼仪的交流也是文化交流中的重要内容,特别是自鸦片战争国门大开后,西方礼俗与其他文明元素一道涌入中国,这些西式礼俗,很快就化入中国民间礼俗中,如西式婚俗等,对中国影响很大。当然,中式礼俗也在异域文化中生根落脚,影响着其他文明背景下的礼俗。

三、《管锥编》"三礼"征引民俗意蕴发微

《管锥编》对"三礼"的征引状况是:以《礼记》征引为最多,《周礼》、《仪礼》次之。这说明了《礼记》对国人的影响之巨,同时与前述钱锺书未竟的著述计划中包括《礼记》都说明了钱氏对《礼记》的重视程度。

钱锺书在对《礼记》的征引或论述过程中,有较多内容涉及民俗,这也是《管锥编》民俗底蕴厚重的又一种体现。所以,本书特在这一小节作一安排:对《管锥编》"三礼"征引的民俗意蕴作一个专门的讨论,而在其他章节则不再对这方面展开论述了。

第一个层面,鬼神信仰:

> 《礼记·祭义》:"因物之精,制为之极,明命鬼神,以为黔首则,百众以畏,万民以服";……(《管锥编》,第30页)

此处出《管锥编·周易正义》第5则"观"释"神道设教"一节,而所引《礼记·祭义》之语,出于宰我与孔子之间的一次对话,其完整情节如下:

> 宰我曰:"吾闻鬼神之名,不知其所谓。"子曰:"气也者,神之盛也。魄也者,鬼之盛也。合鬼与神,教之至也。"
>
> "众生必死,死必归土,此之谓鬼。骨肉毙于下,阴为野土。因物之精,制为之极,明命鬼神,以为黔首则,百众以畏,万民以服。圣人以是为未足也,筑为宫室,设为宗祧,以别亲疏远迩。教民反古复始,不忘其所由生也。众之服自此,故听且速也。二端既立,报以二礼:建设朝事,燔燎膻芗,见以萧光,以报气也。此教众反始也。荐黍稷,羞肝、肺、首、心,见间以侠甒,加以郁鬯,以报魄也。教民相爱,上下用情,礼之至也。"①

钱锺书取其中的"因物之精,制为之极,明命鬼神,以为黔首则,百众以

---

① 王文锦译解:《礼记译解》,中华书局 2001 年版,第 688 页。

畏,万民以服"之句,以与"神道设教"相呼应。宰我的鬼神之问,引出了对鬼神信仰的功利性话题。"明命"为何意? 郑玄注:"明命,犹尊名也,尊极于鬼神,不可复加也。"孔颖达疏:"明犹尊也;命犹名也。"即为尊称之意。据此引文之意,鬼神是建构出来的,"因物之精,制为之极",据此而"尊称"为鬼神,目的是为老百姓立法则,使其慑服,此与神道设教的功能正相一致。

关于"神道设教"这种鬼神信仰,前面已有论述,不赘述。《礼记》于"祭义"这一节提出这一说法,是对鬼神祭的一种释读,这说明在很早的时候,慎思明辨者即已经看出了所谓"鬼神"的建构性,是统治之具。王充的无神无鬼论思想,在东汉时代,也并不是寂寞的,在《礼记》中即有与其呼应者。而且钱锺书将中国最早的典籍《易》这一思想与《礼记》连类,更见这一思潮之久远。

《曲礼》:"非其祭而祭之,名曰淫祀,淫祀无福。"……盖《周礼·春官·大宗伯》:"掌建邦之天神、人鬼、地示之礼",《礼记·郊特牲》:"帝牛必在涤三月,稷牛唯具,所以别事天神与人鬼也",乃典制之定名。《礼记·祭义》宰我不解鬼神之名"所谓",子曰:"气也者,神之盛也,魄也者,鬼之盛也",又学术之正名。至尉常笔舌,汉以前固通而不拘,赅而无辨。天欤、神欤、鬼欤、怪欤,皆非人非物、亦显亦幽之异属,初民视此等为同质一体,悚惧戒避之未遑。积时递变,由浑之画,于是渐分位之尊卑焉,判性之善恶焉,神别于鬼,天神别于地祇,人之鬼别于物之妖,恶鬼邪鬼尤沟而外之于善神正神;人情之始只望而惴惴生畏者,继亦仰而翼翼生敬焉。故曰:"魔鬼出世,实在上帝之先。"后世仰"天"弥高,贱"鬼"贵"神",初民原齐物等观;古籍以"鬼"、"神"、"鬼神"、"天"浑用而无区别,犹遗风未沫、委蜕尚留者乎? 不啻示后人以朴矣。《史记·封禅书》:"五利常祠其家,欲以下神,神尖至而百鬼集矣",是"神"与"鬼"异类殊趣也;而同篇记秦祠典:"杜主,故周之右将军,其在秦中,最小鬼之神者",则"神"亦即"鬼",后来奉祠之"神"先本是"小鬼"也。敦煌变文《唐太宗入冥记》:"阎罗王是鬼团头",意尚明而未融;《五灯会元》卷一五智门光祚章次:"阎罗王是鬼做",昭晰无疑,乃杜主一节的解。盖谓"神"出身于"鬼","鬼"发迹为"神";事颇如成则为"王"者,初原为"寇",理正同魔鬼先进而上帝后起。着语无多,谈言微中,于心源物始,思遍半矣。《魏书·李玚传·自理》严辨

"天地为'神'、'祇',人死曰'鬼'""以明"佛本出于人"名之曰'鬼'";
门户争论,藉正名以贬佛。黄式三《儆居集·经说》卷四《释鬼神》坚执
《周礼》、《礼记》之"定名必不可易",亦暖姝学一先生之言。概未足以
究天人之故也。(《管锥编》,第305—306页)

此引例出《管锥编·左传正义》第14则"僖公五年"释"不歆非类,不祀
非族"句。前述"民间信仰"对《管锥编》此节有阐述。所引《礼记》句出自
《礼记正义》卷五曲礼下第二:"凡祭,有其废之,莫敢举也。有其举之,莫敢
废也。非其所祭而祭之,名曰'淫祀',淫祀无福。"这里提到的是祭祀的一
个重要原则:已经成为祭祀的活动不可废弃,而且不能胡乱祭祀,只有祭祀
共同的信仰对象,才会有"福",否则为"淫祀"。"淫祀"问题一直是祭祀仪
式中一个被反复论及的问题,"淫祀"既指不当祭而祭之,亦指过度之祭,有
滥、多之义。"淫祀"是一个政治意味厚重的语词,既指国家对正统信仰对
象的维护,亦指国家对民间诸多俗信行为的限制、打压。钱锺书引用《曲
礼》语,不仅仅是与"不歆非类,不祀非族"这句需要解释的话作一个对应,
在后续论述中,钱锺书以逻辑推理为工具指出了"淫祀"是被构建出来的。
钱锺书首先指出:"天欤、神欤、鬼欤、怪欤,皆非人非物、亦显亦幽之异属,
初民视此等为同质一体,悚惧戒避之未遑。"初民无所谓天、神、鬼、怪,对这
些奇异现象一概畏惧崇敬,都属"祭祀"之列。尔后,"积时递变,由浑之画,
于是渐分位之尊卑焉,判性之善恶焉,神别于鬼,天神别于地祇,人之鬼别于
物之妖,恶鬼邪鬼尤沟而外之于善神正神;人情之始只望而惴惴生畏者,继
亦仰而翼翼生敬焉。"曲体人情的判断,正说明人情之敬畏而生出尊卑之
别,于是,哪些应该"祭",哪些不应该"祀",开始泾渭分明。但钱锺书指出,
所谓的大神,有可能原来就是小鬼,而现在所谓的鬼,原来则有可能是神,
神、鬼分途,完全是被塑造、被建构出来的,因而,"淫祀"之说,淫之与否,彼
一时,此一时,"'神'出身于'鬼','鬼'发迹为'神';事颇如成则为'王'
者,初原为'寇',理正同魔鬼先进而上帝后起。"统治者让信仰对象的权势
发生变化,则祭祀对象闻风而变,完全是人心之变而引起的信仰对象之变,
因而才有所谓"淫祀"与否的争论,信仰正堪窥世情。

下面几则引例,都涉及民间俗信的问题:

"物怪"与鬼异类,《周礼·春官》"凡以神仕者"一节部居井然不
紊:"以冬日至,致天神、人鬼;以夏日至,致地只、物魅";孙诒让《周礼

正义》卷五三《疏》引《说文·鬼部》:"魖、老精物也",又引《广雅·释天》:"物神谓之魖",而申说曰:"即物之老而能为精怪者。"观《汉书·艺文志》所录《杂占十八家》中书名亦可知。其第六家为《人鬼精物六畜变怪二十一卷》,"精物"、"变怪"即后世所谓妖精、妖怪,不同于死而为厉作祟之"人鬼"者,第八家为《执不祥劾鬼物八卷》,"鬼物"乃"人鬼精物"之略言耳。《说文》有"魅"字,解曰:"鬼之神者也。"则非天神地只之"神",乃人死成神,如"阎罗王是鬼做"耳(参观306页),即范缜之所"不祀"也。(《管锥编》,第471—472页)

《礼·檀弓》、《丧大记》、《礼运》等所谓"复"者,由亡人亲属于气乍绝之时升屋而号,"先复"而"后行死事"。以魂之去未远,遂不须乞灵于巫术。(《管锥编》,第968页)

《礼记·祭义》宰我问鬼神之名节,郑玄注:"耳目之聪明为魄",孔颖达《正义》:"精灵为魂,形体为魄。"(《管锥编》,第2202页)
下面几例涉及梦兆,都来自《周礼·占梦》:

"梦有六候"一节。按此本《周礼·春官·占梦》,张湛注亦径取之郑玄注。"六梦"古说,初未了当;王符《潜夫论·梦列》篇又繁称寡要,《世说·文学》载乐令语则颇提纲挈领:"卫玠总角时问乐令梦,乐云:'是想。'卫云:'形神所不接,岂是想耶?'乐云:'因也。未尝梦乘车入鼠穴、捣齑啖铁杵,皆无想无因故也。'"(《管锥编》,第750页)

恽敬《大云山房文稿》初集卷一《释梦》云:"《周礼·占梦》三曰'思梦',乐广所言'想'也;……"(《管锥编》,第752页)

"将阴梦火,将疾梦食,饮酒者忧,歌儛者哭";《注》:"或造极相反。"按此即"六梦"所不能包盖者,张湛乃曰:"即《周礼》'六梦'之义,理无妄然",漫浪之谈耳。(《管锥编》,第758页)

"巫阳对曰:'掌梦'";《注》:"巫阳对天帝言,招魂者本掌梦之官所主职也。"按《周礼·春官》掌六候之梦,人所熟知。(《管锥编》,第967页)

上述引文中,钱锺书集中提到《周礼》"六梦"之说。关于"六梦",《周礼》卷二十五是这样表述的:"占梦掌其岁时,观天地之会,辨阴阳之气,以日、月、星辰占六梦之吉凶。一曰正梦,二曰噩梦,三曰思梦,四曰寤梦,五曰喜梦,六曰惧梦。"从《周礼》原文来看,六梦之说,来自"观天地之会,辨阴阳之气,以日、月、星辰占六梦之吉凶",根据周边环境来占梦,这是科学之说,证明我们的远祖,在很早的时候即已对梦候有较为全面地总结了,而且这一总结,长期影响民间百姓对梦的看法。《管锥编》的上述四则引文中,第一、第二则说的是同一个方面,即梦与思的关系,民间俗语即言"日有所思,夜有所梦"。第三则讲"六梦"所不能概括的梦兆,第四则实际言及了梦与魂的关系,这也是被民间长期讨论的有关梦的内容。

《管锥编》与"三礼"民俗意蕴可以被挖掘的第三个层面是婚姻:

《曾子问》:"嫁女之家三夜不熄烛,思相离也";则居室之灿然不夜适所以示居人之黯然若丧耳。(《管锥编》,第53页)

《礼记·昏义》:妇见舅姑,"执笲枣、栗、腵修",郑玄注引何休曰:"妇执腵修者,取其断断自修饰也";……(《管锥编》,第213页)

《周礼·媒氏》、《礼记·曲礼》及《内则》皆言古制男子三十而娶,女子二十而嫁;知齐年则难偕老,遂定夫妻有十岁之差,而未察其差之随年渐减,结褵十、廿载后,仍如韩非、杜钦所虑耳。(《管锥编》,第1500页)

此三则是钱锺书言及婚俗的一小部分内容,都与"三礼"中的婚俗相关。"三礼"中的婚俗,在后面的"婚俗"一节会详细论及,此处稍作探析。第一则"三夜不熄烛"之俗,在现代很多地方仍流传不衰,钱锺书解释为"居室之灿然不夜",正是了为制造一种气氛:"示居人之黯然若丧。"女性出嫁,即是"离家",与"丧家"有相似之处,相思有时会变成哀思,人的感情正复如此。第二则《礼记·昏义》原文是这样的:"夙兴,妇沐浴以俟见。质明,赞见妇于舅姑,妇执笲枣、栗、段脩以见。赞醴妇,妇祭脯醢,祭醴,成妇礼也。""笲"即竹器,正义释为"笲以苇、苦竹为之,其形如筥,衣之以青缯,以盛枣、栗之属"。即结婚后的第二天,新妇拜见公公婆婆,用竹器盛枣、栗、段脩三种食物,实是取其谐音之义,枣取"早"义,栗取"肃立"义,段脩取"修饰"义,都是民间以某种物事为比喻以暗示婚后夫妻双方应该如何行事立身。第三则是男女婚嫁的时间规定,但钱锺书还是据引文提出了问题:男三十而结婚,女二十而嫁,则男五十六十而女三十四十,男好色未解,女色衰貌驰,这对婚姻稳定似有所影响。

第四个层面,《管锥编》征引"三礼"时,涉及丧葬民俗,这一层面因内容较多,归入"丧葬礼仪"中论述之。

《管锥编》与"三礼"民俗意蕴可以被挖掘的第五个层面是生产与生活，如下述诸例：

《周礼·冬官·考工记·弓人》："弓有六材焉。维干强之，张如流水"，亦谓调顺应手，随所张弛，犹《商君书》之旨，而取譬更出意外。（《管锥编》，第610页）

《周礼》、《齐民要术》、唐人食谱，全不知何味；《东京梦华录》所记汴城、杭城食料，大半不识其名。（《管锥编》，第1512页）

《周礼》命官，已示此意。《秋官司寇》："闽隶掌役畜养鸟，而阜蕃教扰之，掌与鸟言"（"与鸟言"三字错简在"夷隶"节中，依王引之说移此，参观《周礼正义》卷六九），又："貉隶掌役服不氏而教扰之，掌与兽言。"非即以"职方氏"所掌"闽蛮"、"貉狄"之语与"鸟言"、"兽言"可通欤？（《管锥编》，第2077页）

上述引例中，制弓之艺，是古代一种很重要的技艺。礼有"乡射"等多种，射礼与制弓之艺紧密关联。射礼是古代社会极其重要的仪节，《论语·八佾》即言："子曰：'射不主皮，为力不同科，古之道也。'"这既是当时冷兵器时代的武备需要，也是耕猎者必备的谋生技艺。而食物、蓄养等，都是与民间生产、生活息息相关的，是生产、生活民俗中的重要内容。

第二节 "莫非莲'实'示信'实'之类，音义双关也"：诞生仪礼

古乐府中"黄蘗"、"石阙"、"牛迹"之类，以至《游仙窟》中五嫂、十娘"向果子上作机警"、《云溪友议》卷下《温、裴黜》中歌曲，莫非莲"实"示信"实"之类，音义双关也。（《管锥编》，第213页）

本节所要涉及的诞生仪礼，从概念的内涵来讲大致包括如下一些内容。"诞生仪礼是人一生的开端礼。一个婴儿刚一出生，还仅仅是一种生物意义上的存在，只有通过为他举行的诞生仪礼，他才获得在社会中的地位，被社会承认为一个真正意义上的'人'。从我国重视子嗣的实际情况来看，诞生仪礼还可以包括婴儿出生之前及后来成长过程中的一些仪式活动。……所以诞生仪礼亦可以看做一个较长时间的连续过程，大体包括求

子仪式、孕期习俗、庆贺生子三个阶段的内容,而以庆贺生子为中心部分。"①其中,求子仪式包括各种各样的祈求怀孕得子的仪式,如向各种神灵祈子,送子观音、碧霞元君、子孙娘娘等神都是祈求的对象,这些对象与《礼记·月令》中的高禖、屈原《少司命》中的少司命等掌握民间子嗣的神地位相同。《礼记·月令》载仲春之月:"是月也,玄鸟至。至之日,以大牢祠于高禖,天子亲往。后妃帅九嫔御,乃礼天子所御,带以弓韣,授以弓矢,于高禖之前。"高禖即生育神。又如求旁人送子,"由亲友或特殊人物向盼望得子的家庭及妇女本人作出象征性的'送子'举动。"②所谓麟麟送子,即是其例。还有与巫术类似的性器崇拜和性行为模仿举动,如向象征女性生殖器的山洞中扔石子以求得子的行为。孕期习俗则包括孕妇所必须遵守的各种禁忌,如不能吃螃蟹以免横胎;各种对生育有暗示作用的馈送,如杭州旧时习俗送催生礼要送笙一具,暗含"催生"之义;各种各样的接生方式,如某些地方不准婴儿出生在床上,惧冲"床神"。庆贺生子仪式则是五花八门,各地不一,所谓的"洗三"、"满月"、"去胎发"、"百禄"、"周岁"、"抓周"等,都是庆贺生子的重要习俗。

一、《管锥编》中涉诞生仪礼成分探析(一)——求子

诞生,是生命大幕的开启,是一段人生旅程的起点。但"生"不仅仅是"生"的事,而关涉到与"生"相关的观念、习俗、传统等,特别是在中国的传统中,"重男轻女"这一生育风俗,即便在当下,对"诞生"都有着无尽的影响。围绕着"生男生女"这一主题,中国土地上不知有多少风俗剧在上演。鉴于此,"生男生女"这一观念,也应该成为诞生仪礼不可或缺的部分,应对之加以审视。在《管锥编》中,钱锺书就提到了这一非常有民俗意味的主题,如下引:

> 《序》:"和平则妇人乐有子矣";《正义》:"若天下乱离,兵役不息,则我躬不阅,于此之时,岂思子也!"按杨泉《物理论》(孙星衍《平津馆丛书》辑本):"秦始皇起骊山之冢,使蒙恬筑长城,死者相属;民歌曰:'生男慎勿举,生女哺用餔'";……当代法国文学家乔奥诺(Jean

---

①　钟敬文主编:《民俗学概论》,上海文艺出版社 2009 年版,第 158 页。
②　钟敬文主编:《民俗学概论》,上海文艺出版社 2009 年版,第 160 页。

Giono）撰《致农民书、论贫穷与和平》，亦劝农家妇当防阻战争，毋生子。（《管锥编》，第125—126页）

这是《管锥编·毛诗正义》第9则"芣苢"一节，钱锺书就"生男生女"这一主题而展开的一段论述。

对《诗经》"芣苢"的主题解读，一直有与女人生育有关的一派，即认为车前草与生育有关，如有人认为是治不孕之药，《毛传》云："芣苢，车前，宜怀孕焉。"也有人认为是治难产之药，如朱熹："化行俗美，家室和平，妇人无事，相与采此芣而赋其事以相乐也。采之未详何用。或曰，其子治难产。"①所以，解诗者断其为女人因求子采药而生的歌唱，亦自有其道理，将"芣苢"视为求子仪式歌，也未尝不可。

方玉润等人认为，对"芣苢"诗解读为与生育相关，"皆因泥读芣苢之过"："车前，通利药，谓治产难或有之，谓其'乐有子'，则大谬。姚氏际恒驳之，谓'车前非宜男草'，其说是矣。然又无辞以解此诗，岂以其无所指实。殊知此诗之妙，正在其无所指实而愈佳也。夫佳诗不必尽皆证实，自鸣天籁，一片好音，尤足令人低回无限。若实而按之，兴会索然矣。诗者试平心静气，涵咏此诗。恍听田家妇女，三三五五，于平原绣野、风和日丽中，群歌互答，余声袅袅，若远若近，忽断忽续，不知其情之何以移，而神之何以旷，则此诗可不必细绎而自得其妙焉。唐人《竹枝》、《柳枝》、《櫂歌》等词，类多以方言入韵语，自觉其愈俗愈雅，愈无故实而愈可以咏歌。即《汉乐府·江南曲》一首'鱼戏莲叶'数语，初读之亦毫无意义，然不害其为千古绝唱，情真景真故也。知乎此，则可与论是诗之旨矣。《集传》云：'化行俗美，家室和平，妇人无事，相与采此芣苢而赋其事以相乐'，其说不为无见。然必谓为妇人自赋，则臆断矣。盖此诗即当时《竹枝词》也，诗人自咏其国风俗如此，或作此以畀妇女辈俾自歌之，互相娱乐，亦未可知。今世南方妇女登山采茶，结伴讴歌，犹有此遗风云。"②方玉润等人力主此诗与"生育"主题无关，仅仅是劳作之辞。这一解读，亦自有理，但此理并不妨碍"乐有子"这一解读的合理存在，两说并行，正好说明《诗经》的丰富含蕴。

钱锺书在《管锥编》中，并没有介入对"芣苢"诗的生育主题的讨论，但

① ［宋］朱熹集注：《诗集传》，中华书局1958年版，第6页。
② 方玉润：《诗经原始》，中华书局1986年版，第85页。

他是顺着诗《序》与《正义》的说法而往下展开讨论的,这是否表示钱锺书也赞成"芣苢"诗"乐有子"的主题呢? 虽然不可臆断,但钱氏的思考是对"生男生女"的另一种有意思的发掘,则言之凿凿。

钱锺书反向以求,征杨泉《物理论》、杜甫《兵车行》、《德国妇女哀歌》、古罗马诗人霍拉士、《宋书·周朗传》、法国文学家乔奥诺《致农民书、论贫穷与和平》,都表明一个主题:"须知生男恶,反是生女好。"战火连天,男丁悉数入征,成为战场上的冤魂厉鬼,谁又还希望生男而恶生女呢?"重男轻女"一直被认为是民间恶俗,其理至当;"重女轻男"则少见提及,钱锺书独具慧眼,从这一角度诠释战争背景下生男生女观念的反转,以示兵连祸结下的众生百姓那种恐惧心态。这一民俗观念的反转,对"重男轻女"的理解令人耳目一新。

以上是钱锺书于诞生仪礼有阐发的第一个方面的内容。

二、《管锥编》中涉诞生仪礼成分探析(二)——孕期、出生、产翁

《管锥编·毛诗正义》第45则"泽陂":

"有蒲与荷";《笺》:"'荷'当做'莲',芙蕖实也,以喻女之言信";《正义》:"莲是荷实,故喻女言信实"。按苟如郑、孔之解,则六朝《子夜歌》之"莲子何能实"、《杨叛儿》之"眠卧抱莲子"等,肇端于是矣。古乐府中"黄蘗"、"石阙"、"牛迹"之类,以至《游仙窟》中五嫂、十娘"向果子上作机警"、《云溪友议》卷下《温、裴黜》中歌曲,莫非莲"实"示信"实"之类,音义双关也。(《管锥编》,第213页)

钱锺书此处提出了一个在很多礼俗中都出现的话题:"向果子上作机警"、"风人体",借果实之谐音,以寄寓祝托。

钱锺书对这种风人体,作了如下几层追溯。

其一,以物名作机警,民俗性著作中屡见不鲜,如冯犹龙所辑《山歌》、翟灏《通俗编》等,这是民众最擅长使用的手法。

其二,以物名"作机警",屡著于经、史。但钱锺书指出,自《礼记》以还,"枣"、"早"双关之例最多。如钱锺书所引之例:

周密《癸辛杂识》记南宋太学除夕,各斋祀神,"用枣子、荔枝、蓼花三果,盖取'早离了'之谶。"刘宗周《刘子全书·文编》卷五《光禄寺少卿周宁宇先生行状》:"有巡方使者,驻元氏候代。日久,先生以邑小,

供应不堪,一日,馈进四果,曰:枣、梨、圆、柿。巡方得之,悟曰:'岂欲我早离元氏耶?'"施闰章《愚山诗集》卷二《枣枣曲》自序,谓海阳有"香枣",盖取二枣刊剥迭成,中屑茴香,以蜜渍之,询其始,则商人妇所为寄其夫者,"义取'早早回乡'云"。(《管锥编》,第215页)

枣是大地对中国特有的馈送,国外于中国枣有"圣果"之称。中国栽培枣的历史可以上溯至《诗经》产生的时代,《诗经·豳风·七月》载:"八月剥枣,十月获稻。"枣既是果品,又是粮食,还兼有中药之效,民间有"五谷加红枣,胜似灵芝草"之俗说。枣同样是吉祥象征物,是礼仪庆典上的必备之物。常见之俗,便是在举行婚礼时,由一德高望重的老人,在新婚夫妇的床头被角放上几颗枣和栗子,取其谐音"早立子",寄寓早生贵子、多子多福之祝愿。当然,正如钱先生所言,枣还可与其他果品谐音,如枣与梨相合,谐音"早离"。

其三,不仅于果实上作机警,亦于动物上作机警,正如钱锺书所说"尚有不向果实、而向鳞介上'作机警'者",钱锺书征引了如下例子:

汪穰卿《庄谐选录》卷八记丁晏在淮安,闻太平军入扬州,欲以"枣子、栗糕、灯笼、鸡子"犒师,谐"早立登基"。均"风人体"也。……《全唐诗》载张揆妻侯氏《绣龟形诗》:"绣作龟形献天子,愿教征客早还乡",则以"龟"谐音,望夫之"归",亦唐人不讳龟之证;后世以此"机警"施诸夫妇,便成暴谑矣。(《管锥编》,第215页)

其四,平常物事,也可为"机警"语。如下例:

又按《坚瓠二集》卷一记无锡旧俗,"凡大试,亲友则赠笔及定胜糕、米粽各一盒,祝曰:'笔定糕粽!'";谐"必定高中"也。(《管锥编》,第215页)

钱锺书虽然没有在"泽陂"一则中具体涉及诞生礼仪中的"风人体",但钱锺书所提及的这一"机警"手法,在诞生仪礼中,如孕期馈送,使用极广。

第三个方面的内容,即"寤生"。"寤生"之说,最早见《左传》"庄公寤生,惊姜氏"之说,其后关于"寤生"之说的解释,便众说纷纭,难衷其一,"寤生"究竟是一种什么样的生育方式,已难考其真面目了。

钱锺书对"寤生"的解释,也承《左传》而来,《管锥编·左传正义》第3则"隐公元年":

"庄公寤生,惊姜氏";《注》:"寐寤而庄公已生。"按黄生《义府》卷上驳杜注云:"寤而已生,此正产之极易,何必反惊而恶之?'寤'当与'牾'通;逆生,则产必难。"《风俗通》云:"儿生而能开目视者,曰:寤生";此亦一说。《南燕录》:慕容皝夫人昼寝生德,皝曰:'此儿易生,似郑庄公。'焦氏《笔乘》载吴元满解,与余同,但以'寤'为'遻'则非;'遻'乃迎逆,非反逆也。"姚范《援鹑堂笔记》卷一〇、桂馥《札朴》卷二均引《南燕录》晋咸康二年慕容德事及《前秦录》蒲洪母因寝产洪以申杜注。黄解是也;慕容皝之言,尚沿杜注之误耳。《困学纪闻》卷六引《风俗通》解"寤生",全祖望注:"寤生,牾生也";与黄暗合。莎士比亚历史剧中写一王子弑篡得登宝位,自言生时两足先出母体,即"牾生"也;今英语谓之"breech presentation"。(《管锥编》,第276页)

钱锺书持"寤生"为难产之说,即两脚先出母体,这是有关"寤生"的一种主流说法,还有"寤生"为禁忌说,如东汉应劭《风俗通义·释忌》:"俗说儿坠地,未能开目视者谓之寤生;举寤生子妨父母。"近有说法,从中医角度谈"寤生",不无道理:"中医典籍中确有'寤生'一症。是谓婴儿初生目闭口噤。"并列举相关的中医典籍记载为例证:

金元四大家之一的朱震亨氏《幼科全书·胎疾》云:"凡小儿初生下,气绝不能啼者,……万氏云:俗名闷脐生。即寤生。乡俗有连呼其父乳名即醒者。"自诚斋《临床须知评正》亦持此说。

清代名医阎纯玺《胎产心法·闷脐生须知》亦云:"凡儿产下即啼,此正理也;如儿下地,气闷不啼,相传寤生。呼父乳名,手拍儿股即啼……"

今《历代儿科医案集成》初生儿假死(不啼)条下云:"婴儿出生,啼声即发,形生命立。如出生窒息不啼,亦称'假死'、'草迷'、'梦生'、'寤生'、'闷气生'等名。"

《中国医学百科全书·中医妇科学》闷气生条下云:"儿刚产下,气闭不啼者,称'闷气生'或'闷脐生',亦称'寤生'。最早见于《左传》。"①

婴儿落地不出声,亦是常见现象,以此释"寤生",似更顺畅。不管何种说法,都是诞生异常的一种说法,这种生育中临产时的说法,在民间流传甚

---

① 张泽渡:《"寤生"探诂》,《贵州大学学报》(社会科学版)2000年1月。

广,也成为民间风习的一部分了。

第四个方面的内容,是所谓的"产翁"风俗。《管锥编·太平广记》第205则(《太平广记》卷四八三):

> 《獠妇》(出《南楚新闻》)生子便起,其夫卧床褥,饮食皆如乳妇,称为"产翁"。按袁枚《新齐谐》卷二一《产公》述"查中丞俭堂"语同。马哥孛罗《游记》第一一九章记"金齿国"俗亦然,西方谓之"夫蓐";英国村壤间至谓妇虽有胎而实夫代之怀孕者!或嘲一女作家著述仗其夫捉刀云:"大似妇生儿而夫坐蓐",即指"产翁"也。(《管锥编》,第1357页)

产妇之说,寻常习见,产翁之说,却不流行,不过,钱锺书先生指出了东西方都有此遗俗。当下的研究中,又有"乳翁"一说,并且就这一说法的文化内涵有阐释。如阎爱民的《〈资治通鉴〉"世民跪而吮上乳"的解说——兼谈中国古代"乳翁"遗俗》一文,即从《资治通鉴·唐纪七》武德九年六月记事"上乃召世民,抚之曰'近日以来,几有投杼之惑。'世民跪而吮上乳,号恸久之"出发,指出"太宗的'跪而吮上乳'举动,后人看来很有些滑稽可笑,但作为当事人来说却是认真和大动情感的",其文化内涵正是:"早期父权意义上的产翁习俗在流传过程中发生变异,而以另外的面貌出现,它的具体形式早已摆脱了那种装模作样的卧床假产方式,由'产翁'演化到了'乳翁',强调丈夫在子女哺育中的'乳子'"作用。这种'乳翁'习俗,还包括以男子多乳、大乳为贵吉之征的尚乳崇拜和带有乳子痕迹的男子成年仪礼,这也是华夏汉族有异于周边少数族产翁习俗的不同之处。"[1]"产翁"之说,最少可以说明,男性感同身受于女性的怀胎十月之不易,这一遗俗不流行,可能是男性为了承担更多的养儿育女之责,而无暇顾及这一形式主义做法。

第三节 "男女嫁娶之道不公失允":婚姻仪礼

傅玄《苦相篇·豫章行》(《玉台新咏》卷二)及白居易《妇人苦》二

---

① 阎爱民:《〈资治通鉴〉"世民跪而吮上乳"的解说——兼谈中国古代"乳翁"遗俗》,《中国史研究》2004年第3期。

诗陈诉男女嫁娶之道不公失允,义正而词切。(《管锥编》,第 44—45 页)

男娶女嫁,阴阳调和,种族延续,天地之道。

"三礼"中,《仪礼》将"士昏礼"列为"士冠礼"之后,排在第二,正是取"成年而后有婚姻"序次之意。并且《仪礼》从"纳采"开始,将两姓联姻中所有仪式程序作了详细的说明。此处值得指出的是,所谓的"士",是一个发展流变复杂的概念,《说文解字》和《白虎通》都说"士,事也","士"当指大多数的为"事"者,与劳动者关系密切,这一点倒是基本可以确定的。余英时在对士与中国文化的考察中,对"士"的发展变化有详细的论述,如"在周代封建制度之下,'士'属于贵族阶层中最低的一层,……"①"但到了春秋时代,'士'的社会地位发生了根本的变化。这主要是周代封建秩序解体的结果。在封建制度下,'士'原在'大夫'之下,是贵族的最低一级,'士'的下面便是平民,即所谓'庶人'。根据现有文献,大概从公元前 6 世纪始,'士'逐渐和'庶人'连在一起了。……这种现象是社会流动的结果:一方面,'庶人'已有不少机会上升为'士',另一方面,贵族阶级,尤其是'士',也大批下降为'庶人'。"②"发展到战国时代(公元前 5 世纪中叶以后),'士'终于不再属于贵族,而成为四民之首。《谷梁传》成公元年条说:上古者有四民;有士民、有商民、有农民、有工民。"③

所以,所谓的"士冠礼"、"士昏礼",就其大要而言,还是指的民间礼仪,而不是贵族阶级的仪式。

《十三经注疏·礼记正义》卷六十一"昏义第四十四"提出"昏礼者,礼之本也"④,并对婚礼之义与婚姻仪程作了一个较《仪礼》更为简洁的介绍,如下引所说:

> 昏礼者,将合二姓之好,上以事宗庙,而下以继后世也,故君子重之。是以昏礼纳采、问名、纳吉、纳徵、请期,皆主人筵几于庙,而拜迎于门外,入揖让而升,听命于庙,所以敬慎重正昏礼也。

---

① 余英时:《余英时文集》(第 4 卷),广西师范大学出版社 2004 年版,第 2 页。
② 余英时:《余英时文集》(第 4 卷),广西师范大学出版社 2004 年版,第 3 页。
③ 余英时:《余英时文集》(第 4 卷),广西师范大学出版社 2004 年版,第 4 页。
④ [清]阮元校刻:《十三经注疏·礼记正义》(清嘉庆刊本),中华书局 2009 年版,第 3648 页。

此处所言,即是婚礼的意义在于"事宗庙"、"继后世",而婚礼的纳采、问名等仪程在家庙里举行,是示"敬慎重正"之意。

> 敬慎重正,而后亲之,礼之大体,而所以成男女之别,而立夫妇之义也。男女有别,而后夫妇有义;夫妇有义,而后父子有亲;父子有亲,而后君臣有正。故曰"昏礼者,礼之本也"。

此处从男女之婚姻,引申至国家大义,指出婚礼是礼仪的根本,从某种意义上说,这种逻辑推理是合情合理的,家与国,在某种意义上正是因为婚姻才关联在一起。

> 夫礼始于冠,本于昏,重于丧祭,尊于朝聘,和于射乡。此礼之大体也。

这是对冠、昏、丧、祭、朝聘、乡射之礼的一个排序,与《仪礼》对冠、婚二礼的排列次序是吻合的,"本于昏",可见婚礼在"仪礼三千"中的重要地位。

钱锺书在《管锥编》中,对婚姻仪礼这一人生仪礼的关注,在所有人生仪礼中是最多的,这也正好说明,婚礼乃礼之本,婚姻礼俗是历代知识分子都最为关注的。钱锺书最敬重的杨树达先生,即有《汉代婚丧礼俗考》,以一半的篇幅论汉代婚俗,其他如尚秉和《历代社会风俗事物考》、胡朴安《中华全国风俗志》,以及各种民俗文献所载录的礼俗中,婚俗都是最多的。可能,在国人的审美意识里,婚姻是如此喜庆,应该用最多的礼仪程式来装扮这一人生中最喜庆的环节。

一、《管锥编》论"男女嫁娶"之俗

男女嫁娶,上古遗风,《诗经》中多有保留,钱锺书《诗》注 60 则中,诸多篇目都是与婚俗有关的,加上钱锺书在《管锥编》中其他诸处关于婚姻仪礼的论述,一起构成了钱锺书论婚姻仪礼的有机整体。这一整体风景是殊有意味的。

(一)《诗》注篇目所映射的婚俗

《诗》注 60 则,所涉《诗经》篇目为:《诗谱序》、《关雎》(5 则)、《卷耳》、《桃夭》、《苤苢》、《汝坟》、《行露》、《摽有梅》、《野有死麕》、《柏舟》、《燕燕》、《击鼓》、《谷风》、《旄丘》、《泉水》、《北风》、《静女》、《桑中》、《淇奥》、《硕人》、《氓》、《河广》、《伯兮》、《木瓜》、《采葛》、《叔于田》、《女曰鸡鸣》、《有女同车》、《狡童》、《鸡鸣》、《敝笱》、《陟岵》、《伐檀》、《蟋蟀》、《山有枢》、《绸缪》、《驷铁》、《兼葭》、《衡门》、《泽陂》、《隰有苌楚》、《七月》、《鸱鸮》、《四牡》、《采薇》、《杕杜》、《车攻》、《正月》、《雨无正》、《小弁》、《大东》、《楚茨大明》、《桑柔》、《常武》。

其中有些篇目,钱锺书就已经明确指出是写情爱、婚恋、思妇、征夫的,这都与婚姻直接相关,如《桃夭》、《野有死麕》、《谷风》、《桑中》、《女曰鸡鸣》等,不再引述。

《管锥编》所注的这些篇目中,有些篇目钱锺书并没有直接言及婚姻礼仪,但其他研究者已经充分论证了这些篇目的婚俗内涵。兹举闻一多先生的《诗经》研究成果以兹说明。

闻一多《诗经通义甲》释《卫风·氓篇》:

> 《卫风·氓篇》曰"淇则有岸,隰则有泮,——总角之宴,言笑晏晏,信誓旦旦",此亦以河流喻爱情。隰当为湿,即漯水,泮与畔同,亦岸也。……此与本篇《谷风篇》,虽意有反正,而取喻则一。近世歌谣设喻亦有类此者。川东情歌曰"好个堰塘又无水,好个姐儿又无郎",云南《罗次情歌》曰"早早认得贪花路偌远,生死守着老花园,守着干沟等水放,守着死树等花开",《寻甸情歌》曰"我是河中大石头,过了多少水波浪",皆以水喻男,水道喻女也。川东《情歌》又曰"送郎看见一条河,河边一个回水沱,江水也有回头意,情哥切莫丢了奴",此以江水入沱喻郎与己别,而借沱之倒流归江,以讽郎还反于己,与本篇造意最近。广东《梅县情歌》曰:"河水大里(了)河岸崩,阿妹走里(了)那儿跟,妹子走里(了)无处问,朝看日头夜看星。"此以水喻女,与传统习惯相反,然设喻之基本母题,固犹未变。[1]

闻一多《诗经通义甲》释《野有死麕》之"帨":

> "案近世社会人类学家咸谓加饰于前,所以吸引异性之注意,是衣服始于蔽前,名曰蔽之,实乃彰之。"……《诗》言"无感我帨兮",亦以此物之具有象征意义,故视同神圣,而戒人之犯之也。虽然,诗人之义,微而隐,蔽之既即所以彰之,又焉知戒之非即所以劝之哉?[2]

---

① 闻一多:《闻一多全集》(卷03 神话编+诗经编上),湖北人民出版社 2004 年版,第336—337 页。

② 闻一多:《闻一多全集》(卷03 神话编+诗经编上),湖北人民出版社 2004 年版,第339—340 页。

对"悦"字的解释,也从吸引异性与警戒两义切入,都与婚前的恋爱主题相关,也算是婚仪的一个构成侧面吧。

(二)嫁娶之常俗

《管锥编》对上古淳朴的男女求娶求嫁之俗,极为赞赏。这在《诗经》注中屡有言及,此处再举一例。

《管锥编·毛诗正义》第47则"七月":

"春日迟迟,采蘩祁祁,女心伤悲,殆及公子同归";《传》:"春,女悲,秋,士悲;感其物化也";《笺》:"春,女感阳气而思男;秋,士感阴气而思女。是其物化,所以悲也。悲则始有与公子同归之志,欲嫁焉";《正义》:"迟迟者,日长而暄之意。春秋漏刻,多少正等,而秋言'凄凄',春言'迟迟'者,……人遇春暄,则四体舒泰,觉昼景之稍长,谓日行迟缓;……及遇秋景,四体褊躁,不见日行急促,唯觉寒气袭人。……'凄凄'是凉,'迟迟'非暄,二者观文似同,本意实异也。"按孔疏殊熨帖心理,禅益词学。……苟从毛、郑之解,则吾国咏"伤春"之词章者,莫古于斯。(《管锥编》,第221页)

钱锺书持"七月"诗为"伤春"之作,"伤春",何人伤春?一者,可以是从事采摘的少女思春,希望与爱慕的人一起归;二者,可以是从事采摘的少妇,思与征夫归。不管是何人,都是思念之作。伤春诗是婚恋主题曲,如果是未婚,那相当于婚仪中的"问名"之举,一个为自己婚姻幸福而主动走进异性世界的行为;如果是已婚,则纯粹是妻子对丈夫的思念。

钱锺书接着有如下一段引述值得注意:

丁绍仪《听秋声馆词话》卷一一:"俗谚:'管得住身,管不住心',周济《虞美人》衍之曰:'留住花枝,留不住花魂'"。窃谓可作"名胜欲"之的解,"管得住身"亦即"止乎礼义","管不住心"又正"发乎情"。……女子求桑采蘩,而感春伤怀,颇征上古质厚之风。(《管锥编》,第222—223页)

上古质厚之风,除了感情自然流露真切动人之外,当指男女婚姻中,没有过于复杂的礼节和繁琐的仪程,一片桑叶即可定情。从《仪礼》、《礼记》等典籍记录来看,婚姻仪礼有过于苛琐之处,而合生辰八字等则更是无稽之举。从当下的婚恋现实来看,之所以《仪礼》、《礼记》所主倡的婚仪一再被简化,以至现在几乎废而不用,就是因为这种仪程过于繁琐而显得不合时用，现在又提倡婚恋自由，应该是一种对上古质厚之风的回返吧。

《管锥编》在婚俗方面谈到了一个老话题，即"男尊女卑"问题，这在前面"《管锥编》'礼论'意蕴发微"一节中已有论述，男女的地位问题是影响婚姻所有方面的问题，包括婚姻仪礼。

《管锥编》这方面的论述有两层含义。

第一层含义是直言男尊女卑：

> "女祸"之说亦所谓"使周姥制礼，决无此论"；盖男尊女卑之世，口诛笔伐之权为丈夫所专也。（《管锥编》，第353页）

> 男女不等，中外旧俗同陋，故持论每合。（《管锥编》，第1314页）

> 傅玄《苦相篇·豫章行》（《玉台新咏》卷二）及白居易《妇人苦》二诗陈诉男女嫁娶之道不公失允，义正而词切。（《管锥编》，第44—45页）

上引三例，从婚姻仪礼这个角度看，实际上可以视为一个递进关系：由男尊女卑到男女不等的陋俗再到男女嫁娶之道不公失允。男女不等或男尊女卑有很多表现形式，这体现在国家大事与日常生活的诸多细节中，钱锺书举出了一些很有意思的例子以对这些细节进行某些揭示，又如下引例：

> 然吾国习传，尚有一事，未见论者拈出。征之元人院本即可。杨景贤《刘行首》第一折鬼仙自言："五世为童女身，不曾破色欲之戒"；王重阳应之曰："若要度你呵，你可下人间，托生做女子，为刘行首，二十年还了五世宿债"。《度柳翠·楔子》观世音亦云："我那净瓶内杨枝柳叶上偶污微尘，罚往人世，化作风尘匪妓，名为柳翠，直待三十年之后，填满宿债，返本还元。"胥与《西游记》之夸称唐僧为十世童身者适反。是则学道修行，男期守身，而女须失身，一若与"周公贻尊"之"女戒淫邪、男恕风流"（李渔词语），大相径庭者，而其实乃重男贱女之至尽也。盖视女人身为男子行欲而设：故女而守贞，反负色债，女而纵淫，便有舍身捐躯诸功德。（《管锥编》，第45页）

"学道修行，男期守身，而女须失身"，这是在诸多传说、故事中存在的话题。钱锺书对此有精辟之论："其实乃重男贱女之至尽也。盖视女人身为男子行欲而设：故女而守贞，反负色债，女而纵淫，便有舍身捐躯诸功德。"

> "宴尔新婚，如兄如弟"；《正义》："爱汝之新婚，恩如兄弟。"按科以后世常情，夫妇亲于兄弟，言夫妇相昵而喻之兄弟，似欲密而反疏矣。

（《管锥编》，第 142 页）

夫妇本亲于兄弟，这似乎是常识，但钱锺书从"宴尔新婚，如兄如弟"这一诗语出发，走向"夫妇相昵而喻之兄弟，似欲密而反疏"这一结论，在一系列引证之后归结出一个道理，那就是《三国演义》第 15 回刘备所云："兄弟如手足，妻子如衣服；衣服破，尚可缝，手足断，安可续？"刘备此话成为流行语，长行不衰。表面看，似是重兄弟情谊，而究其实质，乃是重男轻女的另一种尽致表达。兄弟是一个男性话语，妻子则代表女性，"兄弟如手足，妻子如衣服"，手足与衣服完全是一个不对等的概念，正是这一不对等性见出男女地位的不对等性，在"兄弟如手足，妻子如衣服"的背后，就是存在着男尊女卑的观念，以及由此观念而派生的婚俗。

下面一例，钱锺书所引，同样是从不同角度说明男尊女卑的：

> 宋玉《风赋》："……宁体便人，此所谓大王之雄风也。……死生不卒，此所谓庶人之雌风也。"按王之风而谓之"雄"、庶之风而谓之"雌"，即雌为庶而雄为王尔。王庶之判贵贱，正亦男女之别尊卑也。……乃知《西游记》第三五回孙行者哄妖王谓葫芦一雌一雄，第七一回又哄妖王谓金铃一雌一雄，虽捣鬼而非杜撰也。妖王斥之曰："铃儿乃金丹之宝，又不是飞禽走兽，如何辨得雌雄？"适见其未尝学问。（《管锥编》，第 1394 页）

第二层含义即是所谓的"制礼"者为男不为女，前面的论述已有论及。

男子制礼，不免为己谋，这指出了礼仪的男权特质。礼，当然包括婚姻礼仪。制礼者为男性，正说明了中国庞大的礼仪规范是为男权社会服务的。尊男卑女，在礼仪中表现得非常彻底和充分，但很少有论者指出礼俗的这一特征。在很多婚姻仪礼中，都表现为男性强势女性弱势。如胡朴安《中华全国风俗志》（下编）载安徽六安婚嫁风俗："新郎新妇拜过堂后，由全福之妇女伴送新娘进房，房中预备火炉一具，中烧木炭，故意火不旺，黑烟四出，让新娘围火炉圆转，云亦系磨折新娘之性情者。""进洞房，新娘梳洗后，来宾便在新房中闹房。有看新娘子之手者，有看新娘子之脚者，新娘站在床沿之前，闭眼垂头，一任人之玩弄。"①完全可以看出作为新娘的女性在服从男权话语，这样的例子，在很多婚嫁风俗中存在。

---

① 胡朴安：《中华全国风俗志》，河北人民出版社 1986 年版，第 270 页。

钱锺书对婚姻的偶然性有独到的论述,对婚姻天定亦持肯定态度:

> 马迁言男女匹配,忽牵引幽明性命,疑若小题大做,张皇其词,如为辙鲋而激西江之水;故《滹南遗老集》卷一二讥之曰:"夫一妇人之遇否,亦不足道矣!"不识此正迁之深于阅历、切于事情也。盖婚姻之道,多出于倘来偶遇,智力每无所用之。重以父母之命、媒妁之言,几于暗中摸索。……荷马史诗数言上帝按人命运,为之择偶;莎士比亚剧中屡道婚姻有命;密尔敦曾出妻,诗中更痛言之。各国俗谚或谓婚姻天定,或谓配偶如扯签拈阄,多不胜举,殆非偶然矣。(《管锥编》,第481—483页)

最后,钱锺书对"媒"这一婚姻中介,稍有提及:

> 《宋玉集序》:"女因媒而嫁,不因媒而亲也。"按《淮南子·说山训》:"因媒而嫁,而不因媒而成,因人而交,不因人而亲";张文成《游仙窟》:"新妇曾闻线因针而达,不因针而缝,女因媒而嫁,不因媒而亲。"

> 晁迥《法藏碎金录》卷二:"二姓之亲,因媒而成;亲成而留媒不遣,媒反为扰。一真之道,因智而合;道合而留智不遣,智反为碍";取旧喻而下转语,盖以媒喻代《庄子·外物》篇所谓"忘筌"、"忘蹄"、《金刚经》所谓"如筏喻者"、《大乘本生心地观经·发菩提心品》第一一所谓"其病既愈,药随病除,无病服药,药还成病"。(《管锥编》,第1414页)

所谓"三媒六证",指媒人不仅是婚姻的中介,也是婚姻的证明人。在诸多精神产品中,媒婆都是一个喜剧化的形象,可能,婚姻需要一种这样的调味剂以增加其喜庆意味。在婚俗中,关于媒人的说法有多种,如"新娘进了房,媒人扔过墙",婚姻礼仪中也有多种谢媒仪式,都是婚姻仪礼的组成部分。

(三)再婚再嫁

再婚再嫁,虽然原因各异,也是俗世常事。对再嫁改嫁的态度,往往能看出一个时代对婚姻的态度、对女性的尊重甚至是人性的宽容。著名词人李清照改嫁的事情,千年流传,这里面就浸透了自南宋社会开始的对李清照作为女性词人的多种看法。

杨树达先生在《汉代婚丧礼俗考》中,专列一节谈汉代的改嫁改娶,列举改嫁改娶的诸多情况,如"夫死,妇往往改嫁,虽有子女亦然,且有携其子女往改嫁之家者"[①],等等,并从《汉书》、《后汉书》等典籍中寻出诸多实例,

---

① 杨树达:《汉代婚丧礼俗考》,上海古籍出版社2000年版,第34—35页。

作为考据。从杨树达先生的考据中,我们是能见出有汉一代对再婚再嫁这一风俗的态度的。

钱锺书先生在《管锥编》中,对再婚再嫁有不多的几处论述,但同样能曲传世情,不无启迪。

> 吕居仁《轩渠录》(《说郛》卷七)载辽妇寄夫从军南下诗:"垂杨传语山丹,你到江南艰难;你那里讨个南婆,我这里嫁个契丹。"(《管锥编》,第62页)

此处即可见出,战争年代,再婚再嫁,完全不是个人所愿,而是国情所迫,"讨个南婆","嫁个契丹",战争促使人口大范围流动,居无定所即致婚无定人,战争捉弄普通众生的婚姻,再婚再嫁便成平常事。

对再娶改嫁的另一种描述,也成为一句俗语:

> 《法苑珠林》卷六五引《五无返复经》有妇丧夫不哭,梵志怪而问之,妇说喻言:"譬如飞鸟,暮宿高林,同止共宿,伺明早起,各自飞去,行求饮食;有缘即合,无缘即离。我等夫妇,亦复如是",常谚"夫妻本是同林鸟,大限来时各自飞",当出于此。(《管锥编》,第1368页)

"夫妻本是同林鸟,大限来时各自飞","大限"有多种,有时是寿命,有时是战争,有时是天灾,有时是人祸,等等,都可导致夫妻分离,再嫁再娶。俗语"夫妻本是同林鸟,大难来时各自飞",亦当源于此。

> "张负女孙五嫁而夫辄死,人莫敢娶。"按即《左传》成公二年巫臣论夏姬所谓"是不祥人也!"又昭公二十八年叔向母论夏姬亦曰:"杀三夫一君。"(《管锥编》,第491页)

"张负女孙五嫁而夫辄死,人莫敢娶。"杨树达先生在《汉代婚丧礼俗考》一书中也有提及,女人屡嫁而夫屡死,致使无人敢娶,于是,关于此种女性在民间便有种种说法,如"克夫之人"、"扫把星"、"克夫相"等,这种改嫁而导致的"人莫敢娶",实质上是再嫁再娶的一种极端表现形式,这里面同样充满了对女性的鄙弃。

当然,改嫁再娶,原因最多的是男人变心,在女方色驰貌衰时抛弃结发妻子,另结新欢,因而中国有休妻书一说:

> 竺僧度《答杨苕华书》:"且人心各异,有若其面,卿之不乐道,犹我之不慕俗矣。杨氏,长别离矣!万世因缘,于今绝矣!……处世者当以及时为务,卿年德并茂,宜速有所慕,莫以道士经心,而坐失盛年也。"

按出慧皎《高僧传》卷四,吾国休妻书见存者莫古于此,略类旧日登报之偏面或单边"离婚启事"。(《管锥编》,第1998页)

　　明末史惇《痛余录》记辰州"弃妻"成俗,"退婚券中立誓云:'一离二休,十离九休。高山磊石,沉落深沟。请白亲夫,永不回头!'";夫"弃妻"而作妻绝夫之词,甚肖翠莲口角,岂立券作程者袒护男而加诬女之曲笔耶?(《管锥编》,第1999页)

休妻风俗,在中国也是长期流行,如《孔雀东南飞》的刘兰芝与焦仲卿之婚姻悲剧,便是由母亲一手操作的休妻。特别是在中国的传统中,家长是家庭单元中的主导力量,由家长所主使的休妻也便成为休妻的主要力量,这是中国休妻风俗不同于其他国度的特点。

二、《管锥编》论婚姻仪程

关于婚姻仪礼,中国古代有纳采、问名、纳吉、纳征、请期、亲迎六个环节,涉及相亲与订婚、迎娶、婚后三个大的阶段。只不过,随着社会发展,这些过程都被极大地简化了。

在《管锥编》中,钱先生也提到了一些与婚礼相关的仪程,下面所引诸例,即是这些内容。

如《管锥编·周易正义》第12则"革":

　　《曾子问》:"嫁女之家三夜不息烛,思相离也";则居室之灿然不夜适所以示居人之黯然若丧耳。

　　《礼记·曾子问》一节,参观《全唐文》卷一五四韦挺《论风俗失礼表》:"夫妇之道,王化所基,故有三日不息烛、不举乐之感。今昏嫁之初,杂奏丝竹,以穷晏欢,官司习俗,勿为条禁";尤侗《钧天乐》第六出中《浆水令》眉批:"语云:'乐似哀,嫁女之家日日啼'。"黄遵宪《日本杂事诗》九一首:"绛蜡高烧照别离"云云,自注:"大家嫁女,……满堂燃烛,兼设庭燎,盖送死之礼,表不再归也";则中国古礼失而尚可求之于东瀛矣。(《管锥编》,第53页)

"嫁女之家三夜不息烛"之俗,很多地方现在都有存留。正如钱先生所言,夫妇之道,婚礼不举乐,正言婚礼若丧礼,示出嫁之人不再归之意。婚礼不贺,是古礼之遗义:"婚礼不贺,是对古礼的重申。东晋王彪之云:'《礼》传婚姻,无直相贺之礼。'南朝宋庾蔚之曰:'婚有嗣亲之感,故不斥主人以贺婚,唯云有客而已。'敦煌书仪多处说明婚礼不贺之理。《新集吉凶书仪》曰:'嫁女之家三夜不息烛,心(思)相离也;娶妇之家三日不动乐,思嗣亲也。礼有惆怅。'故其中载《贺慰儿家父母语》云:'伏惟(惟字衍)承贤郎已过礼席,深助感慰。答:儿子已过礼席,不胜或(感)怆(原注:言感者,思亲惆怅故也)。'又《贺慰女家父母语》云:'伏承贤娘已过礼席,深助感慰。答:女子已过拜席(原注:亦云去席),不胜感怆。'深合婚礼不贺之义。"①此段引文正与钱先生所论相应合,阐明婚礼之前不熄烛之义理。

《管锥编·太平广记》第36则(《太平广记》卷八五):

> 《华阴店妪》(出《稽神录》)杨彦伯将行,失其所着鞋,诘责甚喧,妪曰:"此即神告也;夫将行而失其鞋,是事皆不谐矣!"……张云璈《四寸学》卷一云:"今俗新婚之夕,取新妇鞋,以帊包裹,夫妇交递之,名曰'和谐';《中华古今注》卷中:'凡娶妇之家,先下丝麻鞋一两,取和谐之义。'"然鞋不必即示谐象,又孳生节目,如李开先《词谑·鞋打卦》云:"不来呵根儿对着根儿,来时节头儿抱着头,丁字儿满怀,八字儿开手。"鞋为吉,以字音也;靴为凶,则以字形。(《管锥编》,第1051页)

钱先生此处引张云璈《四寸学》卷一之语:"今俗新婚之夕,取新妇鞋,以帊包裹,夫妇交递之,名曰'和谐';《中华古今注》卷中:'凡娶妇之家,先下丝麻鞋一两,取和谐之义。'"这即是婚俗中又一个重要的行为,正与送"枣"命意相同。

而下面一例,涉订婚时一个常见行为的解释,但其中深意,与常人理解不同。《管锥编·太平广记》第142则(《太平广记》卷三二八):

> 《阎庚》(出《广异记》)地曹主婚姻,"绊男女脚",袋中有细绳。按卷一五九《定婚店》(出《续幽怪录》)老人曰:"主天下婚牍,巾囊中有赤绳子以系夫妇之足。"按苏武《古诗》第三首:"结发为夫妻,恩爱两不疑",乃谓男女各"始成人"而上头也,《文选》李善注说之甚明,非谓合男女之发纠成一结;唐人小说则真言系脚成夫妻矣!同心之结而如连鸡之缚,以此示婚姻之象,寓旨深微。西方礼俗以指环为婚姻标志,基督教《婚仪词》所谓:"夫妇礼成,指环为证";而善滑稽者曰:"戴指之环

即亦拴鼻之环耳",可相参印。(《管锥编》,第1252页)

当下的民间婚仪中,送戒指以为订婚信物,几成风尚。殊不知,戒指正为拴牢婚姻双方,与拴牛鼻之环的功能是相同的。钱先生此处所言,应该是对民间婚俗行为含义的一种丰富。

《管锥编·全上古三代秦汉三国六朝文》第66则"全后汉文卷八九":

> 《昌言》下:"今嫁娶之会,捶杖以督之戏谑,酒醴以趣之情欲;宣淫佚于广众之中,显阴私于族亲之间。污风诡俗,生淫长奸,莫此之甚!……"杨慎《太史升庵全集》卷四四引《抱朴子》,谓晋世已有"闹新房"陋俗;……(《管锥编》,第1637页)

闹新房是婚姻仪礼中常见的行为。"此时不分长辈晚辈,闹得越厉害,越放肆,意味着新婚夫妇日后的生活越是红火。整个婚礼贯穿着祝愿新人称心如意,家道发达兴旺的主题。"①不过,闹新房虽然寄寓喜庆与祝福之愿望,但亦如钱先生所言,闹新房也有"陋俗"的一面,《昌言》所描绘的情状,在当代婚俗中重演,而且这些"陋俗",加入了许多现代因素,因而更见其陋,如闹新房时打骂新郎、将父母拉入粗俗的游戏中等,都是陋之表现。

三、《管锥编》论特殊的婚姻形态

在《管锥编》中,钱锺书先生也提及了很多特殊的婚姻形态,这是婚姻仪礼中一种奇特的表现形式,有些还带有氏族社会的婚姻遗痕。

如《管锥编·周易正义》第16则"归妹":

> "初九:归妹以娣,跛能履。九二:眇能视";《正义》:"虽非正配,不失常道,譬犹跛人之足然,虽不正,不废能履,……犹如眇目之人,视虽不正,不废能视。"按"归妹以娣"即古俗之"姊妹共夫婚姻"。(《管锥编》,第64页)

"姊妹共夫婚姻",可以视作一夫多妻制的一种表现形态。

《管锥编·左传正义》第46则"襄公二十八年":

> 《山歌》卷三《交易》、《拍案惊奇》初刻卷三二、鲍卡邱及拉芳旦小说中皆写此类事,即《共产党宣言》第二节所斥"以互诱彼此妻室为至乐",西方今日颓风恶俗之一也。初民婚姻有"夫妻互易"制,则别是一

---

① 钟敬文主编:《民俗学概论》,上海文艺出版社1998年版,第180页。

事。(《管锥编》,第372页)

此即为"易妻"之恶俗,是群婚制的遗留。

《管锥编·全上古三代秦汉三国六朝文》第16则"全汉文卷一八":

《言守边备塞务农力本当世急务二事》论秦之"谪戍"曰:"先发吏有谪及赘婿、贾人。"按"赘婿"见《史记·滑稽列传》:"淳于髡者,齐之赘婿也";《索隐》:"女之夫也,比于子,如人疣赘,是余剩之物也",即申《汉书·贾谊传》"子壮则出赘"句又《严助传》"卖爵赘子"句颜师古注。盖比之枝指盲肠,近世语所谓"多余之人"。钱大昕《潜研堂文集》卷一五《答问》九考"赘"乃"以物质钱"之意,卖身不赎而配主家者谓之"赘婿",是也。然《史》、《汉》旧注虽未得其字之训,而颇得其事之情;钱说足明本义,却未尽涵义。质子为婿,不名"质婿"而曰"赘婿",自亦示赘疣之意,"赘"之为言"缀"也,虽附属而仍见外之物也。毛奇龄《西河合集·五言三韵律·戏赠赘婿归里》:"妇已工盘悦,人如解赘疣",谑语而亦的解。黄震《黄氏日钞》卷五八论《三略》、《六韬》云:"'赘婿、人虏欲掩罪扬名者,聚为一卒。'此条列于'贫贱快志'之下,'胥靡免罪'之上,古之贱赘婿如此!";高士奇《天禄识余》卷一云:"贡禹论赎罪之弊云:'孝文时,贵廉洁,贱贪污,贾人、赘婿及吏坐赃皆禁锢不得为吏。'夫赘婿为贫不得已耳,何至遂与贾人、赃吏同?汉人之轻赘婿如此,伤哉贫也!"旧日入赘之婿多为其妻兄弟所憎侮,即无兄弟而"坐产招夫"以为"补代"者,妻党皆鄙薄之。余童时尚见闻此等风俗也。(《管锥编》,第1440—1441页)

此处,钱先生对"入赘婚"进行了一种非常细致的考辨:"多余之人","卖身不赎而配主家者谓之'赘婿'","赘婿、人虏欲掩罪扬名者,聚为一卒","贾人、赘婿及吏坐赃皆禁锢不得为吏",等等,赘婿总是充满一种贬义的称呼。俞正燮《癸巳存稿》卷七还有一说:"《管子·小匡篇》桓公自言好色,姑姊妹不嫁,管子以为可霸。《汉书·地理志》云:'……于是令国中民家长女不得嫁,名曰"巫"儿,为家主祠,嫁者不利其家,民至今以为俗。痛乎!道民之道,可不慎哉!'是其俗至汉犹然。巫儿以令不得嫁,则必赘婿。……"[1]"巫儿"纳婿,亦称赘婿。其实,正如钟敬文等所指出的:"采取

---

① 俞正燮:《癸巳存稿》(卷七),辽宁教育出版社2003年版,第201—202页。

这种婚姻形式,往往是因为女方家庭没有儿子,即没有男性继承人。"①也有女方丈夫丧亡,不愿改嫁,而采取纳赘的方式再组成家庭的,等等,总之,形成入赘婚的原因还是多种多样的。

《管锥编·全上古三代秦汉三国六朝文》第 49 则"全后汉文卷三八":

> 人类学家言大洋洲初民风俗,两男争娶一女,则左右各执女臂拽向己身,力大者得妇,致女往往节离白脱。此则因倾心而忍心,由爱生狠,不惮"用力硬夺"、"扭折胳膊",又阎罗包老所不能计及矣。(《管锥编》,第 1587 页)

依据此例,如果仅仅是两男争娶一女,不一定就是抢婚习俗,但钱先生明言,此为"人类学家言大洋洲初民风俗",这样一来,便与抢婚之俗的形式非常相似了。而且,还使用"灰阑计"以试爱人之真。

《管锥编·全上古三代秦汉三国六朝文》第 177 则"全宋文卷四八":

> "寄夫托妻"者,僧资给俗人,以其妻为己外室,亦即以己之外遇"托"为俗人之妻,"寄夫"犹西方旧日所谓"掩护丑事之门面丈夫"。(《管锥编》,第 2062 页)

> 李渔《意中缘》第六出是空和尚言"杭州和尚娶老婆,央人照管"云云,畅述"寄夫托妻"之俗。(《管锥编》,第 2062 页)

钱先生在《管锥编·全上古三代秦汉三国六朝文》第 177 则的前半部分中均言"寄夫托妻"之陋习,这是一种非常畸变的风俗,虽然不多见,但在某些特定的时期总会出现,这里面既有贫困等原因,也与当时的风气习尚有关联。

第四节 "夫枯骨何知,无所谓'祸'福":丧葬仪礼

> 邵温《闻见后录》卷二二:"张侍中耆遗言厚葬,晏丞相殊遗言薄葬;二公俱葬阳翟,元祐中同为盗所发。侍中圹中金玉犀珠充塞,盗不近其棺,所得已不胜负,皆列拜而去。丞相圹中但瓦器数十,盗怒不酬其劳,斫棺取金带,亦木也,遂以斧碎其骨。厚葬免祸,薄葬致祸,杨王

---

① 钟敬文主编:《民俗学概论》,上海文艺出版社 1998 年版,第 175—176 页。

孙之术疏矣!"夫枯骨何知,无所谓"祸"福,然此事与发吕不韦冢事均出意计之外,却复在情理之中,世故难于一概,有如是者。(《管锥编》,第 1467—1468 页)

丧葬仪礼之繁多,甚至超过婚姻仪礼,从各类民俗记录文献的整理情况来看,有时候一个很小的地区便有不同的丧葬仪俗。每一种葬仪,都有可能代表一种对"死"的不同理解。中国民间葬仪的丰富性,正说明民间对"死"的理解的丰富性。

"葬"承"死"而来。《说文》:"死,澌也。人所离也,从步从人。"段玉裁注:"形体与魂魄相离,故其字从步入。"死的甲骨文字形为,左边是残骨之形,右边是一个人在凭吊。《说文》:"葬,臧也。从死在草中。"《礼记·檀弓》:"葬也者,藏也。"即人死后藏在草丛中。

中国典籍文献中,对葬仪记载甚多。《仪礼》中有"丧服"、"士丧礼"等,《礼记》中有"丧服小记"、"丧大记"等,《易·系辞》、《论语》、《左传》、《庄子》、《荀子》、《墨子》等诸多典籍文献中,都有关于"葬"的看法。如《论语·为政》:"生,事之以礼;死,葬之以礼,祭之以礼。"《论语·八佾》之"礼与其奢也,宁俭;丧与其易也,宁戚"。《孟子·离娄》:"养生者不足以当大事,惟送死可以当大事。"特别是庄子,将死时,弟子欲厚葬之。庄子曰:"吾以天地为棺椁,以日月为连璧,星辰为珠玑,万物为赍送。吾葬具岂不备邪?何以加此?"对"葬"的看法不同,与之联系的丧仪、葬仪也各不相同,丧葬礼仪正是丧葬观念的直接反映。

《管锥编》中,钱锺书对"丧葬礼仪"同样有较多的涉及。这包括前述论"三礼"民俗意蕴未完的"丧葬民俗"这一层面,以及其他诸处涉"丧葬礼仪"的内容。

一、《管锥编》"三礼"征引中涉"丧"与"葬"诸处述论

钱锺书在"三礼"征引中,涉及丧葬仪俗的如下层面。

第一,对"三礼"中言及的常规丧葬仪俗的相关内容加以征引。如《管锥编·毛诗正义》第 17 则"谷风":

　　《礼记·曾子问》:"女之父母死,……婿使人吊,如婿之父母死,则女之家亦使人吊",《注》:"必使人吊者,未成兄弟",《正义》:"以夫妇有兄弟之义"。盖初民重"血族"(kin)之遗意也。(《管锥编》,

第 143 页）

联姻双方，如果有一方父母去世，则使人吊问，这在丧葬仪俗中是常见的。《注》认为使人吊，原因是姻亲双方并非兄弟关系，故使人吊。钱锺书先生认为，有血族关系者，便不吊。初民重血族，故非血族者，便使人吊问，这即是丧仪的一个基本原则。

第二，对丧中某些礼俗进行质诘，直指其不可能处。如《管锥编·左传正义》第 58 则"昭公二十八年（一）"：

> 嵇康《养生论》称述"曾子衔哀，七日不饥"；欲成己说，不惜过信古书，亦通人之蔽耳。儒者如叶适即疑其事之不实，《习学记言序目》卷八《礼记》："曾子执亲之丧，水浆不入于口者七日；自言之乎？"又："曾子既以七日不入水浆自言，而乐正子春又以五日不食为悔；师弟子之学，矫情而求名若此，……其不然也必矣！"（《管锥编》，第 395 页）

曾子服亲之丧，七日不吃东西，这似不合情理。有些丧仪中，规定孝子几天不能进食，以示孝子丧亲之哀。这一礼节，实有悖人情，并不人性。钱锺书先生是为注释"惟食忘忧"这一古谚而征引曾子之事。"忧心如焚不敌饥火如焚"，"岂能以愁肠而尽废食肠"，钱锺书先生之论，正说明此礼俗之不符人性。而不符合人性人情之礼俗，包括丧葬之俗，最终都会被淘汰，现阶段的丧葬礼俗大为简化，薄葬之俗被社会广为提倡，顺人性即人情便是一个重要的考虑。

第三，夫妻合葬之俗，如《管锥编·太平广记》第 62 则（《太平广记》卷一六六）即载夫妻合葬之事：

> 杜牧《送人》诗："明鉴半边钗一股，此生何处不相逢！"皆以示情偶之原为合体，分则各残缺不完。《仪礼·丧服传》："夫妇牉合也"，贾公彦疏："是半合为一体也"；唐人文中常作"判合"，如《梁书·顾协传》："晚虽判合，卒无胤嗣"，《全唐文》卷九五三常德志《兄弟论》："判合近而为重，则衣衾为血属之亲。"段玉裁《经韵楼文集》卷二《夫妻牉合也》一文考论"牉"、"判"即"半"，"牉合"即合两半而成整体也。（《管锥编》，第 1087 页）

夫妻合葬，是很多地方都有的葬俗。其原因不难解释：情偶之原为合体，分则残缺不完，合则重归整一。按某种俗说，夫妻前生本为一体，来人间后分开，然后互相寻找，找到相吻合的一半才结为夫妻。死后合葬，分开的两半又合为一体。所以,夫妻合葬,是人世爱情在冥世的延续,是夫妻对生离死别的一种拒斥。这一葬俗,正表明了凡世对爱情与婚姻的一种让人感动的理解。

第四,亲人丧而"不哭"之特例:

> 应劭《风俗通·愆礼》篇第三斥山阳太守汝南薛恭祖丧妻不哭,有云:"鸟兽之微,尚有回翔之思、啁噍之痛,何有死丧之感,终始永绝,而曾无恻容? 当内崩伤,外自矜饰,此为矫情,伪之至也!"亦蒋济、孙楚讥庄生之旨;"鸟兽"云云,本《礼记·三年问》。(《管锥编》,第1706—1707页)

> 《礼记·檀弓》原壤母死登木歌《狸首》章,《正义》引皇侃说"原壤是上圣之人,或云是方外之士",因斥皇"非但败于名教,亦是误于学者,义不可用";未察皇正以道家目原壤,丧母乃登木而歌,适如《庄子·大宗师》记子桑户死,孟子反、子琴张"鼓琴相和","临尸而歌",或《至乐》记庄子妻死,"箕踞鼓盆而歌"。(《管锥编》,第1757页)

这里最有代表性的是庄子之故事,代表着对"死"的一种不同于常俗的理解。妻子去世或双亲去世,不哭反歌者有之,但毕竟是特例,多数情况下,世人还是长哭当歌,以寄哀思。

以上撮其大要而略论之,正与前述"三礼"论礼俗形成一个回应。

二、"三礼"之外《管锥编》中的"丧"、"葬"民俗论

在《管锥编》中,除征引"三礼"中论及丧葬礼俗的内容,钱锺书先生在其他更多地方,用更多的笔墨来论及这一民俗事象。

《管锥编·周易正义》第5则"观":

> 《淮南子·泛论训》历举俗忌如"飨大高者,而豚为上牲;葬死人者,裘不可以藏;相戏以刃者,太祖軷其肘;枕户橉而卧者,鬼神跖其首";而抉其隐曰:"凡此之属,皆不可胜著于书策竹帛而藏于官府者也,故以机祥明之。为愚者之不知其害,乃借鬼神之威,以声其教。"(《管锥编》,第30页)

此处所引《淮南子》的内容,钱先生是从"俗忌"这个角度凸发立论的,这一立论角度,自然将"葬死人者,裘不可以藏"拉入民俗的范畴,而且,《淮南子》原文也如是:"世俗言曰:'飨大高者,而豚为上牲;葬死人者,裘不可

以藏；相戏以刃者，太祖軸其肘；枕户橉而卧者，鬼神蹈其首。'"也是从"俗"的角度而发此言的。更进一步，从"葬"这一角度出发，指出了葬俗之"忌"，——"裘不可以藏"。何谓"裘不可以藏"？"藏"正可通"葬"，《淮南子》下文即明言："裘不可以藏者，非能具绨绵曼帛，温暖于身也。世以为裘者，难得贵贾之物也，而不可传于后世，无益于死者，而足以养生，故因其资以奢之。"裘之为难得之货，贵重而难求，不应与逝者同在，而足资生者暖身之用。葬俗中有很多禁忌，这些禁忌是丧葬民俗极为重要的内容。

《管锥编·毛诗正义》第 26 则"河广"：

> 维果亦谓希腊古文中"三"每非实数，而为"甚极"之意。按如古罗马史诗中美人多幸，曰"三福四福"；又旧俗以死人为忌，送葬吊丧者归必洗濯祓除，有曰："以净水三涤伙伴"，古注家（Servius）说曰："'三,谓三次或更多次。"古罗马讽刺诗中淫人名"三阳"，法国讽刺剧中愚夫名"三昧"，近世西语不乏其例，皆《释三九》之邻壁余明也。（《管锥编》，第 165 页）

这一丧葬之俗，实可与前引《管锥编·周易正义》之五"观"相发明，都是讲的与丧葬有关的禁忌。以净水涤身，有避邪避灾的意蕴，这一送葬吊丧的风俗，现在似不多见。

还有几例，也可归入与丧葬风俗的"禁忌"相关的，即《管锥编·毛诗正义》第 45 则"泽陂"：

> 马瑞辰《毛诗传笺通释》说《秦风·黄鸟》云："诗刺三良从死，而以'止棘'、'止桑'、'止楚'为喻者，'棘'之言'急'也，'桑'之言'丧'也，'楚'之言'痛楚'也。古人用物，多取名于音近，……"（《管锥编》，第 215 页）

《管锥编·全上古三代秦汉三国六朝文》第 75 则"全三国文卷一四"：

> 孟超然《亦园亭全集·瓜棚避暑录》卷下："虫之属最可厌莫如蝙蝠，而今之织绣图画皆用之，以与'福'同音也；木之属最有利莫如桑，而今人家忌栽之，以与'丧'同音也。"（《管锥编》，第 1680 页）

桑与丧，因为谐音而联系到一起，所以，民间风俗中，有忌言"桑"字的内容。其实，桑是一种重要的植物，养蚕之俗是生产民俗中的重要内容，中国是丝绸古国，与桑、蚕关联的民俗非常多，应该说，对于桑，国人更多的是感受其美好，而不与"丧"联系，这纯属谐音关联的结果。

《管锥编·左传正义》第8则"庄公十四年":

楚子灭息,以息妫归,生堵敖及成王,"未言,楚子问之,对曰:'吾一妇人而事二夫,纵弗能死,其又奚言?'"《注》:"未与王言。"按俞正燮《癸巳存稿》卷一谓息妫"未言",乃"守心丧之礼",如殷高宗之"谅阴,三年不言"。(《管锥编》,第295页)

《礼记·檀弓上》:"事师无犯无隐,左右就养无方,服勤至死,心丧三年。"郑玄注:"心丧,戚容如父而无服也。"这说明,"心丧"之礼,是在老师去世时学生为表达对老师的哀思,不着丧服而内心哀悼。后来,泛化为不着丧服而心存哀思。心丧之俗,相比于真正的守丧方式,相对少见,有时会成为一种逃避服丧的借口,世人多有诟病。

钱先生论葬俗最为集中之处,是在《管锥编·全上古三代秦汉三国六朝文》第19则"全汉文卷二二"论杨贵《报祁侯缯它书》一节。

杨贵《报祁侯缯它书》:"夫厚葬诚无益于死者,而俗人竞以相高,靡财单币,腐之地下。或乃今日入而明日发,此真与暴骸于中野何异?"按《野客丛书》卷二五论汉"丧葬过制",举此书与《盐铁》、《潜夫》两论及贡禹《奏事》参验,惜未引崔寔《政论》言"送终之家亦大无法度"一节(《全后汉文》卷四六)。寔文且曰:"念亲将终,无以奉遣,乃约其供养,豫修亡殁之备";为厚送死而薄养生,他文所未道,用心又别于欧阳修《泷冈阡表》所谓"养之薄"而"祭丰"也。论厚葬之失者,以《吕氏春秋·节丧》、《安死》两篇最为明畅,继之如《汉书·楚元王传》刘向《谏营昌陵疏》、王充《论衡·薄葬》、《三国志·魏书·文帝纪·终制》、《晋书·皇甫谧传·笃终》均未能后来居上,词致每相形见绌;《南齐书·高逸传》记沈驎士"以杨王孙、皇甫谧深达生死",乃"自作《终制》",其文失传,不知作底言语。若杨王孙此书,乃《后汉书·赵咨传》遗《勅子胤》之类耳。"与暴骸于中野何异?"言甚坦率,《吕氏春秋》则笔舌隽永。《安死》曰:"今有人于此,为石铭置之垄上,曰:'此其中之物,具珠玉、玩好、财物宝器甚多,不可不扬,扬之必大富,世世乘车食肉。'人必相与笑之,以为大惑。世之厚葬也,有似于此。自古及今,未有不亡之国也,无不亡之国者,是无不扬之墓也。"魏文帝《终制》:"自古及今,未有不亡之国,亦无不掘之墓",尽取吕语;皇甫谧《笃终》:"夫葬者藏也,欲人之不得见也。而大为棺椁,备赠厚物,无异于埋金路隅而书表于上也",点窜吕语,"埋金书表"又大似俗谚"此地无银三十两"之草创矣。《水经注》卷二九《湍水》引《荆州记》载魏张詹墓有碑,背刊云:"白楸之棺,易朽之裳,铜铁不入,丹器不藏;嗟兮后人,幸勿我伤!";故他坟夷毁,而此墓得保,至元嘉六年,方被发掘,"初开,金银铜锡之器、朱漆雕刻之饰烂然,有二朱漆棺,棺前垂竹帘,隐以金钉。……虚设'白楸'之言,空负黄金之实!"则书表"此处无银",抑或取信一时,而小黠终无补于大痴也。魏文《终制》:"汉文帝之不发,霸陵无求也;光武之掘,原陵封树也。霸陵之完,功在释之;原陵之掘,罪在明帝";《三国志·魏书·明帝纪》裴注引《魏略》记郝昭戒子:"吾为将,知将不可为也;吾数发冢,取其木以为攻战具,又知厚葬无益于死者也";《陈书·世祖本纪》天嘉六年八月诏:"零落山邱,变移陵谷,或皆剪伐,莫不侵残,玉杯得于民间,漆简传于世载。"盖玉鱼昨封于圹中,金盌早出于市上,故厚葬诲盗,传不绝诫。然告诫之数,适见盗发之频;事常、斯言之亦常,重言不已、即空言无效耳。以"仲父"吕不韦之极言,而《谏营昌陵疏》谓秦始皇盛葬无前,墓"离牧竖之祸",其中"珍宝不可胜原";以汉文帝之示俭,而《终制》与张载《七哀》诗叹汉氏诸陵遭掘,"玉柙金镂",是处都有,江淹《铜剑赞》论葬事亦云:"前汉奢于后汉,魏时富于晋世。"父祖之诲谆谆,而子孙之听藐藐;《新五代史·杂传》第二八论温韬"劫陵贼"所谓:"呜呼!厚葬之弊,自秦汉以来,率多聪明英伟之主,虽有高谈善说之士,极陈其祸福,有不能开其惑者矣!"《晋书·索綝传》记愍帝时,盗发汉霸、杜二陵,"多获珍宝",帝问:"汉陵中物何乃多耶?"綝对:"汉天子即位一年而为陵,天下贡赋三分之一……充山陵。汉武帝飨年久长,比崩而茂陵不复容物,……赤眉取陵中物,不能减半,于今犹有朽帛委积,珠玉未尽。此二陵是俭者耳。"是霸陵终未得"完",且非如张释之所谏"中无可欲"者。白居易《新乐府·草茫茫》:"骊山脚下秦皇墓,……一朝盗掘坟陵破。……奢者狼藉俭者安,一凶一吉在眼前;凭君回首向南望,汉文葬在霸陵原";鲍溶《经秦皇墓》、《倚瑟行》等亦发挥此意。诗家兴到落笔,似仅读《三国志·魏文纪》,不读《晋书·索綝传》,故中唐人而为汉文、宣二陵未发前之魏、晋人语也。《全后汉文》卷二九宋元《上言》:"臣闻秦昭王与吕不韦好书,皆以书葬。……冢皆黄肠题凑,处地高燥未坏。臣愿发昭王、不韦冢,视未烧诗书";不韦深知珠宝殉葬之招扬,初不料发冢亦以诗书也。邵温《闻见后录》卷二二:"张侍中耆遗言厚葬,晏丞相殊遗言薄葬;二公俱葬阳翟,元祐中同为盗所发。侍中圹中金玉犀珠充塞,盗不近其棺,所得已不胜负,皆列拜而去。丞相圹中但瓦器数十,盗怒不酬其劳,斫棺取金带,亦木也,遂以斧碎其骨。厚葬免祸,薄葬致祸,杨王孙之术疏矣!"夫枯骨何知,无所谓"祸"福,然此事与发吕不韦家事均出意计之外,却复在情理之中,世故难于一概,有如是者。(《管锥编》,第1465—1468页)

钱先生此处集中就"厚葬"之俗发论,此一长段文字包括如下几个层面的意思。

其一,"厚葬"为恶俗。"厚葬诚无益于死者",钱先生对此完全认同。

其二,养之薄而葬之厚。钱先生提到了欧阳修《泷冈阡表》的"养之薄"而"祭丰"。世之恶俗,常表现为父母在世无人孝养,父母去世则在丧葬方面大操大办,即现时俗语所说的借死人给生人长脸。丧事操办过度,不是为表达丧亲之痛,而是出于其他阴暗的功利目的,这往往是厚葬厚丧者的普遍心态。俗语又谓"在生不孝父,死后枉烧香","丧丰"、"葬丰"、"祭丰"又有何益!

其三,钱先生引崔寔《政论》"念亲将终,无以奉遣,乃约其供养,豫修亡殁之备",提出"生之不养是为葬丧准备财物"这一说法,又是对"养之薄而葬之厚"的一重新解。崔寔的观点也可以有多重理解,可能是家贫者的无奈之举,也有可能是不肖子孙的伪饰之词。

其四,"厚葬诲盗"之说,这几乎是厚葬恶俗的一个人所共知的弊端,不需多论。

其五,钱先生最后的结论,便是"枯骨何知,无所谓'祸'福"。昔人已逝,丧葬礼仪,最重要的是一种失亲之痛的表达与孝道观念的阐扬,所谓的厚葬厚丧,在很大程度上是对这一原则的背离。

钱锺书在《管锥编·全上古三代秦汉三国六朝文》第92则"全三国文卷五○"论及阴宅风水,也是钱先生论葬俗的重要内容,兹引部分文字如下:

> 此篇与卷五一《答张辽叔〈释难宅无吉凶摄生论〉》反复论阳宅风水,无虑四千言,不应忽以一字了却阴宅风水也。《论衡·四讳》:"西

益宅不祥,西益墓与田,不言不祥;夫墓、死人所居,因忽不慎",足见东汉不讲阴宅风水;《诘术》篇引《图宅术》亦然。《潜夫论·卜列》只论"一宅"之"吉凶"、"一宫"之"兴衰",未及墟墓。《葬书》未必出于郭璞,然葬地吉凶之说,璞以后始盛行,观《世说新语·术解》门可知。……记吴雄"丧母,营人所不封土者,择葬其中;丧事趣办,不问时日,巫皆言当族灭,而雄不顾";则言日忌,非言风水,乃《旧唐书·吕才传》载《叙葬书》之第二、第三事("不择日"、"不择时")耳。张惠言《茗柯文》二编卷下《江氏墓图记》举班固语以证"相墓之法,由来远矣",非是。嵇康两论堪征魏晋之交,俗忌局于居室,尚未推之窀穸。……均谓阴宅风水后起也。(《管锥编》,第 1735—1736 页)

钱锺书此处以嵇康《难张辽叔〈宅无吉凶摄生论〉》、《答张辽叔〈释难宅无吉凶摄生论〉》之论阳宅风水为致思切入角度,论及阴宅风水问题。钱先生认为,"东汉不讲阴宅风水","葬地吉凶之说,璞以后始盛行","魏晋之交,俗忌局于居室,尚未推之窀穸。"都是说明阴宅风水是后起之说。此处,钱锺书先生提到了葬俗的一个重要侧面,即墓地的选择。葬时相墓,现在仍然盛行,只是可能比古时强调的阴宅风水要简单一些。阴宅在湖南等地有"千年屋"的说法,这是一个比阳宅能居住更久的地方,所以,民间重视阴宅的修造,甚至在生前就会为自己建造坟墓,称为"生茔"。

"助哭"的丧俗,钱先生在《管锥编》中也多有提到,如下引例。

《管锥编·全上古三代秦汉三国六朝文》第 185 则"全齐文卷一三":

王秀之《遗令》:"世人以仆妾直灵助哭,当由丧主不能淳至,欲以多声相乱。"按赵翼《陔余丛考》卷三二引此以证六朝已有"丧次助哭"之"陋习";俞正燮《癸巳类稿》卷一三《哭为礼仪说》亦引之而详考"助哭"之俗。……西方旧日亦有哀丧婆。古罗马讽世诗云:"得钱代哭之妇自扯其发,放声大号,悲戚过人";西班牙名小说状两妇痛哭云:"作哀丧婆态",注家云:"一名'哭丧婆',丧葬时雇来啼泣之妇也"。(《管锥编》,第 2093—2094 页)

助哭之俗,在很多地方都流行,据笔者实地调查,在湖南岳阳等地,还存在亲人去世后,请乞丐或流浪之人助哭之俗,特别是亲人朋友较少的家庭,助哭就更是必不可少。钱锺书先生少时亦见"哀丧婆"或"哭丧婆",其例相似。哭声愈高愈烈,越见其人多势众族亲庞大,助哭为壮声势之用是主要目

的,而不是"情感之宣泄",不是真情之流露,正如钱锺书下用《礼记·檀弓》记县子言:

> "哭有二道:有爱而哭之,有畏而哭之";慕容群臣之哭,主威可畏也,郁林之哭,不无人言可畏在。(《管锥编》,第2406页)

爱与畏,都是情感之流露,尚有无情感之哭,即钱锺书先生所说的"妇人有以受雇助哭为生计者",哭成为职业,则便无情感可言了。

钱先生在另外一个地方,也提及了俞正燮《癸巳类稿》的《哭为礼仪说》,即《管锥编·全上古三代秦汉三国六朝文》第215则"全梁文卷五一":

> 俞正燮《癸巳类稿》卷一三《哭为礼仪说》考古有丧事助哭之礼,且"于礼,哭不必有泪"。窃谓哭不仅为死丧之仪,亦复为生别之仪,虽不若丧仪之遍播久传,而把别时哭泣无泪,便遭失礼之责,其节文似更严于佐丧也。(《管锥编》,第2233页)

不过,钱先生此处所说的哭这一行为,既关死离,更关生别,侧重点并不一样,但同为仪俗,则是其质同撰。

钱先生还提到了丧不赋诗这一风俗,如《管锥编·全上古三代秦汉三国六朝文》第119则"全晋文卷六一":

> 孙绰《表哀诗序》:"自丁荼毒,载离寒暑。……不胜哀号,作诗一首,敢冒谅暗之讥,以申罔极之痛。"按孙自知"冒讥",然赵宋以后讥抨始多,六朝至唐,未睹有发声征色而诋诃者。……历世以居丧赋诗为不韪,何焯批点《文选》,于潘岳《悼亡》诗,重言证明其为作于"终制""释服"之后,"古人未有有丧而赋诗者";盖悼妻尚不许作诗,况哭亲哉!(《管锥编》,第1811页)

丧期以服丧为主,而诗赋则应该禁止,这也是葬俗的一个方面的内容。服丧之期,诗赋予音乐,都应该禁止,这些都与丧亲之痛不符合,自远古开始便成为仪俗,这一仪俗一直延续至今,这是合乎人性顺乎人性的礼仪,还会不断延续。

三、《管锥编》论特殊的丧葬仪俗

钱锺书先生在《管锥编》中,还论及了特殊的葬俗,兹引述如下。

《管锥编·太平广记》第204则(《太平广记》卷四八二):

> 《顿逊》(出《穷神秘苑》)梁武帝时来贡方物,其俗,"人死后鸟

葬",有鸟如鹅而色红,飞来万万,啄肉尽,家人即烧骨而沉海中。按《南齐书·蛮、东南夷传》记林邑国"燔尸中野以为葬;远界有灵鹫鸟,知人将死,集其家食死人肉尽,飞去,乃取骨烧灰投海中水葬";……蒙田有文论殊方异俗,亦及鸟葬、狗葬。(《管锥编》,第1355页)

鸟葬、水葬、狗葬以及如现在西藏的天葬等,都是异于土葬、火葬两大主要葬俗的葬仪形式,不同的葬仪背后,都隐含着生者的灵魂观念、信仰等更为深层的东西。

当然,借哭丧而献谄,阿谀生者,也不乏其例,如下引:

《论》曰:"士开葬母,倾朝追送,谄谀尤甚者,至悲不自胜",即《劳生论》所谓"诈泣佞哀,恤其丧纪"。哭为古人死丧节文之一,不必有泪,具见俞正燮《癸巳类稿》卷一三《哭为礼仪说》;然哭而阑干两颊、龙钟双袖,自足征情意之亲密,亦即示礼仪之隆重。《三国志·魏书·荀彧传》裴注引《平原祢衡传》记衡曰:"文若可借面吊丧";夫"吊丧"独曰"借面"者,无哀情而须戚貌,方为知礼,荀彧必生成愁眉苦脸如所谓"哭丧着脸"、"丧门吊客面相"耳。(《管锥编》,第2404页)

借面吊丧,真是曲宣其妙,钱锺书所举各例,都是假哭以献谀者,这却是不成礼的"礼仪"了,正如钱先生下文以一笑话所讥:

英人讽刺小说写一国,其俗人死,戚友不唁不吊,以匣盛精制假泪为赙仪,视谊之亲疏,自双泪至十五、六泪不等,丧主得之累累粘着颊上以志哀;"礼仪"之哭泣,何异乎此!(《管锥编》,第2406页)

诚如钱锺书所言,"礼仪"之哭泣,与英小说家所嘲又有何异!

结　论

　　钱锺书先生是博涉成思、洞达明辨的大师，他的治学门径是以某个论题为生发原点，然后调动庞杂无涯的文献资料，既似回环曲径，交织往还地揭示论题的不同侧面，又如人剥春笋，层层推进以接近论题的核心。钱先生调用的民俗资源，是他所使用的学术资源中极为重要的一种，在《管锥编》中，钱先生更是密集地使用民俗资源以佐证学术观点，他的民俗视野和民俗情结在此作中有淋漓尽致的表达。

　　言及《管锥编》的民俗视野，必然要言之有据，不可胡妄而言。这里所说的据，即是钱锺书先生在《管锥编》中言涉民俗事象的原文，这是支撑本书观点最有力的理据。严绍璗在《〈日藏汉籍善本书录〉自述》一文中指出："我从文化史和现实的文化运作中愈益清醒地意识到，古往今来一切有价值的人文学术，无论是理论阐发或文本解析，几乎在所有的层面上，都必须是也必定是以原典的实证材料作为研究的基础的。"①钱先生的《管锥编》能独秀学林，成为一时代之力作，即完全以文献支持观点，绝不空发议论、虚语玄谈。本书看重并效仿前辈及时贤的治学传统，力所能及做扎实的文献整理。在对《管锥编》原文进行较为细致的阅读后，将书中所涉民俗事象依民俗学科的相关理论进行归纳、整理，分民间文学、民俗语言、民间信仰、人生仪礼四大内容版块进行提炼，将钱先生使用的神话、史诗、童话、寓言、笑话、民间传说、民间歌谣、民间叙事诗、谚语、俗语、流行语、谜语、称谓语、歇后语、鬼神信仰、魂信仰、妖怪信仰、巫与巫术、预知、预言、诞生仪礼、婚姻仪礼、丧葬仪礼等，进行了实证式归纳，并对之进行了相关阐释。这样一来，便坐实了钱先生在《管锥编》中确乎大量使用民俗事象的结论，而本书也绝非

---

　　①　严绍璗：《〈日藏汉籍善本书录〉自述》，参见中华书局编辑部编：《守正出新：中华书局》，中华书局 2008 年版，第 91 页。

无的放矢、虚语蒙人。

这反过来也说明，经过本书的爬梳，完全能说明《管锥编》是民俗意蕴厚重的巨作，这正是本书的第一个结论。

本书的第二个结论，即钱锺书先生"大俗"形象的建构。

正如前文中提到，《管锥编》《谈艺录》等作品，已将钱锺书"大雅"的形象深植国人的阅读记忆之中。"大雅"确实是钱锺书最重要的特征，但仅看到钱先生"大雅"的一面，对其认识就是扁平的、不完满的。钱先生有"大雅"的一面，又有"大俗"的一面，这"大俗"的一面，同样是钱先生底蕴深厚的形象特征。钱先生不管是在生活中还是治学活动中，都有嗜好民俗的一面。而且，嗜俗的钱锺书，在《管锥编》中对民俗有很多精彩论述，本书的每一章、每一节前的相关引语，都是钱氏对民俗的精彩之论，当然，这只是《管锥编》中钱氏论俗的一部分内容，其他如"采风论世，颇可参验异同焉"、"征之俗书，其用字不似雅言之讲求来历者，益足见先后思路之同出、文野语脉之一贯"、"作手铸词，每掇拾时俗语而拂拭之，此堪为例"等，不一而足，读者细心阅读《管锥编》本文，就不时会碰上钱先生机趣天成的会心之论。

钱锺书先生在《管锥编》中建构了自己嗜俗重俗的形象，他在民俗使用上的模式、策略等方面也是极能启发后学之人的。钱先生为十部经典文献作注，调动了多学科的知识以作为理据，其中，援引民俗资源作为支撑观点之材料，正是雅俗互动的生动表现。这种雅俗互动具体而言又可分为两种模式：一是引雅证俗，二是援俗证雅。引雅证俗，集中体现在《管锥编·太平广记》这一部分内容；援俗证雅，则集中体现在《管锥编》其他九书注中。关于这两种民俗资源的利用模式，相关的论述在本书中已多有涉及，此处不再赘论。值得指出的是，《诗》《易》等作品经过长期的汰洗而经典化后，在与钱锺书同时代的知识分子群体对其释读的过程中，如此大规模地引用民俗资源来形成阐释策略的，似乎只有钱先生一人。《管锥编》之所以有"奇书"之誉，之中诸多的民俗事象令人耳目一新，便是重要原因之一。钱锺书所处的时代，是民俗学学科从起步至真正构建的时代，但知识分子对民俗的重视与发掘，除了从事民俗学研究的这一小部分人外，多数知识分子有意无意地疏远了民俗，甚至遗忘了民俗于治学致思的独特作用。鲁迅、茅盾、郑振铎等人是有意识的民俗资源利用者，但他们与钱锺书一样仅仅是极少的一部分人，多数人在长期的精英话语遮蔽下，将民俗这一重要文化因子从自己的视野里剔除了。

钱锺书先生对民俗事象非常熟悉,有透辟的理解,因而总能如盐入水般地融入自己的学术论证中。钱先生对民俗的使用,既如中国画所使用的散点技法,将民俗事象点缀在《管锥编》中,又有对民俗事象的集中引述、评论、考证等,散点引用与集中征引两手并举,使《管锥编》成为民俗意蕴深厚之作。

本书的第四个结论,即为钱先生对民俗事象的征引,于民间文学与民俗语言的征引最为集中。本书第二章与第三章的相关论述即为彰显此特征。盖先生出入经、史、子、集与外国典籍,虽然涉及多种学科门类,而究其根本,终是无法忘情于对文学的关怀,特别是对讲故事的偏爱。钱先生有卓绝的故事讲述能力,特别是承续知识分子的喜"谑"传统,极喜讲笑话或笑感极强的民间故事,以笑话的喜剧感来形成对现实社会的某种看法。

同时,钱先生又凭借自己英语语言学习的背景所养成的对语言的特殊敏感,对谚语、俗语、流行语等民俗语言极为重视。钱先生是真正能回到语言的源起处的大家,对活泼天成的民间语言极为重视,仅从他引用的诸多中外谚语便可见出,此种引用足以为其说理论文增姿不少,能收以一敌百的效果。

本书的第五个结论,即是钱先生在《管锥编》中研究文学现象时,将文学研究与民俗学结合起来,从而为比较文学研究带来启发。正如前面的论述中所提及的,钟敬文先生很早便指出文学研究者应以民俗眼光来审视文学现象,比较文学研究者也很注重文学研究与民俗学的结合,如弗莱等人的研究即是如此。但从整体的比较文学研究现状来看,真正能调动民俗学的相关知识来研究文学现象的研究成果并不多见,说明民俗学与文学研究的结合并不充分。而钱先生在《管锥编》中,提供了诸多可供参考的范例,细心体味,必有所获。

本书的第六个结论,涉及钱锺书先生《管锥编》征引民俗资源的局限性。在《管锥编》中,钱先生所征引的民俗事象,民间文学、民俗语言、民间信仰、人生仪礼这几个方面是其大端,而对生产生活民俗、科技民俗、民间工艺民俗等诸多民俗种类,征引极少,少有的几例如:

原引《梦华》《梦粱》两录所记打铁板报晓之俗,陆游诗中屡言之。(《管锥编》,第177页)

"跂彼织女,终日七襄;虽则七襄,不成报章。睆彼牵牛,不以服箱。……维南有箕,不可以簸扬。维北有斗,不可以挹酒浆";……黄庭坚《演雅》:"络纬何曾省机织?布谷未应勤种播";杨万里《诚斋集》卷三六《初夏即事》:"提壶醒眼看人醉,布谷催农不自耕";……(《管锥编》,第254—255页)

吾国好言"龙虎斗",南烹及吾乡小食犹有以此命名者,如西方古博物学之言龙象斗、又诗文之每言虎蛇或狮鳄斗也。《论衡·物势篇》曰:"龙虎交不相贼也",常语"龙跳虎卧"或"龙吟虎啸",皆并提双举而非彼此相角。(《管锥编》,第827页)

以上几例,言及"布谷催农耕"的生产民俗、"打铁板报晓"的生活民俗、"龙虎斗"的饮食民俗,但在《管锥编》中其例甚少。这正见出,钱先生对生产、生活、自然科学等方面的民俗,征引极少,至于原因何若,则不便臆测。不过,论者经常提及钱先生对自然科学的忽视,倒似乎在这里能找到印证。

参考文献

一、钱锺书原典性文献

1.钱锺书:《管锥编》,三联书店 2007 年版。

2.钱锺书:《谈艺录》,三联书店 2007 年版。

3.钱锺书:《七缀集》,三联书店 2002 年版。

4.钱锺书:《宋诗选注》,三联书店 2002 年版。

5.钱锺书:《槐聚诗存》,三联书店 2002 年版。

6.钱锺书:《围城》,三联书店 2002 年版。

7.钱锺书:《写在人生边上·人生边上的边上·石语》,三联书店 2002 年版。

8.钱锺书:《人·鬼·兽》,三联书店 2002 年版。

9.钱锺书:《钱锺书手稿集·容安馆札记》,商务印书馆 2003 年版。

二、十部注释文献

1.[清]阮元校刻:《十三经注疏·周易正义》(清嘉庆刊本),中华书局 2009 年版。

2.李学勤主编:《十三经注疏·周易正义》,北京大学出版社 1999 年版。

3.[清]阮元校刻:《十三经注疏·毛诗正义》(清嘉庆刊本),中华书局 2009 年版。

4.李学勤主编:《十三经注疏·毛诗正义》,北京大学出版社 1999 年版。

5.[清]阮元校刻:《十三经注疏·春秋左传正义》(清嘉庆刊本),中华书局 2009 年版。

6.李学勤主编:《十三经注疏·春秋左传正义》,北京大学出版社 1999 年版。

7.杨伯峻:《春秋左传注》(修订本),中华书局 1990 年版。

375

8.[日]泷川资言考证:《史记会注考证》,司马迁撰,文学古籍刊行社1955年版。

9.[汉]司马迁撰:《史记》,[宋]裴骃集解,[唐]司马贞索隐,[唐]张守节正义,中华书局1959年版。

10.王弼、楼宇烈:《老子道德经注校释》,中华书局2008年版。

11.杨伯峻:《列子集释》,中华书局1979年版。

12.[汉]焦延寿、尚秉和《焦氏易林注》,九州出版社2010年版。

13.[宋]洪兴祖撰:《楚辞补注》,中华书局1983年版。

14.[宋]李昉等编:《太平广记》,中华书局1961年版。

15.[清]严可均辑:《全上古三代秦汉三国六朝文》,中华书局1999年版。

三、钱锺书研究性文献

1.杨绛:《记钱锺书与〈围城〉》,湖南人民出版社1986年版。

2.杨绛:《我们仨》,三联书店2003年版。

3.杨绛:《我们的钱瑗》,三联书店2005年版。

4.田蕙兰、马光裕、陈珂玉:《中国文学史资料全编(现代卷):钱锺书杨绛研究资料》,知识产权出版社2010年版。

5.张文江:《营造巴比塔的智者——钱锺书传》,上海文艺出版社1993年版。

6.刘桂秋:《无锡时期的钱基博与钱锺书》,上海社会科学院出版社2004年版。

7.牟晓朋、范旭仑编:《记钱锺书先生》,大连出版社1995年版。

8.汤晏:《一代才子钱锺书》,上海人民出版社2005年版。

9.张晨译、胡志德撰:《钱锺书》,中国广播电视出版社1990年版。

10.爱默:《钱锺书传稿》,百花文艺出版社1992年版。

11.孔庆茂:《钱锺书传》,江苏文艺出版社1992年版。

12.李洪岩:《智者的心路历程——钱锺书生平与学术》,河北教育出版社1995年版。

13.王卫平:《东方睿智学人——钱锺书的独特个性与魅力》,河北教育出版社1997年版。

14.李明生、王培元编:《文化昆仑——钱锺书其人其文》,人民文学出版社1999年版。

15.刘中国:《钱锺书二十世纪的人文悲歌》(上、下),花城出版社1999年版。

16.罗思:《写在钱锺书边上》,上海文汇出版社1996年版。

17.何晖、方天星编:《一寸千思:忆钱锺书先生》,辽海出版社1999年版。

18.台北天一出版社编:《钱锺书传记资料》(一),台北天一出版社1985年版。

19.郑朝宗:《海滨感旧集》,厦门大学出版社1988年版。

20.陆文虎编:《钱锺书研究》(第一辑),文化艺术出版社1989年版。

21.陆文虎、李世耀、李洪岩编:《钱锺书研究》(第二辑),文化艺术出版社1990年版。

22.李洪岩编:《钱锺书研究》(第三辑),文化艺术出版社1992年版。

23.陆文虎编:《钱锺书研究采辑》(一),三联书店1992年版。

24.陆文虎编:《钱锺书研究采辑》(二),三联书店1996年版。

25.李洪岩编:《钱锺书评论》(卷一),社会科学文献出版社1996年版。

26.钱锺书著、舒展选编:《钱锺书论学文选》(六卷),花城出版社1990年版。

27.冯芝祥编:《钱锺书研究集刊》(第一辑),上海三联书店1999年版。

28.冯芝祥编:《钱锺书研究集刊》(第二辑),上海三联书店2000年版。

29.冯芝祥编:《钱锺书研究集刊》(第三辑),上海三联书店2002年版。

30.周振甫、冀勤:《〈谈艺录〉读本》,上海教育出版社1992年版。

31.郑朝宗编:《〈管锥编〉研究论文集》,福建人民出版社1984年版。

32.何开四:《碧海掣鲸录:钱锺书美学思想的历史演进》,成都出版社1990年版。

33.臧克和:《语象论——〈管锥编〉疏证》,贵州教育出版社1992年版。

34.臧克和:《钱锺书与中国文化精神》,百花洲文艺出版社1993年版。

35.陆文虎编:《管锥编谈艺录索引》,中华书局1994年版。

36.李洪岩:《钱锺书与近代学人》,百花文艺出版社1998年版。

37.张文江:《管锥编读解》,上海古籍出版社2000年版。

38.许厚今:《钱锺书诗学论要》,黄山书社 1992 年版。

39.解玺璋编:《围城内外——从小说到电视剧》,世界知识出版社 1991 年版。

40.张泉编译:《钱锺书和他的〈围城〉——美国学者论钱锺书》,中国和平出版社 1991 年版。

41.蔡田明:《〈管锥编〉述说》,中国友谊出版公司 1991 年版。

42.陆文虎:《"围城"内外——钱锺书的文学世界》,解放军文艺出版社 1992 年版。

43.胡范铸:《钱锺书学术思想研究》,华东师范大学出版社 1993 年版。

44.陈子谦:《钱学论》,四川文艺出版社 1994 年版。

45.辛广伟、李洪岩编:《撩动缪斯之魂——钱锺书的文学世界》,河北教育出版社 1995 年版。

46.胡河清:《真精神与旧途径——钱锺书的人文思想》,河北教育出版社 1995 年版。

47.张明亮:《槐阴下的幻境——论〈围城〉的叙事与虚构》,河北教育出版社 1997 年版。

48.[德]莫芝宜佳:《〈管锥编〉与杜甫新解》,马树德译,河北教育出版社 1998 年版。

49.刘玉凯:《鲁迅钱锺书平行论》,河北大学出版社 1999 年版。

50.李洪岩、范旭仑:《为钱锺书声辩》,百花文艺出版社 2000 年版。

51.汤溢泽编:《钱锺书〈围城〉批判》,湖南大学出版社 2000 年版。

52.李洲良:《古槐树下的钟声——钱著管窥》,吉林人民出版社 2001 年版。

53.季进:《钱锺书与现代西学》,上海三联书店 2002 年版。

54.周锦:《〈围城〉面面观》,河北教育出版社 2002 年版。

55.田建民:《诗兴智能——钱锺书作品风格论》,河北教育出版社 2002 年版。

56.李廷华:《在澹定中寻觅——钱锺书学术的人间晤对》,河北教育出版社 2002 年版。

57.徐达、宋秀丽:《读钱识小》,河北教育出版社 2002 年版。

58.隋清娥:《鲁迅钱锺书文学比较论》,山东文艺出版社 2004 年版。

59.龚刚:《钱锺书——爱智者的逍遥》,文津出版社 2005 年版。

60.许龙:《钱锺书诗学思想研究》,中国社会科学出版社 2006 年版。

61.汤溢泽:《透视钱锺书》,湖南人民出版社 2006 年版。

62.何明星:《〈管锥编〉诠释方法研究》,华中师范大学出版社 2006 年版。

63.李清良:《熊十力陈寅恪钱锺书阐释思想研究》,中华书局 2007 年版。

64.高万云:《钱锺书修辞学思想演绎》,山东文艺出版社 2006 年版。

65.龚刚:《钱锺书研究》,北京大学博士学位论文,2000 年。

66.焦亚东:《钱锺书文学批评的互文性特征研究》,华中师范大学博士学位论文,2006 年。

67.季品锋:《钱锺书与宋诗研究》,复旦大学博士学位论文,2006 年。

68.杨全红:《钱锺书翻译思想研究》,上海外国语大学博士学位论文,2007 年。

69.陈颖:《"对话"语境中的钱锺书文学批评理论》,辽宁大学博士学位论文,2009 年。

70.许丽青:《钱锺书与英国文学》,复旦大学博士学位论文,2010 年。

四、民俗学类文献

1.钟敬文主编:《中国民俗史》(先秦卷),人民出版社 2008 年版。

2.钟敬文主编:《中国民俗史》(汉魏卷),人民出版社 2008 年版。

3.钟敬文主编,韩养民等著:《中国民俗史》(隋唐卷),人民出版社 2008 年版。

4.钟敬文主编,游彪等著:《中国民俗史》(宋辽卷),人民出版社 2008 年版。

5.钟敬文主编,萧放等著:《中国民俗史》(明清卷),人民出版社 2008 年版。

6.钟敬文主编,万建中、第少兵等著:《中国民俗史》(民国卷),人民出版社 2008 年版。

7.钟敬文主编:《民俗学概论》,上海文艺出版社 1998 年版。

8.钟敬文:《钟敬文民俗学论集》,上海文艺出版社 1998 年版。

9.钟敬文主编:《民间文学概论》,上海文艺出版社 1980 年版。

10.张紫辰主编:《中外民俗学词典》,浙江人民出版社 1991 年版。

11.刘魁立:《刘魁立民俗学论集》,上海文艺出版社 1998 年版。

12.周作人:《周作人民俗学论集》,上海文艺出版总社 1999 年版。

13.钱小柏编:《顾颉刚民俗学论集》,上海文艺出版社 1998 年版。

14.江绍原:《江绍原民俗学论集》,上海文艺出版社 1998 年版。

15.高丙中:《中国民俗概论》,北京大学出版社 2009 年版。

16.乌丙安:《中国民间信仰》,上海人民出版社 1995 年版。

17.丁世良等编:《中国地方志民俗资料汇编》(华东卷),书目文献出版社 1995 年版。

18.刘道超:《易学与民俗》,中国书店 2008 年版。

19.朱希祥、李晓华:《中国文艺民俗审美》,上海文化出版社 2009 年版。

20.陈建勤:《文艺民俗学》,上海文化出版社 2009 年版。

21.陈建勤:《中国民俗学》,华东师范大学出版社 2007 年版。

22.顾颉刚、钟敬文:《孟姜女故事论文集》,中国民间文艺出版社 1983 年版。